全国高等教育自学考试指定教材
教育类专业公共课

教育学

Jiaoyuxue

（含：教育学自学考试大纲）

（2019年版）

全国高等教育自学考试指导委员会 组编
主编 劳凯声 董新良

高等教育出版社·北京

扫描微信二维码
关注自考教材服务

图书在版编目(CIP)数据

教育学 / 全国高等教育自学考试指导委员会组编；劳凯声，董新良主编. -- 北京：高等教育出版社，2019.6（2022.9 重印）
ISBN 978-7-04-051656-2

Ⅰ.①教… Ⅱ.①全… ②劳… ③董… Ⅲ.①教育学-高等学校-自学考试-教材 Ⅳ.①G40

中国版本图书馆 CIP 数据核字(2019)第 055816 号

策划编辑 雷旭波　　责任编辑 朱丽娜　　版式设计 于 婕　　责任校对 刁丽丽
责任印制 存 怡

出　　版	高等教育出版社	网　　址	http://www.hep.edu.cn
社　　址	北京市西城区德外大街 4 号		http://www.hep.com.cn
邮政编码	100120	网上订购	http://www.hepmall.com.cn
印　　刷	北京市大天乐投资管理有限公司		http://www.hepmall.com
开　　本	787mm×1092mm 1/16		http://www.hepmall.cn
印　　张	20.75		
字　　数	510 千字	版　　次	2019 年 6 月第 1 版
购书热线	010-58581118	印　　次	2022 年 9 月第 4 次印刷
咨询电话	400-810-0598	定　　价	44.00 元

物 料 号 51656-00

组编前言

21世纪是一个变幻莫测的世纪，是一个催人奋进的时代。科学技术飞速发展，知识更替日新月异。希望、困惑、机遇、挑战，随时随地都有可能出现在每一个社会成员的生活之中。抓住机遇，寻求发展，迎接挑战，适应变化的制胜法宝就是学习——依靠自己学习、终身学习。

作为中国高等教育组成部分的自学考试，其职责就是在高等教育这个水平上倡导自学，鼓励自学，帮助自学，推动自学，为每一个自学者铺就成才之路。组织编写供读者学习的教材是履行这个职责的重要环节。毫无疑问，这种教材应当适合自学，应当有利于学习者掌握和了解新知识、新信息，有利于学习者增强创新意识、培养实践能力、形成自学能力，也有利于学习者学以致用，解决实际工作中所遇到的问题。具有如此特点的书，我们虽然沿用了"教材"这个概念，但它与那种仅供教师讲、学生听，教师不讲、学生不懂，以"教"为中心的教科书相比，已经在内容安排、编写体例、行文风格等方面都大不相同了。希望读者对此有所了解，以便从一开始就树立起依靠自己学习的坚定信念，不断探索适合自己的学习方法，充分利用自己已有的知识基础和实际工作经验，最大限度地发挥自己的潜能，达到学习的目标。

欢迎读者提出意见和建议。

祝每一位读者自学成功。

全国高等教育自学考试指导委员会

2017年1月

目录

教育学自学考试大纲

教 育 学

全国高等教育自学考试
教育类专业公共课

教育学自学考试大纲

全国高等教育自学考试指导委员会　制定

大纲前言

为了适应社会主义现代化建设事业的需要，鼓励自学成才，我国在20世纪80年代初建立了高等教育自学考试制度。高等教育自学考试是个人自学、社会助学和国家考试相结合的一种高等教育形式。应考者通过规定的专业考试课程并经思想品德鉴定达到毕业要求的，可获得毕业证书；国家承认学历并按照规定享有与普通高等学校毕业生同等的有关待遇。经过30多年发展，高等教育自学考试为国家培养造就了大批专门人才。

课程自学考试大纲是国家规范自学者学习范围、要求和考试标准的文件。它是按照专业考试计划的要求，具体指导个人自学、社会助学、国家考试、编写教材、编写自学辅导书的依据。

随着经济社会的快速发展，新的法律法规不断出台，科技成果不断涌现，原大纲中有些内容过时、知识陈旧。为更新教育观念，深化教学内容方式、考试制度、质量评价制度改革，使自学考试更好地提高人才培养的质量，各专业委员会按照专业考试计划的要求，对原课程自学考试大纲组织了修订或重编。

修订后的大纲，在层次上，本科参照一般普通高校本科水平，专科参照一般普通高校专科或高职院校的水平；在内容上，力图反映学科的发展变化，增补了自然科学和社会科学近年来研究的成果，对明显陈旧的内容进行了删减。

全国高等教育自学考试指导委员会教育类专业委员会组织制定了《教育学自学考试大纲》，经教育部批准，现颁发施行。各地教育部门、考试机构应认真贯彻执行。

全国高等教育自学考试指导委员会

2018年12月

I　课程性质与课程目标

一、课程性质和特点

教育学是高等教育自学考试教育类专业公共课程，也是非师范教育类专业专科毕业生进修师范教育类专业应学习的前置课程。开课目的是为了提高考生的教育学基本理论素养，学会运用教育基本理论、基本知识和基本方法分析、判断和解决有关理论问题和实际问题。本课程主要任务是使考生理解教育学的基本知识与理论，掌握教育的基本规律，为考生今后的学习、工作提供有效的知识与实践能力，使考生能够学以致用。

二、课程目标

通过本课程学习，使考生掌握教育学基本概念与原理、教育教学的基本方法与原则，了解教育教学活动开展所必须具备的各种条件，学会对学校教育工作进行科学正确的评价，为学习其他教育学科奠定知识基础，为今后参与教育实践提供理论支撑。

三、与相关课程的联系与区别

本课程需要一定的哲学、心理学和法学等知识和方法作为辅助。

四、课程的重点和难点

本课程的重点是教育学的概念和研究对象，教育的定义，学校教育的基本要素，学校的定义和学校管理，当代儿童发展观的内涵和儿童发展的特点与规律，教师的概念和职业素养，我国的教育目的，课程概念、目标、内容和结构，课程设计，教学概念、原则和组织形式，教学方法和手段，学生集体的教育作用，班主任与班集体的相互关系，学校心理健康教育的概念和主要途径，心理辅导课程和学生咨询工作的开展，教育测验的概念、功能和类型，教育评价的概念、类型和内容，中小学教育评价的基本步骤，教育法律救济制度，学校安全防护、管理和教育，学生伤害事故的认定和处理，教育技术的含义和内容，教学媒体的类型和应用；次重点是教育学的产生与发展，教育的起源与发展，学校文化，不同的儿童发展观，教师的权利与义务，教学活动的本质及模式，决定课程的几个基本关系，良好测验的标准，教育法律关系主体、教育法律责任的承担情形和承担方式，教育技术对教育的影响；一般掌握的是教育学的学习与研究，教育功能和现代教育的主要特征，学校、家庭和社会的关系，教师考核制度，人的全面发展与全面发展的教育，班主任与班集体的相互关系，学生咨询帮助的实施，中小学教育测验和教育评价的实施，学生伤害事故的认定和处理，教学设计的一般过程等。

本课程的难点是运用教育学基本原理，剖析教育现象，分析教育实践问题，提出改进对策。

Ⅱ 考核目标

本大纲在考核目标中,按照识记、领会和应用三个层次规定其应达到的能力层次要求。三个能力层次是递进关系,各能力层次的含义如下。

识记(Ⅰ):要求自学考生能够识别和记忆本课程的有关概念和原理的主要内容,并能够根据考核的不同要求,做出正确的表述、选择和判断。

领会(Ⅱ):要求自学考生能够领悟和理解本课程的有关概念和原理的内涵及外延,了解教育学基础知识,并能够根据考核的不同要求对教育学的基本问题进行逻辑推理和论证,做出正确的解释和说明。

应用(Ⅲ):要求自学考生在熟悉和深入理解一些重要概念、基本原理和方法的基础上,能够运用基本概念、基本原理、基本方法分析和解决有关的理论和实际问题。

Ⅲ 课程内容与考核要求

绪 论

一、学习目的与要求

通过本章学习，正确理解教育学的概念，了解教育学的研究对象、教育学的产生与发展，掌握教育学的学习方法。

二、课程内容

第一节 教育学的概念及研究对象
（一）教育学的概念
（二）教育学的研究对象
第二节 教育学的产生与发展
（一）教育学的萌芽
（二）教育学的创立
（三）教育学的发展
（四）当代教育学的状况
1. 教育学研究的问题领域急剧扩大
2. 教育学研究基础和研究范式的多样化
3. 教育学发生了细密的分化，形成了教育学科体系，出现了各种层次与类型的综合
4. 教育学研究与教育实践改革的关系日益密切
5. 教育学加强了对自身的反思，形成了教育学的元理论
第三节 教育学的学习与研究
（一）教育学的价值
（1）启发教育实践工作者的教育自觉，使他们不断地领悟教育的真谛；
（2）获得大量的教育理论知识，扩展教育工作的理论视野；
（3）养成正确的教育态度，培植坚定的教育信念；
（4）提高教育实际工作者的自我反思和发展能力；
（5）为成为研究型的教师打下基础。
（二）教育学的学习

1. 要注意掌握一些基本的教育概念、命题或原理
2. 要注意掌握一些教育概念、命题或原理背后的理论假设
3. 要注意理论结合实际
4. 要注意广泛地阅读教育书刊

（三）教育学的研究

1. 要有问题意识
2. 要不断地充实自己
3. 要善于吸取他人已有的研究成果
4. 要积极参加学术会议
5. 要恪守学术道德

三、考核知识点与考核要求

（一）教育学的概念及研究对象

1. 识记：教育学的概念。
2. 领会：教育学的研究对象。

（二）教育学的产生与发展

1. 识记：（1）教育学萌芽阶段的标志、代表人物和著作；（2）教育学创立阶段的标志、代表人物和著作；（3）教育学发展阶段的教育学派别及主要观点。
2. 领会：当代教育学的状况。
3. 应用：（1）应用马克思主义教育学的基本立场、观点和方法，分析当前教育改革中的具体教育问题；（2）结合实际，分析当代教育学研究与教育改革创新的关系。

（三）教育学的学习与研究

1. 领会：教育学的价值。
2. 应用：（1）掌握教育学的学习方法；（2）结合教育教学工作实际，开展教育研究。

四、本章重点、难点

本章重点：教育学的概念和研究对象，教育学的产生与发展。

本章难点：教育学的学习与研究。

第一章　教育的产生与发展

一、学习目的与要求

通过本章学习，正确理解教育的定义，了解教育功能、学校教育的基本要素和教育的起源与发展，把握现代教育的主要特征。

二、课程内容

第一节　教育概述

（一）“教育”的词源

(二) 教育的定义
1. 教育的广义定义
2. 教育的狭义定义
(三) 教育功能
1. 个体功能与社会功能
2. 正向功能与负向功能
3. 显性功能与隐性功能
(四) 学校教育的基本要素
1. 教育者
2. 学习者
3. 教育影响

第二节 教育的起源与发展

(一) 教育的起源
1. 教育的神话起源说
(1) 代表人物;
(2) 主要观点。
2. 教育的生物起源说
(1) 代表人物;
(2) 主要观点。
3. 教育的心理起源说
(1) 代表人物;
(2) 主要观点。
4. 教育的劳动起源说
(1) 代表人物;
(2) 主要观点。
(二) 教育的发展
1. 原始社会与原始教育
2. 古代社会与古代教育
(1) 奴隶社会及其教育;
(2) 封建社会及其教育。
3. 现代社会与现代教育
(1) 资本主义社会及其教育;
(2) 社会主义社会及其教育。

第三节 现代教育的主要特征

(一) 现代教育的公共性
(二) 现代教育的生产性
(三) 现代教育的科学性
(四) 现代教育的未来性
(五) 现代教育的国际性

（六）现代教育的终身性

三、考核知识点与考核要求

（一）教育概述

1. 识记：(1) 教育的定义；(2) 教育功能；(3) 学校教育的基本要素。

2. 领会："教育"的词源。

（二）教育的起源与发展

1. 识记：(1) 神话起源说的代表人物和主要观点；(2) 生物起源说的代表人物和主要观点；(3) 心理起源说的代表人物和主要观点；(4) 劳动起源说的代表人物和主要观点。

2. 领会：教育的发展阶段及其特征。

（三）现代教育的主要特征

1. 识记：现代教育的主要特征。

2. 应用：结合实际，分析信息技术革命对于现代教育变革带来的挑战和机遇。

四、本章重点、难点

本章重点：教育的定义、学校教育的基本要素和教育的起源与发展。

本章难点：教育功能和现代教育的主要特征。

第二章 学 校

一、学习目的与要求

通过本章学习，正确理解学校的内涵与外延，了解我国现行学制，学校、家庭和社会相互的关系，掌握学校文化的分类和学校管理的基本方法和途径。

二、课程内容

第一节 学校概述

（一）学校及学校制度

1. 学校的定义及其功能

2. 学校的制度化与现代学制的产生

3. 学制变革与学校的大众化

4. 我国现代学校及学制的产生

5. 我国中小学在现行学制中的地位

（二）学校的公益性特点

1. 现代教育的公益性的内涵与原则

(1) 教育公益性的内涵；

(2) 教育公益性的原则。

2. 学校与企业的区别

(1) 设置目的不同；

(2) 调节手段不同;
(3) 与政府关系不同;
(4) 产出不同。
第二节　学校文化
(一) 什么是学校文化
1. 学校文化的概念
2. 学校文化的形成
3. 学校文化的分类
(二) 教师文化
(三) 学校物质文化
(四) 学校制度文化
第三节　学校管理
(一) 学校组织概述
1. 社会组织的基本特征
2. 学校组织特征的独特性
(二) 学校组织的管理
1. 管理概述
(1) 管理的概念;
(2) 学校管理的概念和基本要素。
2. 沟通是学校管理的基本途径
(1) 沟通的概念;
(2) 学校沟通的功能;
(3) 学校沟通的形式;
(4) 学校沟通的障碍;
(5) 改善学校沟通的方式。
3. 学校绩效是学校管理的目标和尺度
(1) 学校绩效的概念与内容;
(2) 学校绩效的评价模式;
(3) 学校绩效评估的分类。
4. 学校管理的基本方法
(1) 行政管理方法;
(2) 法律方法;
(3) 思想教育方法;
(4) 经济方法;
(5) 学术方法。
5. 中小学管理的基本内容
(1) 思想品德教育管理;
(2) 教学工作管理;
(3) 教务行政管理;

(4) 总务工作管理。
(三) 国家对中小学的管理
1. 学校课程计划的编制和颁行制度
2. 教科书的编写、审定和使用制度
3. 学籍管理制度
4. 教师人事管理制度
第四节　学校、家庭和社会
(一) 学校、家庭、社会在儿童身心发展中的作用
1. 学校在学生身心发展中的作用
2. 家庭在学生身心发展中的作用
3. 社会在学生身心发展中的作用
(二) 学校教育、家庭教育与社会教育的相互配合
1. 学校教育对家庭教育的指导与配合
2. 学校教育与社会教育的配合

三、考核知识点与考核要求

(一) 学校概述
1. 识记:(1) 学校的定义与功能;(2) 学制的定义;(3) 学校的公益性特点。
2. 领会:(1) 学校的制度化与现代学制的产生;(2) 学制变革与学校的大众化;(3) 我国现代学校及学制的产生;(4) 我国中小学在现行学制中的地位。
(二) 学校文化
1. 识记:学校文化的概念和分类。
2. 领会:(1) 学校文化的形成;(2) 教师文化、学校物质文化和学校制度文化。
(三) 学校管理
1. 识记:(1) 学校管理的概念和基本方法;(2) 我国中小学管理的基本内容。
2. 领会:(1) 学校组织的特征;(2) 学校管理的基本途径;(3) 学校管理的目标和尺度;(4) 国家对于中小学的管理内容。
3. 应用:(1) 掌握学校管理的基本方法;(2) 形成基本的沟通能力和学校管理能力。
(四) 学校、家庭和社会
1. 领会:(1) 学校、家庭、社会在儿童身心发展中的作用;(2) 学校教育、家庭教育与社会教育的关系。
2. 应用:正确处理学校教育、家庭教育和社会教育的关系。

四、本章重点、难点

本章重点:学校的定义、学校文化、学校管理的基本内容和途径。
本章难点:学校管理的基本内容和途径,学校、家庭和社会的关系。

第三章 学　　生

一、学习目的与要求

通过本章学习，理解当代儿童发展观的基本内涵，了解不同的儿童发展观及其教育影响，掌握儿童发展的特点与规律。

二、课程内容

第一节　历史上不同的儿童发展观及其教育影响
(一) 遗传决定论
1. 柏拉图——三分说
2. 基督教——原罪说
3. 孟子——性善论，荀子——性恶论，董仲舒和韩愈——性三品说
(二) 环境决定论
1. 洛克——教育万能论
2. 华生——环境决定论
(三) 辐合论
施泰伦——二因素论
第二节　当代儿童发展观的进步及其主要内容
(一) 皮亚杰与杜威的贡献
1. 皮亚杰的儿童发展观及贡献
2. 杜威的儿童发展观及贡献
3. 皮亚杰和杜威儿童发展观的比较
(二) 当代儿童发展观的基本内涵
1. 儿童的发展以个体的生物遗传素质为基础
2. 儿童的发展蕴含于儿童主体的活动之中
3. 实现发展是儿童的权利
第三节　儿童的发展与教育
(一) 理解儿童发展需要澄清的几个问题
1. 发展不是简单的变化
2. 发展不是单纯的生理成熟
3. 教育不等于发展
(二) 儿童的发展有其自身的特点与规律
1. 儿童的身心发展具有顺序性
2. 儿童的身心发展具有不平衡性
3. 儿童的身心发展具有阶段性
4. 儿童的身心发展具有个别差异性
5. 儿童身心发展具有分化与互补的协调性

（三）教育与儿童的发展
1. 教育目标要反映社会的发展
2. 在成熟的基础上引导发展
3. 在整体发展的基础上促进个性发展
4. 教育过程中要尊重和发挥儿童的主体性
（四）学生主体性与教育
1. 教育、教学活动的组织，要尊重学生的感受
2. 教育活动中，要给学生留有选择的余地，并尊重学生的选择
3. 教育中要鼓励学生的创造性

三、考核知识点与考核要求

（一）历史上不同的儿童发展观及其教育影响
1. 识记：遗传决定论、环境决定论和辐合论的代表人物和观点。
2. 领会：不同儿童发展观的教育影响。
（二）当代儿童发展观的进步及其主要内容
1. 识记：（1）皮亚杰儿童发展观及贡献；（2）杜威儿童发展观及贡献。
2. 领会：（1）皮亚杰儿童发展观和杜威儿童发展观的比较；（2）当代儿童发展观的基本内涵。
3. 应用：能够运用正确的儿童发展观，分析教育问题。
（三）儿童的发展与教育
1. 识记：儿童发展的特点与规律。
2. 领会：（1）儿童发展需要澄清的几个问题；（2）教育与儿童的发展。
3. 应用：掌握发挥学生主体性的基本原则。

四、本章重点、难点

本章重点：不同的儿童发展观、当代儿童发展观的内涵和儿童发展的特点与规律。
本章难点：儿童发展的特点与规律。

第四章　教　　师

一、学习目的与要求

通过本章学习，正确理解教师的概念，了解教师的资格、任用、培训及考核制度，掌握教师需要具备的职业素养和教师的权利与义务。

二、课程内容

第一节　教师职业
（一）教师概述
1. 教师的概念

（1）教师是专业人员；
（2）教师的职责是教育教学；
（3）教师的使命是教书育人，培养社会主义事业建设者和接班人，提高民族素质。
2. 教师职业的产生与发展
（1）教师职业的非专业化阶段；
（2）教师职业的专门化；
（3）教师职业的专业化。
（二）教师地位
1. 教师社会地位
（1）教师社会地位的内容；
（2）教师社会地位的历史发展；
（3）提高教师社会地位的途径。
2. 教师法律地位
（1）教师的职业性质；
（2）《教师法》对教师身份的规定；
（3）从教师与教育行政机关的关系看教师法律地位；
（4）从教师与学校的关系看教师法律地位。
（三）教师职业素养
1. 职业道德素养
2. 职业知识素养
3. 职业能力素养

第二节　教师的权利与义务

（一）教师的基本权利
（1）进行教育教学活动，开展教育教学改革和实验；
（2）从事科学研究，学术交流，参加专业的学术团体，在学术活动中发表意见；
（3）指导学生的学习和发展，评定学生的品行和学业成绩；
（4）按时获取工资报酬，享受国家规定的福利待遇以及寒暑假期的带薪休假；
（5）对学校教育教学、管理工作和教育行政部门的工作提出意见和建议，通过教职工代表大会或者其他形式，参与学校的民主管理；
（6）参加进修或者其他方式的培训，简称进修培训权。
（二）教师的义务
（1）遵守宪法、法律和职业道德，为人师表；
（2）贯彻国家的教育方针，遵守规章制度，执行学校的教学计划，履行教师聘约，完成教育教学工作任务；
（3）对学生进行宪法所确定的基本原则的教育和爱国主义、民族团结的教育，法制教育以及思想品德、文化、科学技术教育，组织、带领学生开展有益的社会活动；
（4）关心爱护全体学生，尊重学生人格，促进学生在品德、智力、体质等方面全面发展；
（5）制止有害于学生的行为或者其他侵犯学生合法权益的行为，批评和抵制有害于学生健康成长的现象；

（6）不断提高思想政治觉悟和教育教学业务水平。

第三节 我国教师的资格、任用、培训及考核制度

（一）教师资格制度

1. 教师资格分类

2. 教师资格条件

3. 教师资格认定

4. 教师资格丧失

（二）教师任用制度

1. 教师职务制度

2. 教师聘任制度

（三）教师培训制度

1. 教师培训的含义

2. 中小学教师培训

（四）教师考核制度

1. 教师考核的内容

2. 教师考核的原则

3. 教师考核的结果

三、考核知识点与考核要求

（一）教师职业

1. 识记：（1）教师的概念；（2）教师职业素养的内容。

2. 领会：（1）教师职业的产生与发展；（2）教师的社会地位和法律地位。

（二）教师的权利与义务

1. 识记：（1）教师的权利；（2）教师的义务。

2. 领会：教师权利与教师义务的关系。

3. 应用：正确行使教师权利和履行教师义务。

（三）我国教师的资格、任用、培训及考核制度

1. 识记：（1）教师资格的分类和条件；（2）教师培训的内容；（3）教师考核的内容。

2. 领会：（1）教师资格的认定和丧失；（2）教师任用制度的类型；（3）教师培训的原则和类别；（4）教师考核的原则和结果。

3. 应用：能够依据我国教师的资格、任用、培训及考核制度，分析和解决教育实践中的现实问题。

四、本章重点、难点

本章重点：教师的概念、教师职业素养和教师的权利与义务。

本章难点：教师职业素养和教师考核制度。

第五章 教育目的

一、学习目的与要求

通过本章学习，正确理解教育目的的概念，了解教育目的的类型和教育目的的确立依据，掌握人的全面发展与全面发展的教育，理解我国教育目的的基本精神。

二、课程内容

第一节 教育目的概述

（一）教育目的

1. 教育目的的概念

2. 教育目的的类型

（1）社会的教育目的；

（2）个人的教育目的。

3. 教育目的与邻近概念

（1）教育目的与教育目标；

（2）教育目的与教育方针；

（3）教育目的与教育活动。

（二）确定教育目的的依据

1. 确定教育目的的主观依据

（1）教育目的的确定会受到不同世界观或哲学观念的影响；

（2）教育目的的确定受到思想家们或制定教育目的者对人性假设的影响；

（3）教育目的的确定受到理想人格的影响。

2. 确定教育目的的客观依据

（1）教育目的的确定受社会生产力和科学技术发展水平的制约；

（2）教育目的的确定受一定社会经济和政治制度的制约；

（3）教育目的的确定必须考虑历史发展的进程和个性发展的规律特点；

（4）教育目的的确定一定要依据受教育者身心发展的规律。

第二节 人的全面发展与全面发展的教育

（一）人的全面发展

1. 人的全面发展理论的源头与发展

2. 人的全面发展的具体内涵

（1）发展主体既包括个人，也包括人类，它是个人与人类的统一，是每个人也是一切人；

（2）人的全面发展目标是要实现人的全面而自由的发展，全面发展亦即自由发展；

（3）人的全面发展的内容包括人的全部力量和全部才能，但重点是人的自由个性的充分发展。

（二）全面发展教育

1. 全面发展教育在西方的演变

（1）萌芽期；
（2）发展期；
（3）成熟期。
2. 世界范围内对全面发展教育的阐述
（1）终身教育；
（2）全民教育；
（3）全纳教育。
第三节 我国的教育目的
（一）我国教育目的
1. 我国教育目的的发展与演变
2. 对我国的教育目的的思考
（1）突出“以人为本”；
（2）道德培养上要突出知行合一；
（3）突出创造能力的培养。
（二）我国教育目的理论依据
1. 对人的全面发展学说的内涵要有新理解
2. 促进人的全面发展要有新举措
（1）要全面贯彻党的教育方针，切实加强素质教育，促进学生德智体美全面发展；
（2）要努力遵循教育规律，正确处理面向全体受教育者的全面发展与个性发展的关系；
（3）要坚持以学生为本位，做到教育发展观与学生发展观的和谐统一；
（4）要切实加强教育与生产劳动相结合，正确处理教育与生产劳动的关系，加强创新精神和实践能力的培养；
（5）要坚持统筹兼顾，正确处理好教育发展过程中诸方面的关系，努力实现教育的全面、协调、持续、健康发展，努力为全社会提供更加公平的教育。
（三）我国教育目的的组成部分
1. 德育
（1）德育的内容；
（2）德育的功能；
（3）德育的原则；
（4）德育的方法。
2. 智育
（1）智育的概念；
（2）智力的概念；
（3）智育的意义。
3. 美育
（1）美育的概念；
（2）美育的功能；
（3）美育的主要任务。
4. 体育

(1) 体育的概念;
(2) 学校体育活动的基本特性;
(3) 学校体育的功能;
(4) 中小学体育工作的基本任务。
5. 劳动教育
(1) 劳动教育的目标;
(2) 劳动教育的原则;
(3) 劳动教育的形式。
(四) 我国教育目的的落实
1. 教育目的与教育目标
2. 德智体美劳诸育之间的关系
3. 全面发展与因材施教的关系
4. 全面发展与职业定向的关系
5. 推动人的全面发展的教育探索之路

三、考核知识点与考核要求

(一) 教育目的概述
1. 识记:(1) 教育目的的概念;(2) 教育目的的类型;(3) 确定教育目的的依据。
2. 领会:教育目的与邻近概念的辨析。
(二) 人的全面发展与全面发展的教育
1. 识记:(1) 人的全面发展的具体内涵;(2) 世界范围内对全面发展教育的阐述。
2. 领会:(1) 人的全面发展理论的源头与发展;(2) 全面发展教育在西方的演变。
3. 应用:运用人的全面发展与全面发展的教育理论,分析教育现实问题。
(三) 我国的教育目的
1. 识记:我国教育目的的组成部分。
2. 领会:(1) 我国教育目的的发展与演变;(2) 我国教育目的的基本精神;(3) 我国教育目的理论依据。
3. 应用:依据我国的教育目的,开展教育教学工作。

四、本章重点、难点

本章重点:我国的教育目的。
本章难点:人的全面发展与全面发展的教育。

第六章 课 程

一、学习目的与要求

通过本章学习,正确理解课程的概念和决定课程的几个基本关系,了解课程设计的主要模式,掌握课程目标、课程内容、课程结构。

二、考核内容

第一节 课程概述

（一）课程与课程论

1. 什么是课程

（1）课程是知识；

（2）课程是经验；

（3）课程是活动。

2. 什么是课程论

（1）关于课程基本理念方面的探讨；

（2）关于课程设计或编制方面的探讨。

（二）课程的理论基础

1. 课程论与哲学；

2. 课程论与心理学；

3. 课程论与教学论。

（三）决定课程的几个基本关系

1. 直接经验与间接经验；

2. 知识与能力；

3. 分科与综合；

4. 人文主义与科学主义。

第二节 课程的一般范畴

（一）课程目标

1. 课程目标的垂直分类

（1）课程的总体目标——教育目的；

（2）学科的课程目标；

（3）课程目标。

2. 课程目标的水平研究

（二）课程内容

1. 课程本质观

2. 课程内部基本关系的倾向

（三）课程结构

1. 最常见、最一般的结构形态

（1）课程计划；

（2）课程标准；

（3）教科书。

2. 一般结构的不同存在方式

（1）教学计划（课程计划）和教学大纲（课程标准）；

（2）教科书。

3. 一般结构的发展变化

(1) 在统一基础上增加灵活性；
(2) 在多样性基础上增加调控。
4. 课程结构的其他形态
(1) 学习者的不同学习方式是课程具体结构的基础；
(2) 建立与学生自主性探索学习方式相适应的课程结构。
5. 课程的不同类别
(1) 以培养目标为标准；
(2) 以课程的内容或范围为标准；
(3) 以学生的学习方式为标准。
第三节　课程设计
(一) 课程设计的三个层次
1. 宏观的课程设计工作
2. 中观的课程设计工作
3. 微观的课程设计工作
(二) 课程设计的主要模式
1. 国内关于课程设计模式的研究
2. 泰勒的课程设计模式

三、考核知识点与考核要求

(一) 课程概述
1. 识记:(1) 课程的概念;(2) 决定课程的几个基本关系。
2. 领会:(1) 课程论的内涵;(2) 课程的理论基础。
(二) 课程的一般范畴
1. 识记:(1) 课程目标的垂直分类;(2) 最常见、最一般的结构形态。
2. 领会:(1) 课程目标的水平研究;(2) 课程本质观和课程内部基本关系的倾向;(3) 课程一般结构的不同存在方式与发展变化;(4) 课程结构的其他形态;(5) 课程的不同类别。
(三) 课程设计
1. 识记:课程设计的三个层次。
2. 领会:国内关于课程设计模式的研究。
3. 应用:运用有关课程设计理论,解决教育教学问题。

四、本章重点、难点

本章重点:课程的概念,决定课程的几个基本关系,课程目标、内容、结构,课程设计。
本章难点:课程的概念和课程设计等。

第七章 教学(上)

一、学习目的与要求

通过本章学习,正确理解教学相关概念,了解教学任务和教学活动本质,掌握教学概念、原则和组织形式。

二、课程内容

第一节 教学的概念、意义及任务
(一) 教学的概念
(二) 正确理解教学概念
1. 区别教学与学习
2. 理解教与学的统一
3. 学生是教师主导下的主体
(三) 教学的意义与任务
1. 教学的意义
2. 教学的任务
第二节 教学活动的本质及模式
(一) 教学活动的本质
1. 教学认识过程是一种学生的认识过程
2. 教学认识过程是一种间接性的认识过程
3. 教学认识过程是一种在教师领导下的认识过程
4. 教学认识过程是一种有教育性的认识过程
(二) 关于教学活动本质的不同观点
1. 教学活动本质上是一种学生身心发展的过程
2. 教学过程是一种特殊的实践过程
3. 教学过程是一种师生交往活动
(三) 教学模式
1. 教学模式的概念
2. 教学模式的种类
(1) 关于教学模式的概括化研究;
(2) 关于教学模式的全面化的研究。
第三节 教学原则
(一) 教学原则的概念及教学原则的发展
1. 教学原则的概念及意义
2. 教学原则与教学模式
(二) 几种教学原则体系
1. 我国中小学常用的教学原则体系

（1）直观性原则；
（2）启发性原则；
（3）系统性原则；
（4）巩固性原则；
（5）量力性原则；
（6）思想性和科学性统一的原则；
（7）理论联系实际原则；
（8）因材施教原则。
2. 赞科夫的教学原则体系
（1）高难度原则；
（2）高速度原则；
（3）理论知识起主导作用的原则；
（4）使学生理解学习过程的原则；
（5）使所有学生包括学困生都得到一般发展的原则。
3. 布鲁纳的教学原则体系
（1）动机原则；
（2）结构原则；
（3）程序原则；
（4）反馈原则。
第四节　教学组织形式
（一）教学组织形式的概念及意义
（二）班级授课制及其意义
1. 班级授课制的由来及发展
2. 班级授课制的主要特征
3. 课的研究与发展
4. 对班级授课制的评价
（三）教学组织形式的改革
1. 分层教学（分组教学 能力分组）
2. 小组合作学习
3. 小班教学
4. 复式教学

三、考核知识点与考核要求

（一）教学的概念、意义及任务
1. 识记：教学的概念。
2. 领会：教学的意义与任务。
（二）教学活动的本质及模式
1. 识记：教学活动的本质。
2. 领会：（1）关于教学活动本质的不同观点；（2）教学模式。

（三）教学原则

1. 识记：（1）教学原则和教学模式的概念；（2）我国中小学常用的教学原则体系。

2. 领会：（1）教学原则的发展和意义；（2）赞科夫的教学原则体系；（3）布鲁纳的教学原则体系。

3. 应用：依据有关教学原则，开展教育教学工作。

（四）教学组织形式

1. 识记：（1）教学组织形式的概念；（2）班级授课制的主要特征。

2. 领会：（1）班级授课制由来、发展和评价；（2）教学组织形式的改革。

3. 应用：能够根据教育教学工作实际，选择不同的教学组织形式。

四、本章重点、难点

本章重点：教学概念、原则和组织形式。

本章难点：教学活动的本质及模式。

第八章　教学（下）

一、学习目的与要求

通过本章学习，正确理解教学方法的概念，了解教学手段的演变和运用现代教学手段的意义，掌握中小学常用的教学方法、教学工作的实施过程。

二、课程内容

第五节　教学方法

（一）教学方法概述

（二）中小学常用的教学方法

1. 讲授法

（1）定义；

（2）优点与缺点；

（3）基本要求。

2. 谈话法

（1）定义；

（2）优点与缺点；

（3）基本要求。

3. 讨论法

（1）定义；

（2）优点与缺点；

（3）基本要求。

4. 实验法

（1）定义；

（2）优点与缺点；
（3）基本要求。
5. 实习作业法
（1）定义；
（2）优点与缺点；
（3）基本要求。
6. 练习法
（1）定义；
（2）优点与缺点；
（3）基本要求。
7. 参观法
（1）定义；
（2）优点与缺点；
（3）基本要求。
（三）教学方法的改革与发展
1. 发现学习
（1）代表人物；
（2）含义；
（3）具体做法；
（4）优势与缺点。
2. 探究-研讨法
3. 纲要信号图式教学法
（1）代表人物；
（2）含义；
（3）做法。
4. 暗示教学法
（1）代表人物；
（2）做法。
5. 范例教学法
（1）产生背景及理论基础；
（2）范例教学的过程。
6. 以网络为基础的新的教学方法
（1）翻转课堂；
（2）微课；
（3）慕课。
第六节　教学手段
（一）教学手段的概念及其发展
1. 传统的教学手段
2. 现代化的教学手段

（二）现代教育技术作为教学手段的意义
（三）必须形成对于现代教育技术的科学态度
第七节　教学工作的实施
（一）教学工作实施的一般过程
1. 备课
2. 上课
3. 作业的布置和批改
4. 课外辅导
（二）教学工作实施的不同过程
1. 确定主题；
2. 布置任务；
3. 制定评价标准；
4. 展示与交流。

三、考核知识点与考核要求

（一）教学方法
1. 识记:（1）教学方法的概念;（2）中小学常用的教学方法。
2. 领会:教学方法的改革与发展。
3. 应用:根据教育教学实际,选择不同的教学方法。
（二）教学手段
1. 识记:教学手段的概念。
2. 领会:（1）现代教育技术作为教学手段的意义;（2）现代教育技术的科学态度。
3. 应用:根据教育教学实际选择不同的教学手段。
（三）教学工作的实施
1. 识记:教学工作实施的一般过程。
2. 领会:教学工作实施的不同过程。
3. 应用:根据教学工作实施过程及实施要求,开展教育教学工作。

四、本章重点、难点

本章重点:教学方法和教学手段。
本章难点:教学工作的实施。

第九章　学生集体与集体教育

一、学习目的与要求

通过本章学习,正确理解学生集体和班集体的概念,了解学生集体的组织形式,掌握班主任与班集体的相互关系。

二、课程内容

第一节　学生集体概述

（一）学生集体的概念

1. 学生群体

2. 学生集体

（二）学生集体的发展阶段

1. 学生集体形成的初始阶段

2. 学生集体形成的第二阶段

3. 学生集体形成的第三阶段

（三）学生集体的教育作用

1. 集体通过有机的组织对其成员施加教育影响，可以起到教师个人起不到的作用

2. 集体组织活动比教师个人对学生教育的范围大、内容丰富、方法多样灵活，学生易于接受

3. 集体的教育影响是通过舆论实现的，集体舆论起着潜移默化的教育作用

4. 在集体中，个体之间的相互影响使得人人都成为教育者

第二节　学生集体的组织形式

（一）班级

1. 班级组织建构的社会心理基础

2. 班级组织建构的原则

（1）有利于教育的原则；

（2）目标一致的原则；

（3）有利于身心发展的原则。

3. 班级组织的结构

（1）职权结构；

（2）角色结构；

（3）师生关系；

（4）生生关系。

4. 班级文化

（1）学术亚文化；

（2）娱乐亚文化；

（3）违法亚文化。

（二）共青团

1. 共青团的性质

（1）先进性；

（2）群众性；

（3）实践性。

2. 共青团的基本任务

3. 团支部、团总支、支部委员会

4. 共青团组织的教育功能
(1) 政治思想教育的功能;
(2) 思想品德教育的功能;
(3) 协助教师与班委会组织实施教学的功能。
(三) 少先队
1. 少先队的性质
(1) 群众性;
(2) 革命性;
(3) 独立自主性。
2. 少先队的基本任务
3. 少先队的组织机构
(1) 大队;
(2) 中队;
(3) 小队。
4. 少先队的活动形式
(1) 队会;
(2) 参观、访问和社会调查;
(3) 游戏;
(4) 少先队的阵地活动。
5. 少先队组织的教育功能
第三节 班主任与班集体的相互关系
(一) 班集体与班主任概述
1. 班集体概述
(1) 班集体概念;
(2) 班集体的功能;
(3) 班集体的组织与培养。
2. 班主任概述
(1) 班主任工作的目的;
(2) 班主任工作的基本要求;
(3) 班主任工作的主要任务。
(二) 班主任在班集体建设中的作用
1. 班主任是班级管理的具体执行者
2. 班主任是班集体内教育和教学活动的核心
3. 班主任是联系学校、家庭及社会的纽带
(三) 班集体对班主任工作的反作用
1. 良好的班集体是班主任实施教育工作的有力保障
2. 良好的班集体是班主任获取工作经验的宝贵资源之一

三、考核知识点与考核要求

(一) 学生集体概述

1. 识记:学生集体的概念。

2. 领会:(1) 学生集体的发展阶段;(2) 学生集体的教育作用。

(二) 学生集体的组织形式

1. 识记:(1) 班级、共青团和少先队的概念;(2) 班级组织建构的原则;(3) 班级组织的结构;(4) 共青团和少先队的性质。

2. 领会:(1) 班级组织建构的社会心理基础;(2) 班级文化;(3) 共青团的基本任务和教育功能;(4) 少先队的基本任务、组织机构、活动形式和教育功能。

(三) 班主任与班集体的相互关系

1. 识记:(1) 班集体的概念和功能;(2) 班主任工作的目的;(3) 班主任工作的基本要求和主要任务。

2. 领会:(1) 班主任在班集体建设中的作用;(2) 班集体对班主任工作的反作用。

3. 应用:能够运用所学理论,做好班集体的组织与培养工作。

四、本章重点、难点

本章重点:学生集体的教育作用,班主任与班集体的相互关系。

本章难点:班主任与班集体的相互关系。

第十章　学校心理健康教育

一、学习目的与要求

通过本章学习,正确理解学校心理健康教育的概念,了解学校心理健康教育的目标,掌握心理健康教育的主要途径、心理辅导课程的开展和学生咨询的一般过程。

二、课程内容

第一节　学校心理健康教育概述

(一) 学校心理健康教育的发展概况

1. 国外学校咨询与辅导的发展概况

2. 我国学校心理健康教育的发展概况

(二) 学校心理健康教育的目标

1. 发展指导

2. 问题预防

3. 危机干预

(三) 学校心理健康教育的主要途径

1. 开展以心理辅导课程为主体的专题教育

2. 在学校教育教学工作中整合心理健康教育的目标

3. 针对学生的个别问题提供心理咨询服务
4. 为其他教师以及家长提供顾问服务
5. 协调学校和社会教育资源

第二节 心理辅导课程

（一）心理辅导课程的主要原则
1. 以技能和态度形成为导向
2. 以活动和体验为课程的主要形式
3. 紧密结合学生的生活实际
4. 调动学生全体参与

（二）系统的心理健康课程
1. 认识自己
2. 自我调适
3. 人际交往
4. 学会学习
5. 生涯探索

（三）专门的心理辅导活动
1. 需求分析
2. 课程准备
3. 实施授课
4. 课程评价

第三节 对学生的咨询帮助

（一）咨询的目标
1. 咨询的直接目标
2. 咨询的长期目标
3. 环境干预的必要性

（二）咨询的基本原则
1. 积极关注和信任来访学生
2. 充分支持和鼓励来访学生
3. 注重来访学生的主动参与
4. 严格为来访学生保密

（三）咨询会谈的一般过程
1. 建立关系
2. 澄清和评估问题
3. 确定改变的目标
4. 促成目标的实现
5. 结束咨询与效果追踪

三、考核知识点与考核要求

（一）学校心理健康教育概述

1. 识记:(1) 学校心理健康教育的概念;(2) 学校心理健康教育的主要途径。

2. 领会:(1) 学校心理健康教育发展概况;(2) 学校心理健康教育的目标。

3. 应用:结合教育教学工作实际,开展心理健康教育。

(二) 心理辅导课程

1. 识记:心理辅导课程的概念。

2. 领会:(1) 心理辅导课程的主要原则;(2) 心理健康课程的主要目标;(3) 专门心理辅导活动的开展阶段。

3. 应用:运用所学理论,开展心理辅导课程。

(三) 对学生的咨询帮助

1. 领会:(1) 咨询的目标和原则;(2) 咨询会谈的一般过程。

2. 应用:运用相关咨询理论,开展学生咨询工作。

四、本章重点、难点

本章重点:学校心理健康教育的概念和主要途径,心理辅导课程和学生咨询工作的开展。

本章难点:学生咨询工作的开展。

第十一章 教育测验与评价

一、学习目的与要求

通过本章学习,正确理解教育测验与教育评价的概念,了解教育测验与教育评价的类型,掌握良好测验的标准和中小学教育评价的基本步骤,能够开展教育测验和教育评价。

二、课程内容

第一节 中小学教育测验

(一) 教育测验的概念

1. 概念界说

(1) 测量;

(2) 测验;

(3) 考试;

(4) 评价。

2. 测验的功能

(1) 激励功能;

(2) 诊断功能;

(3) 区分和选拔功能;

(4) 评定功能。

(二) 测验的类型

1. 安置性测验、形成性测验、诊断性测验和总结性测验

2. 标准化测验与教师自编测验
3. 学业成就测验和学能测验
4. 常模参照性测验和标准参照性测验
（三）良好测验的标准
1. 实用性
2. 可信度
3. 有效性
4. 难度
5. 区分度
（四）测验的编制和实施
1. 确定试题内容
2. 选择试题类型
3. 评分
4. 测验分数的解释
第二节　中小学教育评价
（一）中小学教育评价概述
（二）中小学教育评价的类型
1. 相对评价和绝对评价
2. 形成性评价和总结性评价
（三）中小学教育评价的内容
1. 学生发展评定
2. 教师授课质量评价
3. 课程和教材评价
（四）中小学教育评价的基本步骤
1. 建立评价目标
2. 选择评价样本
3. 收集评价信息
4. 报告评价结果
（五）当今评价的问题与发展
1. 现存问题
（1）重知识轻能力；
（2）片面追求分数；
（3）影响学生心理健康；
（4）制约教学改革。
2. 发展和改革策略

三、考核知识点与考核要求

（一）中小学教育测验
1. 识记：教育测验的概念、功能和类型。

2. 领会:(1) 良好测验的标准;(2) 测验的编制和实施。

3. 应用:运用教育测验相关理论,编制测验工具和开展教育测验。

(二) 中小学教育评价

1. 识记:教育评价的概念和类型。

2. 领会:(1) 教育评价的内容;(2) 中小学教育评价的基本步骤;(3) 当今评价的问题与发展。

3. 应用:运用教育评价相关理论,开展中小学教育评价。

四、本章重点、难点

本章重点:教育测验的概念、功能和类型,良好测验的标准,教育评价的概念、类型和内容,中小学教育评价的基本步骤。

本章难点:中小学教育测验和教育评价工作的开展。

第十二章 教育法制

一、学习目的与要求

通过本章学习,正确理解法律和教育法律责任概念,了解我国教育法体系的基本框架、学校和学生的权利义务、教育法律救济制度,掌握教育法律责任的承担情形和承担方式、学校安全防护的要求、学校安全管理的流程和学校安全教育的途径,学生伤害事故的认定和处理。

二、课程内容

第一节 教育与法律

(一) 法律的产生及其功能

(二) 教育的国家化和教育法的产生

(三) 国外教育法发展的历史及其特点

1. 零星立法阶段

2. 专门对普及义务教育进行立法阶段

3. 广泛进行教育立法的阶段

4. 教育的综合法治阶段

(四) 我国教育法制建设的现状与前瞻

第二节 教育法律关系主体

(一) 学校的法律地位及其权利与义务

1. 学校的法律地位

2. 学校的权利与义务

(二) 学生的法律地位及其权利与义务

1. 学生的法律地位

2. 学生的权利与义务

第三节 教育法律责任
（一）教育行政法律责任
1. 教育行政法律责任的承担情形
2. 教育行政法律责任的承担方式
（二）教育民事法律责任
1. 教育民事法律责任的承担情形
2. 教育民事法律责任的承担方式
（三）教育刑事法律责任
1. 教育刑事法律责任的承担情形
2. 教育刑事法律责任的承担方式
第四节 教育法律救济
（一）教育法律救济概述
（二）教育法律救济的主要制度
1. 教师申诉制度
2. 学生申诉制度
第五节 学校安全
（一）学校安全概述
1. 学校安全的概念
2. 学校安全的内容
3. 学校安全的原则
（二）学校安全防护
1. 学校安全防护概述
2. 学校安全防护要求
（三）学校安全管理
1. 学校安全管理组织机构
2. 学校安全管理制度
3. 学校安全管理流程
（四）学校安全教育
1. 学生安全教育内容
2. 学生安全教育途径
第六节 学生伤害事故
（一）学生伤害事故概述
1. 学生伤害事故的定义
2. 学生伤害事故与侵权行为
3. 学生伤害事故的侵权责任
4. 学生伤害事故的归责原则
5. 学生伤害事故的责任形式和制裁方式
6. 学生伤害事故的免责条件
（二）学生伤害事故的类型与责任承担列举

1. 学生伤害事故的分类

2. 学生伤害事故的法律责任

（三）学生伤害事故的处理

1. 学生伤害事故的处理程序

2. 学生伤害事故的处理方式

三、考核知识点与考核要求

（一）教育与法律

1. 识记：(1) 法律的概念；(2) 我国教育法体系的基本框架。

2. 领会：(1) 法律的产生及其功能；(2) 教育的国家化和教育法的产生；(3) 国外教育法发展的历史及其特点；(4) 我国教育法制建设的现状与前瞻。

（二）教育法律关系主体

1. 识记：(1) 学校的权利与义务；(2) 学生的权利与义务。

2. 领会：(1) 学校的法律地位；(2) 学生的法律地位。

3. 应用：(1) 依据学校权利和义务等法律规定，开展教育教学工作；(2) 引导学生正确行使权利和履行义务。

（三）教育法律责任

1. 识记：教育法律责任的定义和分类。

2. 领会：教育行政法律责任、民事法律责任和刑事法律责任的承担情形和承担方式。

（四）教育法律救济

1. 识记：教育法律救济的定义和特征。

2. 领会：(1) 教师申诉制度的定义和特点；(2) 学生申诉制度的定义和内容。

3. 应用：依据教育法律救济等所学理论，分析和解决教育法律纠纷中的现实问题。

（五）学校安全

1. 识记：(1) 学校安全的概念和内容；(2) 学校安全防护的概念和内容；(3) 学校安全管理的概念；(4) 学生安全教育的内容。

2. 领会：(1) 学校安全的原则；(2) 学校安全防护的要求；(3) 学校安全管理的组织机构、制度和流程；(4) 学生安全教育的途径。

3. 应用：依据学校安全相关理论，开展学校安全防护、管理和教育。

（六）学生伤害事故

1. 识记：学生伤害事故的定义和分类。

2. 领会：(1) 学生伤害事故与侵权行为；(2) 学生伤害事故的侵权责任；(3) 学生伤害事故的归责原则；(4) 学生伤害事故的责任形式和制裁方式；(5) 学生伤害事故的免责条件；(6) 学生伤害事故的法律责任。

3. 应用：依据相关法律法规，正确处理学生伤害事故。

四、本章重点、难点

本章重点：教育法律关系主体、教育法律责任的承担情形和承担方式，教育法律救济制度，学校安全防护、管理和教育，学生伤害事故的认定和处理。

本章难点:学生伤害事故的认定和处理。

第十三章 教育技术

一、学习目的与要求

通过本章学习,正确理解教育技术的含义,了解教育技术的发展历史、教育技术对教育的影响、教学媒体的类型和应用,掌握教学设计的一般过程。

二、课程内容

第一节 教育技术概述

(一)教育技术的含义

(二)教育技术的发展

1. 国外教育技术发展历史

(1)视听教学运动;

(2)程序教学运动与个别化教学;

(3)教学系统方法的发展。

2. 我国教育技术发展历史

(1)电化教育发展阶段;

(2)具有中国特色的教育技术发展阶段。

(三)教育技术的内容

1. 设计

2. 开发

3. 运用

4. 管理

5. 评价

(四)教育技术对教育的影响

1. 教育技术对教育变革的影响

2 教育技术对教师教学的影响

3. 教育技术对学生学习的影响

4. 教育技术对人才培养的影响

第二节 教学媒体

(一)教学媒体的含义

(二)教学媒体发展历史

1. 语言媒体阶段

2. 文字媒体阶段

3. 印刷媒体阶段

4. 电子媒体阶段

(三)教学媒体的类型

1. 视觉媒体
2. 听觉媒体
3. 视听觉媒体
4. 交互媒体

(四) 几种教学媒体简介及应用

1. 传统教学媒体
2. 多媒体计算机
3. 因特网信息资源库
4. 大数据软件
5. 云计算平台
6. 人工智能系统

第三节　教学设计

(一) 教学设计概述

1. 教学设计的含义
2. 教学设计的特征
3. 教学设计的三个层次
4. 教学设计的理论基础

(二) 教学设计的模式

1. 以系统为中心的教学设计模式
2. 以课堂为中心的教学设计模式
3. 以产品为中心的教学设计模式
4. 教学设计的一般模式

(三) 教学设计的一般过程

1. 学习需要分析
2. 学习内容分析
3. 学习者分析
4. 学习目标阐明
5. 教学策略制定
6. 教学媒体选择
7. 教学设计成果评价

三、考核知识点与考核要求

(一) 教育技术概述

1. 识记:教育技术的含义和内容。
2. 领会:(1) 教育技术的发展;(2) 教育技术对教育的影响。

(二) 教学媒体

1. 识记:教学媒体的含义。
2. 领会:(1) 教学媒体发展历史;(2) 教学媒体的类型。
3. 应用:结合教育教学实际,选择不同的教学媒体。

（三）教学设计

1. 识记：教学设计的含义。

2. 领会：(1) 教学设计的特征、层次和理论基础；(2) 教学设计的模式；(3) 教学设计的一般过程。

3. 应用：根据教学设计的一般过程，开展课堂教学设计。

四、本章重点、难点

本章重点：教育技术的含义和内容，教育技术对教育的影响，教学媒体的类型和应用。

本章难点：教学设计的一般过程。

Ⅳ 关于大纲的说明与考核实施要求

一、课程自学考试大纲的目的和作用

《教育学自学考试大纲》是根据专业考试计划的要求,结合自学考试的特点而确定。其目的是对个人自学、社会助学和课程考试命题进行指导和规定。

《教育学自学考试大纲》明确了本课程学习的内容以及深广度,规定了课程自学考试的范围和标准。因此,它是编写自学考试教材和辅导书的依据,是社会助学组织进行自学辅导的依据,是自学者学习教材、掌握课程内容知识范围和程度的依据,也是进行自学考试命题的依据。

为了使本大纲的规定在个人自学、社会助学和考试命题中得到贯彻和落实,特对有关问题作如下说明,并进而提出具体实施要求。

考试目标的说明:为使考试内容具体化和考试要求标准化,本大纲在列出考试内容的基础上,对各章规定了考核目标,包括考核知识点和考核要求。明确考核目标,使考生能够进一步明确考试内容和要求,更有目的地系统学习教材;使考试命题能够更加明确命题范围,更准确地安排试题的知识能力层次和难易度。

二、课程自学考试大纲与教材的关系

课程自学考试大纲是进行学习和考核的依据,教材是学习掌握课程知识的基本内容与范围,教材的内容是大纲所规定的课程知识和内容的扩展与发挥。课程内容在教材中可以体现一定的深度或难度,但在大纲中对考核的要求一定要适当。

大纲与教材所体现的课程内容应基本一致,即大纲中的课程内容和考核知识点应在教材中得到体现,教材中的内容不一定要体现在大纲中。

三、关于自学教材

《教育学》,全国高等教育自学考试指导委员会组编,劳凯声、董新良主编,高等教育出版社出版,2019 年版。

四、关于自学要求和自学方法的指导

(一) 关于自学要求

为有效地指导个人自学和社会助学,本大纲已指明了课程的重点和难点,在章节的基本要求中一般也指明了章节内容的重点和难点。

（二）自学方法指导

为使自学考生更好地学习《教育学》这门课程，在学习中可遵循以下几种方法。

1. 系统学习，掌握重点

自学者首先应系统地学习各章内容，掌握要求识记的概念，深入理解和掌握基本理论和基本方法，在此基础上深入学习知识点，掌握重点。本课程内容涉及教育学学科各个方面，知识范围广泛，各章之间既有联系又有区别，部分章节相对独立。考生应首先全面系统地学习各章内容，识记基本概念、名词，深入理解基本理论，弄清基本方法的内涵；其次，要认识各章之间的联系，注意区分相近的概念和相类似的问题，并掌握它们之间的联系；再次，在全面系统学习的基础上掌握重点，有目的地深入学习重点章节，但切忌在没有全面学习教材的情况下孤立地去抓重点。

2. 科学学习方法，明确相关概念、方法之间的关系

自学考生应扣紧教材和大纲进行学习，既可以全面地掌握教育学的基本原理，同时也可以抓住该课程的重点内容和考点。考试前梳理已经学习过的内容，搞清楚一些基本概念、理论及方法之间的关系，便于记忆、加深理解。学习教育学，要把理论和应用结合起来。本课程的内容既有理论又有方法，考生应在学习教育学基本理论的同时掌握其方法。

3. 深入理解教材案例，注意理论与实践相结合

通过案例导入和理论学习分析教育现象及问题，以提高分析问题和解决问题的能力，使得自学者做到学以致用。本课程阐述的内容与教育实践密切相关，考生在学习中应把课程的内容同我国现实教育问题联系起来，进行对照比较，分析研究，以增强感性认识，更深刻地领会教材的内容，将知识转化为能力，提高自己分析问题和解决问题的能力。

4. 自学考生应保证有必要的自学时间和良好的情绪状态

自学考生应根据该课程的特点和自身的实际情况，合理安排自学时间。在学习和应考中消除焦虑，树立自信，考出自己的真实水平，早日实现自己的大学梦。

五、对社会助学的要求

社会助学者应根据本大纲规定的考试内容和考核目标，认真钻研指定教材，明确本课程与其他课程不同的特点和学习要求，对考生进行切实有效的辅导，引导他们防止自学中的各种偏向，把握社会助学的正确导向。

要正确处理基本原理、基本知识、基本概念同应用能力的关系，努力引导自学考生将基础理论知识转化为认识、分析和解决实际问题的能力。

要正确处理系统学习与掌握重点之间的关系。本课程作为一门基础学科，理论性较强，内容较广泛，同时自考命题的题型也多样化，覆盖面比较广。社会助学者应根据该课程内容及考试命题的特点，指导自学考生全面系统地学习教材，掌握课程内容和考核目标。在对自学考生进行全面辅导的基础上，突出重点章节和重点问题，把重点辅导和系统学习有机地结合起来。

六、对考核内容的说明

本课程要求考生学习和掌握的知识点内容都作为考核的内容。课程中各章的内容均由若干知识点组成，在自学考试中成为考核知识点。因此，课程自学考试大纲中所规定的考试

内容是以分解为考核知识点的方式给出的。由于各知识点在课程中的地位、作用以及知识自身的特点不同，自学考试将对各知识点分别按三个认知（或叫能力）层次确定其考核要求。

在考试之日起6个月前，由全国人民代表大会和国务院颁布或修订的法律、法规都将列入相应课程的考试范围。凡大纲、教材内容与现行法律、法规不符的，应以现行法律法规为准。命题时也会对我国经济建设和科技文化发展的重大方针政策的变化予以体现。希望个人自学者、社会助学组织在学习过程中给予关注。

七、关于考试命题的若干规定

1. 本课程的考试采用闭卷笔试形式，考试时间为150分钟；满分100分，60分及格。

2. 本大纲各章所规定的基本要求、知识点及知识点下的知识细目，都属于考核的内容。本课程的命题考试，应根据本大纲所规定的考试内容和考试目标来确定考试范围和考核要求，不要任意扩大或缩小考试范围，提高或降低考核要求。考试命题要覆盖到各章，并适当突出重点章节，体现本课程的内容重点。

3. 命题不应有超出大纲中考核知识点范围的题，考核目标不得高于大纲中所规定的相应的最高能力层次要求。命题应着重考核自学者对基本概念、基本知识和基本理论是否了解或掌握，对基本方法是否会用或熟练。不应出与基本要求不符的偏题或怪题。试题量以中等学习水平的自学者在规定时间内可以答完全部试题为宜。

4. 本课程在试卷中对不同能力层次要求的分数比例大致为：识记占30%，领会占30%，应用占40%。

5. 试题要合理安排难度结构。试题难易度可分为易、较易、较难、难四个等级。每份试卷中，不同难易度试题的分数比例2∶3∶3∶2，必须注意，试题的难易度与能力层次有联系也有区别，在各能力层次中都会存在不同难度的问题，切勿混淆。

6. 本课程考试命题的主要题型一般有单项选择题、辨析题、简答题、论述题、分析说明题、案例分析题等题型。

7. 为使自学者能够详细了解试题的有关情况，特附参考样卷及答案各一份，仅供参考。

附录　参考样卷

一、单项选择题:本大题共 15 小题,每小题 2 分,共 30 分。在每小题列出的备选项中只有一项是最符合题目要求的,请将其选出。

1. 被誉为“科学教育学的奠基人”“现代教育学之父”的是

A. 夸美纽斯　　B. 赫尔巴特　　C. 杜威　　D. 梅尔曼

2. 有人把教育隐喻为“塑造”,称教师是“人类灵魂的工程师”。这种观点在人的身心发展影响因素的问题上倾向于

A. 遗传决定论　　B. 成熟论　　C. 环境决定论　　D. 辐合论

3. 我国第一个正式颁布但未实行的学制是

A. 壬戌学制　　B. 癸卯学制　　C. 壬寅学制　　D. 壬子癸丑学制

4. 班主任工作的首要任务是

A. 组织建立良好的班集体

B. 促进班集体全体成员的全面发展

C. 在学生中树立热爱科学、勤奋学习的良好风气

D. 做好与本班学生家长的联系工作

5. 在统一学校系统的过程中,逐渐形成了现代学制的三种类型:即双轨制、单轨制和分支制。下列选项中,实行分支制的国家是

A. 美国　　B. 英国　　C. 德国　　D. 苏联

6. “不陵节而施之谓孙”体现的教学原则是

A. 量力性原则　　B. 直观性原则　　C. 因材施教原则　　D. 系统性原则

7. 教育起源于原始社会儿童日常生活中对成人行为的“无意识模仿”,主张这一观点的是教育的

A. 心理起源说　　B. 劳动起源说　　C. 深化起源说　　D. 生物起源说

8. 下列选项中不属于教师义务的是

A. 遵守宪法、法律和职业道德

B. 贯彻国家的教育方针,遵守规章制度

C. 关心爱护全体学生,尊重学生人格

D. 参加进修或者其他方式的培训

9. 下列选项中不属于新课程改革中课程结构基本特征的是

A. 均衡性　　B. 综合性　　C. 系统性　　D. 选择性

10. 针对某一教学单元而设计,在教学过程中进行,测验目的不在于评定学生,而是为

了调控教学。这种测验是

A. 形成性测验　　B. 安置性测验　　C. 总结性测验　　D. 诊断性测验

11. 下列选项中属于教育部门法的是

A.《中华人民共和国教育法》

B.《教师资格条例》

C.《中华人民共和国义务教育法》

D.《教育督导条例》

12. 下列选项中不属于学校心理健康教育目标的是

A. 问题预防　　B. 疾病诊治　　C. 发展指导　　D. 危机干预

13. 十几岁的孩子就其身体发育来看,已经很接近成人水平,而其心理成熟程度,却要比成人低得多。这体现了儿童身心发展的

A. 顺序性　　B. 阶段性　　C. 差异性　　D. 不平衡性

14. 在整个教育工作中居于核心地位,是一切教育活动的出发点和归宿的是

A. 教育目的　　B. 教育内容　　C. 教育手段　　D. 教育结构

15. 下列选项中不属于教育技术理论与实践主要内容的是

A. 设计　　B. 反馈　　C. 开发　　D. 运用

二、辨析题:本大题共 5 小题,每小题 3 分,共 15 分。判断正误并给予简要说明。

16. 只要儿童接受教育就能得到发展。

17. 教育方针不同于教育目的。

18. 循序渐进原则就是指教学活动需按照学生发展的规律去进行。

19. 教育的社会功能是教育的本体功能。

20. 班主任是班级内教育和教学活动的核心。

三、简答题:本大题共 4 小题,每小题 5 分,共 20 分。

21. 简述现代教育的主要特征。

22. 简述班级授课制的优缺点。

23. 简述学校心理健康教育的主要途径。

24. 简述我国教育评价的发展和改革策略。

四、论述题:本题 10 分。

25. 论述题:联系实际谈谈作为一名合格教师应具备哪些职业素养?

五、分析说明题:本题 10 分。

26. 背景材料

在杭州"批判性思维,课堂教学变革"论坛上,某位教育家针对"怎么发展学生的思维"这一问题,提出了建议。他谈道:"要把学生放在主体的地位,让学生自己去学习、自己去探索。教师是学生学习知识的引路人,而不是把现成知识灌输给学生。我们要充分相信学生的能力,让学生自己去发现问题、提出问题、解决问题。过去我们也经常提倡启发式的教学,老师提出问题让学生回答,但这些问题是老师提出来的,并不等于学生自己提出来的。要让学生自己去探索问题、提出问题,这样才能真正让学生的思维得到发展。所以我们现在提倡探究式、参与式学习。但是我觉得,我们在提倡自主学习中,需要克服自主学习的误区。自主学习并不是个人学习,而是自主的合作学习,形成师生之间、同伴之间的学习共同体。不

是把老师的主张强加给学生，而是引导他自己去思索去探索。”

问题：(1) 请结合材料回答如何培养学生的主体性。

(2) 在教育教学过程中，尊重和发挥学生主体性应遵循哪些基本原则？

六、案例分析题：本题 15 分。

27. 为了让孩子们感受春天的美好，某小学教师周老师以大自然为教室，在公园里上了一节语文课。40 多名穿着校服的小学生围坐在小南湖公园的草地上，跟着老师学认生字。

“同学们刚才看到的那棵树叫水杉，‘杉’字是这样写的，大家看右半部分是不是很像水杉的叶子？”公园里，周老师举着生字卡片，给学生们一一讲解。40 分钟里，她先带着学生观察公园里的花草树木，然后让孩子们在草地上席地而坐，给他们讲起了生字词。孩子们学习了树、杉、花、樱等生字，一起朗诵“碧玉妆成一树高，万条垂下绿丝绦”等和春天有关的诗句，还轮流作了一篇口头小作文，讲述他们眼中的春天。大家四周是开满花朵的垂丝海棠、樱花树，不时有花瓣飘下，落在孩子们的头上、身上。

请结合上述材料，分析案例中的周老师主要遵循了什么教学原则？贯彻这一原则的基本要求是什么？

参考样卷答案

一、单项选择题

1. B	2. C	3. C	4. A	5. D
6. D	7. A	8. D	9. C	10. A
11. C	12. B	13. D	14. A	15. B

二、辨析题

16. 答：这种说法不正确。

儿童个体的发展，是一个量变与质变不断转化、互为基础的复杂过程，不等同于儿童的学习和接受教育的过程。接受教育不可能代替发展本身，教育不一定能促进儿童个体的发展。

17. 答：这种说法正确。

教育方针是教育目的的政策性表达，反映了国家教育的根本性质、总指导思想和总方向等。同时，教育方针具有政策的规定性和必须贯彻的强制性，其反映的教育目的也具有某些规定性或强制性。这与教育理论和实践所要不断进行客观探讨的教育目的有很大不同。

18. 答：这种说法不正确。

循序渐进原则是指教学活动应当持续、连贯、有系统地进行，使学生系统掌握基础知识和基本技能。一般来说，教学活动的顺序必须以学科课程的体系和学生发展规律为依据，按照这两方面的要求持续、连贯地进行。

19. 答：这种说法不正确。

教育功能可划分为个体功能与社会功能。个体功能也称为教育的本体功能，即教育对个体发展的影响和作用，由教育活动的内部结构决定。教育的社会功能也称为教育的派生功能,主要指教育对社会各个子系统的影响和作用。

20. 答:这种说法正确。

班主任是班集体的组织者和领导者,是班集体活动的主导力量。学生集体活动的教育作用是以班主任的工作为核心发挥出来的。

三、简答题

21. 答:

(1) 现代教育的公共性;

(2) 现代教育的生产性;

(3) 现代教育的科学性;

(4) 现代教育的未来性;

(5) 现代教育的国际性;

(6) 现代教育的终身性。

22. 答:

优点:

(1) 班级授课制使得教学获得了巨大的效率,一位教师同时向几十个学生教学,使得教育的普及成为可能;

(2) 有利于教师主导作用的发挥,便于有计划地教学活动,循序渐进地开展教学;

(3) 由于学生是按照年龄和程度编成班级,水平接近,有利于他们彼此之间的互相交流和启发。

缺点:

(1) 不利于学生主体性的发挥,学生比较多的是接受教师所传授的现成知识;

(2) 为学生提供的实践性学习、探索性学习的机会比较缺乏,因此不利于学生多方面的发展;

(3) 不能很好地适应教学内容和教学方法等方面的多样化,比较固定化,缺少灵活性;

(4) 强调统一性,难以适应学生的个别差异,不利于因材施教;

(5) 每个学生实际上分别地对教师负责,彼此之间没有分工与合作,因此学生的互相交流和启发难以保证。

23. 答:

(1) 开展以心理辅导课程为主体的专题教育;

(2) 在学校教育教学工作中整合心理健康教育的目标;

(3) 针对学生的个别问题提供心理咨询服务;

(4) 为其他教师以及家长提供顾问服务。

24. 答:

(1) 从侧重一元传统测评到多元替代性评价;

(2) 从侧重总结性评价到形成性评价;

(3) 从侧重区分性功能到发挥激励性功能。

四、论述题

25. 答:

教师职业素养是教师在教育教学过程中表现出的综合品质,包括职业道德素养、职业知识素养和职业能力素养。

（1）职业道德素养

教师的职业道德素养是指教师对职业行为的自觉要求，是教师道德人格不断发展完善和做好教育工作的需要。主要包括爱国守法、爱岗敬业、关爱学生、教书育人、为人师表、终身学习。

（2）职业知识素养

教师的职业知识素养是教师所掌握的知识以及对知识的运用能力。主要包括教育知识、学科知识、通识性知识。

（3）职业能力素养

教师的职业能力素养是指教师应具备的、能够适应终身发展和基础教育改革发展需要的关键能力和必备品格，是落实学生核心素养的关键。主要包括教育教学设计能力、组织与实施能力、激励与评价能力、沟通与合作能力、反思与发展能力。

（要求结合实际展开分析。）

五、分析说明题

26. 答：

（1）第一，建立民主而和谐的师生关系，重视学生自学能力的培养；第二，重视培养学生主体参与课堂，让学生获得主体参与的体验，尤其让学生体验成功；第三，尊重学生的个性差异，对学生进行具有针对性的教育。

（要求结合材料展开分析。）

（2）第一，教育、教学活动的组织，要尊重学生的感受。教育活动过程中，要时时关心学生在活动中的感受，并以他们的感受为依据，来选择教育内容的展示方法、教育要求的表达方法和教育活动的组织形式等。

第二，教育活动中，要给学生留有选择的余地，并尊重学生的选择。在具体的教学活动中，在不违背教育基本目标和基本原则的条件下，教师应允许和尊重学生在活动中表现出的选择性，支持每一个学生按自己的特点去发展。

第三，教育中要鼓励学生的创造性。从中小学开始鼓励学生创造性能力的发挥，让学生体验到与众不同的想法或做法给自己带来的变化，看到反常规做法的影响，从而体验到人存在的作用和意义，逐渐形成自我发展的主动性和积极性，充分挖掘自己的发展潜力。

（要求结合材料展开分析。）

六、案例分析题

27. 答：

（1）该教师的做法主要遵循了直观性教学原则。直观性教学原则是指根据教学活动的需要，让学生用自己的感官直接感知学习对象。材料中周老师以公园为教室，带领学生在观察花草树木的过程中，学习相关生字和诗句，体现了直观性教学原则。

（2）贯彻这一原则的要求：

第一，要恰当地选择直观手段。学科不同、教学任务不同、学生年龄特征不同，所需要的直观手段也不同。

第二，直观是手段而不是目的。一般说，在教学内容对于学生比较生疏，学生在理解和掌握上遇到困难或障碍时，才需要运用直观。为直观而直观，只能导致教学效率的降低。

第三，要在直观的基础上提高学生的认识。直观给予学生的是感性经验，而教学的根本任务在于让学生掌握理论知识，因此教师在运用直观时应注意指导。

后记

2017 年 5 月由全国高等教育自学考试指导委员会办公室召开了全国高等教育自学考试《教育学》课程考试大纲、教材编前会，会上确定了《教育学》课程自学考试大纲编写的指导思想、基本原则和要求。

本大纲由首都师范大学劳凯声教授、山西师范大学董新良教授负责编写。大纲完成后，陕西师范大学李国庆教授、中国人民大学程方平教授、北京师范大学郑新蓉教授参加审稿工作，全国考委教育类专业委员会审定。

全国高等教育自学考试指导委员会
教育类专业委员会
2018 年 12 月

全国高等教育自学考试指定教材
教育类专业公共课

教　育　学

全国高等教育自学考试指导委员会　组编
主编　劳凯声　董新良

编者的话

全国高等教育自学考试指定教材《教育学》(教育类专业公共课)自2000年出版以来,受到广大自考学员的欢迎。随着时代的发展,教育科学研究与实践取得了很大进展。吸收当代教育研究与实践的最新成果,适时修订《教育学》教材,是为必要。

本次修订在保持原有编写体例和写作风格的基础上,立足教育类专业公共课程特点,坚持科学性、政治性和规范性相结合,充分吸纳教育理论研究与实践变革的最新成果,就相关内容做了及时更新,同时对原"教育目的""全面发展教育的组成部分"等章节,作了适当调整。另,增加"教育技术"一章内容。

本教材是在全国高等教育自学考试指导委员会指导下,全体编写人员通力合作的结果。本教材由劳凯声、董新良主编,各章编写分工如下:绪论、第一章,石中英;第二章,劳凯声;第三章,刘慧珍;第四章,刘冬梅;第五章,段素菊;第六、七、八章,丛立新;第九章,董新良、白晓云、李娜、何杏彤;第十章,王工斌;第十一章,张莉莉、李芳;第十二章,劳凯声、董新良、牛慧丹、靳秋月、王静静;第十三章,刘垚玥、郭俊敏。全书由劳凯声、董新良负责统稿,蔡海龙、李海云、刘垚钥、姚真、彭学琴、闫领楠、张盼盼、李县慧和张一晨等协助主编和其他编写人员完成了文献梳理、文字审校等基础性工作。在编写过程中,还参阅了许多文献资料。在此,向为本教材出版做出贡献的各位同仁致以衷心的感谢。

因编写人员水平有限,编写时间仓促,本教材会有错误和疏漏。不足之处,欢迎各位学员和同仁予以批评指正。

劳凯声　董新良

2018年12月

绪论*

人类的教育认识有两种基本的形态:一是广义的教育认识,它包括了人类所具有的所有对教育实践的反映形式,如神话的认识、直觉的认识、习俗的认识、经验的认识、科学的认识,等等;一种是狭义的形态,它是运用一定的科学方法,遵循一定的学术规范,对确定的教育问题进行专门的分析研究,并通过规范的语言文字或其他类型的符号清晰表达的教育认识。这种狭义的教育认识脱离了个体经验的直接性、具体性和局部性,力求达到对教育问题的间接的、普遍的和深层的把握和理解,以图揭示复杂的教育要素间存在的比较稳定的带有规律性的联系。对于这种狭义的教育认识,我们可以称它为"教育的科学认识",或简称"教育学"。本部分主要对教育学的概念及研究对象、教育学的产生与发展、教育学的学习与研究等进行介绍。

第一节　教育学的概念及研究对象

一、教育学的概念

教育学的概念有一个演化的过程。从起源上看,无论是英语国家的"pedagogy",还是法语国家的"Pédagogie",德语国家的"Pädagogik",都是源于希腊语的"教仆(pedagogue)"一词,意为照看、管理和教育儿童的方法。正如奥利韦拉所指出的那样,它最早"并不是一种知识,而是一种行动。"①19世纪末,人们对源于"教仆"的"教育学"一词逐渐不满,认为这个词的含义过于狭隘,且含有对教育工作和教育学研究的价值偏见,不利于确立教育学在大学课程体系以及整个科学体系中的学术地位。于是,英语国家的人们就用先后用"education"和"educology"②来取代"pedagogy"。在法语国家,人们用"science de l' education"(教育科学)来代替"pédagogie"。在德语国家,也出现了一个新词"Erziehungswissenschaft"(教育科学)。在我国,"教育学"是一个译名,19世纪末由王国维等人从日文转译过来。

从内涵上说,"教育学"这个名词在我们国家基本上有三种含义:一是指所有教育学科门类的总称,与"理论经济学""哲学""物理学"等一样属于一级学科,在其下面还有众多的二级学科,如"学前教育学""比较教育学""教育学原理""课程与教学论"等等;二是指一种

---

* 此章的部分内容与成有信主编的自考教材《教育学原理》(广东高教出版社出版,1999年版)一书的内容互鉴。

① 卡洛斯.E.奥利韦拉.比较教育:一种基本理论在发展中[J].教育展望.中文版(18).

② JAMES E CHRISTENSEN, JAMES E FISHER. Analatic Philosophy of Education as a Sub-discipline of Educology: an Introducation to its Techniques and Application, University Press of America, Inc, c1979:129-146.

课程的名称,在这个意义上,“教育学”是各个师范院校所开设的一门专业基础课,该课程也往往称为“教育学原理”“教育概论”“教育原理”等;三是指一种教材的名称,这种教材也就是“作为一门课程的教育学”所使用的教材。作为一类学科门类总称的教育学也称为“教育科学”。由于我们国家称“×学”就是指“×科学”,所以在一般情况下,人们多使用“教育学”而不使用“教育科学”。本章所介绍和研究的教育学则主要是指“作为一种学科门类的教育学”,意在向学习者概要地介绍教育学这一学科的研究对象、历史和未来,使学习者获得有关教育学的一个整体的、总括的印象,从而为以后更加深入和具体地学习一些二级教育学科打下基础。

二、教育学的研究对象

教育学作为人类科学的一个门类,其研究对象的规定应该符合一般科学对象的规定。毛泽东同志曾正确地指出,科学研究的区分,就是根据科学对象所具有的特殊矛盾性。因此,对于某一现象领域所特有的某一矛盾的研究,就构成某一门学科的对象。而“问题就是事物的矛盾”①。客观事物本身及其相互之间的矛盾是产生问题的前提和基础,但还不是科学的问题本身。只有当人们意识到了这个矛盾的存在,意识到解决这个矛盾对于人类自身的意义和价值时,客观存在的矛盾才转化为问题,成为科学研究的对象。波普尔(K.R. Popper)在研究科学发展史时,也明确地提出,“我们不是从观察开始,而总是从问题开始。……知识的成长是借助于猜想与反驳,从老问题到新问题的发展”②。这就是说,问题既是科学的起点、对象,也是科学发展的中介和标志。问题的深入表明科学研究的深入;问题的扩展表明科学研究领域的扩展;问题的转换表明科学研究方向的转换。因此,教育学的研究对象是“教育问题”,而不是一般意义上的“教育”“教育现象”“教育事实”或“教育规律”。

教育问题与教育现象、教育事实、教育规律之间是什么关系?一般而言,它们之间既有一定的联系,又有本质的区别。教育现象是对教育活动最广泛的概括,是各种各样教育活动的外在表现,是变幻莫测、转瞬即逝的。由于教育现象自身的这些特点,因而对教育现象的认识也总是零碎的、肤浅的、不系统的甚至是相互矛盾的,谈不上是科学的认识。教育现象中包含着教育问题,教育问题不会存在于教育现象之外,但并不是所有的教育现象都可以构成教育问题。只有当教育现象中的某些矛盾引起了人们的注意,并具有研究价值的时候,才能构成教育问题,成为教育学研究的对象。教育事实是对现实教育活动物质方面的概括,是可以观察和统计的,也是与“教育价值”相对而言的。由于任何的教育活动既是合规律性又是合目的性的活动,因而,任何的教育活动同时包含着事实的和价值的两个方面。但是,这两个方面又不是机械相加的,而是有机统一的。教育的事实总是在一定的教育价值支配下产生的,从来没有脱离一定的教育价值的教育事实。而教育的价值也总是依托于一定的教育事实来实现,从来没有不通过教育事实来实现的教育价值。教育问题是以一定的教育事实为基础的,这样教育问题才能是一个客观存在的问题,而不是主观杜撰的问题,才具有科学研究的价值。但教育事实本身又不能构成教育问题,只有当某种教育事实及其所隐含的价值引起了人们的注意,并对它进行价值评价时,才能成为教育问题,成为教育学研究的对

① 毛泽东选集:第三卷[M].北京:人民出版社,1991:839.

② 卡尔·波普尔.客观知识[M].舒炜光,等,译.上海:上海译文出版社,1987:270.

象。教育规律是指教育活动中存在的本质的、必然的、内在的联系。这种本质的、必然的和内在的联系是潜藏于教育现象背后的，不是通过感官可以把握的，必须通过科学的研究。因此，揭示教育规律是教育学研究的任务，而不是教育学研究的对象。将教育规律当成是教育学研究的对象，就等于混淆了研究的任务与研究的对象。教育活动规律性的揭示本身是通过对一个又一个的教育问题的研究来完成的。教育问题是通向教育规律之门。

总之，教育学研究的对象是教育问题。教育问题的提出标志着教育学的萌芽；教育问题的发展是推动教育学发展的内在动力；教育问题的转换表明教育学研究传统和范式的变革；对同一问题的不同回答就形成了不同的教育思想或教育观念。教育学研究必须从问题出发，具有强烈的问题意识，而不能从一些主观的愿望、僵化的教条或肤浅的观察出发。善于敏锐地把握、提出和提炼教育问题，是教育学研究的基本功能。

第二节 教育学的产生与发展

一、教育学的萌芽

可以说，自从有了教育活动，就有了人们对教育活动的认识。近代之前，人们对教育的认识活动主要停留在经验和习俗的水平，从而没有形成系统的理性的认识，形成“教育之‘学’”，最多只是在论述哲学或社会问题时顺便涉及教育问题，表述自己的教育思想。可以把这一阶段的教育认识活动称为“前教育学时期”。这种对教育现象和问题的前科学的认识，不仅存在于人类教育认识的早期，而且还存在于当前和今后人类对教育的认识中，主要就是指那些经验性的认识。只有把各种教育问题和各种教育思想材料作为客观的问题加以研究，形成关于这些问题和思想的系统的理论体系时，才超越前科学时期或前科学形式，达到科学时期或科学形式。

这一时期所取得的教育认识成果主要体现在一些哲学家、思想家们的哲学或思想著作中。西方的如毕达哥拉斯（Pythagoras，约前 582-前 493）的《金言》、柏拉图（Plato，前 427-前 347）的《理想国》与《美诺篇》、亚里士多德（Aristotle，前 384-前 322）的《政治学》与《尼各马可伦理学》、昆体良（M.F.Quitilianus，35-100）的《雄辩术原理》以及中世纪和文艺复兴时期许多思想家们的哲学、社会学论著。中国的如孔子的《论语》、孟子的《孟子》、老子的《老子》、庄子的《庄子》、无名氏的《中庸》、朱熹的《四书集注》、王守仁的《传习录》中都包含大量的教育思想等。在这一时期也出现了一些教育专著，如中国古代的《学记》《大学》、韩愈的《师说》等。无论是包含于哲学或思想论述中的教育思想，还是那些专门的教育论著，今天仍能给我们许多启发，值得认真研读。

二、教育学的创立

教育学的创立是教育学发展史上的重要事件。从作为一个独立形态的知识领域来说，教育学创立的标志主要有：第一，从对象方面而言，教育问题构成一个专门的研究领域，受到了思想家或教育家们的特殊关注；第二，从概念和范畴方面而言，形成了专门的反映教育本质和规律的教育概念与范畴以及概念和范畴的体系；第三，从方法方面而言，有了科学的研究方法；第四，从结果方面而言，产生了一些重要的教育学家，出现了一些专门的、系统的教育学著作；第五，从组织机构而言，出现了专门的教育研究机构。从教育学史上看，这些标志并不是同时出现的，而是在比较长的历史时期内逐渐形成的。因此，教育学的创立也不是在某一个瞬间完成的，而是有一个历史的过程，前后经历了200多年的时间。

著名的英国学者培根（F.Bacon，1561－1626）为独立形态教育学的出现做出了重要贡献。作为“近代实验科学的鼻祖”，培根猛烈地批判了亚里士多德以来的经院哲学及其认识论基础，提出了实验的归纳法，将其看成是获得真正知识的必由之路，为后来教育学的发展奠定了方法论基础。此外，1623年，培根在《论科学的价值和发展》一文的科学分类中，首次把“教育学”作为一门独立的学科提了出来，与其他学科并列。

在教育学的创立过程中，夸美纽斯（J.A.Comenius，1592－1670）取得了突出的成就，受到后世教育学家们的高度赞誉。夸美纽斯一生写了大量的教育论著，其中最著名的就是《大教学论》（1632）。在该书中，他提出了“泛智教育”思想，探讨“把一切事物教给一切人类的全部艺术”，提出了系统的教育目的论、方法论、教育原则体系、课程与教学论、德育论以及一些学科教育思想。该书的教育学术价值就在于不仅指出了教育应该怎么办，而且努力地为教育措施寻找理论依据。他深受自然主义和培根归纳法思想的影响，从自然的规律和儿童身心发展的规律出发，来论证自己所提出的教育原则、教学内容、教学方法、教学组织形式等。在教育学史上，一般把夸美纽斯的这本书看成是第一本现代教育学著作。在他以后，人们开始了教育学的独立探索时期。

在教育学的创立问题上，哲学家康德（I.Kant，1724－1804）的贡献也是不可磨灭的。康德在哥尼斯堡大学期间，普鲁士政府已颁布了义务教育法令，强迫5－13岁的儿童入学接受教育。为了培养大量合格的师资，该大学规定每位教授轮流讲授教育学，这可能是世界上最早的教育学课程。康德先后于1776－1777学年和1786－1787学年讲授教育学。1803年，《康德论教育》一书出版。在该书中，康德明确认为，教育是一门很难的艺术，其实践必须和“真知灼见”结合起来，否则就会变成“机械的”东西。所谓真知灼见也即“明确真实的概念”，实际上也就是一种理性的态度和知识。如何才能获得这种真知灼见呢？康德认为，“教育一定要成为一种学业，否则无所希望”，“教育的方法必须成为一种科学”①，否则决不能成为一种有系统的学问。这就是他所理解的“教育学”超出他的前人和他的同时代人的地方。

康德之后，对教育学的创立做出最重要贡献的就是赫尔巴特。赫尔巴特（J.F.Herbart，1776－1841）是康德哲学教席的继承者，近代德国著名的心理学家和教育学家，在世界教育学史上被认为是“现代教育学之父”或“科学教育学的奠基人”。他的《普通教育学》（1806）被公认为第一本现代教育学著作。赫尔巴特强调必须有“一种教育者自身所需要的科学”，有“科学与思考力”。他非常明确地指出，“普通教育学必须把论述基本概念放在一切论述之前”②，只有这样才能获得科学的统一性。没有这些基本的教育概念，那么人们对教育的认识就永远停留在经验的水平，停留在“教育术”的阶段，而不能像当时的许多独立的科学一样，成为一种真正的“科学”，使教育知识获得它们的“普遍性”和“一般性”。赫尔巴特的教育学观是非常明确的，那就是把教育学变成由一些基本的教育概念组成的知识体系。这

① 康德.康德论教育[M].瞿菊农，译.北京：商务印书馆，1930：10－1.

② 赫尔巴特.普通教育学 教育学讲授纲要[M].李其龙，译.北京：人民教育出版社，1989：192.

就是他的“科学的”教育学所追求的目标。赫尔巴特不仅论述了科学教育学的独特性，而且还非常明确地提出了科学教育学的学科基础，即心理学和哲学。他说，“教育者的第一门科学，虽然远非其科学的全部，也许就是心理学”①；“教育学作为一种科学，是以实践哲学和心理学为基础的。前者说明教育的目的；后者说明教育的途径、手段与障碍”②。此外，赫尔巴特在哥尼斯堡大学期间，除了讲授哲学和教育学课程外，还创办了一个教育科学研究所和实验学校。所有这些，最终使得教育学从哲学中独立出来，成为科学大家族中的一员。

在赫尔巴特之前，还有许多著名的哲学家、思想家写出了专门的教育学著作，为教育学的创立做出了自己的贡献。如英国哲学家洛克于 1693 年出版了《教育漫话》，提出“我们敢说我们日常所见的人中，他们之所以或好或坏，或有用或无用，十分之九都是他们的教育所决定的。人类之所以千差万别，便是由于教育之故”③，肯定了教育在人的发展中的巨大作用，建构了完整的绅士教育理论体系，对后世有比较大的影响。法国思想家卢梭（J.J.Rousseau，1712－1778）于 1762 年出版了享誉全球的《爱弥儿》，深刻地表达了卢梭的资产阶级教育思想，是反封建的理性革命声音在教育领域的表达。《爱弥尔》开篇的一句话就是，“出自造物主之手的东西，都是好的，而一到了人的手里，就全变坏了。……偏见、权威、需要、先例以及压在我们身上的一切社会制度都将扼杀他的天性，而不会给他增添什么东西。他的天性像一株生长在大路上的树苗，让行人碰来撞去，东弯西扭，不久就弄死了。”④为了彻底地改变这种状况，他提出了“自然教育”的思想。自然教育有两层意思：一是儿童的教育要远离城市，到偏远宁静的乡村进行；二是指教育不要从过去的惯例或习俗出发，因为那些都是压抑人性扼杀人性的，而要从儿童的自然本性出发。他认为儿童的自然本性是向善的，因此只要尊重儿童的本性，发展他的个性，就能培养出独立、自由、平等、博爱的人，也就是资产阶级理想的人的化身。卢梭的自然教育思想对后来由裴斯泰洛齐、赫尔巴特等人掀起的“教育心理学化”运动产生了直接的影响，对康德、杜威等哲学家的教育学说也产生了深远的影响。

与洛克、卢梭两人相比，瑞士的著名教育家裴斯泰洛齐（J.H.Pestalozzi，1746－1827）对近代教育学的创立做出的贡献更大一些，也更直接一些。他一生写作了许多的教育论著，其中最著名的当数《林哈德和葛笃德》（1781－1787）。在该书中，他把教育的目的规定为全面、和谐地发展人的一切天赋力量和能力。而为达到这个目的，教育必须与生产劳动相结合，必须要符合学生的本性，必须从最简单的要素开始直到最复杂的事物。他明确地提出“使人类教育心理学化”的口号，对于推动教育活动的科学化及教育学的诞生都起到了重要的作用。他的思想对于 19 世纪的欧洲教育和教育学的发展产生了巨大的影响。

总之，教育学的创立是在种种主客观条件的综合作用下产生的。首先，教育学的创立像其他许多学科的创立一样，来源于社会实践的客观需要，就教育学而言，主要来源于教育实践发展的客观需要。17－19 世纪间，随着新航路的开辟，资本主义的产生和发展，产生了一些新型的实科学校。由于它们主要讲授一些新兴的自然科学、社会科学知识和现代语，因此

---

① 赫尔巴特.普通教育学 教育学讲授纲要[M].李其龙，译.北京：人民教育出版社，1989：11.

② 赫尔巴特.普通教育学 教育学讲授纲要[M].李其龙，译.北京：人民教育出版社，1989：190.

③ 洛克.教育漫话[M].傅任敢，译.北京：人民教育出版社，1985：24.

④ 卢梭.爱弥尔[M].李平沤，译.北京：商务印书馆，1978：5.

传统教会学校和骑士教育中所使用的方法都不再适用了。学校越发展，就越需要冲破传统的教育习俗，需要新的教师和新的教育教学方法。因此，培养具有新的教育思想并掌握新的教育方法的教师就成了适应教育实践发展的客观要求。在这种情况下，从 17 世纪末开始，欧洲陆续出现了一些教师讲习所，或者是在一些大学内增设师范课程，培养师资。所有这些，都促进了教育学的创立。其次，教育学的创立与近代以来科学发展的总趋势和一般科学方法论的奠定有着密切的关系。近代以前，哲学是一切知识的母体，相当广泛的知识探索都是在哲学的旗帜下取得的，而且由亚里士多德创立的古典演绎法被认为是获取知识的唯一方法。近代以来，人类在各个领域的认识已经积累了丰富的资料，资料的整理也已经达到了一个新阶段，提出了许多新的问题，认识渐渐地由综合向分化发展，许多学科日益从哲学母体中分化出来，采用实证科学的方法，成为独立的学科。教育学的独立和科学化也是不可避免的事。

三、教育学的发展

19 世纪初教育学的创立是教育学发展过程中的重大事件，但是由于受种种因素的制约，创立之初的教育学并没有享受到科学的美名，反而遭到人们的冷落。这主要是因为赫尔巴特所提出的教育学主要是建立在理性主义基础上的，他所说的作为教育学科学基础的心理学也主要是观念心理学，它们都是以概念和概念之间的联系为基础的，思辨的成份很重，对教育现象及其问题缺乏实际的研究，不能提供切实可靠的教育知识，因此也不断地受到人们的批判。随着各国教育实践的不断发展和来自教育学内部的批判，最后由赫尔巴特所创立的教育学在 19 世纪末以来得到了迅速的发展，出现了许多新的教育学派别和重要的教育学著作。现择其要者，概述如下。

1. 实验教育学

实验教育学是 19 世纪末 20 世纪初在欧美一些国家兴起的用自然科学的实验法研究儿童发展及其与教育的关系的理论。其代表人物是德国的教育学家梅伊曼（E.Meuman，1862-1915）和拉伊（W.A.Lay，1862-1926），代表著作主要有梅伊曼的《实验教育学入门讲义》（1907）、《实验教育学纲要》（1914）及拉伊的《实验教育学》（1908）。实验教育学的主要观点是：第一，反对以赫尔巴特为代表的强调概念思辨的教育学，认为这种教育学在检验教育方法的优劣方面毫无用途。第二，提倡把实验心理学的研究成果和方法运用于教育研究，从而使教育研究真正“科学化”。第三，把教育实验必须分为三个阶段：就某一问题构成假设；根据假设制定实验计划，进行实验；将实验结果应用于实际，以证明其正确性。第四，认为教育实验与心理实验的差别在于心理实验是在实验室里进行的，而教育实验则要在真正的学校环境和教学实践活动中进行。第五，主张用实验、统计和比较的方法探索儿童心理发展过程的特点及其智力发展水平，用实验数据作为改革学制、课程和教学方法的依据。实验教育学所强调的定量研究成为 20 世纪教育学研究的一个基本范式，近百年来得到了广泛的应用和发展，极大地推动了教育科学的发展。实验教育学的方法也是有局限性的，因为像教育目的这些涉及价值判断和选择的问题就不能通过实验的方法来解决。

2. 文化教育学

文化教育学（Kutur Padagogik）又称精神科学（Geisteswissenschaften）的教育学，是 19 世纪末出现在德国的一种教育学说，其代人物主要有狄尔泰（W.Dilthey，1833-1911）、斯普朗格(E.Spranger,1882-1963)、利特(T.Litt,1880-1962)等人,代表著作主要有狄尔泰的《关于普遍妥当的教育学的可能》(1888)、斯普朗格的《教育与文化》(1919)、《教育学的展望》(1950)、利特的《职业陶冶与一般陶冶》(1947)等。文化教育学的基本观点是:第一,人是一种文化的存在,因此人类历史是一种文化的历史。第二,教育的对象是人,教育又是在一定的社会历史背景下进行的,因此教育的过程是一种历史文化过程。第三,因为教育的过程是一种历史文化过程,所以教育的研究既不能采用赫尔巴特纯粹的概念思辨来进行,也不能依靠实验教育学的数量的统计来进行,而必须采用精神科学或文化科学的方法,亦即理解与解释的方法进行。第四,教育的目的就是要促使社会历史的客观文化向个体的主观文化的转变,并将个体的主观世界引导向博大的客观文化世界,从而培养完整的人格;培养完整人格的主要途径就是"陶冶"与"唤醒",发挥教师和学生个体两方面的积极作用,建构和谐的对话的师生关系。文化教育学作为科学主义的实验教育学和理性主义的赫尔巴特式教育学的对立面而存在与发展,深刻地影响着德国乃至世界20世纪的教育学发展,在教育的本质、教育的目的、师生关系以及教育学性质等方面都能给人以许多的启发。文化教育学的不足之处表现在它的思辨气息很浓,在许多问题的论述上具有很强的哲学色彩,这就决定它在解决现实的教育问题上很难提出有针对性和可操作性的建议,从而限制了它在实践中的应用。

3. 实用主义教育学

实用主义教育学是19世纪末20世纪初在美国兴起的一种教育思潮,是典型的"美国版"的教育学,对20世纪整个世界的教育理论研究和教育实践发展产生了极大的影响。其代表人物是美国的杜威(J.Dewey,1859-1952)、克伯屈(W.H.Kilpatrick,1871-1965)等人,代表性著作有杜威的《我的教育信条》(1897)、《民主主义与教育》(1916)、《经验与教育》(1938),克伯屈的《设计教学法》(1918)等。实用主义教育学也是在批判赫尔巴特为代表的传统教育学的基础上提出来的,其基本观点是:第一,教育即生活,教育的过程与生活的过程是合一的,而不是为将来的某种生活做准备的;第二,教育即学生个体经验的继续不断增长,除此之外教育不应该有其他的目的;第三,学校是一个雏形的社会,学生在其中要学习现实社会中所要求的基本态度、技能和知识;第四,课程组织以学生的经验为中心,而不是以学科知识体系为中心;第五,师生关系中以儿童为中心,而非以教师为中心,教师只是学生成长的帮助者,而非领导者;第六,教学过程中重视学生自己的独立发现、表现和体验,尊重学生发展的差异性。实用主义教育学是以美国实用主义文化为基础的,是美国资本主义发展的教育学表达,对以赫尔巴特为代表的理性主义教育理念进行了深刻的批判,推动了教育学的发展。其不足之处就是在一定程度上忽视了系统知识的学习、忽视了教师在教育教学过程中的主导作用,忽视了学校的特质,并因此受到了20世纪美国社会及其他社会连续不断的批判。

4. 制度教育学

制度教育学是在20世纪60年代诞生于法国的一种教育学说,从另一个方面开辟了教育学研究的新领域和新视角,其代表人物是F.乌里、A.瓦斯凯、M.洛布罗等人。其代表性著作主要有瓦斯凯和乌里的《走向制度教育学》(1966)、《从合作班级到制度教育学》(1970)以及洛布罗的《制度教育学》(1966)等。制度教育学的主要观点有:第一,反对赫尔巴特以来的传统教育学把教育研究的着眼点放在一些师生个体行为的观察、分析、指导和校正上,认为教育学的研究应该首先把培养制度亦即教育制度作为优先目标,以阐明教育制度对于教育情境中的个体行为的影响。第二,在教育实践活动中,教育制度比教育意图、计划、策略对师生教育及学习行为的影响更大、更深刻。教育实践中的官僚主义、师生与行政人员彼此间的疏离主要是由于教育制度造成的。第三,教育的目的是帮助完成想要完成的社会变迁,而要想达到这一目的,就必须进行制度分析,帮助教育者和受教育者理解制约他们思想、行为的制度因素,把学校中“给定的”制度(即从外面强加的制度)变成“建立中”的制度(即根据个人间的自由交往而导致自我管理的制度)。第四,教育制度的分析不仅要分析那些显在的制度,如教育组织制度、学生生活制度等,而且还要分析那些隐性的制度,如学校的建筑、技术手段的运用等。制度教育学侧重于对学校的各种教育制度进行分析,引起了人们对学校制度的高度重视,获得了对原来视为当然的学校制度进行质疑和批判的意识与能力,促进了教育社会学的发展。但是,由于制度教育学过分地依赖精神分析理论来分析制度与个体行为之间的关系,所以又显得不科学,在许多问题的论述上缺乏说服力。

5. 马克思主义教育学

马克思主义的教育学包括两部分内容:一部分是马克思、恩格斯以及其他马克思主义的经典作家对教育问题的论述,也就是他们的教育思想;另一部分是教育学家们根据马克思主义的基本原理(包括教育原理)对现代教育一系列问题的研究结果。

在马克思主义产生之前,资产阶级的思想家、教育家们论述教育主要是从人的本性出发来进行的,把教育看成是人之为人的条件,是人的和谐发展的条件。他们反对某种教育,也是从那种教育,对人性的压抑和扭曲开始批判的。这种从抽象的人性出发,对封建教育进行的批判,在历史上是有进步作用的,对于古代教育向现代教育的转型起到了积极的作用。但是,这种人性的教育需要不过是新兴的资产阶级自己的教育需要,新人不过是资产阶级自身的化身而已。马克思从历史唯物主义的基本观点出发,从现实的联系出发,阐明了教育现象是由社会关系所制约的,教育具有社会性,在阶级社会中具有阶级性。人的本质是现实生活中社会关系的总和,人的发展也不是由抽象的人性决定的,而是由社会发展所制约,与社会发展状况历史地一致。马克思、恩格斯从对社会分工的分析出发,深刻地阐明了资本主义社会机器化大生产为人的发展创造了必要的条件,提出了人的全面发展的要求。但是,资本主义制度又总是阻碍人的全面发展。要想真正地解放生产力,促进人的全面发展,就必须推翻资产阶级专政,建立社会主义社会。总之,马克思、恩格斯第一次从社会、教育与人三者之间历史的、现实的总体联系中来考察教育和人的发展问题,为教育学的发展奠定了科学的方法论基础。

马克思主义教育学的基本观点是:第一,教育是一种社会历史现象,在阶级社会中具有鲜明的阶级性,不存在脱离社会影响的教育;第二,教育起源于社会性生产劳动,劳动方式和性质的变化必然引起教育形式和内容的改变;第三,现代教育的根本目的是促使学生个体的全面发展;第四,现代教育与现代大生产劳动的结合不仅是发展社会生产力的重要方法,也是培养全面发展的人的唯一方法;第五,在教育与社会的政治、经济、文化的关系上,教育一方面受它们的制约,另一方面又具有相对独立性,并反作于它们,对于促进现代社会政治、经济与文化的发展具有巨大的作用;第六,马克思主义的唯物辩证法和历史唯物主义是教育科学研究的方法论基础,既要看到教育现象的复杂性,不能用简单化的态度和方法来对待教育研究,又要坚信教育现象是有规律可循的,否则就会陷入不可知论和相对论的泥坑中去。

马克思主义的产生为教育学的发展奠定了科学的方法论基础,但是由于种种原因,在实际教育学研究过程中,人们没有能够很好地理解和运用马克思主义理论,往往犯一些简单化、机械化、公式化的毛病,这是我们应当在学习和发展马克思主义教育理论时应当特别注意的。

6. 批判教育学

批判教育学是20世纪70年代之后兴起的一种教育思潮,代表人物有美国的鲍尔斯(S. Bowles)、金蒂斯(H. Gintis)、阿普尔(M. Apple)、吉鲁(H. Grioux)、法国的布厄迪尔(P. Boudieu)等,代表性著作有鲍尔斯与金蒂斯的《资本主义美国的学校教育》(1976)、布厄迪尔的《教育、社会和文化的再生产》(1979)、阿普尔的《教育中的文化与经济再生产》(1982)、吉鲁的《教育中的理论与抵制》(1983)等。

批判教育学在理论上的来源是非常复杂的,有马克思主义的,有弗洛伊德主义的,有法兰克福学派的、有哈贝马斯的,但主要是深受马克思主义和以霍克海默(M.Horkheim)、阿多诺(T.Adorno)、马尔库塞(H.Marcuse)为代表的法兰克福学派批判理论的影响。在实践上,批判教育学是针对当代西方资本主义教育制度中种种的不平等、不公正现象而进行的精细分析与批判,是当代资本主义社会矛盾在教育理论层面上的反映。批判教育学的基本理论主张:第一,当代资本主义的学校教育并未像实用主义教育学所宣称的那样是一种民主的建制和解放的力量,是推进社会公平和实现社会公正的强有力手段和途径,恰恰相反,它是维护现实社会的不公平和不公正的,是造成社会差别、社会歧视和社会对立的根源。第二,社会的政治意识形态、文化样态、经济结构都强烈地制约着学校的目的、课程、师生关系、评价方式等,学校教育的功能就是再生产出占主导地位的社会政治意识形态、文化关系和经济结构。这样一来,下层人家的子弟、文化处境不利者的子女以及被统治阶级的孩子就很少能在学校教育系统内取得成功。第三,人们已经习惯于把处境不利者的失败看成是个体的原因而不是制度的原因,把学校看成是一个按照公平和公正原则行事的地方,看成是一个纯粹以个体能力和兴趣为本位的地方,也就是说,人们已经对这种事实上的不平等和不公正丧失了"意识",将之看成是一个自然的事实,而不是某些利益集团故意制造的结果。第四,批判教育学的目的就是要揭示看似自然事实背后的利益关系,帮助教师和学生对自己所处的教育环境及形成教育环境的诸多因素敏感起来,即对他们进行"启蒙",以达到意识"解放"的目的,从而积极地寻找克服教育及社会不平等和不公正的策略。第五,批判教育学认为教育现象不是中立的和客观的,而是充满着利益的纷争的,因此教育理论研究不能采取唯科学主义的态度和方法,仅仅依靠收集、整理、统计一些数据来进行,而要采用实践批判的态度和方法,揭示具体教育生活中的利益关系,使之从无意识的层面上升到意识的层面。21世纪的批判教育学仍在发展之中,应该给予积极的关注。

总之,从19世纪初赫尔巴特最后创立了教育学以来,教育学得到了比较大的发展,出现了各种不同的教育学流派和教育学观。透过百年来这些不同的教育学流派我们可以发现:第一,教育学的发展总是受到具体的社会政治、经济、文化条件的制约,反映着具体的社会政治、经济、文化发展的要求。社会政治、经济、文化改革深入的时期,也就是教育学研究最活跃的时期。第二,在教育学的发展过程中,不同的国家形成了不同的教育学传统和风格,例如美国的实用主义教育学、德国的文化教育学、苏联和我国的马克思主义教育学等。后来的教育学发展可以批评这个传统,但是却不能绕过这个传统。第三,教育学的发展得益于不同教育学派之间的相互批评和借鉴,如实用主义教育学对赫尔巴特教育学的批评,文化教育学对实验教育学的批评，批判教育学对实用主义教育学的批评等。没有不同教育学派之间的理论争鸣，就没有现代教育学的发展。

四、当代教育学的状况

教育学是一个开放的知识领域。时代在前进，科学在进步，教育在发展，教育学也不断地出现一些新的面貌，以至于21世纪初的教育学已经远远不同于20世纪的教育学了，具备了许多新的特征，描述如下。

第一，教育学研究的问题领域急剧扩大。在20世纪初，教育学的研究主要地还是集中在对学校教育问题的研究上，而且主要地集中在对学校教育教学过程中出现的问题的研究上，教育学的视野是比较狭隘的。到了20世纪末和21世纪初，随着教育实践的发展，教育学研究的问题领域已经从微观的教育教学过程扩展到宏观的教育规划，从教育的内部关系扩展到教育的外部关系，从基础教育扩展到高等教育，从正规教育扩展到非正规教育，从学校教育扩展到社会教育，从正常儿童的教育扩展到一些有特殊需要的儿童的教育，从儿童青少年的教育扩展到成人教育、老年教育等。一个巨大的教育问题域已经形成，为教育学者聪明才智的发挥提供了基础，为教育学的进一步分化提供了内在动力。

第二，教育学研究基础和研究范式的多样化。伴随着教育学研究问题领域的扩展，教育学研究的基础和范式也日益多样化。在赫尔巴特时代，教育学的基础主要是哲学和心理学，当代教育学的基础包括了更加广阔的学科领域，如生理学、脑和神经科学、社会学、经济学、政治学、法学、人类学、文化学、科学哲学、技术学、管理学等。不同的人可以从不同的理论基础出发进行研究，如前面提到的文化教育学、实用主义教育学、马克思主义教育学等就是从不同的理论基础出发对教育的一系列问题发表自己的见解，形成了不同的教育观。与之相关的就是教育学研究范式的多样化，有的从科学主义的角度进行研究，强调对教育活动中数量关系的描述，有的从人文主义的角度进行研究，强调对教育活动中非数量关系的质的东西进行分析，还有的介于两者之间，或偏向一方，或两者结合。就教育学研究的层次而言，也出现了基础研究、应用研究、咨询研究、开发研究等多种层次类型，彼此之间相互依赖，相互渗透，相互推动，构成教育学研究的完整体系。

第三，教育学发生了细密的分化，形成了教育学科体系，出现了各种层次与类型的综合。近代以来的教育学是无所不包的，所以关于教育问题的研究都是在教育学的名义下进行，教育学成了所有学术性教育知识的总称。20世纪以来，特别是21世纪以来，教育学也发生了快速的学科分化，教育学一个个组成部分纷纷发展为独立的学科，与此同时，这些相对独立的学科又与其他类型的学科进行交叉，出现了许多子学科、边缘学科，如教学论、课程论、德育原理、教育哲学、教育社会学、教育经济学、教育文化学、教育政治学、教育管理学、教育史学、教育实验学、教育人类学、教育统计学、教育测量学、教育心理学、教育政策学、教育评价学、教育技术学、比较教育学、学前教育学、普通学校教育学、高等教育学、职业技术教育学、军事教育学、特殊教育学、家庭教育学，等等。值得注意的是，就像其他任何学科一样，20世纪后半叶的教育学在发生高度分化的同时又出现了高度综合的现象。所谓的高度综合不是指再综合出一个无所不包的大教育学来，这是不可能的，而是指教育学的子学科与子学科之间，子学科与边缘学科之间以及子学科、边缘学科与其他非教育学科之间出现了多种形式多种层次和多种类型的综合，出现了许多新的教育知识增长点。例如，教学论是从教育学中分化出来的,分化出来的教学论与哲学和教育哲学综合产生教学哲学,与社会学和教育社会学综合产生教学社会学,与人类学和教育人类学综合产生教学人类学,与技术学和教育技术学综合产生教学技术学。又例如课程论本来是从教学论中分化出来的,可是现在的课程论又开始与哲学、社会学综合,出现了课程哲学、课程社会学等新的学科领域。由于这种多层次多类型多形式的学科综合,打破了传统学科界限,扩展了研究视野,深化了问题研究,使得当代教育学研究走上了一个新的阶段。

第四,教育学研究与教育实践改革的关系日益密切。教育学的研究在刚刚独立的时候主要是一种形而上学的研究,研究者注重的是从自己的某种哲学或伦理学或政治学的观点出发,来提出一些有关教育的规范性要求。当代教育学研究这种形而上学的风气大减,研究者们所关心的是教育实践中到底存在哪些问题,问题产生的原因是什么以及如何解决这些问题等。教育问题而不是研究者的一己之见成了当代教育学研究的出发点。与此同时,当代教育实践的发展也日益呼唤着教育理论的指导,为教育学的发展提供了强大的社会动力。之所以如此,是因为现代教育实践本身的复杂性已经要求把教育实践从经验的水平提升到科学的、理性的水平。没有教育理论的指导,为全社会广泛关注的教育改革就不可能有清晰的思路,也就不可能取得成功。在这种情况下,传统上教育理论工作者与教育实践工作者之间的隔膜、陌生乃至对立状态得到了一定程度的扭转,在一些教育理论工作者与教育实践工作者之间出现了多种形式的联合、交流和对话。

第五,教育学加强了对自身的反思,形成了教育学的元理论。教育学的发展与其对自身的反思是分不开的,恰如一个人的发展与对他自己的人生反思是分不开的一样,两方面是相辅相成的。当代教育学发展的一个重要特征就是出现了自觉的教育学反思。教育学反思作为一种研究活动而言不同于对教育实践的研究,它是对教育研究的研究,也就是对教育的元研究,其目的不是要形成教育理论,而是要检讨教育研究活动本身的目的、性质、价值、知识结构等,形成教育学观。之所以要如此,是因为不提高理论活动的自觉性,就不能提高理论本身的清晰度和科学性,不能更好地为教育实践服务。

第三节　教育学的学习与研究

像任何科学的学习和研究一样,教育学的学习和研究也不是一件容易的事情,是非下功夫不可的。那种认为"教育无学"或"教育学学习很容易"的想法是错误,是学习和研究教育学最大的思想障碍。由于每一个人都在自己的成长历程中都或多或少地拥有一些教育经验,因此,步入教育学之门是不难的,但是要登堂入室,成为教育学家或一名教育学的内行则是很难的。这就要求我们必须深入地理解教育学的价值,掌握一些学习和研究教育学的基本方法或要求。

一、教育学的价值

第一,启发教育实践工作者的教育自觉,使他们不断地领悟教育的真谛。众所周知,一位教师不同于一位工人,工人在一般情况下只完成生产流水线上的一道工序,而每一位教师时刻面对的是学生的整个精神世界。工序是固定的,工人因此在经过了一定的训练或实践以后就可以达到自动化或熟练化的程度。而学生的精神世界则是独特的、随着外部世界的变化而变化的，教师必须有一种高度的自觉，才能在每一时刻理解和把握学生的精神世界，并采取适当的方法促使其健康成长。没有这种教育的自觉，就没有真正的教育。而这种教育自觉又不是天生的，也不是像技术或规则一样可以由外部获得的。它来自理论的教化以及在理论启迪之下的内在自觉。教育学的首要价值就在于对广大的教育实践工作者进行这种理论的教化，促使他们的内在反省，从而不断地提高教育活动的自觉程度，深刻地理解教育活动——哪怕是再微小不过的教育活动——的价值和意义。缺乏这种自觉和理解，教育工作者就会陷入陈规陋习之中，就会觉得教育工作是繁重而无趣的事情，从而丧失教育工作的积极性、主动性和创造性。学习教育学理论，就是要提升教育工作者的教育自觉，使之从一个教书匠成长为一个教育家，从一个以教育为业的人转变为一个以教育为生的人。

第二，获得大量的教育理论知识，扩展教育工作的理论视野。任何教育学教科书，总是要围绕着一个教育问题，介绍许多不同的教育理论流派的观点。这些观点或者是相互冲突的，或者是相互补充的，从不同的方面对同一个教育问题提供着不同的解释。这种不同解释的存在表明了教育问题的复杂性和影响教育问题因素的多样性。作为一个教育实际工作者，只有理解了这种教育问题的复杂性和影响教育问题形成因素的多样性，才能真正地找到解决问题的适宜途径。要有这样的本领，单靠教育实际工作者自己的亲身经验或闭门造车式的研究是不够的，必须善于从教育思想史上和当前的教育理论研究中获取大量的信息。特别是在世界变化日益深刻和迅速的今天，教育实际工作者要想跟上时代的步伐，积极地参与教育教学改革事业，就更要从传统的经验主义习惯中走出来，认真地、努力地学习教育学知识，提高自己的理论素养，开阔自己的理论眼界，从而提高教育教学工作的理性自觉。

第三，养成正确的教育态度，培植坚定的教育信念。教育的态度是教育实际工作者对于教育工作的情感体验。积极的、健康的教育态度是教育工作的精神动力，消极的和不健康的教育态度则是导致教育内在缺陷的主要原因。在各种各样的教育态度中，教育信念因其坚定性和强烈性而成为一种最可贵的精神力量。拥有坚定的教育信念是所有伟大教育家的共同人格特征，其本身就具有强烈的教育意义和伟大的凝聚力量。然而，无论是教育态度还是教育信念，都不是凭空形成的，也不是教育者狭隘感觉经验的产物。它们与教育理论知识的获得有着直接的关联，所谓知之深才能爱之切。一个教育知识贫乏的人肯定是谈不是热爱教育的人，一个热爱教育的人，也肯定是努力学习和追求教育真理的人。因此，教育学的学习和研究，是一个人形成正确的教育态度，培植坚定的教育信念的一个入口或基础。

第四，提高教育实际工作者的自我反思和发展能力。一个好的教育工作者，应该是一个能够不断自我反思和发展的教育工作者。所谓能够自我反思就是指能够不断地在思想领域对自己所作所为的合理性和合法性进行追问，所谓能够自我发展就是指能够不断地超越自己已经达到的教育境界，追求某种更高的教育境界。无论是自我反思还是自我发展，在经验领域内都是不可能完成的，因为经验易于形成习惯，而习惯的力量总的来说是保守的，而不是前进的，是封闭的，而不是开放的。一个教师一旦陷入习惯的势力之中，就有可能失去自我反思的勇气和能力，从而也就有可能失去自我发展的意识和能力，形成“当一天和尚撞一天钟”的心态。有且只有教育理论才能帮助教育实际工作者超越经验的限制，摆脱习惯的束缚，在不断的自我反思中不断地发展自我、完善自我和实现自我。

第五，为成为研究型的教师打下基础。当前，随着教育改革事业的不断深化，教师的素质要求也在不断提高，教师的角色也发生了很大的变化，其中最重要的一个变化就是从传递型的教师转变为研究型的教师。教师作为研究者的观念已经深入人心。而且,面对今日复杂的教育形势,传统的教育经验日益捉襟见肘,教师只有成为研究者,才能更好地适应教育改革的挑战。教育学的学习和研究恰恰可以帮助教育实际工作者成长为研究者。它不仅可以给予教育实际工作者以一些教育的基本问题、概念和理论,而且也可以帮助他们学习如何思考教育问题,如何表述自己的见解,如何与不同的教育观点对话。这些都是教师们成为一个研究人员所必需的。

二、教育学的学习

学习有法,学无定法。教育学的学习也是这样。对于一个刚刚进入教育学之门的人来说,教育学的学习特别要注意以下几点。

第一,要注意掌握一些基本的教育概念、命题或原理。教育学是一个专门的知识领域,它有着自己独特的概念体系以及建立于这种概念体系基础上的命题或原理。不掌握这些概念、命题或原理,就不能理解人类在教育问题上已经取得的认识成果,就不能为新的教育知识创新打下基础。因此,掌握一些基本的教育概念、命题或原理,是教育学学习的基本功。需要注意的是,教育学的概念、命题或原理不像自然科学的概念、命题或原理那样具有唯一性、确定性,而经常是具有多样性、不确定性。因此,学习者在学习的时候不要有一种非此即彼的心态,接受了一种说法就排斥另一种说法,而应该认真地分辨各自的角度与合理性,用一种开放的学术态度来看待不同的理论观点。

第二,要注意掌握一些教育概念、命题或原理背后的理论假设。教育知识是一个开放的体系。在通常的情况下,教育知识与哲学知识、社会学知识、经济学知识、文化学知识以及心理学知识之间有着密切的关系,后者构成了教育学庞大的基础性学科。许多教育知识背后都有着哲学、心理学等学科的假设。不理解这些假设,就不能理解一种理论流派或一个人的教育学观点。因此,教育概念、命题或原理的学习应该经常深入它们赖以建立的其他学科知识中去,不能就教育知识而论教育知识。否则,学习者对教育知识的理解就只能停留在表层,只能知其然,而不能深入到它们的内部,知其所以然。

第三,要注意理论结合实际。从性质上说,教育学是一门实践性学科,与教育实践有着密切的联系。任何一种教育理论,都是对某种或某些教育实践问题的解释或解决。因此,教育学的学习必须密切结合教育实践问题来进行,而不能脱离教育实践单纯地记忆一些教育的词句或原理。所谓密切结合教育实践问题是指:一方面学习者应该关注教育问题,对教育问题有一种高度的敏感性,并带着一种求解的心态去学习教育学;另一方面,学习者要善于从比较抽象和一般的教育理论中发现它们与自己所从事的教育实际工作之间的内在关联,并尝试用新的理论来解释或解决自己所遭遇的形形色色的教育问题,检验这些理论的解释力或指导力。

第四,要注意广泛地阅读教育书刊。在各种各样的教育书刊中,学习者特别要注意以下几种教育书刊的阅读:教育名著、教育专著、教育类核心期刊和教育类报纸,还要注意互联网上教育信息的获得。教育名著是经过相当长一段时间检验的教育方面的代表性著作,凝聚着作者的教育智慧,体现着作者的教育情怀,读起来不仅能够给人以理智上的启迪,而且能够给人以情感上的陶冶,能够激发人的教育责任感和使命感。教育专著是关于某方面教育问题的专门的、系统的和深入的研究,具有较高的学术价值和知识原创性,能够对某方面问题提供新的、有说服力的解释。教育类核心期刊是获取最新教育研究成果的地方，能够帮助学习者把握教育知识的最新进展，不断地更新自己的教育观念，寻找更为有效的知识支持。教育类报纸主要介绍一些教育政策的变化以及各地的一些教育教学改革经验，其理论性稍差，但是其所包含的信息量是很大的，同时具有很强的时效性，可以用作学习教育学的参考资料。教育类网站是近年来发展最快的一类网站，上面有着各种各样的教育信息，反映教育教学改革的最新动态，可以为学习教育学，深化对教育基本原理的理解服务。

三、教育学的研究

上面对教育学的学习提出了一些具体的建议，下面再对教育学的研究提出一些具体的建议。在提出下列建议之前，需要指出的一点是，教育学的研究是最好的学习教育学的方式。教育学的研究也并不需要在整个教育学学习阶段结束以后才开始。学习者可以边学习教育学，边研究教育学。这不仅是可能的，而且也是必要的。关于教育学研究方面的具体知识，有专门的教育科研方法论一科来加以介绍。这里仅就刚刚学习教育学的人在进行教育学研究时需要具备的基本素质提几点建议。

第一，要有问题意识。如上所述，教育学的研究对象是教育问题，而不是教育现象、教育事实或教育规律，因此作为一位教育研究人员，最重要的就是要有教育的问题意识。这里有两层含义：一是指教育研究人员应该懂得，只有先有了教育问题，然后才谈得上对问题的解释或解决，才谈得上教育学研究。如果一个人连问题意识都没有，动不动就发表一通自己的教育观点，那么他/她就不是在做教育学研究，而是在发表自己的教育议论。教育研究与通常意义上的教育议论之间的根本区别就在这里。另一是指教育研究人员应该对教育问题有一种高度的敏感性，应该不仅能够注意到别人已经提出的教育问题，而且还能够独具慧眼地注意到别人没有提出的教育问题，即新的教育问题。这就要求教育研究人员经常关注教育教学实际，经常深入到教育教学实践中去，从大量的无关紧要的教育问题中鉴别出那些最具有代表性的或一般性的教育问题加以研究。没有这种教育实践的参与或深入，单靠在书斋中苦思冥想，是不会发现有价值的教育问题的。

第二，要不断地充实自己。教育学研究涉及许多其他学科的知识。因此，教育研究人员要刻苦学习，善于利用一些机会不断地拓展自己的知识视野。一方面，教育研究人员要一般性地学习教育学、哲学、心理学、社会学等方面的知识，从而为教育学研究打下一般性的知识基础或方法论基础；另一方面，教育研究人员要学会围绕着自己所关心或研究的课题进行一些专门的学习，补充那些与自己的研究直接相关的知识内容。在这方面，特别需要引起高度重视的就是进行跨学科的学习。当代，教育学的进展与其他许多学科的进展一样，都是在一些学科边缘地带取得的。因此，进行跨学科的学习，掌握一些与教育学相关学科的知识或理论，对于提高教育知识创新意识和能力是非常重要的。

第三，要善于吸取他人已有的研究成果。初学教育研究的人有一个特点，那就是将自己的研究成果看得很重，而将别人的研究成果看得很轻，有不少的人在成果形式中根本不愿意反映别人在同样的课题上所取得的成绩，似乎这样一来就影响到了自己的成就感。这是一种不好的心态，也是不符合学术规范的。研究的目的是为了推进教育知识的进步，而要判断一种研究是不是推进了某方面教育知识的进步，就必须将其放在已有的研究成果中来加以比较。因此，不了解或不反映别人已有的研究成果，就无法判断研究人员自己研究成果的价值或价值的大小。因此,认真地检索、学习和分析别人的研究成果,既为研究人员提供了研究的基础和方向,也是凸显研究学术性的一个重要步骤。

第四,要积极参加学术会议。对于一个教育研究的新手来说,参加学术会议是非常重要的。学术会议是交流最新学术研究成果,结交学术界朋友,展现自己学术研究成果,激发对某些教育问题的深入思考,开展深层次学术对话的一个重要舞台。参加学术会议有多种形式,可以是正式代表,也可以是非正式代表,还可以完全以旁听者的身份参加。如果实在没有机会参加学术会议,可以通过一些学术会议的综述来了解某些学术会议上所讨论的问题和所取得的研究进展,从而可以比较快地把握学术的前沿动态,为自己的研究确立一个坐标。

第五,要恪守学术道德。与其他学科的研究一样,从事教育学研究也要遵循一些基本的道德规范,如尊重别人的知识产权,不剽窃别人的研究成果,使用的资料或数据要准确可靠,不一稿多投,不在观点讨论中进行直接或间接的人身攻击,不使用一些夸张性的语句来误导公众舆论,尊重研究对象的隐私权,对于可能的研究成果的不当使用应进行有效阻止,等等。这些学术道德不是束缚研究人员的绳索,恰恰相反,是促使研究新手健康成长的"维生素"。一个人只有接受并恪守这些学术道德,才能真正地成为一名合格的教育研究人员,并获得不断成长的道德条件。

复习思考题

1. 试述教育学创立的条件、标志和简要过程。
2. 简述当代教育学的发展状况和趋势。
3. 结合实际,阐述学习教育学的意义。

第一章　教育的产生与发展

“教育”概念是教育学的基本概念和核心范畴。教育学的其他一些概念及由其所构成的教育命题都是以这一概念的某种界定为基础的,都是围绕着这一概念展开的。那么,究竟什么是教育?教育活动由那些基本要素组成?彼此之间是什么关系?教育活动的形态从古到今又发生了那些变化?现代教育的主要特征有哪些?今后的发展趋势又如何?本章主要从历史的角度对教育的概念及其产生和发展进行叙述和分析。

第一节　教育概述

在日常生活中,人们经常使用“教育”这个词。例如,一个刚看完了电影的人可能会说,“我从这部影片中受到了一次深刻的教育”;一位走上了犯罪道路的人可能会反思说,“我之所以堕落到今天,是因为我从小就没有受到良好的教育”;一位政府公务员可能会在某次大会上说,“教育是振兴地方经济的基础”;一位家庭主妇可能会对孩子的老师说,“孩子到学校受教育,请您多加管教”,等等。看起来,“教育”是一个人人都会用的词。但是,就像日常生活中的一些常用词汇一样,人们尽管可以应用自如,却往往缺乏比较明晰、深入的思考,更不用说形成系统化、专门化的知识了。常识性的理解对于个体日常生活来说也许已经足够了,但是对于一项具有重要价值的社会事业来说却是远远不够的。教育学的任务之一就是帮助人们对“教育”概念的理解从常识水平提升到理论水平。

一、“教育”的词源

在现代英语中,教育是“education”;在法语中,教育是“éducation”;在德语中,教育是“erziehung”,三者均起源于拉丁文“educare”。“educare”是个名词,它是从动词“educĕre”转换来的。“educĕre”是由前缀“e”与词根“ducĕre”合成的。前缀 e 有“出”的意思,而词根 ducĕre 则为“引导”,二者合起来就是“引出”,意思就是采用一定的手段,把某种本来就潜藏于人身上的东西引导出来,从一种潜质转变为现实。古希腊著名的哲学家柏拉图在《理想国》一书中,借助“洞穴中的囚徒”这一隐喻形象地阐释了这一概念的涵义,即把人的心灵从低处引向高处,从虚幻引向实在,从黑暗引向光明,从意见世界引向真理世界,臻达永恒的善的境界。①

在我国,“教育”最早见于《孟子·尽心上》中的“得天下英才而教育之,三乐也”一句。

① 柏拉图.理想国[M].郭斌和,等,译.北京:商务印书馆,1986:78-87.

东汉许慎的《说文解字》中解释为"教，上所施，下所效也；育，养子使作善也"。但这两个字在当时不见得就是一个有着确定含义的词，而且在后来的一两千年时间里，没有成为思想家们论述教育问题的专门语汇。从大量的历史文献来看，在 20 世纪之前，思想家和平常百姓在论述教育问题时，大都使用的是"教"与"学"这两个词。而且，两者比较起来，又以"学"为多为重。中国古代的教育思想集中地体现在人们有关"教"特别是"学"的论述上，如《学记》《大学》《进学解》（韩愈）、《劝学篇》（张之洞）等。因此，我们这里把"教"与"学"的辞源看成是中国文化背景下的"教育"辞源。

"教"的甲骨文的常见写法是"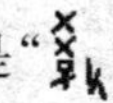"，它左下方的""表示一个孩子，是教的对象；左上方的""表示占卜的活动，是教的内容；右下方的""表示手拿鞭子或棍子，是教的过程与手段。整个字合起来表示成人手拿着器械（如《学记》中提到的夏、楚等）督促、惩戒孩子的学习行为。"学"的甲骨文的常见的写法是""，金文的写法是""。"学"的左上方和右上方表示两只手，位于它们中间的""表示占卜的活动。中部的""表示房间，意即学习的地方。下部的""表示孩子，即学习的主体。合起来的意思就是孩子在一所房子里学习有关的知识。因此，从辞源上看，"学"与"教"是统一的，是从不同的角度来描述同一种事物，同一种活动。

19 世纪末 20 世纪初，在连续不断的社会危机、民族危机的压力下，晚清政府不得不广开民智，兴学育人，培养经世致用的新型人才。甲午战争之后去日本留学的一些人就开始了翻译日文教育学书籍的工作。由于日文中有"教育"和"教育学"一词，故翻译过来的有关"兴学"的活动和理论就称之为"教育"和"教育学"。在学术界的影响下，朝廷大臣呈递的奏折中也渐渐地出现了"学"与"教育"交互使用，"兴学"与"普及教育"并提的情况，但一开始还是以"学"为主，如整个教育事业称为"学务"，国家教育机关称为"学部"，下设"劝学司""劝学所"，学部中有"学臣"，劝学所中有"劝学员"。派遣青年出国学习称为"游学"等。1906 年，晚清学部才奏请颁布"教育宗旨"。民国之后，正式改"学部"为"教育部"，此后，"教育"一词就取代传统的"教"与"学"成为我国教育学的一个基本概念。这是我国教育现代化和传统教育学范式现代转换的一个语言学标志。

二、教育的定义

在教育学界，关于"教育"的定义多种多样。一般说来，人们是从两个不同的角度给"教育"下定义的，一个是社会的角度，另一个是个体的角度。从社会的角度来定义"教育"，可以把"教育"定义区分为不同的层次：(1) 广义的，凡是增进人们的知识和技能，影响人们的思想品德的活动，都是教育；(2) 狭义的，主要指学校教育，指教育者根据一定的社会或阶级的要求，有目的有计划有组织地对受教育者身心施加影响，把他们培养成为一定社会或阶级所需要的人的活动；(3) 更狭义的，是指思想教育活动。这种定义角度强调社会因素对个体发展的影响，把"教育"看成是整个社会系统中的一个子系统，承担着一定的社会功能。从个体的角度来定义"教育"，往往把"教育"等同于个体的学习或发展过程，如朗特里（D. Rowntree）编著的《英汉双解英语词典》中，把"教育"定义为"成功地学习（一般地说借助于教学，但非必然如此）知识、技能与正确态度的过程"。这里所学的应值得学习者为之花费精力与时间（凡使用"教育"一词者皆作如是观），学习方式（与培训相对而言）则"一般应使学习者能通过所学的知识表现自己的个性,并将所学的知识灵活地应用到学习时自己从未考虑过的境遇和问题中去。"[①]联合国教科文组织在2015年发表的《反思教育:向"全球共同利益"的理念转变》报告中,认为"教育可以理解为有计划、有意识、有目的和有组织的学习。"[②]这些定义的出发点和基础是"学习"和"学习者",而不是社会的一般要求,侧重于教育过程中个体各种心理需要的满足及心理品质的发展。

以上这两种定义从不同的方面揭示了教育活动的某些本质属性,对于理解教育活动都是有价值的。但是,这两种定义也存在着各自的缺陷。单纯地从社会的角度来定义"教育",往往会把"教育"看成是一种外在的强制过程,忽略个体内在需要和身心发展水平在教育活动中的重要作用。而且,广义的"教育"定义过于宽泛,几乎可以看成是"生活"的同义语,从而失去了它本应具有的质的规定性;狭义的"教育"定义在定义项中出现了"教育者"和"受教育者"概念,犯了循环定义的毛病。单纯地从个体的角度定义"教育",又会忽视社会因素和社会要求在教育活动中的决定性作用。而且,用"学习"来定义教育也会使教育的外延过于宽泛。教育包含着学习,但是并不是所有的学习都是教育,例如,完全独立自主的"自学"就很难说得上是"教育"。因此,在给"教育"下定义时,应该兼顾社会和个体两个方面。

总结各种的"教育"定义,本章尝试着给出自己的定义:教育是在一定的社会背景下发生的,促使个体的社会化和社会的个性化的实践活动。这个定义首先描述了"教育"的"实践特性",即,"教育"这个概念首先是指某一类型的实践活动,而不是纯粹的理念或在某种理念支配下的一套规则。其次,这个定义把"教育"看作是两个耦合的过程:一方面是个体的社会化,另一方面是社会的个性化。个体的社会化是指根据一定社会的要求,把个体培养成为符合社会发展需要的具有一定态度、知识和技能结构的人;社会的个性化是指把社会的各种观念、制度和行为方式内化到需要、兴趣和素质各不相同的个体身上,从而形成他们独特的个性心理结构。这两个过程是互为前提、互为基础、密不可分的。如果片面地强调个体社会化的一面,强调个体发展需要和社会发展需要无条件的一致,忽视个性心理特征和个性培养,就会出现机械的"灌输"。同样,如果片面地强调了个性心理特征和个性发展的需要,忽视社会的一般要求,就会导致个体把整个社会作为满足自己欲望的对象,导致个体发展的随心所欲。随心所欲的发展也不是"教育","教育"总是包含着对个体发展必要的"限制"和"引导"。再次,这两个定义强调了教育活动的"动力性",即教育活动要在个体社会化和社会个性化的过程中起到一种"促进"或"加速"的作用,也就是说,"教育"与一组特殊的条件相联系,如明确的目的、精心选择的课程、有专门知识的教师、良好的校园环境等。最后,该定义强调"教育"行为发生的社会背景,强调"教育"与一定社会政治、经济、文化等条件之间的联系,从而说明教育活动的社会性、历史性和文化特征。总之,该"教育"定义力图兼顾社会与个体、过程与结果、社会性与时代性等不同的方面,力图比较全面、准确地把握教育概念的内涵和外延。

---

① 赵宝恒.英汉教育词典[M].北京:教育科学出版社,1992:121.

② 联合国教科文组织编.反思教育:向"全球共同利益"的理念转变?[M].熊建辉,等,译.北京:教育科学出版社,2017:9.

三、教育功能

教育功能是教育活动与教育系统对个体发展和社会发展所产生的各种影响和作用。教育功能不同于教育价值和教育目的，教育价值和教育目的是人们对“好”教育的一种期待，它反映了人们认为的“教育应该是什么”，而教育功能是一种实效，它反映了“应该干什么”的教育价值在教育实践中“实际干了什么”。依据不同的分类标准，可将教育功能划分为三种类型：

（一）个体功能与社会功能

按作用对象划分，教育功能可划分为个体功能与社会功能。个体功能也称为教育的本体功能，即教育对个体发展的影响和作用，由教育活动的内部结构决定。首先，教育功能有个体谋生和享用功能。其次，教育能够促进个体的发展，表现为教育的个体个性化功能和个体社会化功能。教育的社会功能也称为教育的派生功能，主要指教育对社会各个子系统的影响和作用。教育的社会功能主要包括经济功能、政治功能、文化功能、科技功能和人口功能等五方面。具体表现为：在经济功能上，教育通过提高劳动者的素质，把可能的劳动力转化为现实的劳动力，实现劳动力的再生产；在政治功能上，教育通过培养人才为社会政治服务，进而维护社会的稳定和推进政治民主化的进程；在文化功能上，教育能传承文化，促进文化的交流融合和创新；在科技功能上，教育是科学知识再生产的重要手段；在人口功能上，教育能够影响人口的迁移，提高人口的素质，使人口结构趋于合理。

（二）正向功能与负向功能

按作用性质划分，教育功能可划分为正向功能与负向功能。教育的正向功能指有助于社会进步和个体发展的积极影响和作用。在实施教育的过程中，要促进教育正向功能的实现，必须充分遵循社会发展和人的发展的客观规律。教育的负向功能指阻碍社会进步和个体发展的消极影响和作用。负向功能是由于教育与政治、经济发展不相适应，教育者的价值观念与思维方式不正确、教育内部结构不合理等因素，使教育在不同程度上对社会和人的发展产生阻碍作用。对任何社会、任何时期来说，正向和负向的功能都存在，只不过比重不同而已，多数时期的教育以正向功能为主。

（三）显性功能与隐性功能

按呈现形式划分，教育功能可划分为显性功能和隐性功能。教育的显性功能是教育依照教育的目的、任务和价值，在实际运行中所形成的与目的、任务和价值相符合的结果，如促进人的全面和谐发展、促进社会的进步等，就是显性教育功能的表现。教育的隐性功能是伴随显性教育功能所出现的非预期的，且具有较大隐藏性的功能，这种结果既非事先策划，也很难被察觉到。二者的区分是相对的，一旦隐性的潜在功能被有意识地开发、利用，就转变成显性教育功能。

四、学校教育的基本要素

在学校教育过程中，教育的定义可以表述为：（学校）教育是在一定的社会背景下发生的有计划有组织的促使个体的社会化和社会的个性化的实践活动。这个定义比起上面一般性的定义增加了“有组织有计划”，突出学校教育的制度层面。制度化的教育是教育发展的一个高级阶段，也是社会文化发展到较高水平的一个标志。

作为有组织有计划的一种培养人的实践活动，学校教育由下列一些基本要素构成。

第一，教育者，包括学校教师，教育计划、教材的设计者和编写者，教育管理人员以及参加教育活动的其他人员。其中，教师是学校教育者的主体和代表，是直接的教育者。教师不仅具有某方面专门的知识，而且还受过专门的教育训练，掌握了青少年儿童身心发展的一般规律，懂得一定的教育教学方法，是“学科专业和教育专业的双重专家”。[①] 在整个教育过程中起主导作用，是学生身心发展的主要影响源。没有了教师就谈不上学校，教师的出现和学校的产生是同时的。教师地位的变动也往往是教育地位变动的一个表征。在这个意义上，我们可以说，教师是学校工作的灵魂。不尊重教师，不调动教师的积极性，不为教师的工作创造必要的条件，就会影响到学校的教育教学质量，影响到学生的身心发展，影响到教育社会功能的实现。作为教师本人，也必须意识到自己在整个教育过程中的主导作用，努力提高自己的道德水平和专业素养。

第二，学习者，即各级各类学生，也即教育的对象。学生作为教育实践活动的对象，既有人类实践活动对象的一般特征，又有自身的特殊性。一般特征体现在他们有自己身心发展的规律，在实践活动必须认识和遵循这个规律，而不能违背或破坏这个规律。这就像人类改造自然的实践活动一样，不能盲目地对待自然，而应该掌握自然的规律，否则，就会受到自然的惩罚。因此，认识学生、了解学生是进行教育工作的出发点。特殊性表现在学生身心发展的规律并不是一成不变的，而是在外界影响下不断变化的，是有鲜明个性特征的。教育者不仅要认识学生身心发展的一般规律，而且要把握它的特殊形式，把握它的个性化体现，这就极大地增加了教育工作的难度，使得教育工作很难按照一个模式进行。此外，学生作为教育实践的对象，并不是消极的、等待被改造的“物”，而是积极的、有理智、有情感、有独立人格的“人”。因此，教师不能像农民对待自己的土地、工人对待自己的产品那样地对待自己的学生，必须尊重学生的人格，信任学生，与学生建立平等、和谐的师生关系，激发并引导学生学习与发展的内在需要，发挥他们学习过程中的主体性，实现预期的教育教学目的。

第三，教育影响，即教育过程中教育者作用于学生的全部信息，既包括了信息的内容，也包括了信息传递和反馈的形式，是形式与内容的统一。从内容上说，主要就是教育内容、教育材料；从形式上说，主要就是教育手段、教育方法、教育组织形式。教育内容、教育材料是教育活动的媒介，教师通过这个媒介来实现自己的教育教学意图，学生也通过它来实现自己的发展意图。教的活动与学的活动就是通过这个媒介连接起来的，从而成为一个统一的活动。这个媒介与社会生活中一般媒介的区别在于它是根据一定的目的及学生身心发展的规律从人类浩如烟海的文化宝库中精心选择的，具有丰富的发展价值。教育工作的全部要旨就在于充分、有效地利用这个媒介促进学生个体的社会化和社会的个性化，以实现教育的目的。

以上三种要素既是相互独立的，又是相互规定的，构成一个完整的系统。没有教育者，就没有受教育者，也就没有具有特殊发展价值的教育影响；没有学习者，整个教育工作就失去了对象；没有教育影响，教育工作也就成了无米之炊，无源之水。作为一种有计划有组织的促使个体社会化和社会个性化的实践活动，学校教育过程就是系统各个要素之间相互影响、相互作用的过程。各个要素本身的变化，会导致系统状况的改变。如根据年龄和年级的

---

① 成有信.教育学原理[M].郑州：河南教育出版社，1993：69.

不同，学习者有小学生、中学生、大学生、研究生以及一些在职人员等，从而使得教育系统分化为初等教育、中等教育、高等教育、继续教育等；又如教育影响的内容一般而言有普通文化知识与职业技术知识、技能，相应的，教育系统又分化为普通教育与职业教育，普通教育系统、职业教育系统内部又可以分化为更为细小的系统，如物理教育、化学教育、语言教育、商业教育、家政教育、外事教育等。不同级别和类型的教育对教师素质的要求又有所不同。不同教育要素的变化及其组合最终形成复杂多样的学校教育网络，担负起教育的职责。

第二节　教育的起源与发展

一、教育的起源

教育的起源问题是教育史研究中的一个重要问题。对这个问题的深入谈论具有极其重要的学术价值。正如北京师范大学孙喜亭教授所指出的那样，教育起源所涉及的问题，“实质是教育的产生、发展的动力问题，是教育的社会职能问题，是对教育的概念进行科学抽象的起点问题。”①

在教育学史上，关于教育起源问题有以下几种观点。

第一，教育的神话起源说。这是人类关于教育起源的最古老的观点，所有的宗教或神话都持这种观点。这种观点认为，教育与其他万事万物一样，都是由人格化的神（上帝或天）所创造的，教育的目的就是体现神或天的意志，使人皈依于神或顺从于天。这种观点是根本错误的，是非科学的。之所以如此，主要是因为受到当时在人类起源问题上认识水平的局限，自然不能正确提出和认识教育的起源。

第二，教育的生物起源说。该学说的代表人物是法国社会学家、哲学家勒图尔诺（C.Letourneau，1831-1902）与英国的教育学家沛西·能（T.P.Nunn，1870-1944）。勒图尔诺在《人类各种人种的教育演化》（1900）一书中认为，教育活动不仅存在于人类社会之中，而且存在于人类社会之外，甚至存在于动物界。不仅在脊椎动物中存在教育，甚至在非脊椎动物中也存在教育。他把成年动物对小动物的爱护照顾都说成是教育，认为在动物界也存在着“教师”与“学生”，存在着“知识”和“技巧”的学习。人类社会的教育是对动物界教育的继承、改善和发展。② 沛西·能在1923年不列颠协会教育科学组大会上以《人民的教育》为题说，“教育从它的起源来说，是一个生物学的过程。不仅一切人类社会有教育，不管这个社会如何原始，甚至在高等动物中间也有低级形式的教育。我之所以把教育称为生物学的过程，意思就是说，教育是与种族需要相适应的种族生活天生的而不是获得的表现形式；教育既无特别周密的考虑供它产生，也无需科学予以指导，它是扎根于本能的不可避免的行为”。他又说，“生物的冲动是教育的主要动力”，也就是说，教育的产生完全来自动物的本能，是种族发展的本能需要。③

教育生物起源学说看到了人类教育与动物界类似教育行为之间的相似性，比起神话起

① 孙喜亭.教育学问题研究概述[M].天津：天津教育出版社，1989：96.

② 勒图尔诺.教育的缘起[M]//瞿葆奎.教育学文集.教育与教育学[C].北京：人民教育出版社，1993：156-177.

③ 沛西·能.教育原理[M].王承绪，等，译.北京：人民教育出版社，1992：8.

源说来,不能不说是一个大的进步,标志着在教育起源问题上开始从神话解释转向科学解释。他们的根本错误在于没有把握人类教育的目的性和社会性,从而没能区分出人类教育行为与动物类教育行为之间的差别,仅从外在行为的角度而没有从内在目的的角度来论述教育的起源问题,从而把教育的起源问题生物学化。

第三,教育的心理起源说。其代表人物为著名的美国教育史家孟禄(P.Monroe,1869-1947)。他认为,在原始社会中尚未有独立的教育活动,也就是说,尚未有我们今天的制度化的教育活动。原始教育形式和方法主要是日常生活中儿童对成人的无意识的模仿。表面上来看,这种观点不同于生物起源说,但是仔细考虑,却也离生物起源学说不远。因为如果教育起源于原始社会中儿童对成人行为的"无意识的模仿"的话,那么这种"无意识的"模仿就肯定不是获得性的,而是遗传性的,是先天的而不是后天的,也就是说,是本能的,而不是文化的和社会的。只不过,这种本能是人类的类本能,而不是动物的类本能,这是孟禄比勒图尔诺和沛西·能进步的地方。可是,这种人类的类本能与动物的类本能的界线又在哪儿呢?作为一个资产阶级的教育史家孟禄没有回答。

第四,教育的劳动起源说。教育的劳动起源说也称教育的社会起源说,它是在直接批判生物起源说和心理起源说的基础上,在马克思主义历史唯物主义的理论指导下形成的。持这一观点的学者很多,主要集中在苏联和我国,苏联的教育史学家、教育学家以及我国的教育史学家和教育学家大都认可这一观点。

"劳动起源说"的直接理论依据和方法论基础是恩格斯的著作:《劳动在从猿到人的转变过程中的作用》。这篇著作写于 1876 年,首次发表于 1896 年的《新时代》杂志。在该文中,恩格斯发展了英国古典经济学家关于劳动创造财富的理论,通过劳动这把钥匙去考察人类的起源问题,对人类的起源做历史唯物主义的解释。恩格斯使用比较丰富的材料和严密的逻辑说明:"它(指劳动——引者注)是整个人类生活的第一个基本条件,而且达到这样的程度,以致我们在某种意义上不得不说:劳动创造了人本身。"①劳动既形成了人的物质器官,又形成了语言、意识等精神内容;既改造了人的内在自然,又改造了人与自然之间以及人与人之间的关系。一句话,是劳动而不是别的什么神秘力量最终使人向自己的动物祖先揖别,成为真正意义上的人。

从恩格斯关于上述人类起源思想出发,人们批判了教育起源问题上的生物起源说和心理模仿说。生物起源说的错误在于尽管它在一定程度上揭示了教育问题上的人类教育与动物的类教育行为之间的相似性,但是它没有说明人的教育如何从动物的类教育中提升出来成为与动物的类教育有不同的质的东西;心理模仿说的错误在于仅仅从个体的无意识的模仿来解释教育的起源,把教育的起源置于无意识的心理基础上。而且,两者共同的错误就在于放弃了人类教育活动最基本的规定——目的性——来讨论教育的起源。在反驳上述教育起源说的基础上,人们提出了教育的劳动起源说,其主要观点可以概括为:第一,人类教育起源于其劳动或劳动过程中所产生的需要;第二,以制造和利用工具为标志的人类的劳动不同于动物的本能活动,前者是社会性的,因而教育是人类特有的一种社会活动;第三,教育产生于劳动是以人类语言意识的发展为条件的;第四,教育从产生之日起其职能就是传递劳动过程中形成与积淀的社会生产和生活经验;第五,教育范畴是历史性与阶级性的统一,而不是

---

① 马克思恩格斯选集:第 3 卷[M].北京:人民出版社,2012:988.

如一些资产阶级教育学者所说的是永恒不变的范畴。生产力与生产关系的形态以及二者之间的关系改变了，教育形态也必须发生改变。实际上，自从人类教育产生之日起，就一直在随着社会和人的发展而发生着或快或慢的变革。

二、教育的发展

在教育发展的历史分期上，有各种不同的学术观点。在充分尊重和吸收各种学术观点的基础上，我们这里主要根据不同社会历史时期生产力的发展水平（主要体现在生产工具的性质和科学文化的发展水平方面）以及建立于其上的生产关系的性质把社会发展的历程划分为原始社会、古代社会和现代社会三个大阶段，相应地就把教育发展的历程划分为三个大的阶段：原始教育、古代教育和现代教育。其中古代社会、古代教育和现代社会、现代教育又各自可以划分出两个既有共性又有个性的亚阶段，即古代奴隶社会与古代奴隶社会的教育、古代封建社会与古代封建社会的教育，现代资本主义社会、现代资本主义社会的教育与现代社会主义社会、现代社会主义社会的教育。现将它们的各自的关键特征和彼此之间的历史关系概述如下。

（一）原始社会与原始教育

原始社会是一个非常漫长的时代，在这个时代中，人们无论是对自然的认识，还是对社会和自身的认识都处于比较低的水平，很难谈得上有多少确实可靠的知识。生产工具主要采自自然或是经过简单打磨的石器（即旧石器与新石器）。这种知识的贫乏与工具的简陋既反映了早期人类实践水平的低下，又制约了早期人类实践的范围。人们因而获得的物质生活资料在数量和种类上都是非常有限的。为了维持族群的生存，他们不得不过一种原始共产主义式的生活，集体劳动、集体分配食物，私有制还没有产生。在精神生活上，他们还不能正确地认识自然界和人生中的许多现象，如风雨雷电、生老病死等，“泛灵论”和“通灵论”是原始人的哲学，产生了一些具有巫术性质的原始舞蹈和严格的仪式性知识。

与原始社会的经济状况、社会结构以及知识状况相适应，原始社会的教育具有如下特征：第一，教育水平低。没有产生制度化的教育机构，教育只是在社会生活和生产（如狩猎）中进行的，教育的内容是非常贫乏的，教育的方法也主要是口耳相传和实践中的模仿。第二，教育没有阶级性。由于共同生活的社会制度，教育资源没有为一些特殊的阶层所独占，而是面向所有的氏族或部落的儿童。只是在男女儿童教育上，会根据他们的性别自然差异有一些区别，如可能会让女孩子学习采集，让男孩子学习打猎等。第三，教育与原始宗教或仪式有着紧密的联系。原始宗教或仪式本身承担着一定的教育功能，对于传递原始社会的生产和生活经验，约束和塑造人们的社会行为起到重要的作用。

（二）古代社会与古代教育

比起原始社会来，古代社会生产力有了一定程度的发展。石器已经广泛地被金属工具所代替，但这时的金属工具基本上还是手工工具。经济生活也由以不稳定的狩猎和捕鱼为主逐渐转变为以稳定的农业为主。物质生产和生活资料除了满足人们的日常需要之外，还有了越来越多的剩余，出现了私有制。社会日益分化为两个对立的阶级，阶级压迫和阶级斗争成为社会发展的重要动力。人与人之间的关系也由原始的无差别的平等转变为人身依附甚至是直接占有关系。人们对自然和社会的认识水平有一定程度的提高，经验的积累已经孕育产生了古代的哲学、科学、文学、艺术、道德伦理以及古代宗教等，产生了一些古代文明古国,如古埃及、巴比伦、印度以及中国等。根据所有制关系的不同,古代社会又可以划分为奴隶社会和封建社会。

1. 奴隶社会及其教育

从世界史的范围看,世界上最早建立奴隶制国家的是古埃及,大约在公元前3500年左右。其次就是古印度、巴比伦、中国等。在原始社会后期,人类认识和改造自然的能力有了一定程度的提高,由石器时代进入金属时代,获取的生活资料除了供集体消费以外还出现了一些剩余。原先受整个氏族和部落信任和委托的氏族或部落领袖就会把这些剩余物以及用它们进行交易获得的东西据为己有。这种行为刚开始时可能是偶然的、不自觉的,到后来就渐渐发展为一种对财富的"贪婪"。这种不可遏止的少数人的"贪婪"从根本上腐蚀了原始社会的基础,日益把社会分解为富人和穷人。也正是由于剩余生活资料的出现,胜利者不再把在战争中所捕获的敌人杀死,而是把他们留下来,用种种的手段迫使他们为自己劳动,由此又产生了自由人和奴隶。当一部分被剥夺了财富的自由人因为生计的原因不得不出卖自由向新兴的富人们借贷生活时,他们也就逐渐地沦为奴隶。社会日益形成两大对立的阶级:奴隶主和奴隶。奴隶主依靠奴隶的劳动而生活。奴隶被看成是"会说话的工具",他们用自己的血汗创造的财富连同他们自身一起成为奴隶主的私有财产。正如恩格斯所说,"最卑下的利益——无耻的贪欲、狂暴的享受、卑劣的名利欲,对公共财产的自私自利的掠夺——揭开了新的、文明的阶级社会;最卑鄙的手段——偷盗、强制、欺诈、背信——毁坏了古老的没有阶级的氏族社会,把它引向崩溃。"①代之而起的是一个阶级压迫另一个阶级的工具——国家的出现。

在奴隶社会中,大量的奴隶在奴隶主"发明"的国家机器强制下辛勤劳动,创造了比原始社会丰富得多的物质财富和精神财富,其中一些文明的结晶直到今天还让人赞叹不已。奴隶主为了维护自己的统治,不仅要占有物质资料的生产,而且要占有精神资料的生产,不仅要从物质生活上剥削奴隶,而且还要从精神生活上欺骗和统治奴隶。由此奴隶社会的教育出现了一些新的特征。

第一,古代学校的出现。据可查证的资料,人类最早的学校出现在公元前2500年左右的埃及,我国的学校产生于公元前1000多年前的商代。欧洲的学校出现得比较晚,大概是在公元前8-7世纪。学校的出现意味着人类正规教育制度的诞生,是人类教育文明发展的一个质的飞跃。学校的出现需要具备一定的社会条件,如人类的文化发展已经到了这样一个阶段,即如果不通过学校教育,这些文化就不能为日常生活和生产中的青少年一代所掌握;社会物质资料生产水平必须能够使一部分人从直接的社会物质生产部门中脱离出来,成为"有闲者",从事专门的精神生产工作,脑力劳动从体力劳动中分化出来;文字的出现,为大量、准确地传递和学习历史上的社会生产和生活经验提供了独特的载体。所有这些条件都是人类社会政治、经济、文化发展的结果。学校的产生标志着教育从生产劳动中的第一次分离。

第二,教育阶级性的出现。原始社会非制度化的教育是没有阶级性的,教育机会对于所有的氏族青少年都是平等的,教育内容也没有阶级的偏见。奴隶社会的教育则截然不同。由于奴隶主阶级对物质生产资料和精神生活的绝对占有,他们同样地也占有了学校。实际

① 马克思恩格斯文集:第4卷[M].北京:人民出版社,2009:113.

上，学校从一开始就是奴隶主国家机器的一个组成部分，是被“发明”出来为巩固奴隶制服务的，而不是为奴隶和一般的自由民服务的。奴隶社会教育的阶级性非常明显，具体体现在：教育目的是培养奴隶主阶级治理国家所需要的人才；教育的对象主要是一些奴隶主贵族子弟；教育内容多是以军事教育和道德教育为主，以满足统治阶级武力镇压和道德教化的双重需要；教育方法上体罚盛行，注重机械的练习和实践训练；教师担负起教育青少年一代的职责，被赋予很大的权力，具有很高的权威。

第三，古代学校教育与生产劳动相脱离。原始社会中，教育过程是与生产和生活过程相互交织在一起的，是不分离的。进入奴隶社会以后，由于不劳而获的奴隶主对学校教育权的控制，他们是不会允许学校向自己的子弟传递那些只有奴隶们才需要的生产知识和技能的。他们要求自己的子弟学习一些统治术、战争术、外交术等，从思想观念上教唆自己的子弟鄙视生产劳动和与之有关的知识技能。生产劳动的经验一开始就被排斥在学校的大门之外。有关这方面经验的传递主要是依靠生产过程中“师傅带徒弟”的方式进行的。这种非正规教育的方式对于保存和发展人类的生产经验，乃至促进新技术发明都起到了非常重要的作用，推动了古代科学技术的发展，是近代科学诞生的一个重要基础。

2. 封建社会及其教育

在奴隶社会后期，由于生产力一定程度的发展，特别是由于奴隶们不堪忍受残酷的阶级剥削和压迫，纷纷以逃亡、怠工乃至起义的方式反抗奴隶制度。同时，在统治阶级内部也发生着重要的分化，一些在镇压奴隶起义和对外战争中建立功勋的军事首领也日益要求扩大自己的权力，出现了许多的“弑君”事件。在内外交困的情况下，奴隶制崩溃了，代之而起的是能够暂时缓和阶级关系和统治阶级内部关系的封建制度。封建制度是以封建地主占有土地、剥削农民或农奴剩余劳动为基础的社会制度。在封建制度下，地主拥有大部分的土地，而农民或农奴则完全没有或很少有土地。他们靠租种地主的土地而生活，对地主有不同程度的人身依附，但比起奴隶来说，则有一定程度的人身自由，交完地租之后有剩余的少量个人财产。封建社会基本的阶级是地主阶级和农民阶级，其上层建筑主要以君主制和等级制为特点，在此基础上形成了封建道德。自给自足的自然经济是封建社会主要的经济形式，手工业、商业等是占次要地位的，在很多时候也是受到限制和压制的。与奴隶相比，农民或农奴由于有了一定程度的人身自由和自己的生产工具，收成好坏又同自己利益有联系，因而比奴隶有了一定的生产积极性，促进了生产力的发展。在生产力发展的基础上，艺术、文学、历史、宗教、建筑、哲学乃至科学技术等都有了相当程度的发展，促进了人类文化的繁荣。

与整个社会政治、经济、文化的变革相一致，封建社会的学校教育在保留古代奴隶社会教育若干特征的基础上，又发生了一些重要的变化，出现一些新质，具体表现在。

第一，学校教育的主要目的是培养适合统治阶级所需要的官吏、牧师或骑士。在封建中国，学校教育的主要目的就是为了传播统治阶级的意识形态和治国方略，培养能够维护和巩固封建统治的官吏。学成之后，经选士或科举，优秀者授予一定的官职。欧洲封建时代具有与中国封建社会不同的一些特征，主要就是形成了世俗封建主与僧侣封建主两个由不同的权力系统构成的统治阶级。这两者之间经常发生冲突，但又有共同的利益。在教育上，他们有着各自的教育系统和教育目的。世俗封建教育主要是培养能够忠于世俗封建主的“骑士”，而僧侣封建教育主要是培养能够忠于教权的“教士”或“牧师”。由于文化教育的权力基本上掌握在教会手中，所以欧洲封建社会的学校教育也基本上是由教会来控制的，骑士教育往往是在家庭和社会生活中进行的，而且骑士的文化程度很低，有的甚至连自己的名字也不会写。

第二，学校教育既具有鲜明的阶级性，又具有严格的等级性或浓厚的宗教性。在封建社会中，学校一般只对统治阶级的子弟开放。一般农民或农奴人家的孩子是没有资格也是上不起学的，所以，在封建社会中，统治阶级与知识阶级往往就是一个阶级，知识阶级在总的方面是为统治阶级服务的。封建社会阶级性的教育与奴隶社会不同的是在强调教育为统治阶级服务的同时，还强化了教育的等级性或宗教性。教育的等级性就是指在封建统治阶级内部，不同官职出身的人的子弟接受不同等级的教育。如在我国唐朝的官学体系中，设有“二馆六学”，即弘文馆、崇文馆、国子学、太学、四门学、书学、算学、律学。官职不同的人的子弟分别上不同级别的学校。弘文馆和崇文馆只招收皇亲国戚的子弟；国子学只招收三品以上文武官员的子弟；太学只招收五品以上的官员的子弟；四门学只招收七品以上文武官员的子弟；书学、算学、律学则招收“八品以下子及庶人之通其学者。”教育的宗教性主要是就欧洲封建教育而言的。在中世纪欧洲，宗教统治了人们的生活，宗教权力往往高于世俗权力，封建政权各级领导人的更迭都需要经过教会的认可。在这种情况下，僧侣教育主要就是要传播宗教教义，培养人们对上帝的虔诚和热爱，对世俗生活的鄙视和疏远。骑士教育尽管主要是世俗教育，但是也浸透着宗教精神，需要学习宗教教义。

第三，教育的内容主要是以道德文章或宗教经典为主。奴隶社会的教育内容中有很大一部分是军事教育，主要是训练统治阶级镇压奴隶反抗的意识和能力。进入封建社会以后，由于阶级矛盾和统治内部矛盾的相对缓和，统治的手段就从奴隶社会赤裸裸的血腥恐吓和镇压转变为道德的或宗教的教化，当然前者作为封建国家机器强有力的组成部分也是必不可少的。高明的统治者除了能够运用传统的暴力统治手段获得和巩固政权外，还必须能够很好地运用道德力量或宗教力量，把被统治阶级的任何反抗说成是不合天理或不合上帝旨意。统治阶级子弟的教育因此也主要是学习一些道德文章或宗教经典。在中国，封建学校教育的主要内容就是“四书五经”等儒家经典以及根据这些经典所编撰的一些启蒙读物，如《三字经》《百家姓》《千字文》《女儿经》等。在西方，无论是世俗的封建教育还是宗教的封建教育，其主要内容就是宗教教义及与之相关的内容，如《圣经》(包括《旧约全书》和《新约全书》)、教父著作、经院哲学家的著作、各种祈祷书、赞美诗、圣诗等。一些世俗性的学科，如修辞、逻辑、辩证法等也被按照神学的旨意和价值加以改造，把它们当成了解和传布上帝福音的准备。不过，在道德文章与宗教经典之外，也存在着少量的科技教育的内容。例如中国封建社会的学校教育内容在以儒学为主的同时，也往往增加一些算学、天文学、医学等方面的内容。到了唐代，还建立起一些专科性学校，同时在一些中央部门，如太医署、太仆寺、司天台等，也设科招生，培养一些专门人才。

第四，教育教学方法主要以严格的纪律约束为主，辅以个人自学和修行。无论是欧洲的封建社会教育还是中国的封建社会教育，由于其鲜明的阶级性和严格的等级性，在个人品质方面的一个基本要求就是内心和外在行为的坚决服从，学校教育也就是要培养服从封建统治秩序的官吏、骑士或牧师。而要教育对象养成这样的品质，外在的纪律约束和内在的秩序认同都是必不可少的。所以封建社会的教育教学既强调学生要遵守一些严格的纪律，又强调他们要独自反省和自觉修行，把外在的约束转化为内在的自觉要求。机械记忆、背诵、体罚是常用的教育教学及管理措施，与此同时，教育者们也非常强调个人的体会和自觉践行。

表面上看,好像同时使用两种相互矛盾的方法,但实际上只是一种,个人的体会和践行是不准越雷池一步的。

第五,形成了比较系统的教育体系,提出了比较丰富的教育教学思想。由于教育在维护封建统治、进行伦理教化、传播宗教思想中的重要作用,比起奴隶社会来说,封建社会中教育的地位得到了进一步提高。中国封建社会开始不久,思想家们就提出了“建国君民,教学为先”的方针,把教育作为实施德政仁治的一个重要战略。正是由于对教育的重视,所以在漫长的封建统治时期,形成了比奴隶社会要系统得多的教育体系。中国在汉代就建立了从中央到地方的官学体系,为后来历代统治者所模仿。中国封建时代的教育不仅有官学系统,而且还有私学系统,私学不仅有启蒙教育,而且还有高等教育。在官学和私学之外,还有书院和社学。无论是哪一种类型的教育机构,都有专门的教育管理措施,厘定目标、选择课程、制定学规。在中世纪的欧洲,教会为了传道和培养宗教人才,也创办了大量的、各种层次和类型的学校,如教区学校、主教学校、修道院学校以及教会大学等。

学校的大量出现必然要求对学校教育教学活动经验的总结和研究,这样,对教育的论述就成了思想家们思想体系的一部分。他们提出了比较丰富的教育教学思想,甚至写出了一些专门论述教育问题的文章和专著。如我国的《学记》(无名氏)、杰罗姆(Jerome,约 347-400)的《致莱塔的信》、本笃(Benedictus,约 480-550)的《本笃规程》、伊西多(Isidore of Seville,570-636)的《辞源》、颜之推(531-约 595)的《颜氏家训》、韩愈(768-824)的《师说》和《进学解》、程端礼(1271-1345)的《程氏家塾读书分年日程》、黄宗羲(1610-1695)的《学校》等。他们的教育思想既为当时的教育实践提供了理论指导,也为现代教育学的诞生奠定了基础。

(三)现代社会与现代教育

现代社会与古代社会的根本区分就在于经济形态从自给自足的自然经济转变为不断发展和变换的商品经济,生产方式从手工生产转变为大机器生产。与之相适应,社会统治和管理方式从古代的专制政治走向现代的民主政治,社会关系从古代的人身依附关系逐渐转变为物的依赖基础上的人的独立个性的交往关系,日益健全的法律与道德或宗教一起成为社会生活的基本行为准则。科学技术得到了巨大的发展,成为一种推动社会进步的革命性的力量。教育在现代社会中的地位进一步提高,成为社会发展和个人发展必不可少的基础。根据生产关系的不同,可以将现代社会划分为两个历史上先后出现的不同类型,即资本主义社会与社会主义社会。

1. 资本主义社会及其教育

就像人类进入封建社会并不是同步的一样,人类进入资本主义社会也不是同步的。在欧洲,一般认为是在 1640 年英国资产阶级革命以后,就进入了资本主义时代,到目前为止,已经有三百多年的历史。在中国,一直没有形成一个清晰的资本主义时代。尽管在明代中叶江南一些地方就有了初步的资本主义生产方式的萌芽,但一直没有发展起来。1840 年鸦片战争之后,中国社会逐渐沦为半殖民地半封建国家。1912 年的资产阶级革命推翻了两千多年的封建专制,建立起资产阶级的民主共和国,但是不久即发生了袁世凯帝制复辟事件。从 1919 年到 1949 年的 30 年间,民族资本主义得到了一定程度的发展,但发展仍很缓慢,而且主要是官僚资本主义,在广大的农村仍然是自给自足的自然经济,商品经济发展的水平很低,人身依附关系仍然严重地存在。因此,下面论述的资本主义及其教育主要是就一些西方资本主义国家及其教育而言的。

尽管与古代封建社会一样，资本主义社会也是一个私有制社会，也存在着阶级、阶级剥削和阶级斗争以及由此产生的许多私有制社会的共同特点，但是，资本主义社会毕竟属于现代社会而不属于古代社会，具有现代社会的一些本质特征，从而与古代社会有了质的差别。这些差别之中，最根本的就是市场经济得到了充分的发展，生产力水平有了很大的提高，以现代科学技术为基础的机器大工业生产逐渐地代替了以经验积累为基础的手工生产。随着物质产品的逐步丰富，商品交换逐渐从偶然的个别的直接行为发展为必然的普遍的和间接的行为，商品经济取代了自然经济，价值规律成为基本的经济规律，货币（资本）代替土地和实物成为财富的象征和经济发展的动力源泉。为了获取高额利润和更多的剩余价值，他们一方面想方设法地更新技术设备，降低成本，提高劳动生产率，另一方面在残酷剥削本国工人阶级的同时，不断地对外进行侵略战争，掠夺殖民地的原材料和廉价的劳动力资源，开拓并占领更大的市场。所有这些，都极大地促进了科学技术的发展，使得17-19世纪中叶两百年间科学技术成就的总和比17世纪之前人类的所有科学技术成就的总和还要多。为了维护和巩固这种新的以科学技术发展为基础的经济基础，新型的资产阶级不断地要求冲破封建统治及其意识形态和价值观念的束缚，建立新的政治机构、意识形态和价值观念，实践新的政治和社会生活原则。16世纪开始的新教改革，17世纪的英国资产阶级革命，18世纪的法国资产阶级革命和18、19世纪的美国独立战争、南北战争以及德国的统一，最终形成了一整套符合新的生产力发展要求的政治与道德的观念、制度和机构，如“因信称义”的宗教生活原则、勤奋与节俭的新教伦理、政治与宗教的分离、私有财产神圣不可侵犯的信条以及自由、平等、博爱等。

所有以上这些都极大地影响到资本主义社会的教育，使之具有不同于封建时代的若干关键特征。

第一，教育的目的在于既要培养和选拔资产阶级的统治人才，又要给予广大的劳动人民以一定的文化科学知识。资产阶级的统治人才不同于封建社会的统治人才，前者应该掌握现代生产和管理的丰富知识，并且要具有敢于吃苦、冒险的精神及与人交往合作的能力，而后者主要是要掌握一些社会道德或宗教方面的知识，要养成服从的品质。例如，17世纪英国的哲学家、教育家洛克在资产阶级革命前夕论述绅士教育的目的时就明确提出，绅士必须是“有德行、有用和能干的人”，要能“忍耐劳苦”，“绅士需要的是事业家的知识，合乎他的地位的举止，同时要能按照自己的身分，使自己成为国内著名的和有益国家的一个人物。”由于生产过程本身科学化程度的日益提高，必须不断地提高工人的文化科学水平，否则他们就无法适应大机器生产的要求，也就不能为资产阶级创造他们所渴望的高额利润。这样，教育的对象不断扩大，普及教育的要求就被历史地提了出来，并以国家法律的形式加以确认。最早颁布义务教育法的是普鲁士，时间是1754年。其次是奥地利，时间是1774年。美国是1852年，英国是1870年，日本是1872年，法国是1882年。义务教育的年限也逐渐从4年延长到6年、7年、8年，直到现在有的长达12年。

第二，建立了现代学校制度。与古代社会的等级制学校比较起来，现代学校在体系上更完备、类型上更多样、层次上更加清晰、性质上也更加世俗化，其中最突出的变化除了上面提到的实行义务教育制度之外，就是：创办了幼儿园，并逐步地把幼儿园纳入学校制度中；创办了实科中学和工科大学；设立并发展了职业技术学校；产生了各种类型的成人教育；创办了一大批现代大学，形成了完整的从学前教育到高等教育的学制系统。

第三，课程结构、内容得到了不断的调整，尊重学生学习积极性的新教学方法不断出现。为了培养新式的人才，不断提高劳动者的现代生产和生活素质，就必须改革课程结构，更新课程内容，而且对已经形成的课程结构和课程内容进行不断的改革和调整。在这方面，最突出的一点就是打破了古代社会道德课程或宗教课程一统天下的局面，引入了大量的现代科学课程，而且日益把科学课程放在了学校课程体系的核心地位。随着科学技术的不断发展，也不断地更新教材内容，及时地补充一些新的研究成果。这些科学知识的学习在方法上要求理解与运用，靠古代教育的死记硬背是不可能牢固掌握和灵活应用的，因此资本主义学校的教学方法也开始提倡启发式教学，尊重学生的学习兴趣，调动学生的内在学习积极性。

第四，师生关系民主化。在古代社会和古代教育中，师生关系是不平等的，在总体上带有古代社会人身依附关系的性质。随着资本主义社会新型政治和道德原则的建立，师生之间的关系也从不平等走向平等，从专制走向民主，由绝对的教师中心走向教师指导和帮助下的学生自治。师生关系的民主化是现代社会和现代教育民主化的一个重要反映，也是现代社会和现代教育民主化的一个重要内容。

第五，独立形态的教育学产生并得到了极大的发展。古代社会和古代教育积累了大量的教育经验，也提出了丰富的教育思想，但是由于受到当时科学发展总体水平的制约，没有产生独立形态的教育学。近现代以后，在科学方法论的指导下，特别是为了解决现代教育事业规模日益扩大、结构与过程日益复杂的问题，诞生了独立形态的教育学，并不断发展，形成了一个庞大的教育科学体系，构成了一个完整的教育科学群，极大地提高了现代资本主义教育的理性水平。这一点在后面的教育学发展部分还要做详细论述，此处从略。

2. 社会主义社会及其教育

与资本主义社会相比，社会主义社会的历史是短暂的，道路是非常曲折的。从 19 世纪中叶马克思、恩格斯发表《共产党宣言》算起，不过 170 多年的时间；从苏联 1917 年“十月革命”算起，则刚过 100 多年的时间；在我国，如果从 1956 年社会主义改造基本完成时算起，仅只有 60 多年的时间。从短短的社会主义革命和建设实践中，既可以看到社会主义制度的优越性，看到科学社会主义的伟大力量，又有许多的经验教训值得认真总结。① 马克思、恩格斯的经典科学社会主义理论认为，社会主义社会是建立在发达的资本主义基础之上的，是以生产力的高度发展为物质基础的。但是，在实践上，社会主义社会却是首先在资本主义发展比较落后的俄国首先取得胜利的。大力发展生产力，发展科学教育事业，应该是社会主义在上层建筑领域取得胜利之后的重要任务之一。

社会主义社会与资本主义社会同属于现代社会，因而社会主义教育与资本主义教育同属于现代教育。尽管同属于现代社会，社会主义社会与资本主义社会还是有着质的不同，这不仅表现在意识形态的不同，而且还表现在社会发展的方向、道路和处理社会矛盾的不同上。同样，社会主义教育与资本主义教育既有共同的地方，也存在着质的不同。共同的地方在于两者都要适应并推动生产力的发展，满足现代社会的多样化的教育需求，建立完备而灵活的学校教育制度，不断地调整课程结构和更新课程内容，提高学生的整体素质，发展教育科学事业，提高教育实践的科学化水平，等等。我们要努力学习别人的教育观念、教育制度、

① 成有信.科学社会主义的新发展与现代教育[J].北京师范大学学报，1998(3).

课程与教学改革的模式和经验,以加速我们自己的教育现代化进程。不同的地方突出地表现在教育目的和教育的社会属性上。我们的教育是为人民服务,为中国共产党治国理政服务,为巩固和发展中国特色社会主义制度服务,为改革开放和社会主义现代化建设服务的。

第一,教育的目的在于培养社会主义建设者和接班人。

教育是培养人的社会活动,具有社会性,在阶级社会里自然是具有阶级性的。不仅古代社会的教育具有鲜明的阶级性与等级性,在资本主义社会的教育也是具有阶级性的,只不过他们故意抹杀、比较隐蔽罢了。正如马克思、恩格斯所说,"……你们的教育不也是由社会决定的吗?不也是由你们进行教育时所处的那种社会关系决定的吗?不也是由社会通过学校等等进行的直接的或间接的干涉决定的吗?共产党人并没有发明社会对教育的作用;他们仅仅是要改变这种作用的性质,要使教育摆脱统治阶级的影响"。[①] 社会主义教育事业的阶级性主要表现在两个方面:一方面是表现在教育的领导权方面,将教育的领导权从国内外的资产阶级的手中夺回到广大的人民群众手中;另一方面是教育目的的制定上,社会主义的教育目的是要培养德智体美全面发展的社会主义建设者和接班人,不是培养旁观者和反对派。习近平总书记在党的十九大报告中明确指出,"要全面贯彻党的教育方针,落实立德树人根本任务,发展素质教育,推进教育公平,培养德智体美全面发展的社会主义建设者和接班人。"[②]

第二,教育与生产劳动相结合。

教育与生产劳动的关系在历史上有不同的形态:原始社会的教育与生产劳动是处于混沌未分化状态;古代奴隶社会和封建社会学校教育具有鲜明的阶级性和等级性,是以道德教化或宗教宣传为主的,根本上就鄙视生产劳动与劳动者,学校教育是与生产劳动相分离甚至是相对立的;现代资本主义学校教育为了适应大机器生产的需要,提出并实施普及教育,学校教育与生产劳动开始由分离走向结合,但是在早期是不充分的,"双轨制"的存在就说明了这一点;社会主义社会的出现为学校教育与生产劳动的结合创造了条件,因为社会主义的性质就是人民群众当家作主的社会,社会主义各项事业的发展就是为了满足广大群众日益增长的物质和文化生活需要,社会主义教育的目的就是为了培养各行各业的人才和劳动者。学校教育与生产劳动的结合既是学校教育的社会主义性质的体现,又是进行社会主义现代化事业的内在要求。所以,我国 1958 年教育方针提出"教育与生产劳动相结合"原则上是对的。但是,在"教育大革命"和"文化大革命"中,这个方针受到了严重的歪曲,放弃了学校教育传播科学文化知识的任务,片面地强调改造思想,要知识分子和青年学生上山下乡,与贫下中农"打成一片",否则就被视为脱离生产,脱离群众。其实,马克思早在《资本论》中就曾明确指出,"从工厂制度之萌发了未来教育的幼芽,未来教育对所有已满一定年龄的儿童来说,就是生产劳动同智育和体育相结合,它不仅是提高社会生产的一种方法,而且是造就全面发展的人的唯一方法。"[③]也就是说,学校教育与生产劳动的结合是建立在"工厂制度"基础上的,是现代化大生产的内在要求和物质条件。上述错误做法是完全违背马克思教育与生产劳动相结合的原则的。社会主义制度为教育与生产劳动的结合创造了必要的条件,

---

① 马克思恩格斯选集:第 1 卷[M].北京:人民出版社,2012:418.

② 习近平.决胜全面建成小康社会夺取新时代中国特色社会主义伟大胜利[M].北京:人民出版社,2017:45.

③ 华东师范大学教育系.马克思恩格斯论教育[M].北京:人民教育出版社,1986:229-230.

要正确地实施这个原则，首先要完整准确地理解这个原则。

第三，教育科学的研究有了科学方法论的基础。

马克思主义是指导社会主义革命和建设的根本方法论基础，也是指导社会主义国家教育科学研究的方法论基础。它第一次把对教育问题的认识奠定在历史唯物主义的基础上，从而为把握复杂的教育规律提供了科学的方法论，对于教育起源问题、教育与社会的关系问题、教育与人的发展问题以及其他许多教育问题的研究都具有指导意义。

社会主义制度的建立为教育事业的发展创造了很好的制度条件，但是就像社会主义自身的发展一样，社会主义教育事业的发展也是在曲折中前进的。只有我们善于学习别人的长处，认真地吸取自身发展过程中的经验教训，创造性地开展工作，才能够把社会主义教育事业推向一个新的阶段，实现我国从教育大国向教育强国的转变，为社会主义现代化建设和中华民族伟大复兴的中国梦的实现做出巨大的贡献。

第三节　现代教育的主要特征

尽管资本主义的教育与社会主义的教育在一些重要方面有所不同，但是两者都属于现代社会的教育，有一些共同的特征。了解和掌握这些基本特征，有助于我们把握现代教育发展的大趋势，正确处理教育国际化与教育本土化的关系，树立积极的教育自信，转变自身的教育观念，深化教育改革实践，推进教育科学研究。关于现代教育的特征不同的人也有不同的看法，总结各家之说，我们把现代教育的特征概括为以下几点。

一、现代教育的公共性

现代教育的公共性是指：现代教育越来越成为社会的公共事业，是面向全体人民，而不是面向一少部分人的，是为全体人民服务，而不是仅为一小部分人服务的。这是现代教育公共性的一种含义或基本含义。与之相关的就是现代教育的公平性，即，现代教育要为每一位受教育者提供同样的机会和服务，努力做到受教育权利和机会的均等，并制定切实可行的措施保证实际上的公平。这就是说，现代教育的公共性也就是现代教育的大众性，现代教育应该是大众教育。应该坚决废除教育的等级性和特权性。这样说并不是要否认教育对少数精英人才的培养，在高科技时代中，精英人才的数量是国家实力的一个指标，教育应该大力培养各个方面的精英人才。但是对精英人才的选择不是根据他们的财产、出身或地位，而是根据他们的才智和志向，并且，精英人才的选拔不应该以牺牲大众教育的质量为代价，应该在提高大众素质的基础上选择精英，培育精英。

二、现代教育的生产性

现代教育的生产性就是指：现代教育越来越与人类的物质生产结合起来，越来越与生产领域发生密切的、多样化的关系；生产的发展也越来越对教育系统提出新的要求。一个重要的标志就是职业教育得到了很大的发展。人们日益认识到：今天的教育就是明天的经济。教育的消费是明显的消费，潜在的生产，是有限的消费，扩大的生产，是今日的消费，明日的生产。教育已经成为经济发展的杠杆。教育的经济功能得到了世界各国政府的充分重视，教育改革因此被作为经济发展的战略性条件。随着知识经济时代的到来，教育的生产性将会进一步地突显出来，教育不仅是改变人们的精神生活的一种重要力量，而且也是改变人们的物质生活的一种重要力量。而且，随着生产形式、技术、规模的不断变化，教育的生产性也将日益呈现新的形式。如今，我国的经济发展正面临结构性调整，经济增长方式也越来越依赖劳动力质量的提升，这就对教育的质量、结构和效益提出新的要求。

三、现代教育的科学性

现代教育的科学性是指：一方面，科学教育是现代现代教育的基本内容和最重要的方面，另一方面，现代教育的发展越来越依靠教育科学的指导，摆脱教育经验的束缚。现代教育在现代社会和现代人发展过程中的价值是人所共知的，但是什么样的教育以及怎样办教育才能实现这些预期的价值呢？从内容上而言，必须是以科学知识为主的教育，而不能再是以道德知识或宗教知识为主的教育。从方法上而言，必须遵循教育的规律。而要遵循教育的规律，必须要了解教育的规律，发现教育的规律。教育的现象是极其复杂的社会现象，要发现教育的规律不是件容易的事。为此，必须尊重并大力发展教育科学，依靠教育科学来进行现代教育改革，不能用主观主义和长官意志来指导教育改革。现代教育应该极大地提高自己的理性自觉性，否则就很难说得上是现代教育。应该明确认识到：教育科学是推动现代教育不断发展和革新的根本力量。

四、现代教育的未来性

现代教育的未来性是指：一方面现代教育的价值取向、目标定位等会对未来社会和个体的发展产生非常大的影响；另一方面是指现代教育的发展不仅要考虑到当前社会和个体发展的要求，从当前社会和个体的发展需要出发，而且要考虑到未来社会的发展趋势对教育提出的要求，教育要面向未来，未雨绸缪。这是古代教育根本没有的。古代教育更多的是面向过去、面向现实，具有很强的保守性。现代教育的未来性是来源于现代社会发展的快节奏。在科学技术迅猛发展的推动下，现代社会日新月异，知识激增，知识老化速度加快，相应地，产业结构和职业构成不断调整，生活方式不断变化。在这种情况下，教育的眼光如果只局限于眼前是不够的，必须把未来发展的要求考虑进去，而且作为现代教育改革的主要参照系。20 世纪 80 年代以来，世界各个国家无不把对 21 世纪的预测作为制定教育发展规划的出发点，纷纷出台了面向 21 世纪的教育改革方案。联合国教科文组织也于 1993 年成立了“国际 21 世纪教育委员会”。该委员会向教科文组织提交的一份重要报告——《教育——财富蕴藏其中》——就是以“展望未来”开篇的。进入 21 世纪第二个十年之后，这种教育改革的未来意识也越来越强。一些新的社会发展趋势如经济全球化、全球治理、互联网、大数据、AI 技术等的发展正在急速地改变教育供给的形式、教育管理的方式、师生交往的方式以及教育评价的技术基础等。

五、现代教育的国际性

现代教育的国际性是指：现代教育应该从态度、知识、情感、技能等方面让受教育者为国际化的时代做准备，也就是要面向世界。20 世纪中叶以来，发达的交通、迅捷的通信、共同市场、共同问题的出现都日益把不同地区、不同民族和不同意识形态下的人民的命运紧紧地联结在一起，“地球村”的意识开始出现。但是，由于国家利益、意识形态、文化传统等多方面的差异，一体化的世界并不是“大同世界”，而是充满着分歧和冲突的。当前单边主义、贸易保护主义的重新抬头给世界秩序带来了新的挑战。在这种情况下，现代教育不仅是促进民族和国家发展的工具，而且也是促进国际理解、交流与合作的重要工具，是传播和平理念、培育人类命运共同体的主要工具。因此，现代教育在培养学生的民族文化认同和爱国主义精神的同时，也要使他们具备从事国际业务的意识、知识、情感和技能。

六、现代教育的终身性

现代教育的终身性是指：现代教育不局限于学龄阶段，而是贯穿人的一生，现代教育的改革应该着眼于创造一个适合终身学习的社会，满足不同年龄段的受教育者的教育需求。尽管在很久以前，就有人提出“活到老学到老”的口号，但那只是少数思想家们的个人自觉，还没有成为整个社会的客观要求。终身教育的提出是由于现代生产和生活基础的不断变化引起的，与知识激增和老化速度加快有着内在的联系，与老龄化社会的到来密不可分。在这样的时代里，某一时段的集中学习再也没有办法供个体终身享用。要想不断地应付社会生产和生活的新挑战，唯一的途径就是改变储备式的教育为终身教育，而且从一个受教育者转变为积极的学习者。为此，就必须改变传统的教育观念、教育制度、课程结构和评价方式，打通正规教育与业余教育，学校教育与继续教育，建立一个更加一体化的，因而也更加灵活的满足不同类型和层次学习需要的新的教育体制。

复习思考题

1. 教育的内涵是什么？学校教育由哪些基本要素构成？
2. 教育的发展可以划分为哪几个阶段？每一阶段的基本特征是什么？
3. 简述现代教育的主要特征。

第二章　学校

学校是现代社会中常见的一种社会组织，与每一个人的成长与发展有着密切的联系。对于教育学专业的学员来讲，学校更是施展才干、服务社会、实现人生价值的重要场所之一。因此，理解学校，了解学校组织的性质、特点及其活动规律等，对于教育活动的开展，有重要意义。

第一节　学校概述

一、学校及学校制度

(一) 学校的定义及其功能

教育是人类社会的一种极其重要的社会现象。广义的教育可以说是伴随着人类社会的产生而产生的。但在人类社会发展的早期，教育还没有从社会生产和社会生活中分化出来，人们尽管已经有意识地按照一定的要求对下一代进行最初的劳动技能和生活规范的训练，但这种教育是同社会生产和社会生活原始地结合在一起的，其功能不能不受到极大的限制。随着人类知识的不断丰富和成熟，知识的传授日显重要，而对知识传授本身的规定性也日显重要，这就使得传授知识的活动有必要从社会的生产和生活过程中分离出来，形成专门的活动领域，从而出现了专门的教育机构。由此可见，学校始于人类知识及其传播的专门化要求，是教育者有计划、有组织地对受教育者进行系统的教育活动的组织机构。依据我国现行学制，学校包括幼儿园、小学、中学(初级中学和高级中学)和大学等。

作为对社会成员进行教育、培养的社会机构，学校的基本功能是利用一定的教育教学设施和选定的环境实施教育教学活动，培养社会所需要的合格人才。为此，学校及其他教育机构应根据社会的经济、政治及文化发展的要求，选择有教育价值的知识对学生进行教育，使之具有符合社会要求的良好的行为、道德倾向，培养他们向社会学习和为社会服务的能力，使其具有为社会发展和人类进步而贡献力量的认识和责任感。为此，学校及其他教育机构要启迪学生的智慧，由简而繁，由易而难，循序渐进地教育学生学习现代科学技术，吸收优秀的民族文化传统，掌握从事社会物质生产和精神文明建设所需要的各种知识、技能和技巧，充分做好参加社会生活的准备。

为了实现上述功能，学校应当具备下列基本条件：

(1) 有与学生数量相适应的校舍、场地及其他基本教学设施；

(2) 有符合法律规定要求的，按编制标准配备的教师队伍；

（3）有按规定标准配置的教学仪器、图书资料和文娱、体育、卫生器材。

（二）学校的制度化与现代学制的产生

现代社会的发展产生了对人才数量和规格的新要求，从而形成了现代社会特有的学校制度。这种制度要求废除封建社会培养、选拔人才的做法，扩大受教育对象，广泛培养人才。这种制度要求打破传统的学校体系，同社会的人才需求结构相适应，把学校教育机构联系、统一和协调起来，形成一个幼儿、青少年、成人教育纵横贯通，学校、家庭、社会密切配合的一体化学校教育机构网，即现代学校制度，一般简称学制。

学制由纵向的学校阶段和横向的学校系统构成。前者形成学校体系的阶段性，后者形成学校体系的类型。在现代社会之前，学校主要是由其教育对象的出身阶层和社会经济地位等因素来划分的，承担不同教育功能的学校教育机构之间没有形成统一的衔接关系。从制度的组织形式看，其特点是规模狭小、制度不完善、不系统，还没有形成统一有序、分工明确的各级各类学校系统。从学校教育内部看，教学活动的组织形式主要是个别教学和自学，没有统一的教学计划、大纲、教材和质量标准，其组织是不严密和不系统的，不可能代替家庭，成为人才培养的普遍形式。现代学制是在普及和发展教育的基础上产生的。社会生产力的发展对人才培养的数量和规格的新要求推动了统一学校、建立学制的进程，使之从一开始就具有教育对象逐步扩大和教育机会逐步均等的发展趋势。

现代学制首先产生于欧洲，其发展是依照两条路线进行的。一条是自上而下的发展路线，以最早的中世纪大学及后来的大学为顶端，向下延伸，产生了大学预科性质的中学，经过长期演变，逐步形成了现代教育的大学和中学系统。另一条是自下而上的发展路线，是由小学（及职业学校），而后中学（及职业学校），并上延至今天的高等职业学校。前者是学术性的现代学校系统，后者是普及性的现代学校系统。这一发展的结果导致在 19 世纪末和 20 世纪初欧洲产生了所谓的双轨制。

14 世纪时，欧洲已经有了几十所大学。这些大学一般设有文科、神学科、医学科和法学科等，其中文科主要教授七艺，属普通教育性质，起着后来的普通中学的作用，是大学的预科。当时大学的四科，入学年龄和修业年限都没有严格的规定。文科一般为 6~7 年，其他三科为 5~6 年。在文科学习三四年，修完文法、修辞学和辩证法三艺，获得在文科任教许可证的，就是硕士。文科修业期满，就有权进入大学的其他三科中的某一科学习，毕业合格，并获得任教许可证的，就是博士。

与此相应，在欧洲文艺复兴前后，在一些欧洲国家出现了一类从教会中独立出来的，以学习七艺和拉丁文或希腊文为主要内容的学校，在英国叫文法中学或公学，在德国和法国叫文科中学。其教学内容、毕业生的规格要求和权利与中世纪大学的文科基本相同，都是为大学培养预备生的。因此这类学校在教育史上一般称为古典文科中学。这类学校与中世纪大学的文科的联系是十分明显的，有的就是从中世纪大学的文科演变而来的。这些学校不久就作为大学的预备学校而失去了原有的独立地位，形成了由大学和中等学校组成的一类学校系统。

现代小学的发展比大学和中学要晚得多。在文艺复兴以前，欧洲的许多国家存在着一类学校，叫行会学校和基尔特学校，主要学习本族语的读写、计算和宗教，这是欧洲城市最早的初等学校。文艺复兴时期，当时的教会又办起了许多类似的学校，这些教育机构可视为现代小学的前身。18 世纪 60 年代至 19 世纪 40 年代，欧洲发生了以蒸汽机的发明和广泛使用为标志的工业革命。这场革命要求劳动者必须具有初步的读写算的能力和一定的自然与社会常识，这就推动了以劳动人民子女为主要对象的小学教育的广泛发展。到19世纪后半叶，英、德、法、美、日都先后通过了普及初等教育的义务教育法，小学由此得到广泛发展。

近几十年来，由于发达国家的普及教育已经达到了初中和高中，中小学已不再是就业教育，而成为普通文化科学基础教育的初级阶段。在许多国家，中小学教育的结构有了一系列变化：第一，小学已无初高级之分；第二，小学入学年龄提前到6岁甚至5岁；第三，小学年限缩短到5年（法国）、4年（德国）甚至3年（70—80年代的苏联）；第四，小学和初中直接衔接，取消了升入初中的入学考试。初中教育也发生了深刻的变化。义务教育向初中的延长使初中阶段的教育成为科学基础教育的重要阶段，因此导致初中阶段教育结构发生下列变化：（1）初中学制延长；（2）把初中阶段看作普通教育的中间阶段，而不把它看成是中学的初级阶段，中间学校由此而来；（3）把初中和小学连接起来，统一进行文化科学基础知识教育，取消小学和初中之间的考试，把小学和初中阶段看作基础教育的统一阶段；（4）加强初中结束时的结业考试，据此再进行分流，或进行进一步的文化科学知识教育，或进行职业教育。

在小学逐步普及的基础上，从19世纪到20世纪中叶的一百多年里，由于科学技术的进一步发展，对国民素质提出了更高的要求。这一要求促进了普及教育的延长。在许多发达国家，义务教育先后延长到了8~9年。延长的这部分教育统称初中教育，实施初中教育的学校一般叫初级中学。在欧洲各国，这类学校都只是小学的延伸，并不能与高等学校相衔接。与大学相衔接的高级中学是由古典文科中学演变而来的。上述两种学校系统在办学形式、教育对象、教育内容、教育水平等方面是完全不同的，这就是典型的双轨学制。当然，双轨学制并不是唯一的学校发展模式，在美国，并没有发生类似欧洲的发展过程，群众性学校由初级中学继续上延到高中，形成了所谓的单轨学制。介于这两者之间的分支型学制结构，属中间型，苏联的学制最早出现这种分支，前段（小学、初中阶段）是单轨，后段分叉。

总之，在统一学校系统的过程中，各种不同功能的学校从纵横两个方面开始逐步衔接和贯通，形成了现代学制的三种类型：即双轨学制、单轨学制和分支学制。

（三）学制变革与学校的大众化

直到本世纪初以前，西欧各国都实行严格的双轨学制。随着义务教育的上延，教育机会均等原则的实施，双轨学制从小学开始向上逐步并轨。二战后，西欧各国的义务教育已经延长到了十年左右，已到了中学的第一阶段。这就使原先不分段的中学分成了两段，新发展起来的初级中学与传统的完全中学在学术水平上有很大差距，导致机会的不均等。于是许多国家采用了各具特色的做法，克服原有双轨制的不公平问题。在许多国家，初中的两轨已经合并，传统的双轨学制事实上已经变成分支型学制了。这种并轨还在上移，如英国的高中正在通过综合中学实行并轨。这说明，随着普及教育的发展，双轨学制必然要逐步过渡，最终走向机会均等的单轨学制。从当前看，综合中学是双轨学制并轨的一种较为成功的形式，因而综合中学化就成了现代中等教育发展的一种重要趋势。①

近几十年来，由于科学技术的飞速发展，知识的创造周期和陈旧周期都大大缩短了，因而，一个人不论受到过多么高的教育，都必须适时补充和更新自己的知识，为此需要重新回

---

① 黄济，王策三.现代教育论[M].北京：人民教育出版社，1986：286-292.

到学校中来再次接受教育。如果不能不断地更新知识，就不能适应现代社会的需要。另一方面，由于劳动生产率的不断提高，以及社会的文明进步，个人的劳动时间从总体上看在不断减少，这就能更多地满足每个人的精神追求和兴趣需要，为人多方面的发展提供了更大的可能性。为此在本世纪中期之后，教育大众化和民主化的要求就成为世界各国学制改革的主旋律，构成了现代学制改革的重要内容。这不仅仅表现在传统学制的延伸，双轨学校的并轨或融通方面，许多新的教育形式和教育机构如回归教育、终生教育、成人教育、函授教育、业余教育、远程教育、企业职工培训、老龄教育等都得到了广泛的发展并在学制系统中占有一席之地。这些新的教育形式和机构不仅是对传统学制的重要补充，更是改造。新的学制形式具有开放性、大众性以及和社会生产、社会生活密切联系的特点。可以这样说，随着教育机会的逐步均等化，现代学制正由传统的封闭的精英模式向开放的大众模式过渡，现代学校正由职前准备教育的施教机构系统向终生教育的施教机构系统过渡。

（四）我国现代学校及学制的产生

我国的现代学校及其制度不是由本国土生土长的，而是从西方引进的。观清末的教育，其机构官方的有书院、有儒学，民间的有学塾等，科举是读书人入仕的门径，八股和诗赋是他们学习的内容。鸦片战争失败之后，为谋求振兴，封建统治者开始推行洋务运动，在教育上则模仿西制，举办了外国语学校、科学技术学校和军事学校等一系列新式学校。1901 年，清政府明令全国书院改为学堂，在省城的改为大学，在府的改为中学，在州县的改为小学。但当时仅有各级学校的名称，还没有形成正式的学制系统。

中国近代教育史上第一个现代学制系统产生于 1902 年，这就是《钦定学堂章程》，又称“壬寅学制”。这一学制虽经正式颁布，但并未实行。一年之后，又颁布了《奏定学堂章程》，通常称为“癸卯学制”，这是我国第一个正式实施的学校制度。之后，由于新式学校已成气候，全国舆论纷纷抨击科举，认为不废除科举，学校就无法发展。1905 年 8 月，清政府看到大势所趋，决然下诏停止科举，从此新式学校得以迅速发展。

1911 年辛亥革命之后，经过十数年的借鉴和探索，颁布过若干个不同的学制，最终于 1922 年颁布了“壬戌学制”，这是在总结民国以来学校发展的经验教训，借鉴西方国家学校教育体制基础上制定的，因而是一个较为成熟的现代学校系统，在我国施行了数十年。该学制首次规定了中小学的六三三制，并一直延续至今。

新中国成立后，1951 年颁布了《关于学制改革的决定》。这是我国学制发展的一个新阶段。新学制吸收了当时各个方面的合理因素。该学制具有以下特点：

（1）继承了我国单轨学制的传统，使各级各类学校互相衔接，保证了劳动人民子女受教育的权利。

（2）职业教育学校在学制中占有重要的地位，体现了重视培养各种建设人才和为生产建设服务的方针。

（3）重视工农干部的速成教育和工农群众的业余教育，贯彻了面向工农开门的方向，突破了传统的学校定义并使学校的功能有了较大的扩展。

（4）加强了普通教育、职业教育和成人教育三类学校的联系和结构的完整性。

其后，我国的学校系统经历了几次大的变动，其中既有成功的经验也有失败的教训。1976 年，在结束了十年浩劫之后，教育事业也和其他领域一样，着手重建和发展被破坏了的学校系统，延长了中学的学习年限；恢复和重建了中等专业学校和中等技术学校，创办了职业高中；恢复了高等学校专科和本科两个层次；扩大了高等专科学校；恢复和重建了很多“文化大革命”中被迫解散的学校、系科和专业；建立了学位制度，完善了研究生教育制度；恢复和重建了各级各类成人教育机构，等等。我国的学校教育走上了正轨。

（五）我国中小学在现行学制中的地位

我国现行学制的结构纵向分为四个等级，横向分为若干不同类型，具体分述如下。

幼儿教育（幼儿园），招收3—6岁的幼儿。

初等教育，主要指全日制小学教育，招收6、7岁儿童入学。学制为5—6年。在成人教育方面，是成人初等业余教育。

中等教育，指全日制普通中学、各类中等职业学校和业余中学。全日制中学修业年限为初中3年；普通高中3年，职业高中2—3年，中等专业学校3—4年，技工学校2—3年。属成人教育的各类业余中学，修业年限适当延长。

高等教育，指全日制大学、独立设置的学院、专科学校、研究生院和各种形式的业余大学。高等学校招收高中毕业生和同等学力者。专科学校修业为2—3年；大学和独立设置的学院为4—5年，毕业考试合格者授予学士学位。业余大学修业年限适当延长，学完规定课程经考核达到全日制高等学校同类专业水平者，承认学历，享受同等待遇。

条件和设备较好的大学、独立设置的学院和科学研究机关设研究生院。硕士研究生修业年限为2—3年，招收获学士学位和同等学力者。完成学业授予硕士学位。博士研究生修业年限为3年，招收硕士学位者和同等学力者。完成学业授予博士学位。在职研究生修业年限适当延长，完成学业者也可获相应学位。

我国中小学，在现行学制中占有重要地位。义务教育法规定：“义务教育必须贯彻国家的教育方针，实施素质教育，提高教育质量，使适龄儿童、少年在品德、智力、体质等方面全面发展，为培养有理想、有道德、有文化、有纪律的社会主义建设者和接班人奠定基础。”（第三条）为了完成上述任务，我国义务教育实行在国务院领导下，由地方各级人民政府负责，按省、县、乡分级管理的体制。各级教育主管部门在本级人民政府领导下，具体负责组织、管理本区域内实施义务教育的工作。中小学的设置应当本着有利于适龄儿童、少年就近入学的原则，由设区的市级或者县级人民政府统筹规划，合理布局。中小学在实施义务教育工作上应接受当地人民政府及其主管部门的管理、指导和监督。

二、学校的公益性特点

《中华人民共和国教育法》第八条规定：“教育活动必须符合国家和社会公共利益。”这意味着，公益性是我国教育基本功能所决定的性质，是人民大众的一种理性选择，因此成为我们理解和评价教育问题的重要价值尺度和具有规范作用的行动准则。

（一）现代教育的公益性的内涵与原则

教育公益性意味着平等、普惠、对所有的人一视同仁，体现着对公民受教育权的尊重和保护。为此教育公益性应体现以下原则：

第一是普遍受益原则，表现为教育事业应以尊重社会成员共同利益，兼顾不同教育要求，惠及社会的多数成员甚至所有社会成员。

第二是非营利原则，表现为增进社会福祉、保障公众利益的非经济价值取向，强调以财政性经费、捐赠资产举办或者参与举办的学校及其他教育机构不得设立为营利性组织。

第三是公正公平原则,表现为依照普遍受益的标准与规则分配受教育机会,协调全局与局部、社会与个人以及不同个人之间的相互关系,使每个人的教育能各得其所。

为了体现上述原则,法律规定实行教育与宗教相分离,强调任何组织和个人不得利用宗教进行妨碍国家教育制度的活动。这是因为宗教是一种唯心主义的意识形态,相信超自然实体即神灵存在并主宰着自然和社会,因而对其崇拜和敬畏。宗教包括有关的信仰、信念、特殊的宗教仪式和行为规定,如吟诵经咒、祈祷、斋戒、膜拜偶像等。它们同宗教的组织设施以及专门的神职人员等因素结合在一起形成一种强大的社会力量,因此,教育与宗教的分离是体现教育公益性的一个重要方面。由于宗教的社会根源和认识根源长期存在,我国宪法和教育法在规定宗教信仰自由、保护正常的宗教活动的同时,禁止任何人利用宗教进行破坏社会秩序、损害公民身心健康、妨害教育制度的活动。这是排除宗教对教育教学活动的非法干预和渗透,维护学校及其他教育机构的正常教学秩序,保护未成年学生身心健康的重要举措,是保证学校公益性的重要标志。

学校的公益性还涉及教学语言文字和课程设置等一系列问题。

公益性不仅体现在公立学校,同时也体现在私立学校中。私立学校存在于世界上绝大多数国家,构成了现代学制的重要一支,因此各国政府都不能对其放任不管。为了加强对私立学校公益性的检查和监督,可以说从校内到校外都形成了一套有效的法律调整机制。私立学校以其举办者的意思表示为依据可以分为两类,即非营利性学校和营利性学校。其中非营利性私立学校应体现社会的公益性质。为保证非营利性的私立学校贯彻教育的公益性质,许多西方国家在其宪法中规定了私立学校的权利,或者在特别法中对私立学校作出规定。私立学校的法律地位本应允许其独树一帜,但在欧洲大陆国家,私立学校只有符合国家有关课程设置方面的要求,才能得到国家的补助和国家对其考试和学位的承认。美国最高法院尽管在 1926 年的法林顿判例中曾裁决,各州无权约束和限制私立学校的自由,但绝大多数州的法律仍然要求私立学校课程必须与公立学校等同。当然,各国都有其独特的做法,对私立学校的控制也不尽相同。大体说来,英国更强调严格把关的注册,美国更强调地区评估组织一类中介机构的合格评估,而欧洲大陆国家则更强调对学校活动的监督。通过各自不同的做法,各国保证了私立学校被并入公共教育系统。此外,各国还重视对私立学校财务的管理和监督,如在美国,私立学校内部的财务收支是公开的,并且有多方参与,在校内检查的基础上接受校董事会的定期审查,同时还要接受政府的监督。其中非营利性学校每年都要向税务部门报告收支情况,接受税务部门的检查,若发现有营利性的问题即予惩处。营利性的学校对其营利所得的使用也要受到政府有关部门的严格监控。总之,政府对私立学校财务的控制,不是去管经费具体如何使用,而是检查学校的收支是否清楚①。

(二)学校与企业的区别

学校是以培养人才、创新和保存知识为目的、面向社会自主办学的功能性社会组织。从机构性质看,应是一种非政府的和非企业的社会组织。学校区别于企业的特点是伴随着现代教育的普及与发展而产生的。为了促进教育的进一步普及,使更多的人获得受教育的机会,学校必须区别于企业组织,体现社会的公共利益。二者的区别主要是。

1. 设置目的不同

---

① 劳凯声,郑新蓉,等.规矩方圆——教育管理与法律[M].北京:中国铁道出版社,1997:197-198.

学校的设置目的不同于企业。设置学校的根本目的是培养德、智、体、美等方面全面发展的各级各类人才，提高全民族的素质。而企业则是以营利为目的的生产和经营单位，追求最大化的剩余价值是其发展的动力。

2. 调节手段不同

学校的经费来源不同于企业。学校的经费来源是多渠道的，其中公立学校的主要部分来源于国家的财政拨款。国家出于公益性要求，拿出一部分财政收入用行政的办法分配到各学校及其他教育机构，这种资金的使用，与企业的借贷资金不同，是无须偿还的。而企业则必须拥有直接从事经济活动的资产，并以这种资产为基础，进行经营性活动，经过不断地周转而实现增值。

3. 与政府关系不同

学校与政府之间的关系也不同于企业。由于学校的办学活动涉及受教育权利问题，因此，在遵循教育规律，自主办学的同时，政府必须对其权力和行为作出必要的限制。国家应根据社会整体利益的需要，加强对学校的宏观指导和管理。而企业则不然，构成企业的基本条件之一就是必须拥有自主经营权和法人财产权，否则就不能称之为企业。国家虽然也会用计划的手段对企业进行宏观控制，但在大多数情况下是通过市场来进行调节的。

4. 产出不同

学校的产出也与企业不同。学校向社会提供的，是一种社会公共服务或者公共产品。这种服务或者产品是每个人全面发展身心、实现自我价值而不可缺少的前提条件。这种教育服务或者产品不是一般意义上的商品，一般不能在市场上通过等价交换来获得。因此，教育服务或者产品不能以营利为直接目的，不能直接通过市场来实现其价值。而企业生产的产品是要进入流通领域，进行商品交换的，作为商品，它必然以追求利润为直接目的，以商品生产者和经营者的特殊利益作为出发点和归宿，通过市场来实现产品的价值。

第二节 学校文化

学校及其他教育机构是现代社会中的一种最重要的社会组织，与文化有着千丝万缕的联系。从学校的建筑、校园的布局、学校的管理、人际关系，到学校的教育目的、内容、方法等，都是社会文化的折射，都反映着浓厚的文化色彩。我们今天研究学校问题，不能不研究学校的文化特质，研究学校文化与社会文化的互动关系。

一、什么是学校文化

学校是现代社会中最常见的一种社会组织，学校活动是整个社会在文化活动中最具有效力的一种文化活动，学校的文化功能是其他任何社会组织所不能比拟的。现代学校的一个重要功能就是将上一代的文化内容经过价值批判和取舍，去粗取精，去伪存真，传播给下一代。为了达成学校教育的以上功能，学校必须充分地利用各种因素，形成具有自身独特的价值观、信念、手段、语言、环境和制度的文化特质。

一所学校的文化特质，既具有随社会文化的发展、变迁而发展、变迁的共性，同时，都会因其构成或具体环境的不同而具有区别于其他学校的个性。学校中这种共性与个性统一的文化特质我们称之为学校文化。学校文化是指由学校成员在教育、教学、科研、组织和生活的长期活动与发展演变过程中共同创造的、对外具有个性的精神和物质共同体,如教育和管理观念、历史传统、行为规范、人际关系、风俗习惯、教育环境和制度以及由此而体现出来的学校校风和学校精神。

学校文化是一种独特的文化,它的存在使学校的所有成员,尤其是学生受其规范及影响。那么,学校文化是如何形成的呢?

学校文化的形成来自两个方面,一是教育者根据社会的特定要求及社会的主文化的基本特征精心设计和有意安排的文化,即为了使学生顺利地完成社会化过程,学校和教师必须对进入学校领域的各种复杂的社会文化因素,进行精心取舍、组织,建立适宜的文化环境,这是学校文化的一个重要来源。二是年轻一代的文化,主要是来自学生团体中的各种习惯、风俗、民约、传统、时尚、规范、语汇、价值观念等,这种文化就其本源而言是成人文化的一种反映,但其内容则与成人文化有别,是区别于社会主流文化的一种亚文化。学校文化最终要表达的是这样一些内容:教育的理想或追求;对学校功能及其社会责任的理解;对人性的理解;对学习、工作的态度以及对集体的看法等。

学校文化如果从其形式来看,可以分为精神文化、物质文化和制度文化三类。精神文化包括学生文化和教师文化,主要是以人或人际关系为基础构成的文化形态。物质文化是指学校物质环境所构成的一种文化,如校园面积、校园布局、学校建筑、教学设备、图书馆等,都会构成一种独特的文化内涵。制度文化是指学校的规范所构成的一种文化,学校规范是针对学校成员的,不同的规范体现了不同的价值和态度,因而构成不同的文化。学生文化我们在学生一章中还要详细阐述,因此这里从略。下面主要讨论教师文化、物质文化和制度文化。

二、教师文化

教师是教育教学活动的实施者,他的价值观念及行为方式是形成学校文化的最重要的因素。教师在学校中的文化角色受许多因素的影响。由于教师在学校中的角色和地位有着多重性,因此制约教师文化的要素就非常复杂。

第一,教师是专业人员,他们必须了解和掌握本门学科的知识和成果,具备本门学科的专业能力,因此教师都会强调自己的学术背景及专门知识。当然由于所处学校以及社会背景、本人所从事的科目、个人性格、兴趣等方面的因素,不同的教师强调的侧重点可能是不一样的。

第二,教师是教育者,他们负有传播知识,培养能力的职责。为此,他们不仅要掌握教育的内容,更要懂得教育学的专业知识,了解人的认知心理和学习心理,能根据教育的基本规律去做好自己的工作。特别是在当前,由于科学技术的迅猛发展,数字化时代的到来,新技术、新媒体的出现,人类的思维方式和学习方式正在产生重大变化。这些都会对教育者产生深刻的影响。此外,快节奏的生活对人的精神素质将会提出更高的要求,要求人们正确地认识自己的精神世界,科学地预测和控制心理现象的发生和发展,从而更好地把握自己。这些新因素的出现都会要求教育者树立新的知识观、人才观、教育观、学校观。它必然会影响教育者的素质,给学校文化注入新的内容。

第三,相对于未成年学生来说,教师又是成年人,负有一种保护未成年人健康成长的责任。为了使未成年人长大以后也能像他们一样合格地尽到做人的责任,成年人必须维持自己的权威和影响,未成年人从小就必须以成年人为蓝本来完成自己的社会化过程。这使得代际关系必然带有一种依附性和从属性。教师对这种关系的认识不同,以及个人性格、文化素养、所处的社会背景等方面的原因,就会形成不同的代际关系模式,比如长幼尊卑型、严加管束型、娇惯放纵型、民主平等型等,并且形成不同的代际文化。

当新技术(程序教学、广播、电视以及电脑用于教育等)被引进学校时,流行过一种关于新技术将取代教师的观点。无论这种观点是出自担心还是出自希望,都没有被后来的结果所证实。在有些情况下,利用这些教学辅助手段的教师的作用略有改变。然而,其他因素的出现使这些教师的任务大量增加和更为繁重。比如,由于家庭在道德和社会教育方面的不足,必须对儿童进行这方面的适当教育;必须组织每个学生的自学活动;不仅要做学生的榜样和向导,而且还要担任他们的顾问;还要摈弃传统社会赋予他们的师道尊严,等等。

今后需要预见到的另一种趋势是,教师将更广泛地参与影响学校生活的所有决策。没有这种参与便难以克服许多教师对变化和创新的自然抵抗。为了保证这种参与的成功,应该让教师对校外发生的事情有更多的了解。[①] 专业人员、教育者、成年人,这些因素综合起来,就会影响教师文化的基本性质。

学校的管理人员是学校教师队伍的组成部分之一。他们虽然不从事教学工作,但他们的价值及行为会影响学校的组织目标、权力结构、规章制度、物质环境的性质以及学校教育教学活动的进行。因此,管理者的价值和行为模式也是形成学校文化不可缺少的因素。如学校管理人员对学生的态度或与学生的关系不同于教师的专业态度或关系,一般不易要求和控制,这就有可能产生不利于学生的影响。另外,在学校领导、教师和学校管理人员之间由于一定的职责分工及权力配置而构成一种组织结构,这种结构与文化存在着密切的关系。实际上,这种组织结构经常会受到组织内部各种文化及其相互关系的影响。学校领导、教师以及学校管理人员之间的文化冲突或关系的改变,都会引起组织结构的重新调整。反过来,一种组织结构一旦形成,会对组织内部的各种文化起协调和稳定的作用。

三、学校物质文化

学校所处的物质环境,如学校建筑、校园布局、教学设备、图书馆等,都属于学校物质文化。与前述的教师文化、学生文化以及管理者文化等非物质文化一样,学校物质文化对学校文化的形成和发展都有着重要的影响。学校物质文化对学生身心的健康发展、知识技能的掌握、世界观、人生观和价值观念的培养,以及创造性、主体性的养成等,都会有直接或间接的影响。比如,学校环境是否使教师和学生产生和谐、稳定和安全感,学校建筑、布局是否体现以人为本,是否突出学生的主体性,校园环境是否具有审美价值,是否具有教育性,学校的藏书及其他视听条件是否健全等,都会对学校文化产生一定的影响。随着教育的日益普及发展,一个人一生中有相当大的一部分时间是在学校中度过的,因此学校环境对健全人格的养成就具有非常重要的影响。下面我们以学校建筑为例来对学校物质文化对学生的影响略作探讨。

学校建筑包括校舍、校园和运动场地及其附属设备,是一所学校开展教育教学活动不可缺少的前提条件,是教育环境的硬件部分。由于学校的功能在于提供一种经过选择的教育

---

① S·拉塞克,G·维迪努.从现在到2000年教育内容发展的全球展望[M].北京:教育科学出版社,1992:106-107.

环境，使学生可以按既定的目标完成他们的发展，而好的学校建筑体现了教育学的、卫生学的、建筑学的、工艺学的、经济学的，以及群众习惯上的要求，自有它特殊的性质、功能、原则和风格，因此在实现学校功能方面，能够发挥独特的作用。学校建筑应该有利于健康人格的塑造，应该是社会文化的象征、时代精神的表达。这是因为学校建筑具有潜移默化、不可替代的教育作用。学校建筑作为一种造型艺术，不仅提供了师生活动的空间，而且蕴含着某种哲学和文化的理念，学生置身其间，能激发潜能，表现自我，感悟其深邃的文化传统和哲学理念，进而改善行为、陶冶性情、涵养气质，最终能顺利地投身于社会、改造社会。为了充分发挥学校建筑的教育功能，学校建筑在设计、构想和营造时都应以学生为对象，考虑教育的实际需要，如学生的人数、性别、年龄、体型、兴趣以及学习的特点等，使融洽的人际关系，严肃的学习氛围融为一体，为学生主体性、创造性的充分发挥提供最好的空间。

学校建筑的发展，刚开始十分简陋，所谓的学校只不过是在结构上像信封般的遮掩体，而所谓教育的设备条件也只是一些凳子、桌子、书本、笔、纸张，再加上一块石黑板而已。1880 年美国著名的建筑师提出了现代建筑的基本原则——“形式服从功能”，对学校建筑的规划设计产生了重大的影响。以美国加州为例，其校舍模式的发展，1900—1930 年为同轴廊型，1930—1960 年为手指型，1955—1958 年为背对背型，至 1960—1966 年的群集型，再发展到组合单元空间型。至此，学校建筑逐步迈向精致、整体性的规划。事实上，整体化、教育化、生活化、人性化、开放化、弹性化、多样化和现代化，已成为学校建筑规划的重要发展趋势。①

四、学校制度文化

学校中的传统、仪式和规章，一般统称为学校制度文化。学校制度是学校组织对组织内部各类成员的一种行为规范规定，不同的出发点，会有不同的规定，从而形成不同的制度文化。比如西方国家的中小学在行为规定上比较强调放纵，认为自由的环境有利于学生的发展。而东方国家中小学校则比较强调管束，认为严格的环境更有利于学生的成长。这体现了东西方两种不同的文化背景。总之，一所学校要实现自己的培养目标，要进行复杂的教育教学活动，就要有合理的工作程序，要有成规可循，形成一个和谐有序的环境，很多工作就需要逐步制度化，从而形成学校的制度。学校制度的种类很多，针对不同的组织成员和不同的活动要求有不同的制度，但若从形式上看，则可以分为传统、仪式和规章三类。

学校传统是一所学校在较长时间内形成的，影响所有成员的价值取向和行为方式的定势。学校中的传统无论是合理的还是不合理的，都会在学生群体中一届届地传递下去。在学校中，师生关系、领导关系、读书风气、考试风气、交往时的语汇、语境、逻辑、价值态度、上课方式、应试方式等经过时间的积淀都有可能生成某种传统，甚至学校运动会上的啦啦队行动方式、低年级学生对高年级学生的态度、学生社团的组织方法和行为表现等，都可以是学校传统的一部分。学校传统的形成受学生文化的影响较大，一般不是通过强制性的要求实现的。

学校仪式是学校的某种固定化的活动程序和形式。一所学校中所存在的仪式表现在学业方面的，有开学典礼、毕业典礼等；表现在体育运动方面的，有运动会、体育比赛的各种仪式；其他还有升旗仪式、周会、校训、校歌等。一所学校中各类仪式的多寡及其所包括的内容

---

① 李国霖.社会蜕变中的台湾学校文化[M].福州：福建教育出版社，1995：226-233.

常随学校的性质及目标而有别。学校仪式一般是在学校的要求下产生,受教师文化的影响较大,具有一定程度的强制性,是教师教育学生的一种有效的工具。

学校规章是学校中一种制度化的行为规范。如学生守则、教学规范、学校工作常规等。学校规章的制定者一般是办学者或教师,代表他们的意愿和办学理念。规范的对象不仅包括学生,也包括学校的教职员工。

我国宋代大哲学家、教育家朱熹所创立的白鹿洞书院在教育史上特别受到推崇,白鹿洞书院的学规如下:“五教之目为父子有亲,君臣有义,夫妇有别,长幼有序,朋友有信。为学之序为博学之,审问之,慎思之,明辨之,笃行之。修身之要为言忠信,行笃敬,惩忿窒欲,迁善改过。处事之要为正其谊不谋其利,明其道不谋其功。接物之道为己所不欲,勿施于人,行有不得,反求诸己。”其内容之丰富,包括了教育的目标、内容、方法以及学生的学习要求、行为规范等。

一所学校的制度文化是在办学过程中逐步形成的,是该学校鲜明特色的表现。学校制度文化对学校中每一个成员,包括学生和教师、管理人员都会有一定的规范和制约作用。独特的学校制度会对学生人格的养成产生不可磨灭的影响。

第三节 学校管理

学校管理是对学校的教育教学、科研、后勤和师生员工等各项工作进行计划、组织、协调和控制的活动。立足学校管理工作实际,针对各级学校管理工作特点,我国相继颁布了《小学管理规程》(1996)、《幼儿园工作规程》(2016)和《义务教育学校管理标准》(2017)等,为各级学校教育教学和管理工作提供了基本依据。本节主要从学校组织概述、学校组织的管理和国家对中小学的管理等方面进行介绍。

一、学校组织概述

(一)社会组织的基本特征

仅仅在100多年以前,学校的组织形态就还不同于今天,那时的学校,其基本功能虽然存在,但并不像今天那样显著。落后的经济生活使学校的教育功能不能不受到极大的限制。学校的组织规模甚小,社会关系也较简单,主要是教师同学生、家长之间的私人事务关系。经过100多年的发展,今天学校已经根本改变了原先的面貌,作为一种为社会培养一定数量和规格人才的社会组织,其职能和作用已经得到普遍加强,社会关系也变得日益错综复杂,因此学校管理就形成了一个高度专门化的活动领域。

一项研究结果表明,美国的管理人员平均每天遇到583个不同的问题,每48秒就会遇到一个。他们的活动没有固定模式,活动方式变换之快令人瞠目,领班以秒为单位,主管人员以分为单位。快节奏、多变化的工作特点要求管理者具有较强的应变能力、沟通能力和决断能力,他们应该更习惯于面对面的联系,灵活地选择处事时机和处事方式,并总是以饱满的精神面对层出不穷的新问题。①

为了使我们对学校管理有更深刻的了解,首先有必要了解社会组织的一般组织特征。

① 丁冬红,彭和平.组织行为学[M].北京:中央党校出版社,1999:16.

（1）实体性。任何组织都是一个特别的社会系统，是由若干个体或若干群体构成的社会实体。也就是说，都必须有固定的地点、场所、经费以及人员，并且合理地组合为一体。不同的组合所构成的明确的和相对稳定的正式结构和运行机制，就形成了组织行为的不同模式。无实体就无以成组织。

（2）目的性。任何组织都是为了特定的目标而设置并为实现这一目标而存在的，组织内部之所以能够有机地联系和协作，皆因为存在着共同的目标。目标使一个组织的边界明确，使之有别于外部环境和其他组织。

（3）系统性。一个组织为实现自己的目标，必须把所要完成的任务划分成各种层次的工作，并作为正式责任分派到业已确立的各个职位上去，对其成员进行分工，并对分工加以协调。这即是分工与合作。分工使组织的不同层级都有自己明确的权限，各司其职，合作则使组织的不同层级之间的关系都遵循一定的规范，使整体作用得到发挥。这就是社会组织的系统性。

（4）程序性。组织的活动在很大程度上并不受个人情感的影响，而是受一般组织规范的支配。每一个组织成员在其正式职位上从事自己的工作，明确划定组织中个人之间相互关系的界限，从而形成组织活动中的顺序、衔接、控制和节奏，这就是程序性。

组织现象在人类社会活动的早期就已经出现，但对组织现象进行研究，则是 20 世纪才发生的事情。组织理论的产生和发展大体上可以分成三个时期，即古典组织理论、行为分析理论、系统权变理论。

古典组织理论是 20 世纪初到 30 年代形成的早期组织理论。代表人物有法国的亨利·法约尔、德国的马克斯·韦伯等。这一理论的主要观点是：科学管理和官僚科层制。它重视基层操作，把组织看成一个封闭系统，强调分工原则、专业化原则、统一指挥原则、制度化原则等。

行为分析理论形成于 20 世纪 30－60 年代。代表人物有美国的梅奥、利科特、本尼斯等。其主要特征是以人为中心，强调人的个性、需求、特点对组织的重要性，认为人际关系的协调对组织的工作有决定性的影响。这一理论充分考虑到人的主动性、创造性的发挥，调动了全体人员的积极性和对组织目标的认同感，减少了机构层次，有利于工作效率的提高。

系统权变理论是最为晚近的组织理论，形成于 20 世纪 70 年代。其代表人物有巴纳德、霍曼斯、伯恩斯等。这一理论将系统论的观点应用于组织管理，既从整体着眼，又重视整体与各个部分之间的相互作用。它把组织看成是一个开放的、具有应变机制的理性系统，研究了内部系统和外部系统之间的关系以及环境的不确定性对组织的影响，具有一种现代的整体观、动态观。

（二）学校组织特征的独特性

作为一种最常见、最普遍的社会组织，学校具有现代社会一般社会组织所具有的上述基本特征，是一群人为了达到共同的目的，通过明确而稳定的结构和权责分配所构成的一个完整的组织系统，同时学校又是承担着独特社会功能的一种特殊的社会组织，是对社会成员进行教育、培养的社会机构，其基本职能是利用一定的设施实施教育教学活动，使学生掌握初步的科学文化知识，为学生身心的健康发展打好基础，并为进一步学习做好准备。

因此，学校既具有上述的一般组织特征，同时又有自己的某些独特的组织特征。具体地说，这独特性表现在以下方面：

(1) 垄断性。学校之间,特别是公立学校一般并不存在竞争,因为教育是一种公共职能,学校的举办都是有计划、按需要进行的,适龄者都享有受教育的权利,按地区就近入学,学校之间并不受竞争的影响。

(2) 非自愿性。就学对于学生而言带有某种强制性。一般来说,一个组织的成员可以通过两种方式来表达其对所在组织的不满:或者离开这个组织,或者提出意见,要求组织改进。但学生则不同,在法定的强制接受教育的年龄阶段,学生是被禁止离校的。他们虽然可以表达自己的意见,但由于年龄较小,以及与学校地位的不对等等方面的原因,实际上学生很难清楚地表达自己的意愿并使之得到重视。

(3) 公益性。学校向社会提供的是一种带有公益性质的服务,是社会发展和个人发展所必需的一种产品。这种服务或者产品一般不应进入市场,因此学校的办学活动一般不受经济手段直接调节。这一点前面已经做过论述,这里不再详述。

以上各点构成了学校组织的独特性。正是这些具有独特性的组织要素,构成了学校管理上的一些特殊性。

二、学校组织的管理

(一) 管理概述

管理是人类社会生活中的一种古老的、特有的现象,是人类社会得以生存和发展的重要条件之一。古人说"运筹于帷幄之中,决胜于千里之外",就含有管理的意思。可以这样说,一切规模较大的共同性的活动,都或多或少的需要指挥,以协调个人的活动,并执行因共同性的活动需要而产生的各种一般职能。一个单独的提琴手是自己指挥自己,一个乐队就需要一个乐队指挥。因此,所谓管理,是指管理者根据一定的目的,通过一定的组织机构和为完成既定的组织目标所必需的一套规章制度,对该组织机构内的人、财、物等进行决策、计划、组织、控制、领导和创新,以有效地实现该系统的预期目标的过程。从这一定义可以看出:

第一,管理是一种理性行为,是有意识、有目的的行为,是一种对象化的行为。因此任何一种管理都是根据一定的条件和可能,按照自身的需要预先设定目标并通过具体的管理措施而实现的。

第二,管理必须有管理的主体和客体。管理主体就是管理者,是具有自觉能动性的人。管理客体就是管理的对象,是由人或事组成的动态系统。

第三,管理必须有其自己独特的手段,亦即管理手段,它是指管理者在完成管理任务的过程中发挥作用的途径和方法,一般包括该组织系统的组织机构、为实现既定的组织目标所必需的一套规章制度,以及通过这一机构和制度所实施的决策、计划、组织、控制、领导和创新等。

第四,管理必须要有效果,亦即管理效果,它是指管理主体预期目标的实现状况,包括工作任务的完成情况、工作效率的高低、工作效益的好坏等。

管理的范围很广,社会生活的各个方面都存在着管理。学校管理就是管理的一个重要领域,它是学校管理者在一定社会环境条件下,遵循教育规律,采用一定的手段和措施,带领和引导师生员工,充分利用校内外的资源和条件,有效实现学校工作目标而进行的一种组织活动。学校管理是以学校作为管理对象的活动,其指导思想、组织机构、活动内容以及方式都要受它所处的社会大环境以及学校本身所具有的功能的影响,学校管理者必须根据学校所处社会的需要以及本身功能上的特点去管理学校。因此学校管理会有时代和国家的区别,同时也会和其他领域的管理有区别。

学校管理同其他领域的管理一样,也是由管理者、管理手段和管理对象三个基本要素组成的。学校的管理者主要是指学校的正副校长以及各个职能部门的负责人。学校的教职员工在一定意义上也可以看成是学校的管理者,他们在校长的领导下,共同参与学校管理工作。学校的管理手段主要包括学校的组织机构和规章制度。学校的组织机构是根据组织原理和工作需要建立起来的,中小学校的管理机构一般设有教导处、总务处、办公室等,教育、教学组织设教研室、年级组、教育科学研究室等。规章制度是学校管理保持内部和谐稳定和步调一致所必要的行为规范规定。学校的组织机构和规章制度是学校决策、计划、组织、控制、领导和创新的必要保证。学校的管理对象是指学校的人、财、物、事(工作)、信息、时间和空间等,他们是学校管理活动的客体或被管理者。

(二)沟通是学校管理的基本途径

沟通是信息在发送者和接受者之间进行交换的过程。在一所学校中,各种事务的决策、计划、组织、控制、领导和创新要能够有条不紊地进行,沟通是必不可少的途径。可以这样认为,学校目标的实现、学校气氛的营建、职权职责的明晰以及学校效能的发挥等几乎都取决于组织的沟通,因此,沟通在管理活动中应占有中心地位。一个完整的沟通过程应当是这样的:当发送者产生传递信息的需要时,他必须首先确定信息的内容,即确定自己的思想;然后对思想进行编码,即根据所选择的传递媒介要求,把思想转换成言语、文字或其他信号;经过编码的信息进入传递通道,由信息载体(声频、视频、光电信号、公文信函、人员等)将其发送到接收者;接收者感知到信息的到达,并对之进行解码和领会;最后,接收者对信息的理解又反传给发送者,亦即发送者得到了对他所传递的信息的反应,这就是反馈。只有当接收者得到并理解了信息的内容时,沟通才算实现。只要在沟通过程中的任何一个环节上遇到干扰,使信息传递受阻或造成差错,就算不上沟通。

管理系统中的层级越高,管理工作中沟通所占的比例就越大。对于基层主管人(比如中小学的教研室主任)来说,用于沟通的工作时间大约占了 20%~60%;而中层和高层管理人(比如校长)用于沟通的工作时间则高达 60%~90%。

沟通对于学校管理来说,有如下几个方面的功能:

第一,信息传递。这是沟通的最直接的目的,所有其他目的都是通过这一目的得以实现的。沟通把信息向学校系统的上下左右传播,使学校成为一个既有分工,又有合作,权责明确,运行有序的系统。

第二,控制。学校对其下属机构以及全体师生实施统一的指挥和协调,离不开沟通渠道。学校的机构系统实际上就是正式的沟通渠道,上级的指令通过它层层下达,下级的情况通过它层层上报,学校通过这一机构系统可以达到有效的控制。

第三,激励。在学校中,沟通是一种激励的工具。及时的工作领导、对工作绩效的评估和肯定、奖励出色的行为、对下属提供培训深造的机会等,这些沟通方式都是为了达到激励的目的。

第四,情感交流。沟通可以满足人们社会交往的需求。通过正式的或非正式的沟通渠道,人们彼此之间交流情感,交换对于学校内一系列问题的看法,有助于提高个人的满意感。

学校的沟通一般有两种形式,即正式沟通和非正式沟通。

正式沟通是指按照学校机构设置的渠道所进行的信息传递。一般可以分为下行、上行、平行、斜向几种渠道。下行沟通是学校组织机构自上而下的命令、指示、审批、拒绝、批复、批转等;上行沟通是学校组织机构自下而上的请示、汇报、申请、建议、请求、申诉等;平行沟通是同级机构间的交流、协商;斜向沟通是不同级别机构之间的联络、协调。

非正式沟通是指在正式沟通之外的信息传递,一般有三种渠道,即个人之间的自发交往、非正式的接触或聚会、社会传闻(即小道消息)。非正式沟通是普遍存在的社会现象,这类沟通具有两面性。从积极方面说可以作为正式沟通渠道的补充,缓解组织内部出现的某些紧张关系,并作为试探性的信息发布和收集反馈的渠道。但是其消极作用也是不容忽视的,比如信息的误传、误导所引起的不良后果以及虚假信息、不良信息所引起的误会和是非争端,还有别有用心的人利用这类渠道散布谣言等,都会对学校管理产生或大或小的消极作用。

学校组织的沟通在某些情况下会产生沟通障碍,妨碍管理的有效进行,主要有下列三种情况。

主观方面的障碍。这是指信息的发送者或接收者(沟通行为的主体)由于个性或主观意识方面的原因而对信息沟通产生影响。这些主观方面的原因一般有:学识、个性、知觉选择性等。行为主体的学识、经验常常会影响和制约信息编码、译码的准确度,如文件起草的水平常因学识和经验的不同而有高低之别。同一信息不同的接收者会产生不同的理解和意义,如对同一个管理要求,有人会从积极的方面去理解,有人则会从消极的方面去理解。主体的知觉选择性则会对沟通的质量起直接的作用。因为人们往往是以自己的信念、态度、价值观为标尺来筛选信息,接受那些符合自己期望的信息,忽视甚至拒绝那些不熟悉、不喜欢的信息。如教师对商业信息,文化素质较低者对政治信息,某些领导对下边的呼声经常会忽视或者排斥,这就是知觉选择性的表现。

客观方面的障碍。这是指接受信息的条件与实际的信息量不对称所造成的沟通障碍。如果信息量过大,超过了接收者的能力,许多信息就会被搁置,从而影响沟通。如管理中时有出现的“文山会海”,本意是要传递信息,加强沟通,但因信息量过大,结果适得其反,阻碍了信息传递,影响了沟通的质量。又如一个教师如果面对上百个要求辅导的学生,则他的沟通能力再强恐怕也难以满足每一个学生的愿望。

沟通渠道方面的原因。沟通媒体(如电话、电脑、各种教具等)技术上的问题,有可能使沟通受到阻碍。沟通的主要工具语言符号,在使用时有可能出现语义学方面的问题,如有些语词的表达会出现歧义,有些专业术语、符号对行外人来说陌生难解,都会造成沟通上的问题。此外,沟通的中间环节过多也会使信息在传递过程中丢失或变形。

要克服上述的沟通障碍,可以从许多方面加以改善,比如:

在发送者和接受者之间建立彼此信任、相互尊重的良好关系。双方对于信息沟通都应抱积极态度,排除各种人为的障碍。

使用恰当的、准确的语言文字。发送者应使用准确、简要、明白、通俗的语言文字来传递信息,使对方尽可能全面准确地了解所要沟通的内容。

选择最佳沟通媒体。应根据不同内容、不同场合,区别使用不同传递手段,以求最佳效果。必要时可采用多种沟通渠道,以避免可能出现的干扰,如先口头通报,然后再追加书面文件。

注意信息的时效性。信息发送要及时、适时，发晚了有可能贻误时机，发得不适时有可能降低信息的效果。

重视对信息的反馈。发送者发出信息后应及时了解接收者对信息的反应，通过反馈确定信息传递的效果。如果反馈表明信息接收有误，应作适当调整并重新开始沟通，如果反馈结果良好，则可以继续进行下一个沟通过程。

（三）学校绩效是学校管理的目标和尺度

学校绩效是指学校功能发挥所产生的实际效果，是管理有效性的重要标志。小学的绩效一般包括学校工作任务完成的情况、工作效率的高低、工作效益的好坏等，同时还包括学校所有成员知识技能、工作态度以及工作成果等各个方面的基本状况，以及由以上诸方面所反映的学校组织及其人员的素质、对环境变化所表现出来的适应能力和对社会需求的满足程度等。

我们如何来评价一所小学的绩效呢？国内外学者对此有着不同的看法，大致上有这样几种不同的理论观点。

（1）目标模式。这是一种分析学校绩效的较普遍和传统的方法，由教育主管机关制定一套学校绩效的指标体系，通过学校工作的最后结果来检验学校的绩效，达到标准就是绩效高，反之就是绩效低。

（2）投入-产出模式。这种模式注重效率，认为绩效应以较少的资源投入培养数量较多、质量较好的人才为标志。因此把社会各方对学校的投入（包括资金、师资水平、学生原有水平、学生的家庭经济背景、学校领导能力和作风等）进行统计学的处理后作为基础预测学生未来在校期间的学习成绩，并把它与学生的实际成绩相比较，其结果就是学校绩效的标度。

（3）需求满足模式。这种模式注重需求的满足程度，认为学校绩效的高低取决于学校工作能在多大程度上满足各主要的相关群体的正当需求，如学校的上级主管部门、校长、教师、家长、学生等，因为学校的活动要受到这些群体的支配或影响。

（4）环境适应模式。它强调学校应不断变换自己，适应环境，主动迎接环境的挑战，获得外界的认可，并求得功能的有效发挥。这一模式注重社会的政治、经济和文化要求，注重学校对外部环境变化的适应能力，并以此为依据来衡量学校的绩效。

（5）学校内质优化模式。它侧重学校本身的因素对于学校绩效的影响，认为学校功能的发挥取决于学校的办学思想、组织的健全程度、制度的完备程度以及领导机构的决策领导能力等。

以上几种不同的模式代表了对于学校绩效的不同价值取向，各有各的优点和不足。把这些模式的合理方面加以综合，就能对学校绩效产生更全面的理解。①

学校的绩效只有经过评估才能量化并加以比较，才能成为衡量学校工作的尺度。因此绩效评估是学校管理的重要组成部分。绩效评估的总体目的在于提高绩效。具体地说，首先，通过绩效评估，可以对教职员工的工作绩效做出评定，并据此决定工资报酬的级别，决定工作岗位以及升迁等；其次，通过绩效评估，可以使学校更确切地掌握教职员工的基本素质

---

① 陈孝彬.教育管理学[M].北京：人民教育出版社，1999：318-319.

及其他情况，以便按其特点进行培训，更合理地开发他们的潜能；再次，通过绩效评估，可以为学校的人力资源规划、财务预算、教学工作安排等提供较为准确的信息，同时也为学校的改革和发展提供决策的依据；最后，通过绩效评估，可以增强学校教职员工的公平感和成就感，调动他们的积极性、创造性，激励他们为实现学校目标而努力工作。

学校绩效评估按不同的标准，可以做不同的分类。如，按性质分类，学校绩效评估可以分为两类：

(1) 定性评估，是对工作绩效所进行的质的鉴定，从总体上给予评价。一般常用于职称评审、职务任命、宣传表彰等管理领域。

(2) 定量评估，是运用数学统计方法进行的学校绩效的量的测定，然后在此基础上做出分析评价。一般较多地用于评估各项具体工作任务的完成情况。

按形式分类，学校绩效评估可以分为三类：

(1) 口头评估和书面评估，前者较多地用于例行的检查评比，或是需要答辩的场合；后者则广泛运用于各种场合，常以答卷、填表、证书、报告等形式出现。

(2) 个别评估和集体评估，前者主要针对个人逐一进行，后者针对某一个群体甚至整个学校。

(3) 直接评估和间接评估，前者要求评估者与被评估者直接接触，一般采取面谈、口试等方式。后者通过数据资料、档案、文章、产品、工作记录等做出间接的分析和判断。

按主体分类，学校绩效评估可以分为四类：

(1) 上级评估，由上级主管部门或人事部门进行。

(2) 同级评估，由同级同事互相进行的评估。

(3) 自我评估，是根据一定标准进行的自我评估。

(4) 下级评估，是一种下级对上级实施有效监督的重要措施。

按时间分类，学校绩效评估可以分为三类：

(1) 日常评估，是对每日、每周工作的记录式考评。

(2) 定期评估，是按月份、季度、年度等进行的一种全面、综合性评估。

(3) 不定期评估，是根据工作需要，针对某一方面情况或为了某一特定目的而进行的评估。

按标准分类，学校绩效评估可以分为两类：

(1) 绝对标准评估，是一种对于相同职级或承担相同工作任务的教职员工实行统一标准的评估，以明确判断某个人是否达到了标准或要求。

(2) 相对标准评估，不设定统一标准，以相互比较、排队等方式评出优劣。

学校绩效的评估根据情况的不同可以有不同方法。如：实绩记录法；岗位工作标准法；因素评定标准量表法；代表人物法；比例分配法；目标管理法。

（四）学校管理的基本方法

为了实现学校的教育目标和任务，学校管理必须采用一定的方式和手段。方法是管理理论转化为管理活动的必要中介和桥梁。管理方法是指各种能够实现管理职能，达到管理目标，确保管理活动顺利进行的手段、途径和措施。一般来说，学校的管理方法可以分为以下几类：

(1) 行政管理方法。这是指依靠行政组织和领导者的权力，通过强制性的行政指令等手段直接对管理对象施加影响，按行政系统进管理的方法。

(2) 法律方法。这是指运用法律这种由国家机关制定或认可并受国家强制力保证实施的行为规范来进行管理的方法。

(3) 思想教育方法。这是指通过对正确的精神观念的宣传，从真理性方面启发人们树立理想，使之成为人们行动的动机，从而为实现学校目标而自觉努力的方法。

(4) 经济方法。即物质效益的方法，是指把物质作为激励动力，按照经济规律的要求，运用经济手段来实施管理的方法。

(5) 学术方法。这是对学校中的教学研究等学术工作进行管理时运用的方法。对这类工作的管理不应使用简单的行政命令手段，而应贯彻“百花齐放，百家争鸣”的方针。

(五) 中小学管理的基本内容

1. 思想品德教育管理

思想品德教育管理的任务是加强和改善对品德教育工作的领导，组织和提高品德教育师资队伍，强化和规范品德教育工作，保证实现中小学思想品德教育的目标。

学校应成立思想品德教育领导小组，健全德育工作的职能机构和团队组织，分析研究思想品德的教育工作的形势和问题，统一布置、统一指挥、协调校内各部门之间的德育工作，协调学校、家庭和社会的力量做好对小学生的德育工作。

中小学应健全德育工作制度，根据德育标准，制定切实可行的具体规章制度，提高德育质量。学校德育工作制度一般包括中小学生守则、中小学生日常行为规范、中小学生一日生活常规、课堂常规、爱护公物规则、班队活动制度、优秀生表彰办法等。应根据国家有关中小学德育的各项文件的规定和德育标准，确定德育工作的目标，定期或不定期地进行检查和评比。

学校应加强校园文化建设，优化育人环境，创造良好的精神风貌。

2. 教学工作管理

教学工作是学校的中心工作，以教学为主是办好学校的基本规律，学校领导必须用主要精力和时间抓好教学。

教学管理工作应坚持正确的教学方向，贯彻执行国家的教育方针和中小学的培养目标，促进学生在德、智、体、美诸方面全面发展。

中小学管理应严格教学常规、教学程序、教学环节和教学评价的管理。应建立权责分明的规章制度。强化备课、授课、实验、作业布置与批改、辅导、考试考核、课外活动等各环节的管理。重视课外活动和课堂教学的有机结合，组织好课外活动。重视教学评价，建立完善的包括评价模式、评价方法以及评价结果处理的教学评价管理体系。

3. 教务行政管理

中小学的教务行政包括招生、编班、报到注册、填报有关报表、修订与执行各种规章制度、检查各部门工作计划的执行情况、检查各科教学进度、组织期中和期末考试、统计师生出勤和参加各种教学活动的情况、组织教学评价工作、组织教材的预定和发放、协助校长安排和落实教学任务、安排调课、代课、听课、检查学生课业负担、管理和充实教学仪器设备、办理学生转学和休学手续、整理和保管教学档案和学籍档案等。

4. 总务工作管理

中小学的总务工作是一项复杂、细致而又具体的工作，对学校开展教育教学活动，提高学校工作效率,创造和谐有序的学校工作环境起着重要的保证作用。总务工作应为教育教学服务,为师生生活服务,努力改善办学条件,提供必要的教学条件和生活设施。总务工作管理包括校产管理、财务管理、生活管理等诸方面。

三、国家对中小学的管理

在我国,中小学是教育行政的重要对象,其内容之广泛远胜于其他教育领域。由于中小学是各个地方政治、经济、文化的重要组成部分,学校工作不能不考虑其所在地方的需要。同时由于教育工作是教师与学生间的教与学的智力活动,很难以划一的标准来加以规范。因此国家对学校的管理和监督就具有某些不同于其他领域的特点,主要通过宏观政策、法律、督导等方法来进行控制和监督。

(一)学校课程计划的编制和颁行制度

中小学课程计划是国家根据法律规定的教育目的和培养目标制定的有关学校教学内容的文件。课程计划的行政作用就在于为中小学规定统一的内容要求和法定的质量标准,以达到对学校教育事实上的控制。我国对教学内容的管理几十年来经过数次变化,形成了目前的中央集中领导和地方分权相结合的体制。具体地说,中央一级主要负责制定有关方针、政策、编制教学计划和教学大纲。各省、自治区、直辖市可以根据当地情况和需要对教学计划作必要的调整。学校未经上级主管部门批准,不得随意改变教学计划和教学大纲。

课程标准是体现人才培养规格的基本要求,又是学校组织教学工作的主要依据,为了保证培养人才的整体质量,对学校教学内容提出统一的要求并进行标准化管理是必要的。因此,教学大纲和教学计划等课程标准文件,从本质上说应是一种具有法律效力的规范性文件。但由于各个地方在经济、政治、文化、办学条件、师资水平等方面的不同,课程标准的多样性和一定程度的灵活性又是必要的。由于教学活动是最具个性特征的精神活动过程,因此给予学校乃至教师以一定程度的选择和决定的余地也是必要的。我国课程计划的编制充分考虑以上各方面的因素,实行统一性、确定性和多样性、灵活性的结合。我国中小学教学计划规定的学校教育总目标、学科的设置、教学总时数和教学通则采取统一的标准,在全国统一执行。教学大纲所规定的分科课程标准、教学要求、教学要点、教学方法等则有一定的机动性,我国逐步地采取多纲、多本的做法,给学校和教师编制具体的课程实施计划留有更充分的余地。

(二)教科书的编写、审定和使用制度

教科书是根据规定的课程标准编写和审定的系统反映学科内容的教学用书。教科书是学校教学内容的主要依据,是实现法定教育目的的重要工具,是师生教与学的主要材料,也是学校考核教学成绩的主要依据,因此具有法定拘束力。同课程计划的编制和颁行一样,我国教科书编写、审定和使用的责任、权限主要集中在国家,但近年来也发生了很大变化。根据现行法规,中央一级负责组织编写和审定义务教育的教材。在实际做法上,实行统一的教学大纲、多套教材的方针,给予地方和学校以一定的选择权。此外,鉴于我国地域广阔、情况复杂,除有一套或几套全国统一的基本教材外,各地区还可以适当编写地区性的补充教材。为了推动中小学的教学改革和实验,允许改革实验地区和单位根据中小学教学大纲自编教材。中小学及其教师有使用统编教材的义务。但由于统编教材具有相对稳定性,不可能完全适应各种环境的需要,为了提高教学质量,教师在使用教材时,可以对其内容和编排顺序

作适当调整，并利用现实生活中的生动事例补充教材。中小学教材由教育主管部门统一组织发行，所需纸张由国家有关部门统筹保证，印刷力量由教育主管部门统一安排。学校负责组织学生统一购买教材。

（三）学籍管理制度

学籍管理制度是教育制度的重要组成部分，通过对学生在校期间的学习、生活等状况进行记录和全面了解，保证学校教育教学活动的顺利进行。学籍管理制度的制订和实施应当遵循公正、公平、有利于学生身心发展的原则，并依法接受监督。不同级类学校学籍管理制度的具体内容各不相同，具体执行方式也各有特色。主要内容包括：入学与注册，转学和转专业，休学和复学，学生毕业、退学和取消学籍，奖励和处分（包括处分的撤销），提前毕业和延长学习期限，委托培养研究生，成绩考核，升级，试读，退学与转学，毕业与结业等。

由于义务教育的强制性，义务教育阶段学生实施就近强制入学，注册和转学要求有严格的审核程序，如学生因家庭迁移（户籍变更或在外区地购买住房）需转学，可由学生或家长持户口、转学证书到教育行政部门审查批准，经接收学校在回执上签字盖章后，学生或家长将回执返给学校，就可带学籍到接收学校就读。新生在规定的时间内报到后，即取得学籍。学校按新生所在班级为学生登记注册，学生名册一式两份，一份留校，一份报教育行政部门备案。凡取得一所学校学籍的学生，其他学校不得再给予注册。基于学生义务教育权的保障，对于学生的处分不能使用开除的规定。

高中阶段包括普通高中和中等职业学校。进入高中与其他的职业技术学校学习，需要通过省级教育行政机关统一组织的入学考试。按照省级教育行政机关招生规定录取的学生，持录取通知书及本人身份证或户籍簿，按学校有关要求和规定到学校办理报到、注册手续。新生在办理报到、注册手续后取得学籍。休学一般需持县级以上医院证明和病历，向学校提出书面申请，班主任确认签字，学校同意后填写休学、复学申报表一式两份，并持以上材料和学籍卡片到教育行政部门盖章。休学期满后持经学校同意盖章的普通高中休学、复学申报表、学籍卡片、省级学业水平考试准考证（或“会考证”）到教育行政部门办理复学手续。

（四）教师人事管理制度

根据我国法律的规定，教师是履行教育教学职责的专业人员，纳入国家干部管理制度进行管理。因此教师人事管理制度属于国家干部人事制度的一部分，其任用、晋升、工资福利、退休、奖惩等方面的管理适用国家工作人员管理的法规制度。

我国现行的中小学教师队伍管理体制如下：公办教师的管理、调配工作由县以上各级教育行政部门负责，教师的调动需经县以上教育行政部门同意。中央教育主管部门根据各级各类学校的任务要求制定全日制中小学教职工编制标准的规定。各省、自治区、直辖市参考这一标准，结合实际情况制定本地区具体执行的编制标准。按照有关规定，未受过教育专业训练的人员，不得安排到教育系统担任教师。中小学教师的质量标准除了政治思想表现、身体健康状况外，应具备相应师范学校毕业的学历或同等学力。

为了充分调动和发挥教师为教育事业服务的积极性和创造性，激励教师不断提高政治思想觉悟、文化业务水平和履行教育教学职责的能力，我国建立了中小学教师职务制度。中小学教师职务设高级教师、一级教师、二级教师和三级教师。各种级别的教师职务都有一定的任职条件和职责要求。教师职务逐步实行聘任制，聘任教师职务必须经过教师职务评审委员会从政治思想、文化专业知识水平、教育教学能力、工作成绩和履行职责等方面进行评审，认定具备担任相应职务的条件，由学校或县以上教育行政部门领导进行聘任。聘任教师职务应有一定的任期，每一任期一般为三年，可以选聘。学校应对备评教师进行定期或不定期的考核，建立考核档案，为教师职务的评审和聘任提供依据。

为了进一步加强中小学的教师队伍建设，保证和提高教师素质，我国教师人事制度正在改革之中。如何充分发挥教师的作用，改变教师队伍分布、结构不尽合理，队伍臃肿、老化的状况，使教师队伍得到充实和加强，这些是仍待解决的问题。

第四节　学校、家庭和社会

随着现代社会的发展，“学习社会化，社会学习化”正逐步成为现代社会和现代教育发展的重要趋势。现代教育不仅在时间上将扩展到一个人的终生，而且在空间上将扩展到全社会。在这种趋势下，学校、家庭、社会将构成儿童成长的基本环境，对学生的身心健康发展发生重要影响。整个社会要担负起教育的责任，学校要向全社会开放。因此，研究学校、家庭、社会的教育影响及其相互关系，在家庭和社会密切配合下开展学校工作，对实现学校教育的培养目标有着特殊的意义。

一、学校、家庭、社会在儿童身心发展中的作用

（一）学校在学生身心发展中的作用

一个孩子的成长和发展要受到他所处环境的各种因素的影响，其中学校对学生施加的影响是他们成长和发展主要的因素。这是因为学校可以有意识地对各种影响个人身心发展的因素进行选择和组织，系统地发挥主导作用。古希腊哲学家柏拉图就已经提出学生只有在学校中才能受到真正的教育，应当从七岁起就送他去那里，而且从三岁起就应当让儿童到国家游戏场去，并在专门委派的人员的领导下做游戏。空想社会主义者罗伯特·欧文也主张尽早让学生接受公共学校教育。随着社会的进步和发展，学校教育的地位和作用已经越来越重要，对于学生而言，学校教育在学生的成长和发展中起着主导作用。

学校是有计划、有组织、有系统地对个人进行教育的社会机构，是在社会发展的一定阶段上才产生的，它的出现是人类文明史的一个重大进步。当然学校的功的发挥要受社会发展各种因素的制约，对个人发展的影响和作用是历史地变化的。在古代社会学校作用有限的情况下，社会对个人的教育主要是在家庭中进行的，家长教育自己的孩子既是一种必须履行的责任，也是一种天然权利。到了现代社会，由于知识传授的专门化程度越来越高，学校越来越普及，因此学校在社会生活中的作用也就大大增强。学校承担了过去由家庭承担的大部分教育功能，成为儿童社会化的主要场所。对一个现代社会的儿童而言，学校不仅是一种社会组织形式，同时也是社会生活形式，因而具有重要的意义。一个孩子生下来后，先是送托儿所、幼儿园，然后上小学、中学和大学。在长期的学校生活中，学生掌握了知识和技能，养成了道德和习惯，形成了一定的价值观念，锻炼了健康的体魄。因此，学校对于个人发展的作用是极其重要的，对成长中的儿童青少年来说尤其如此。

当然，学校对中小学生身心发展的影响是受多方面因素制约的，因此这种影响就不是单向的。首先是学校工作的指导思想对学生发展有直接的影响。我国学校教育的培养目标是培养儿童青少年成为有理想、有道德、有文化、守纪律的新一代，但由于学校工作的指导思想

不同，实际效果也就有很大差别。例如有的学校把学校工作以教学为中心片面地理解为以智育为中心，教书不育人，放松对学生的思想政治和道德品质教育，使一些学生缺乏理想，讲实惠、贪小利，甚至受到腐朽思想的影响。也有些学校单纯追求升学率，不仅对“差生”放任不管，就是对少数高才生的培养，也只把注意力放在如何获取高分上。所有这些做法都对学生身心健康发展造成了消极影响。

其次是学校的教育水平，它主要是指学校领导和教师的职业素养的高低，会直接影响学生的发展。有的学校领导和教师不懂教育学和心理学，缺乏教育专业的基本知识和素养。有的教师经常使用专制的手段，例如打骂、体罚学生，或是采取讽刺、挖苦和其他简单粗暴的教育方法对待学生，侮辱学生人格和尊严，造成学生发展上的障碍。

再次是学校与社会、家庭的联系程度如何，也会直接影响学生的发展。学校只有保持同社会、家庭的联系，依靠各方面的力量对学生共同施加良好的影响，才能对促学生的身心发展起促进作用。如果学校不顾校外教育，缺少对社会情况和学生校外生活的了解，缺少社会、家庭的配合，那么学校教育对学生发展的作用就会受到影响。

（二）家庭在学生身心发展中的作用

家庭是以婚姻、血缘关系为基础而建立起来的社会基本单位，是影响少年儿童发展的最初的也是最重要的因素。一个人生下来受到的最初影响就是家庭影响。家庭结构、家庭职能、家庭关系、家庭伦理道德等方面形成的家庭特点，会极大地影响生活在其中的每一个孩子。在我国，家庭教育思想源远流长，先秦礼法、汉代家法、六朝以后出现的家训、家规和家仪等，都对家庭教育进行了专门论述。其中颜之推的《颜氏家训》堪称我国历史上第一部具有独立体系的家庭教育著作，其教育思想对当今的家庭教育仍然有重要的借鉴意义。

我国著名儿科专家、上海医科大学教授刘湘云经过两年对 128 名“健优儿童”和 128 名一般儿童的家庭环境进行对照调查后指出，儿童发展的差异在很大程度上取决于家庭环境，而优化家庭环境的着眼点是提高父母素质。这一研究发现，文化程度高的父母所生孩子不一定优于父母文化程度低的孩子。“健优儿童”的父母中有三分之一没有上过高中，但他们中的绝大多数人都重视对子女的教育，并能经常阅读有关儿童教养的书籍，从而为子女的健康成长创造了有利条件。而一般儿童的父母中有三分之一具有高中以上文化程度，但多数家长不知道应该怎样教育子女。因此，不管文化程度高低，父母都应该学习科学育儿的方法。

家庭是社会的缩影，家庭的特点是受生产方式制约的。封建社会的家庭是建立在封建宗法制度基础上的，子女的言行举止、生活习惯都要按封建的“礼法”办事，没有独立的个性。在这种家庭中，儿童的发展被打上了封建时代的鲜明烙印。在一个金钱至上的社会中，儿童从小就受到商品观念、竞争意识和个人主义的教育，他们从表面上看来是自由的，但其个性发展被金钱压抑了。研究我国现阶段的家庭影响是一个十分复杂的问题，尽管社会倡导平等、团结、互助、和睦的家庭关系，要求为孩子创造一个良好的家庭环境，但传统的家庭伦理道德观念、父母的不良行为举止、专制主义的家长作风等也在有些家庭中残存，对子女的发展起着相反的作用。具体地说，家庭的结构特点、家庭的稳定性、父母的思想意识、文化素养、言行举止、家庭成员之间的关系，特别是父母与子女之间关系的亲密程度、父母的威信、参与子女教育的自觉性及其教育方式、生活资料和发展资料的数量和质量等都会对子女的身心发展产生程度不同的影响。

国外学者把家庭关系和家庭教育分为如下四种类型：

第一种是独裁型，这是一种专制的形式。儿童的独立性、主动性和自尊心在这种家庭中会受到严重的压制。

第二种是保护型，这种类型虽然也是出于强制和严格服从，但形式不同，家长费尽心思地保护孩子免遭困难，过分地保护、溺爱孩子，使孩子的个性受到严重损害。

第三种是和平共处型，在这种家庭中每个人各自做自己的事，各自面对自己的问题和困难，面对自己的成功和失败，少有感情的交流和互相间的帮助。这种家庭使少年儿童的世界和成人的世界互相隔断，造成沟通上的问题，对孩子的发展也是很不利的。

第四种是合作型，在家庭成员的合作气氛中，孩子的自我中心倾向逐步得到克服，获得社会交往的有益经验。这种家庭在共同的生活中有一致的生活目标和道德价值标准，并且有积极的信息沟通和感情上的交流，儿童在这种家庭环境中受到积极的移情作用，对周围的人和事逐步学会采取积极的态度，从而使个性获得良好的发展。

总之，家庭是少年儿童成长和发展的重要场所，不仅父母应为自己的孩子创造良好的家庭环境，学会用科学的教育思想和教育方法来教育自己的孩子，而且全社会都应该重视家庭教育，普及家庭教育知识，倡导健康的家庭生活，帮助家庭解决实际的困难和问题，提高家庭生活的质量，保护孩子的身心健康。

家庭教育的主要任务是：

（1）根据子女情况，制订家庭教育计划和措施，并与学校密切配合做好教育工作；

（2）加强对子女的思想品德和健康人格教育；

（3）为子女的学习创造良好条件；

（4）保护子女的身心健康，增强他们的体质。

（三）社会在学生身心发展中的作用

影响儿童身心发展的不仅有学校和家庭，社会也是一个重要的因素。对一个小学生来说，对他的发展影响最大的社会因素主要有社会群体、社会道德、大众传媒等。

人是社会的动物，一个人出生以后，在生活、学习、工作的各个发展阶段和各个方面，都要加入许多群体组织，甚至同时加入几个群体组织，成为几个不同群体的成员。就个人发展而言，加入群体能够满足人的社会交往需要，满足自尊的需要，增加自信感、力量感以及获得安全感等，总之能满足人的多方面的心理需求，从而促进个人的身心发展。中小学生，随着年龄的增长，他的交往会从学校、家庭扩展到社会，并加入不同的社会群体之中，如朋友群体。朋友群体与学校中的正式群体不同，它是在情投意合的基础上自愿结成的非正式社会群体，是自发的、没有形式化的组织的群体。它以人们之间的性格、指向、兴趣、感情等心理的、精神的因素为基础，因此具有很强的凝聚力和吸引力，对儿童的成长影响极大。这种影响可以有两个方向，如果他形成的基础是健康的，则对儿童的发展可以起促进的作用；如果它是在不健康的思想影响下结成的，则对儿童的发展产生消极的影响。由于儿童身心各方面都尚未成熟，同什么人来往，参加何种朋友群体带有很大的偶然性，同时这种交往由于彼此年龄相仿，又有共同的语言和兴趣，因此感情纽带较牢固，一般不易摆脱，对其成长产生较大影响。因此，我们应当重视小学生的社会交往，既不应一概否定，又不能任其自由存在和发展，而应当有意识地指导儿童正确地择友，学会与他人友好相处。

道德是调整人们之间以及个人和社会之间关系的行为规范的总称，它包括伦理思想和在伦理思想指导下人的行为所体现的情感、风格、情操等。道德是依靠说服、示范、社会舆论、人们的信念、习惯、传统以及教育来起作用的。作为一种精神力量,它影响着个人的心理和意识,调节个人的行为。学生在发展过程中,建立与生活、学习、劳动和日常交往相应的道德关系,是他们社会化的一个重要内容。但是由于社会环境本身的复杂性,一个儿童在社会生活中不仅会受到先进道德意识和社会风气的影响,也有可能受到没落道德意识和社会风气的侵蚀。例如,学生们在学校中受到的是讲文明礼貌,守社会公德的教育,但在社会上他们可能目睹少数人的不道德的言行,因而受到不良影响,使他们中的一些人沾染不良习气,甚至走上违法犯罪的道路。因此,为了保护儿童的健康发展,就应当在大力宣传先进道德的同时,结合社会环境,清除一切没落道德的残余,形成良好的社会风气。

社会文化主要包括音乐、美术、戏剧、文学等种类的艺术作品,电视、电影、互联网络、书报刊物、音像制品各种形式的大众传媒,以及图书馆、博物馆、青少年活动中心、影剧院、游乐场、歌舞厅等文化娱乐场所。艺术是社会意识的一种特殊的、从审美角度认识与评价现实的形式。它对社会生活的各个方面加以概括、凝练,以独特的方式再现出来,因而是对儿童进行思想、道德、人文和审美教育,引导他们正确认识社会生活的重要手段。艺术作品的主要特点是具有鲜明的形象性、暗示性、感染性和模仿性,在接受者的意识中创造出独特的"第二现实",因而具有强烈的说服作用和鼓舞作用。特别是文学、影视、戏剧作品所塑造的形象鲜明的人物,往往成为儿童爱戴和崇拜的对象和理想的化身。大众传媒的功能是利用各种现代社会传播手段传递各种文化价值、社会道德意识和其他信息,许多艺术作品和人物形象就是通过大众传媒而广泛传播的。大众传媒在传播速度和空间范围上都远比传统传播手段优越,特别是21世纪以来,随着互联网的迅速发展,大众传媒传播突破了空间与时间限制,传播范围不仅仅局限于某一特定区域与特定时间,呈现出全球性、随时性等特点,这一系列的变化使得大众传媒的影响更为广泛,对少年儿童来说尤其如此。文化娱乐场所是少年儿童游戏娱乐并从中接受教育的主要场所,由于它寓教于玩,因此对儿童有着特别的吸引力。社会文化对青少年儿童的影响是双重的,它既能改变、净化和鼓舞人的灵魂,也能损害、压抑和毒化人的灵魂,对成长中的小学生尤其如此。例如渲染色情、暴力情节的影视作品、淫秽书刊、裸体春宫画片、色情歌曲等通过种种非法的渠道在社会上的流传,直接腐蚀和引诱青少年走上危险的发展道路。某些思想内容格调不高的艺术作品、文化娱乐形式对儿童的健康发展也起着消极的影响。因此,在发挥社会文化的教育作用的同时,社会应当干预学生所接触的社会文化环境,引导他们健康发展。

根据以上所作的分析,社会教育的主要任务应该是:

(1) 组织校外社会文化教育场所,对青少年儿童实施德、智、体诸方面的教育。通过丰富多彩、适合他们的校外活动,补充、加深校内教育的成果。在青少年儿童全面发展的前提下,为他们各种特殊才能的发展提供更多的机会和条件。

(2) 在学校和家庭的配合下,组织好学生的寒暑假生活及节假日活动。应组织他们参加各种有意义的活动,让他们得到积极的休息,促进他们的身心健康成长,使他们能以充沛的精力投入新的学习生活。

(3) 为学校培养科技、文艺、体育、美术等学生骨干,推动学校的课外活动,同时为国家积极发现和培养各方面专业人才。

(4) 组织学生参加社会公益活动,使学生通过活动了解社会、接触社会,树立服务社会、服务群众的观点。

(5) 开展各种家庭服务,如设立校外青少年儿童活动站,为少年儿童的校外活动提供场所,为家长帮助双职工子女解决午饭等。

二、学校教育、家庭教育与社会教育的相互配合

为了使教育保持一致性,学校教育不能仅限于学校内部,而应对来自校内外的各种影响个人身心发展的因素进行选择和组织,才能实现教育的培养目标,保证青少年儿童的健康发展。

(一) 学校教育对家庭教育的指导与配合

由于学生的家庭情况各不相同,因此不同的家庭孩子所受教育也就有很大的不同。学校在指导和协调家庭教育方面承担着繁重的任务。学校与家长应当在教育青少年儿童的过程中建立互相沟通、互相理解和互相配合的紧密联系,建立起共同的教育目标,协调好学校与家庭两方面的教育力量。学校对家庭的指导帮助并不单纯是提要求、发告示,而应予以热情的关心帮助,有针对性地提出教育措施,帮助家长实际地解决问题。尤其应注意与成绩不良学生家长的联系工作。许多学生成绩不良与家庭有很大的关系,如家庭生活习惯不良、营养状况不佳、家庭关系恶化、父母的不良影响等,都可能造成学生学业上的问题。只有了解造成成绩不良的家庭原因,有针对性地做好工作,才可能做好学生工作。同时也要虚心地听取家长对学校工作的意见和建议。

学校对家庭教育的指导大致可以有以下几类情况:

(1) 一般性指导。这是指向家长宣传国家教育政策法规,普及教育学和心理学知识,提出家庭教育的一般要求和建议。

(2) 针对性指导。这是针对当前学校教育或家庭教育中存在的问题进行分析,找出原因,分别提出学校教育或家庭教育应采取的教育措施,以及实施措施的途径和方法。

(3) 分类指导。这是针对不同年龄、不同类型的学生以及不同类型的家庭条件所进行的分别要求、分类指导。

(4) 个别指导。这是针对每个学生的家庭情况所作的个别深入细致的指导,帮助分析学生情况,制定教育措施,总结经验教训。

学校教育与家庭教育相互配合的方法有以下几种:

(1) 互访。包括教师访问家长和家长访问教师。其中尤其应强调班主任的家访活动。班主任的家访工作是学校工作的一个重要方面。通过与家长的联系,了解学生家庭的情况及其在家庭中的表现,有利于学校更好地做好学生工作。在做家访工作时,事先应有准备,根据学生的特点和家长的情况,选择好家访内容,确定家访目的。家访应是一种经常自然、相互理解和尊重爱护的方式。

(2) 家长会。这是学校与家庭取得联系的较为普遍的方式。学校每学期应召开一至两次家长会,一方面加强学校与家长的沟通,向家长汇报学校工作情况,交流教育经验,互相配合共同做好对学生的教育工作,同时应对家长进行教育学知识的普及工作。开家长会的同时可以举办学生思想品行、学业成绩展览会、组织文艺演出、表扬优秀学生等,让家长了解孩子在学校的情况。此外,学校在采取比较重大的教育措施时,也要召开全校性的家长会征求家长意见。

(3) 家长委员会。这是学校与家长互相联系和配合的经常性组织。家长委员会由家长民主选举产生,由有教育经验、关心学校教育、热心社会工作的有威信的家长担任委员,代表家长同学校配合工作。

(二) 学校教育与社会教育的配合

学校教育与社会教育应紧密联系,互相配合,把学校教育扩展到全社会,这是现代社会对学校提出的新要求。

学校应主动了解、研究社会,把与社会教育的互相配合和支持列入学校工作的重要议事日程。学校应定期开会讨论研究学校教育与社会教育问题,并有专人与校外青少年社会教育机构保持联系。学校可邀请校外教育组织的领导和教育工作者参加学校研究教育工作的重要会议。校外的社会教育组织也应有专人与学校保持联系。主动了解学生在学校内的表现,同时向学校汇报学生在校外活动中的表现。

学校教育与社会教育相互配合的主要途径有:

(1) 学校积极鼓励和支持学生参加校外社会教育机构组织的活动,关心了解学生在校外活动中的表现。

(2) 学校应经常向校外教育机构提出建议和意见,给予具体的指导;应经常向有关部门反映意见和要求;向学生家长广泛宣传校外教育的重要意义;应动员学校的人力和物力,为校外教育机构的活动提供帮助和支持。

(3) 学校利用社会各种团体为学生提供的活动条件对学生施加影响。学校应充分利用对社会各种团体所提供的条件,如少年宫、博物馆、广播电台、电视台等,丰富和补充学校教育,使学生在这些场所学习在学校中学不到的知识,培养能力,发展智力,开阔眼界。

(4) 学校通过社区教育委员会的组织形式沟通学校与社会的联系。近年来,教育的社区化已成为一种趋势。社区教育委员会是以学校为中心,由一所学校与所在社区的部分邻近工厂企业、事业机关和政府部门共同组成。社区教育委员会有助于学校与社会各界的互相沟通、理解和支持,及时反馈有关青少年教育的信息,共同做好教育工作。该组织还可以互通有无,充分利用教育资源。动员社会各界力量,筹集教育资金。宣传教育,形成尊师重教的良好风气。社区教育委员会沟通了学校与社会的联系,协调了学校教育与社会教育对儿童的影响,实现了学校、家庭与社会的一体化,同时还有助于解决社区对教育需求与教育服务与社区之间的矛盾,改变教育与经济发展相脱节的现象,逐步实现学校为振兴社区经济服务的目标。

复习思考题

1. 简述学校组织的功能和特点。

2. 什么是学校文化?学校的制度文化对学生的发展有什么样的影响?

3. 简述教学管理的基本内容。

4. 国家对中小学校的管理包括哪些方面?

5. 家庭教育的主要任务是什么?如何正确处理学校教育、家庭教育和社会教育的关系?

第三章　学生

本章主要阐述儿童发展概念的基本涵义，儿童的发展规律性表现及其教育意义，以及儿童发展观对教育实践的影响等内容。通过本章学习，旨在形成正确的儿童发展观念、理解儿童发展的规律，明确学生在教育活动过程中应有的地位和作用。"儿童"是指处于学龄阶段的孩子，作为上位概念，其包含了本章所讨论的学生群体。儿童或学生都是成长和发展中的个体，在本章中，"学生"和"儿童"都是指处于成长和发展中的个体，在叙述时将交替使用这两个概念。

第一节　历史上不同的儿童发展观及其教育影响

关于儿童发展的理论，除了儿童发展的概念以外，还包括关于儿童人性特点、儿童发展的性质，影响儿童发展的因素和儿童发展的价值目的等重要内容。历史上各种曾对教育产生过一定影响的不同儿童观，其分歧也源于对上述问题所得出的不同见解。关于儿童人性和儿童在个体人性展现方面所表现出差异性的原因问题，历史上有三种不同的观点：遗传决定论、环境决定论和辐合论。

一、遗传决定论

人性，被普遍看作是人类与其他生物种类相区别的、由人类个体所表现出的类化特征。这种类化特征除了人类共有特性之外，还包括每个人所展示出的个体特殊性。例如，运用语言的能力是人与动物的区别之一，但就单个人而言，在语言的实际运用中，还存在着表达能力高低的差别，语汇的文白雅俗的差别，语调语速的差别等。人类思想的繁荣、价值的多元，更揭示了人类在体现其本质特点的思维能力展现过程中的个体差异性。那么这种个体间的差异是如何产生的呢？遗传决定论者认为，人性的个体差异是由个体的遗传素质或人自然素质中的某些特点所决定的。在这一类思想中，有代表性的观点包括柏拉图的人分三等论、基督教的"原罪说"和中国古代的"性善性恶论"等。

在柏拉图的儿童发展观中，儿童发展的目标及个性的差别，早已由人生的自然素质所决定了。他认为上帝造人采用了金、银和铁三种不同的材料。金质者最为高贵，他们的发展目标是治学和管理国家，因而他们需要接受最高等级的教育；而银质者，其发展目标是武士，只需接受初等教育就足矣；铁质者的天资最差，没有什么发展前途，无需接受什么教育，他们需要的不是开发才能，而是掌握某种劳动的技能，养成服从的品性，因为他们没有才能的天赋条件。这些铁质人的人生目标，就是成为社会中为数最多的平民中的一员。柏拉图关于儿童天生素质不等的观点，为教育实践中的阶级差别提供了理论依据。

在中世纪的西方教育中，基督教的“原罪说”成为一种典型的儿童观。在这种理论中，儿童被视为生而“有罪”的人，赎罪成了人生的目的，教育成了帮助他们尽快赎罪的手段。“原罪说”扼杀了儿童活泼的天性、灿烂的童年。在中世纪基督教学校中，儿童与成人的差别被忽视了，学生们被要求严格地按学校内刻板的作息方法进行学习，完全没有游戏和自由活动的时间。学生们被迫重复枯燥的读书、劳动、唱赞美诗等活动，若有违规行为，还要受到体罚。

中国古代教育中的儿童观，是围绕对人性的认识展开的，主要形成了三种有代表性的观点。以孟子为代表的性善论认为，人性就是人所具有的基本道德的萌芽，恻隐、羞恶、辞让、是非之心人皆有之。儿童的发展就是让这些本来存在的萌芽能够生长，因此在教育中应该注重教育内容和环境对儿童的影响，其目的是引发儿童固有的良知、良能。性恶论以荀子为代表，荀子将人对物的欲求视之为人性，认为人性恶。荀子这种对人性的看法，导致了他注重教育对儿童的改造和外塑功能。由于上述性善论和性恶论对人性的肯定与否定过于绝对化，难以解释现实中人的发展复杂多样的事实，董仲舒、韩愈等又提出了人性分上中下三等的观点。韩愈认为，“学而愈明”为上等，“可导而上下”的为中等，而下等品性的人，只能用刑罚来控制他们的行为。

遗传决定论使人们相信，“龙生龙，凤生凤，老鼠生来会打洞”。这种观点不仅为统治阶级放弃民众教育、实行等级教育制度找到了理论依据，也为个别教育者推卸自己的责任找到了借口。

二、环境决定论

随着时间的推移，遗传决定论观点对于儿童发展的解释能力越来越受到人们的怀疑，探索的目光转向了自然生物因素的对立面，环境决定论的影响力得到壮大。此种儿童发展观认为，真正在儿童发展中起着绝对影响作用的力量，是儿童生活环境和后天所获得的教育引导。环境决定论虽然否定遗传生物因素在儿童发展中的决定性作用，但仍认为儿童的发展受处于儿童主观控制之外的某种因果关系制约，说到底还是一种决定论。

在环境决定论的儿童发展观中，洛克的“教育万能论”和华生的“环境决定论”有着很大的影响。洛克在其所著的《教育漫画》中指出，儿童犹如一块“白板”，到他们长大成人后，是好还是坏，有用还是无用，感到幸福还是痛苦，主要是他们所受的教育决定的。“人类之所以千差万别，就是由于教育之故”。

行为主义心理学家华生则注重对儿童行为的产生过程进行研究，从刺激—反应机制形成过程的研究中，他发现了外界刺激的性质对儿童行为影响的重要意义，提出了环境决定儿童发展的观点。他说，给我一打健全的儿童，我可以运用特殊的方法，把他们加以任意改变，或者使他们成为医生、律师、艺术家、大商家，或者使他们成为乞丐和盗贼。在华生的眼中，儿童生活的环境，就像一个模具，儿童个体的发展，完全取决于这个模具的形状，而这一模具的形状则取决于提供给儿童的、完全可被控制的学习与训练的内容。

环境决定论否定人的生物遗传素质在儿童发展中所起的作用，确信在儿童发展过程中，其后天的生活经历和环境影响起决定作用，因而环境决定论又被称之为养育论。环境决定论关注儿童生长的环境条件、后天教养内容和教育方法，以及这些环境因素在儿童成长与发展中的重要影响。就这一点而言，与遗传决定论相比，环境决定论发现了对儿童发展影响力更大的一项变量。因而，环境决定论对儿童教育实践的影响也远远大于遗传决定论。在某些时候，环境决定论甚至成了教育对儿童发展进行影响与控制的唯一合理、合法性的依据。环境决定论的盛行，直接导致了传统教育实践重视教师权威和书本知识、学校纪律等特点，其目的就是希望通过控制儿童学习活动的环境、内容和方式来达到控制儿童发展的目的。"严师出高徒""棍棒底下出孝子"等在我国成为广为流传与普遍信奉的教育谚语，可见环境决定论对人们选择教育方式有着潜移默化的影响。环境决定论在肯定了儿童发展可塑性的同时，也将儿童个体在发展过程中的地位牢牢地固定在了失去自主性的被塑造地位上。

三、 辐合论

辐合论，也称之为二因素论。这种发展观肯定先天遗传和后天环境两种因素对儿童发展都有重要的影响作用，而且二者的作用各不相同，不能相互替代。

遗传决定论与环境决定论的各执一端，使人们在教育实践中难以全面把握影响儿童发展的各种因素。在教育过程中，对各种影响因素采取厚此薄彼、相互否定的态度，常常会对儿童个体发展造成消极影响。20 世纪 50 年代前后，这两种相互对立的儿童发展观，逐渐放弃相互排斥，开始走向相互包容。德国心理学家施太伦，在其所著的《早期儿童心理学》一书中，明确地提出儿童心理的发展受环境和遗传二因素共同影响的"合并原则"。辐合论认为："心理的发展并非单纯地靠天赋本能的逐渐显现，也非单纯地对外界影响的接受或反映，而是其内在品质与外在环境合并发展的结果。'发展等于遗传与环境之和'。"

并非所有肯定这两个因素的学者，都简单地同意"发展等于遗传与环境之和"的判断。美国的心理学家吴伟士认为，虽然儿童的发展是其遗传和后天环境共同影响的结果，但是这两种因素在儿童发展中所起的作用是不同的。在儿童发展的不同阶段，这两种因素的影响力大小也有明显差别。一般而言，儿童发展就其发生学的意义而论，遗传的制约性要大于环境因素的力量，随着儿童机体成熟程度的提高，环境对儿童发展的影响会越来越重要。

也有一些学者在辐合论的基础上，将环境因素进一步划分为自然环境和社会环境因素，又将后者拆为社会文化、家庭和学校教育等若干因素，以期更加精确地把握对儿童发展可能性的影响，并利用各种因素去提高儿童发展的水平与速度。辐合论对教育实践的影响是明显的，儿童心理学理论被确定为教育者必备的知识，儿童心理发展的规律也被视为教育活动的重要理论依据；同时，在教育实践中也加强了对教育内容、方法选择方面的控制，加强了对学校教育环境的设计与控制。

第二节 当代儿童发展观的进步及其主要内容

无论是遗传决定论、环境决定论，还是二因素论，以及在此基础上形成的多因素论，都没有对这些影响因素如何转化为儿童发展的机制做出科学解释，当然也就不能说明作为发展主体的儿童自身在其发展过程中的作用和意义。当代儿童发展理论对此类问题做出了比较科学的解释。

一、皮亚杰与杜威的贡献

对于解答儿童主体在其发展过程中的作用问题，瑞士心理学家、哲学家让·皮亚杰作出了突出的贡献。皮亚杰在其1968年出版的《结构主义》和1970年出版社的《发生认识论原理》等著作中，以儿童认识能力的发展为基本线索，探讨了儿童发展过程中遗传、环境和儿童自身作用的关系问题，得出了具有说服力和广泛影响力的结论。

在皮亚杰的理论中，儿童发展是以发展主体的自我调节为机制的自我演变过程。这一自我调节过程得以产生的基础是儿童健全的神经系统，但这种遗传素质只是儿童发展的必要条件，而非发展得以产生的动因，更不能预定发展结果。而且遗传素质在儿童发展中的重要性，会随儿童生理成熟的提高而降低。儿童发展的环境因素，也是儿童发展的重要条件，但是，环境因素作为客观存在，并不能自动对儿童发展产生影响。环境因素对儿童的作用，产生于儿童主体与环境的相互作用活动之中。也就是说，只有儿童把环境因素选作自己的反应对象，借此来构造或改变自己的认识结构和反应方式时，这一环境因素对儿童发展才有意义。在遗传、环境和儿童主体的活动这三者之间，唯有儿童的活动才是其发展的真正起因。所以皮亚杰认为，儿童的发展是一个不断演变的建构过程，在这一过程中，儿童主体的活动是发展的根本原因，遗传与环境因素只是儿童发展的必要条件。

从上述介绍中，我们可以看到，皮亚杰非常重视儿童能动的自我调节功能，认为其在儿童发展中起关键作用。他清楚地阐述了遗传因素、环境因素和儿童活动三者的关系及其各自在儿童发展中的意义。皮亚杰的研究成果，为现代儿童发展观奠定了心理学的理论基础。

美国哲学家、教育家杜威也对儿童发展观的完善作出了重要贡献。杜威是进步主义教育理论的代表人物之一，他反对传统教育脱离实际生活，脱离儿童经验，把儿童当作知识的容器置于被动地位的倾向，提倡关注儿童的参与、以儿童为中心的教育。

杜威认为，在儿童发展过程中，作为发展的主体，儿童对教育活动的参与和体验是影响其发展尤其是社会性发展最重要的因素。因为儿童的发展，不只是作为生物体各种能力水平和活动效率的提高，更重要的是受社会文化影响后社会性特点的形成与发展。这种发展，不是自然成熟和强迫灌输与训练所能奏效的，必须依赖于儿童的自我参与和自我体验。所以，杜威主张根据儿童的兴趣和能力去设计教育活动，尽量去除教育过程中各种脱离生活实际、脱离儿童兴趣的内容与形式，使学生发展更适合儿童的个性需求，更贴近社会现实生活。谈到教育儿童的发展，他曾写道：即便在教室中，我们亦开始认识到：在仅是教科书和教师才有发言权的时候，那发展智慧和性格的学习便不会发生；不管学生的经验背景在某一时期是如何贫乏和微薄的，只有当他有机会从其经验中作出一点贡献的时候，他才真正受到教育；最后，启发是从授受关系中，从经验和观念的交流中得来的。

从强调儿童的主体性地位出发，杜威提出了“教育即生长”的著名论断。教育的根本点在于儿童的成长与发展，教育要尊重儿童的个性，围绕儿童的兴趣、需要等进行组织，让儿童成为活动的主体，处于教育活动的中心地位。唯有如此，儿童才能真正从教育中形成自己的感受和经验，才能从这些感受和经验的积累、变化中，进行比较、判断和选择，把某些经验内化到自己的知识、行为结构中，促进自身的发展。从儿童的发展取决于儿童与外在环境相互作用这一角度出发，杜威又把儿童的发展看作是其经验的改组和改造过程，他主张让儿童从实际参与的活动中学习，即“从做中学”，教育就是要不断为儿童的活动创造条件、调动儿童活动的积极性和创造性。所以在杜威看来，真正对儿童发展有益的教育，是能为儿童提供良好经验和连续性经验的活动，从这一角度而言，杜威认为“教育即经验的改造”。

与皮亚杰的心理学比较，杜威的儿童发展观在注重儿童作为发展主体的地位同时，更强调环境条件，尤其是教育情境对儿童发展的影响作用。杜威的这种思想，对20世纪初进步主义教育在世界范围的兴起产生了极大的促进作用。

皮亚杰和杜威的思想，推进了儿童发展观的进步与成熟。皮亚杰的贡献，在于明确揭示了儿童主体协调机制在连接刺激与反应过程中的关键性作用，突出了儿童在发展过程中的主体地位和作用。而杜威则在肯定儿童主体重要性的同时，指出了环境条件的特点对于儿童主体发展的意义，提出对环境，尤其是对教育这一特殊的儿童生活环境的改造与控制，使其能适应儿童发展的倾向，满足儿童发展的需求。

二、当代儿童发展观的基本内涵

综合有关儿童发展的各种思想观点，人们普遍认为，为了能够深刻揭示儿童发展中各种影响因素的关系，正确的儿童发展观，应主要包括下述三项基本内容。

（一）儿童的发展以个体的生物遗传素质为基础

个体的生物遗传素质，指的是儿童个体从亲代遗传基因中得到的、同时具有人类和个体特性的生物机体因素。正是这一生物因素所特有的对内外环境刺激的自我调节机制，不停地创造着儿童生命过程中的种种变化。但是，遗传素质只为儿童的发展提供了一种潜在的可能性，我们说它只是一种潜在的发展可能性，是因为一方面遗传素质所具有的发展能力，并不会确定地转变为儿童发展的现实。因为儿童身体和心理的发展变化，都离不开必要的外界条件。身体的发展要从外界吸收营养成分，而心理的发展，更需要有适当的外界刺激，才能调动起儿童机体的自我调节机制，使儿童获得某些发展。

另一方面，遗传素质转变为发展现实的过程，也并不是一种完全取决于外在影响性质的过程，遗传素质具有蕴含着生物特点的自身演变规律。外界刺激并不能改变儿童机体的成熟规律，恰恰相反，这些规律在一定程度上，制约着外部刺激能否促进儿童发展。只有那些顺应了儿童发展规律、可以与儿童自我调节机制产生相互作用的外在刺激，才能在儿童的发展过程中起作用。所以，旨在引导儿童发展的教育活动，必须把尊重儿童发展的规律作为教育实践的重要原则。

（二）儿童的发展蕴含于儿童主体的活动之中

皮亚杰的研究告诉我们，儿童的发展既不是一种先天存在于儿童机体内等待发现和发掘的结构或功能，也不仅仅是完全由外在环境刺激性质所决定的一种反应模式。儿童的发展，是作为一个生物和社会个体的儿童运用自我调节机制的活动结果，也就是说，儿童主体的活动是儿童发展的源泉。

在这里我们所说的儿童主体活动，是儿童依据自我调节的能力水平，对与自己有关系、也有意义的内外刺激进行反应的过程。在这一反应过程中，主体原有的发展水平和主体赋予外界刺激的意义，是制约活动的关键性因素。新生儿对语言内容不会产生反应；食物对饥饿的人更有意义。能够引起儿童反应的外界刺激，是那些儿童认为与已有关，愿把它们和自己原有的反应结构联系起来——或纳入原有结构，或用以改变原有结构的外部刺激。把外在刺激与自己原有反应结构之间建立起联系，是儿童活动的实质。强调这一点，是为了避免一种常见的误解，即把儿童所参与的外在于儿童的客观活动过程，看作是儿童发展的根源。事实上，这种外在活动只是刺激的形式，儿童与这种刺激形式的相互作用过程，才是儿童主体的活动。所以，坐在教室里的学生，虽然都参与了课堂教学这一活动，但只有那些对课堂活动内容进行加工——认知、思考、与自己原有经验建立联系的学生，才会受到课堂活动对其发展产生的影响。这也是我们提倡教育活动要调动学生积极性、注重学生感受和发挥儿童主体性等原则的原因。

（三）实现发展是儿童的权利

我们说实现发展是儿童的权利，是因为作为一个生命体，成长是内在于生命之中的特征。作为一个社会成员，社会生活的性质、社会所赋予他（或她）的种种责任和义务，需要他（她）在生命的成长过程中获得和展现社会文化。正是从这种角度而言，我们应该承认儿童有权获得发展，儿童的发展也与其自身利益相关联。

获得发展是儿童的权利，这种观念在当代已经成为一种世界性共识。以往人们对儿童生存的关注，主要集中在儿童的生命保护和健康保障方面。1989 年底联合国大会通过的《儿童权利公约》明确提出了儿童“发展的权利”问题和保障措施，这说明儿童发展的权利越来越受重视，也得到更多的支持，其中，重要措施之一就是为他们提供教育机会。1990 年 9 月“世界儿童问题首脑会议”上通过的《儿童的生存、保护和发展世界宣言》指出，最优先地重视儿童的权利、儿童的生存以及儿童的保护和发展。为所有儿童，不论他们的背景和性别，提供教育机会；使儿童做好准备以参与生产性就业和终身学习；使儿童能在一种支持性的、培育性文化环境中长大成人。在获得发展是儿童的基本权利，接受学校教育成为实现儿童发展权的重要保障的前提下，受教育也就理所当然地成为儿童的权利之一。我国未成年人保护法第 14 条规定：学校应当尊重未成年人的受教育权利，不得随意开除未成年学生。承认和尊重儿童的发展权、受教育权，有助于我们理解学生在教育实践中的地位、作用等问题，也有助于我们处理好师生、教学内容与学生发展、教育活动与学生发展等关系。

第三节 儿童的发展与教育

一、理解儿童发展需要澄清的几个问题

关于儿童个体发展的思想，是教育理论中重要的基础观念。因为在儿童个体发展思想上的认识差异，会导致我们在处理很多教育实践问题时，采取不同的方法，从而得到不同的教育结果。

儿童个体的发展，是指儿童在其成长过程中，伴随着生理逐渐成熟与社会生活经验增长的相互影响，其心理和生理能力不断提高的变化过程。把握儿童个体发展概念，需要澄清以下几个问题。

（一）发展不是简单的变化

我们应该明白，儿童个体的发展，不是“变化”两个字就可以概括得了的，“变化”是一个中性的概念，只能表明儿童个体状况在不同的时间和空间条件下的前后差异，并不一定表明“变化”的意义。“变化”在儿童个体的生长过程中，既可表现为进步，也可表现为退步，但“发展”是一个有方向、有价值的概念，只有儿童个体身心的发展沿着由简单到复杂、由初级

到高级的序列演变时，我们才将这种变化称为发展。而其心理方面的变化，尤其是社会思想和行为方式方面的变化，则以社会文化的主流价值及其发展趋势作为儿童社会性行为的发展方向。

（二）发展不是单纯的生理成熟

儿童个体的发展，是其生理成熟与生活的社会环境条件相互作用的过程，而不是一个单纯的生理成熟过程。人与动物的根本区别之一，就是人的遗传基因和生理成熟过程不能决定人的行为方式。在人的生理成熟过程中，人的行为变化具有极大的可塑性，一个人在特定的环境条件下如何思考与行动，不取决于这个人是什么人种，而取决于这个人以往的社会生活经验。也就是说，正常的生理素质和成熟过程，只为儿童个体的发展及其连续性提供了必要的条件，它使儿童个体的发展成为可能，但条件还不够充分。实现儿童个体的发展，还必须有儿童个体生存的环境条件和儿童与环境条件的相互作用，即儿童的生活环境以及儿童如何反映这个环境，决定着儿童个体发展的现实性。

（三）教育不等于发展

儿童个体的发展，也不等同于儿童的学习和接受教育的过程。儿童个体的发展，是一个量变与质变不断转化、互为基础的复杂过程，其中既包含着知识和经验的积累，更以儿童个体知识结构、认知方式和个性心理特征的变化表现出来。自主学习与接受教育，只不过是个体和社会为促进个体发展而做出的努力。它们不可能代替发展本身，而且这种努力的结果也未必会如愿以偿。因为，学习与教育作为发展手段，是否真正有助于个体发展，还要看其内容、方法和实践过程是否能顺应儿童发展的规律、满足儿童发展的需要，其中蕴含儿童个体发展的价值标准是否与社会主流文化价值观及其演变趋势相一致。这也是我们为什么要了解儿童发展、研究教育问题的根本原因。

二、儿童的发展有其自身的特点与规律

儿童个体的发展包括生理发展和心理发展两方面，即包括其生理成熟与其个性心理品质的形成与变化的复杂过程。在这里，生理成熟是指儿童个体作为一个生物体，其生理结构和生理机能的发展是一种纯粹的生物性演变过程，而个性心理品质的形成和演化过程，则是以个体的生理成熟为基础，并与其生理机能的发展混为一体、互为表里的过程。生理机能是人的外在心理品质和行为表现的内部生理机制。

人类作为一种生物体，有其自身发展变化的生物学特点，而人类个体的发展变化，作为生物性个体与环境条件相互作用的结果，也必然受到人类发展特点的制约，表现出特有的规律性。儿童发展的规律性，是儿童随着年龄增长，身体和心理变化中普遍存在的特点。概括而言，儿童个体发展表现出如下五种特点。

（一）儿童的身心发展具有顺序性

在儿童的发展过程中，身体和心理发展都表现出一种稳定的顺序。例如，就儿童身体整体结构的发展而言，其顺序是头部首先得到发展，之后是躯干和四肢的发展，这也是为什么孩子越小，其头部在身高中所占比例越大的原因。在骨骼与肌肉的协调发展中，首先得到发展的是大骨骼与大肌肉，然后才是小骨骼与小肌肉群的发展。所以，儿童行动能力的发展中，依照翻身、坐、站、走和跑，然后才有写字、绘画等精细动作出现这样一种顺序。儿童认知和思维能力的发展，遵循先具体后抽象的顺序。在儿童身心发展过程中，这种顺序是固定不

变的。先前的发展变化,是后面发展变化的基础,顺序性的这一特点,使儿童身心发展成为一种连续的、不可逆转的过程。

(二)儿童的身心发展具有不平衡性

不平衡性是指在连续不断的发展过程中,儿童身心发展的速度并不是完全与时间一致的匀速运动,在不同的年龄期,其发展的速度和水平是有明显差异的。新生儿(出生第一年)与青春期(13、14 岁至 16 岁),是儿童身心发展的两个高速发展期。不平衡性,是儿童发展过程中表现出来的身体和心理发展不完全协调、统一的现象。就儿童发展的整体而言,生理成熟先于心理成熟。十几岁的孩子就其身体发育来看,已经很接近成人的水平了,而其心理的成熟程度却要比成人低得多。但就某个具体方面而言,也有可能表现为心理能力不受生理成熟条件控制的情况。例如,3~5 岁的儿童语言掌握能力和记忆能力往往优于成年人的水平,所以,在这一年龄段,有些孩子通过学习可以熟练地运用几种语言。

(三)儿童的身心发展具有阶段性

儿童发展的阶段性是指在儿童发展的连续过程中,其发展在不同年龄阶段,会表现出某些稳定的、共同的典型特点。这些特点无论从表现方式上、发展速度上,以及发展的结构方面,与其他阶段相比较,都会具有不同的特征。这种现象又被称为儿童发展的年龄特征。例如,在学龄前的幼儿阶段,儿童认识事物的能力,主要的特点是易于形成与实物相对应的、单个的概念,而到了儿童时期,儿童的认识能力,已发展到了可以了解和掌握事物间联系的程度,但是这种联系的建立,在一定程度上还要依赖于具体事物的帮助。只有到了青年时期,人的认识能力才开始以抽象概念为主要基础,逻辑思维才成为人认识能力的根本性特点。

(四)儿童的身心发展具有个别差异性

发展的个别差异性,是指在儿童发展具有整体共同特征的前提下,个体与整体相比较,每一个具体儿童的身心发展,在表现形式、内容和水平方面,都可能会有自己的独特之处,这种个体发展方面的差异性,来源于个体遗传素质和生活环境的差别。例如,同样年龄的儿童,在身高方面具有明显的高矮之分。同年龄的儿童,也会由于他们各自神经过程灵活性的差别,在学习中表现出注意力的持久性、知觉的广度等方面的差异。

儿童发展过程中表现出的个别差异性,虽然在一定程度上受到生物因素的影响,但更多的还是源自后天环境和教育的差别。而且环境和教育的影响,还能对遗传素质的优势与不足起到一定发挥与弥补作用。俗话所说的"勤能补拙",就是对二者关系的一种经验总结。这一规律也是实行因材施教、长善救失教育原则的基础。

(五)儿童身心发展具有分化与互补的协调性

儿童的各种生理和心理能力的发展、成熟,虽然依赖于明确分化的生理机能的作用,但在总体发展水平方面,却又表现出一定的机能互补性特点,以协调人的各种能力,使其尽可能地适应自己的生活环境。这种协调性,是具有生理缺陷的儿童发展的重要保障,它使这些儿童不至于因某种生理机能的缺陷而严重地阻碍其整体发展水平的实现。这一规律,也是对特殊儿童进行教育的重要依据。例如,对于听力障碍的儿童,可以通过发展其对人讲话时口型变化的精细感知能力,来与对方沟通。而听力正常人的这种潜在能力,往往被更容易实现交流的其他方式所抑制。

以上这五种规律性的特点,从总体上概括出了儿童身心发展过程中的本质性表现。从总体上把握儿童身心发展的规律,我们还可以发现这些规律所反映出的一些更为深刻的内容，即儿童的生理成熟先于其心理的成熟；每一年龄阶段儿童发展水平、特点的充分实现，将有助于其后的发展，否则，下一阶段的发展将会受到一定阻碍；儿童的身心发展，归根结底是儿童个体的发展，尊重和顺应儿童个体发展的差异性，是促进儿童整体发展水平、扩展儿童发展范围的根本道路。

三、教育与儿童的发展

教育学探讨和研究儿童发展问题，其目的并不止于揭示儿童发展的事实本身，而是要为现实的教育服务，使我们的教育活动减少盲目性和主观性的干扰，为儿童个体的发展创造出更生动、更具感染力的环境条件，从而加快儿童身心发展的速度，优化其发展的结构，让儿童的发展能够更多地展现出丰富多彩的时代特征和个性特征。

教育与儿童发展之间是一种主从的关系，其中儿童的发展是主，学校教育只是从属于儿童发展，并为儿童发展服务的过程；它们之间也是目的和手段的关系，儿童发展是源于人类本性目标的实现过程，而教育仅是实现发展的特殊手段。我们说教育是实现儿童发展的特殊手段，其特殊性恰恰表现于教育活动的目的设置、方法和内容的选择，都是以对儿童身心发展的科学性认识为基础的，因为它考虑到并顺应了儿童发展的规律，所以，与同样能够对儿童的发展产生影响的其他因素——遗传素质、家庭环境和一般性的社会人文地理条件等相比较，教育的影响力量更强大，更具有主导性。所以我们说，教育在儿童的发展中起主导作用。

注意，教育的这种主导作用，是相对于影响儿童发展的其他因素的影响力度而言的，而不是就教育与儿童发展本身的关系而言。在发展与教育这一对关系中，教育不可能改变发展的规律，教育所能做到的只是认识、肯定和利用儿童身心发展的规律性，来提高对儿童发展的影响力。教育是出于保障和加速儿童发展的善良本意，对儿童身心发展人为干预的过程。但是，教育加速儿童身心发展的善良本意能否转化为现实，除了受制于教育是否真实地了解和顺应了儿童身心发展的规律外，还取决于教育工作者是否正确理解社会生活，提供给学生的教育内容、方法等是否真正地反映社会生活的需求，从而使其与学生的实际发展需求相一致，即教育本身的科学性，是减少儿童发展中对环境反映的盲目性、歧义性的有效保证。

教育的科学性，对儿童身心发展的具体影响作用，可以通过以下几方面加以把握。

（一）教育目标要反映社会的发展

教育目标的确定，要以真实地反映社会的时代性价值标准和社会发展水平、发展趋势为基础。只有这种具有鲜明时代感的教育目标，才能与学生在现实社会生活中所形成的发展需求相一致，才能使学生个体的发展与社会发展、社会对个体素质的需求协调一致。反之，落后、陈旧的教育目标，往往会造成学生个体发展的过程中时间和精力的浪费，以及发展水平的低下和个人与社会需求之间的冲突。

为能够科学地融合时代发展、社会需求与个人发展之间的关系，各国在教育实施过程中，都会为中小学教育设定自己的教育目的，即通过教育活动使学生发展所能达到的质量标准和规格要求。我国的中小学教育目标，一般由国家的教育法律法规，以及国家教育行政部门颁布的课程计划等文件确立并贯彻执行，以此保障国家教育的科学性与统一性。

1986 年颁布、2006 年修订的《中华人民共和国义务教育法》，第三条明确规定了中小学的教育目的："义务教育必须贯彻国家的教育方针，实施素质教育，提高教育质量，使适龄儿童、少年在品德、智力、体质等方面全面发展，为培养有理想、有道德、有文化、有纪律的社会主义建设者和接班人奠定基础。”

除了规定中小学生发展质量标准的总体教育目的外，在中小学所实施的不同学科和不同层次的课程教育活动中，国家也会对学生发展的不同方面，设定具体的教育目标。例如，教育部1998年3月16日发布的《中小学德育规程》规定，“中小学德育工作的基本任务是，培养学生成为热爱社会主义祖国、具有社会公德、文明行为习惯、遵纪守法的公民。在这个基础上，引导他们逐步树立正确的世界观、人生观、价值观，不断提高社会主义思想觉悟，并为使他们中的优秀分子将来能够成为坚定的共产主义者奠定基础。”

又如，2017年2月6日教育部印发《义务教育小学科学课程标准》，规定了小学科学课程的总目标：“培养学生的科学素养，并为他们继续学习、成为合格公民和终身发展奠定良好的基础。学生通过科学课程的学习，保持和发展对自然的好奇心和探究热情；了解与认知水平相适应的科学知识；体验科学探究的基本过程，培养良好的学习习惯，发展科学探究能力；发展学习能力、思维能力、实践能力和创新能力，以及用科学语言与他人交流和沟通的能力；形成尊重事实、乐于探究、与他人合作的科学态度；了解科学、技术、社会和环境的关系，具有创新意识、保护环境的意识和社会责任感。”

（二）在成熟的基础上引导发展

科学的教育，在教育实践活动中要处理好尊重成熟与引导发展的矛盾。儿童身心发展的顺序性、阶段性等特点表明，在儿童的发展过程中，我们的活动内容和教育要求，不能超越儿童生理机能发展水平的支持作用，更不能要求儿童，包括那些看起来“已经长大成人”了的孩子们，像大人一样做事与思考，拔苗助长是教育的大忌。

但只是顺应儿童的成熟、反映儿童已有的发展，并不是教育的本意。科学的教育活动，要辩证地对待儿童的成熟与发展的关系。走在发展的前面，引导儿童发展的教育，是能够将复杂的知识、技能转化为儿童能力所能接受的形式交给儿童的。它能够让复杂的知识参与到学生的知识结构中，并改变原有的结构或特点，使儿童达到发展。如此，儿童的发展与教育之间的关系，就会沿着“加速教育——掌握——类化——发展”这样一条路线前进。教育引导儿童的发展才会从可能转化为现实。

关于这一问题，历史上曾有两种相对立的观点——成熟优势论与学习优势论。成熟优势论强调作为发展物质前提的儿童机体的成熟准备。这种理论认为，没有成熟作为基础，儿童的学习对其发展的影响作用很小。而有了成熟的准备后，儿童的学习就可以对其发展产生事半功倍的影响力。学习优势论则认为，儿童发展的巨大潜力能否变为现实，决定性因素是后天的环境条件和在这种条件下儿童所接受的学习和训练指导。人的社会性发展都是后天习得的，所以学习才是影响儿童发展的优势因素。事实上，成熟与学习都是儿童发展必不可少的条件，只是两者各自所起的作用不同。成熟决定着发展的可能性，而学习则把可能性转化为现实。

（三）在整体发展的基础上促进个性发展

科学的教育，要处理好注重整体教育与允许儿童个体充分地展现个人发展的独特性的关系。教育与教学活动，是一种整体发展的集体活动过程。在活动的过程中，我们以受教育的儿童整体情况为基础，选择适宜的内容和方法，以整体的发展阶段性特点，确定发展的任务，为下一阶段的发展做准备。但这并不意味着我们可以忽视儿童个体的差异性和个体的发展的特殊性。儿童身心的发展具有个别差异性的规律表明,涉及具体的单个儿童的发展,个体之间在发展方面所表现出的差异性是显著的、普遍的。每一个儿童的发展,都具有其明显的个性特点,表现出自己特殊的发展情况。两个儿童完全一样的发展,事实上是不存在的。从这一意义上说,忽略了个体的差异和个体的发展,去追求整体发展是不现实的。这就要求我们的教育工作者在设计教育活动时,要考虑到个体的差异,给个体发展留出充分的时间和空间,让儿童在发展中形成丰富多样的个性特点,使儿童的整体发展更有潜力和活力。很多国家都通过立法来严格规定小学班级的人数,其目的就是使教师能够给每个具体学生更多的关注。

(四)教育过程中要尊重和发挥儿童的主体性

在教育过程中,儿童既是接受教育的对象,又是教育活动的主体。但是,学生作为教育活动主体这一特征更为重要,因为接受教育也必须以学生主体活动形式表现出来。以往的教育理论比较注重学生在教育中的被动性,即强调学生是被塑造的客体,是外在于儿童的社会对人才规格的需求——教育目标的被动承载者,其结果是忽视甚至抑制了学生主体性的发挥。

现代儿童发展理论告诉我们,儿童的发展自始至终都是一种儿童主体的自我调节活动。外界的环境刺激,只有被主体选择,成为主体的反应对象时,才会对主体的发展产生影响。皮亚杰在谈到儿童的感知运动能力发展时,明确地揭示了儿童主体与环境的关系。他认为最初,儿童活动过程中主客体之间是缺乏分化的。有了自我意识之后,儿童的活动也就有了主客体的分化。“主体只是在以后阶段才通过自由地调节自己的活动来肯定其自身的存在,而客体只是在它顺应或违抗主体在一个连贯的系统中的活动或位置的协调作用时才被构建成的。”也就是说,只有外界的刺激与儿童的存在和儿童的活动有关系这一点被意识到了的时候,儿童才会对这一刺激做出反应。这里对反应活动产生与否的决定性选择,是儿童根据自己感觉到的外在事物与自己的关系的性质而作出的,是自己的活动过程。

教育对儿童发展的影响意义,在于它在一定程度上限定了儿童选择的范围,并引导儿童正确地认识外在环境因素对自身的价值。这也是与其他外在因素相比较,教育对儿童发展能起主导作用的原因。但是我们也应该意识到,教育只是帮助儿童作出选择,却不能代替他们作出选择。

正是从这一意义上,我们说教育过程中要尊重和发挥儿童的主体性。事实上,教育对儿童发展的主导作用,只有真正尊重了儿童在教育过程中的主体性时才能真正实现。教育的成功,毕竟要以教育目标在儿童发展的结果中得到体现为标准。所以,在儿童发展过程中,教育活动与儿童主体性二者的作用是相互依存的。

四、学生主体性与教育

如前所述,在教育过程中要尊重儿童的主体性,注意发挥学生的主体性。事实上,关于主体性的研究在我国仍方兴未艾。什么是主体性?对于这个根本概念,教育学者对此有不同的看法,有的学者从结构出发,认为主体性是人所具有的本质特性之一,它是人对外界刺激的选择性反应。有的学者则从认识论的角度出发,认为主体性是人认识外界事物的基础,只有主体性,外界刺激才能转化为主体自身认识结构的一部分。从主体性的结构上看,一般认为,主体性具有以下几个基本结构:自主性、主动性和创造性。对于如何培养学生的主体性，一般学者主要从以下几个方面着手。

其一，建立民主而和谐的师生关系，重视学生自学能力的培养；其二，重视培养学生主体参与课堂，让学生获得主体参与的体验，尤其让学生体验成功；最后也是最重要的是，尊重学生的个性差异，对学生进行具有针对性的教育。主体性教育要求在班级管理中，突出学生自主管理，让每一位学生都有机会参与到班级管理中来；在课程上，重视研究性学习和探究性学习；在教学组织形式上，采取集体教学、小组教学和个别教学相结合，尤其强调小组教学的作用。

事实上，教育过程中如何尊重和发挥儿童的主体性，在不同的情况下，由于教育活动的内容、形式和要求不同，具体方法上会有很大的变化。在此，我们只提出几项基本的原则。

（一）教育、教学活动的组织，要尊重学生的感受

虽然我们都知道，学习的主体是学生，但实际的教育教学工作中，我们常常更多关注的是教育活动的内容、性质、组织形式等本身的意义，而很少关注它们对学生而言是什么意义，即学生自己是如何看待、感受和评价这些东西与自己的关系的。可这一点又恰恰是决定教育作用的关键。试想，如果学生认为我们对他们讲述的知识是不真实的、不现实的或者根本就是错的，根本就听不懂，他们会把这些知识纳入自己的知识结构中去吗？如果活动过程让学生感到自己是被忽视、被排斥的，学生会把这个活动看作是自己的活动而进行相应的反应吗？所以，教育活动过程中，要时时关心学生在活动中的感受，并以他们的感受为依据，来选择教育内容的展示方法、教育要求的表达方法和教育活动的组织形式等。要做到这一点，就要平时多关心学生，要经常设身处地地为学生着想，也要与学生有更多的课外交流机会。

（二）教育活动中，要给学生留有选择的余地，并尊重学生的选择

对外界刺激的选择性反应是人的主体性的本质特征之一。现代儿童发展理论，把儿童的发展看作是发展主体不断地自我构建的过程。也就是说儿童的发展首先是一个动态的自我塑造的过程，而发展的结果，则取决于发展过程中主体在构建过程中，对于反应什么和如何反应等作出的选择。

儿童发展的差别与儿童发展的充分与否，都与发展主体的选择性相关联。教育活动中要给学生留有选择的余地，就是要给学生展现个性和按个性特点进行发展的机会。这就要求我们的教育，从内容到方法和组织形式方面，都要给学生留有选择的余地，让学生能够根据自己的兴趣、爱好，自己的长处，在学习内容上有所偏重，在学习方法上有自己的特点。这一点上，对中小学阶段的儿童发展的影响尤为重要。

在教育实践中，人们往往觉得中小学生，尤其低年级学生，正处在各种倾向性形成的过程中，而他们又很缺乏判断和选择能力，教育中就应严格地控制他们的所作所为。例如，有的数学教师在教学生解算术题时，只教自认为是最好的一种方法，并要求学生一步步严格按老师规定的程序去做题，违反程序为错，用其他方法得出的正确答案也算错，学生的选择权完全被剥夺了。这种做法，不仅抑制了学生个性的表现，还造成学生对事物认识的局限——认为任何事物只会有唯一正确的可能性，更会损害学生的自信心，对以后的发展造成阻碍。在具体的教学活动中，在不违背教育基本目标和基本原则的条件下，教师应允许和尊重学生在活动中表现出的选择性，支持每一个学生按自己的特点去发展。这是实现提高国民素质这一根本性教育目标的保障。“每个人的自由发展是一切人自由发展的条件。”个人的自由发展，就是依据自身特点作出选择的发展。

（三）教育中要鼓励学生的创造性

严格地说，创造性也是一种选择，但它是一种与众不同、承前启后的选择。创造的实质，是人对自身行为可能性的新发现、新尝试。创造是人的潜在能力得以发挥的根本途径，也是个人发展与人类进步的根本途径。

学生在学校中的学习活动，不只是接受教师传递的知识和服从教育要求的过程，同时也是学生自主地探索世界、感受社会的过程；学习的结果，也不仅仅是掌握知识，还要形成科学精神和恰当的生活态度。否定学生创造性的教育，会造成学生生活态度和行为方式的僵化。在学习中否定学生的自主性、创造性，会让学生直观地感到，人在世界中是没有什么作为的，世界也是一成不变的。因为在他们的活动中，他们一再被告知世界就是这样的，有它自己固定的规则，只有按这一思维原则去看待世界，去控制自己的行为才是可行的，来自于自我感受和思考的东西，常常被认为是可笑的和荒谬的。在这样一种被否定加自我否定的感受下，学生是不可能领会到认识是无止境的，真理是不断发展的，文明是人类创造的，自己也具有这种创造的能力。

一个不会选择与创造、也没有责任感的民族是没有前途的。“教育的首要作用之一是使人类有能力掌握自身的发展。”所以，我们应该从中小学开始，就鼓励学生创造性能力的发挥。让他们能经常体验到与众不同的想法或做法给自己带来的变化，看到自己反常规做法对所涉及事件的影响，从而体验到人存在的作用和意义，逐渐形成自我发展的主动性、积极性，充分挖掘自己发展的潜力。我们要警惕，抑制学生主体作用的发挥，将造成学生发展潜力的浪费。

复习思考题

1. 简述历史上不同的儿童发展观及其对教育的影响。
2. 简述当代儿童发展观的基本内容。
3. 简述儿童身心发展的特点和规律。
4. 如何有效发挥教育在儿童发展中的主导作用？
5. 在教育教学工作中，如何尊重和发挥儿童的主体性？

第四章　教师

教师是一种古老的职业,在历史发展的不同时期,具有不同的职业文化内涵。今天,教师作为一种专门化职业,具有独特的职业要求和职业条件。正确理解教师职业的内涵,了解教师管理制度,对于提高教师素养,改进教育教学工作质量具有重要意义。本章主要对教师职业、教师的权利与义务和中小学教师管理制度等进行介绍。

第一节　教师职业

一、教师概述

(一) 教师的概念

一般来讲,"教师"一词具有双重含义,第一是指一种社会职业,第二是指这一职业的从业者。作为社会职业来讲,教师是由社会分工而形成的社会职业,承担着教育学生的社会劳动任务;作为从业者,从广义上看教师与教育者是同义语,从狭义看教师指学校中的专职教育者。1993 年,教育部颁布《中华人民共和国教师法》,规定教师是履行教育教学职责的专业人员,承担教书育人、培养社会主义事业建设者和接班人,提高民族素质的使命。因此,要进一步理解教师的含义,需把握以下几点:

(1) 教师是专业人员,这是就教师的身份特征而言的。与医生、律师一样,教师是从事相关职业活动的专业人员,必须具备专门的资格,符合特定的要求。主要有三:一是教师要达到符合规定的学历;二是教师要具备相应的专业知识;三是教师要符合与其职业相称的其他有关规定,如语言表达能力、身体状况等。

(2) 教师的职责是教育教学。这是就教师的职业特征而言的。只有直接承担教育教学工作职责的人,才具备教师的最基本条件,否则,就不能认为是教师。比如,学校中不直接从事教育教学工作,未履行教育教学职责的行政管理人员、后勤服务人员、校办产业公司人员、教学辅助人员等,就不能认为是教师,而分属教育职员或其他专业技术职务系列。需要指出的是,在学校及其他教育机构中承担其他职责的同时,也承担教育教学职责,并达到教师职责基本要求的人员,也可以认为是教师。

(3) 教师的使命是教书育人,培养社会主义事业建设者和接班人,提高民族素质。这是就教师的工作目的而言的。教师所有的教育教学活动必须服务于这个目的,并认真地履行自己的职责。

(二) 教师职业的产生与发展

教师职业既是古代社会分工的产物,又是现代职业专业化发展的体现。它是随着教育的产生而产生的，经历了从非专门化到专门化的发展历程。随着教育在人类社会中的地位日益重要、作用日益突出，教师职业的专门性、专业性日益明显。

1. 教师职业的非专业化阶段

自人类社会诞生起，就有了广义的教育，也有了广义的教育者。但在原始社会，还没有专门的学校教育和教师职业，教育活动与生产劳动、社会生活紧密联系在一起，从事教育活动的主要是氏族和部落的首领，以及具有生产和生活经验的年长者。人类进入奴隶社会之后，出现了文字和学校，为教师职业的形成奠定基础。在奴隶社会初期，掌管文化的主要是国家官吏和巫师，他们从事专门的文化整理、研究和教学工作，也在政府中担任一定的官职，所以有"政教合一，以吏为师"的说法。在我国封建社会，已出现了中央官学、州府县学、民间的书院和私塾等庞大的学校体系，学校结构和规模也日趋复杂和庞大。教师职业也逐渐向专门化发展，但是教师兼任官职或其他职业的现象仍然存在。在西方中世纪，存在着宫廷教育、教会学校、骑士家庭教育等教育类型，教师兼任官吏、僧侣、士绅者很普遍。

2. 教师职业的专门化

随着近代科技和工业的发展，科学技术在生产中广泛应用，社会对人才的需求水平也有极大的提高，不但需要培养有文化、懂技术的劳动者，而且需要培养大批有创新能力的科学技术专家。社会对人才的需求不仅带动了初等教育的普及，也促进了中等和高等教育的发展。随着教育结构日趋复杂和教育规模日趋扩大，专门培养教师的初等师范、中等师范和高等师范应运而生。这一时期，教师职业已进入专门化阶段，教师职业的专业化开始出现端倪。

3. 教师职业的专业化

20 世纪 50 年代以后，随着知识经济的到来，高技术产业将成为经济部门的主导产业，传统产业也将高技术化。而科技创新是发展高技术产业的关键，是提高综合国力和国际竞争力的关键。因此，培养高质量的有创新能力的科学技术专家也就成为知识经济发展的关键。由于科学技术加速发展，知识更新不断加快，人们必须不断地学习，以便适应迅速变化的外部世界。为此，人类将改变以往学习与工作相分离的准备型教育模式，逐渐转入学习化社会。一个人必须边学习边工作。这样，成人教育、继续教育将不断扩大，教师职业也因此不断地被延伸。1996 年，联合国教科文组织在第 45 届国际教育大会上提出，在提高教师地位的整体政策中，专业化是最有前途的中长期策略。自此，促进教师专业化发展成为教师队伍建设的必由之路。

二、教师地位

教师地位通常包括教师的社会地位和法律地位。认识教师在教育过程和社会发展过程中的地位，对提高教育质量、改进教育教学工作有重要的意义。2018 年，习近平总书记在全国教育大会上指出，全党全社会要弘扬尊师重教的社会风尚，努力提高教师政治地位、社会地位、职业地位，让广大教师享有应有的社会声望，在教书育人岗位上为党和人民事业作出新的更大的贡献。由此看来，教师地位不仅关乎教师自身的尊严，更关乎国家教育事业的发展。本部分将分别对教师的社会地位和法律地位进行介绍。

（一）教师社会地位

教师社会地位主要包括教师的经济地位、政治地位和文化地位等。其中，教师的经济地位主要是指教师职业在社会各职业中经济收入的相对地位，它决定了教师的职业声望、职业吸引力和教师从事该职业的积极性和责任感；教师的政治地位则体现了社会对教师职业的评价以及教师在政治上应享有的各种待遇；教师的文化地位体现了教师在掌握、传承和展现文化中的地位。在实践中，教师的经济地位、政治地位和文化地位并不统一，但从总体上看，其相关度仍然是比较强的。

在人类社会发展的进程中，由于所处的历史时期、社会生产力发展水平、政治经济形态、民族传统不同，教师的社会地位会呈现出较大的差异。同时，不同类型、不同层次的教师由于其本身的专业化程度差异，也会导致其在社会中的实际地位存在着较大的差异。

从历史的角度看，社会对教师的工作都相当尊重。一方面，教师在社会经济、政治和文化生活中扮演着重要的角色，他们不仅为社会培养所需的人才，也为社会政治经济和文化制度的合理化、合法化作出重要的贡献；另一方面，教师群体中也有相当数量的人员直接服务于经济、政治，并创造着文化，他们中有著名的思想家、政治家、科学家，他们是社会的中流砥柱。因此，人们一般都尊重教师，并注意提升教师的社会地位。

中国古代儒家把教师的地位抬得很高，常常把教师与君相提并论。孟轲在跟齐宣王对话时，引《尚书》中“天佑下民，作之君，作之师”（《泰誓上》）一语。意思是说，上天降生人民，替他们设置了君主，安排了教师。荀况进一步把师纳入了“天、地、君、亲”的序列。《荀子·礼论》中讲到：“天地者，生之本也；先祖也，类之本也；君师者，治之本也。”据《吕氏春秋·孟夏记》说：“古之圣王，未有不尊师者也。”它还举了“古代十圣人六贤者”尊师的事例。自汉唐至明清，历代都有著名大儒。这些人饱学多识，才气纵横。这些大师多皆严师弟子之礼，学生也多能根据礼教事师如父。

古希腊奴隶主的家庭教师被称为教仆，只有奴隶身份，没有社会地位可言。文艺复兴时期，资产阶级开始登上历史舞台，他们很重视提高教师的地位。17 世纪捷克教育家夸美纽斯说过：“我们对于国家的贡献，哪里还有比教导青年和教育青年更好、更伟大的呢?”由于欧洲近代资产阶级子女的幼儿教育、初等教育均在家庭进行，中学进入古典文科中学，然后进入大学，中学和大学的教师也经过严格的专业训练，因此，中学和大学教师一般都拥有较高的社会地位。而初等国民学校一般不受重视，教师也未受过专门训练，教师地位也无从谈起。只是到了现代，由于科学技术在生产中的应用越来越广泛，所需要的劳动者的文化素质越来越高，各国政府才开始重视教育，重视提高中小学教师的待遇和地位。

新中国成立之后，广大教师的社会地位也获得了根本的改善。特别是党的十一届三中全会以后，教育成为我国社会主义建设的战略重点，“科教兴国”作为我国的基本国策也逐渐深入人心，尊师重教始成风气。1985 年全国人民代表大会常务委员会通过决议，确定每年的 9 月 10 日为“教师节”，开展尊师活动，奖励模范教师。1993 年通过的《中华人民共和国教师法》规定：“教师的平均工资水平应当不低于或者高于国家公务员的平均工资水平，并逐步提高。”并规定要建立正常的“晋级增薪制度”，中小学教师和职业学校教师享受教龄津贴或其他津贴。我国教师地位逐步得到提高。

从现实的角度上看，提高我国中小学教师的社会地位对于稳定教师队伍、提高教师素质和教育教学的水平都具有极其重要的意义，为此，我们应该从以下几个方面入手来提高我国中小学教师的地位。

首先，社会和政府应确保教师的收入“不低于或者高于国家公务员的平均工资水平，并逐步提高”。经济收入是决定教师获得正常社会地位的重要保证，如果教师的收入水平达不到应有水平，就很难保证中小学教师的正常生活，更谈不上全身心地为教育事业奉献。目前，有些地方仍存在着拖欠和克扣教师工资、挪用教学经费等不良现象，如不能得到有效的遏制，教师流失将更加严重，教师职业也将很难吸引更多的有作为的年轻人，教师整体素质下降将不可避免。

其次，学校和教育行政机构应确保教师能够有效地参与学校的教育教学管理中，同时加强教师的培训，以充分发挥教师的积极性，使教师能够获得正常的晋升和学习机会。我国公立学校一般实行民主参与管理的教育管理模式，但是在实际操作过程中，多数教师参与管理的权利被虚化，没有能够真正参与到学校的管理活动中，无法体现社会主义学校的优越性。同时，由于教育经费缺乏等原因，一些地区的普通教师无法获得外出学习进修的机会，导致知识严重老化，思想严重保守，影响其正常的教育教学工作。这不仅对学生产生了不利的影响，同时也严重限制了教师自身的正常发展。

（二）教师法律地位

教师法律地位是法律所确认的教师工作性质和社会地位。科学界定教师法律地位，既是保障教师合法权益的需要，也是促进教师管理法制化和规范化的重要途径。正确理解教师法律地位，需要把握以下几点。

（1）教师的职业性质。对教师职业性质的定位主要是看其是否具有专业性。对此，人们的认识经历了一个漫长的发展变化过程，直到现在仍有分歧。古代社会，由于教育的水平较低，传授知识有限，人们普遍认为教师就是有知识的人，只要有知识就可以当教师。现代学校出现后，由于受教育的人数增多，教学内容不断增加。人们认为有知识同时掌握所教学科知识，并懂得如何教的人，才能当好教师。人们对于教师职业有了一定认识。

现代社会，职业门类固然很多，但并非所有的职业都具有专业性，这需要以一定的标准加以衡量。一般认为这些基本标准涉及的主要内容有：① 职业人员是否运用专门的知识与技能，具有不可替代性；② 是否经过长期的专业教育和训练；③ 是否享有相当的独立自主权；④ 是否具有自己的专业团体和明确的职业道德；⑤ 是否具有重服务、非营利的观念。1966 年 10 月联合国教科文组织发表的《关于教师地位的建议》明确指出，“教育工作应被视为专门职业。这种职业是一种要求教师具备经过严格并持续不断的研究才能获得并维持专业知识及专门技能的公共业务”。世界上大多数国家都采纳了这一建议。从我国的现实情况看，教师工作是一种专门的职业，只有经过严格培养和专门训练的人才能胜任。教师职业作为一种专业职业，具有不可替代性。

（2）《教师法》对教师身份的规定。对于教师的身份定位，不同国家有不同规定，从世界范围讲，大致有公务员、雇员、公务员兼雇员三种类型。一些国家如法、日等国将公立学校教师规定为国家公务员，由政府任用，享有公务员规定的各项权利，基于教育者地位，还享有诸如教员会议权、教育自由等特殊权利。与此同时，也要履行与公务员身份相应的义务。世界上多数私立学校教师属于雇员。还有一些国家如英、美等国公立学校的教师则兼有公务员和雇员双重身份。一方面，基于公务员身份，他们享有公务员法律规定的各项权利；另一方面，基于雇员身份，他们又具有契约中所规定的权利和义务。根据我国现行的《国家公务员条例》，教师不属于国家公务员系列。根据《教师法》的规定，“教师是履行教育教学职责的专业人员”，这种定位既不同于传统的自由职业者，也有别于国家公务员，是一种专业人员。作为专业人员，教师必须符合相应条件，同时也享有一定的专业自主权。教育教学、教书育人是教师的基本职责。

（3）从教师与教育行政机关的关系看教师法律地位。两者之间是行政管理者与行政相对人的教育行政法律关系。这种法律关系主体之间的地位是不对等的。作为法律关系主体一方的教育行政部门是代表着国家并以国家的名义来行使管理职权的，居于主导地位。教育行政机关正是通过依法管理、依法行政来规范教师的教育教学行为，维护教师合法权益。作为行政管理相对人，教师应认真执行教育行政机关的决定、命令和指示，并对教育行政机关的工作予以监督。当教师认为当地教育行政部门侵犯其《教师法》规定的权利时，可以向同级人民政府或者上一级人民政府主管部门提出申诉，并可依法提起行政复议或行政诉讼。

（4）从教师与学校的关系看教师法律地位。《教师法》第十七条明确规定："学校和其他教育机构应当逐步实行教师聘任制。"我国《教育法》规定，学校有权聘任教师及其他职工，实施奖励或者处分。就我国教师任用现状看，我国学校与教师之间的关系基本上是聘任关系。对于学校而言，有权对符合条件的教师进行聘任；有权组织管理教师的教育教学活动，对教师实施包括奖励、处分在内的管理活动；有权对在聘教师的政治思想、业务水平、工作态度、工作成绩进行考核，为教师受聘任教、晋升工资、实施奖惩等提供依据。学校应为教师的教学、科研、社会服务及进修提供相应的条件。对于教师而言，必须认真履行自己的职责，要从学校大局出发，服从学校安排。但基于教师劳动的特殊性，在教育教学工作中，学校要给予教师一定的自主权，充分发挥其工作主动性和创造性。教师认为学校侵犯其教学科研、职务聘任、民主管理、工作条件、培训进修和考核奖惩等方面合法权益的，或者对于学校或者其他教育机构作出的处理不服的，可以依法提出申诉。

三、教师职业素养

教师职业素养是教师在教育教学过程中表现出的综合品质，包括职业道德素养、职业知识素养和职业能力素养。为深化教师队伍建设改革，进一步提升教师队伍质量，我国相继颁发《中小学教师职业道德规范》（2008 年修订）、《小学教师专业标准（试行）》（2012）、《中学教师专业标准（试行）》（2012）和《新时代中小学教师职业行为十项准则》（2018）等，对教师职业道德、知识和能力等提出了基本要求。本部分主要从教师的道德素养、教师的职业知识素养和教师的能力素养三方面进行介绍。

（一）职业道德素养

教师职业道德素养是指教师对职业行为的自觉要求，是教师道德人格不断发展完善和做好教育工作的需要。根据《中小学教师职业道德规范》，教师的职业道德素养主要包括：第一，爱国守法。这是教师职业的基本要求。作为教师，应热爱祖国，热爱人民，拥护中国共产党领导，拥护社会主义，全面贯彻国家教育方针，自觉遵守教育法律法规，依法履行教师职责权利。第二，爱岗敬业。这是教师职业的本质要求。教师应忠于人民的教育事业，志存高远，勤恳敬业，甘为人梯，乐于奉献。第三，关爱学生。这是师德的灵魂，是教师热爱教育事业的集中体现。教师对学生的爱是教师顺利开展教育工作的最重要条件之一，是学生接受教育的重要条件。作为教师，应做到关心爱护全体学生，尊重学生人格，平等公正对待学生，对学生严慈相济，保护学生安全，维护学生权益。第四，教书育人。这是教师承担的历史使命。作为教师，应遵循教育规律，实施素质教育，对学生要循循善诱，因材施教。第五，为人师表。这是教师职业的内在要求。教师榜样作为一种具体的形象,具有强烈的暗示和感染的教育力量。作为教师,应坚守高尚情操,知荣明耻,严于律己,以身作则。关心集体,团结协作,尊重同事,尊重家长,作风正派,廉洁奉公,注意衣着得体,语言规范,举止文明。第六,终身学习。这是教师专业发展的不竭动力。当今社会,科技发展日新月异,知识更新速度日趋加快,唯有不断学习,才能跟上时代步伐。作为教师,应树立终身学习理念,崇尚科学精神,拓宽知识视野,更新知识结构,潜心钻研业务,勇于探索创新,不断提高专业素养和教育教学水平。

(二) 职业知识素养

教师职业知识素养是教师所掌握的知识以及对知识的运用能力。主要包括:第一,教育知识。这是教师从事育人工作应具备的重要知识。作为教师,应当掌握教育学、心理学和生理学等的基本原理和方法,了解学生身心发展的一般规律与特点、不同年龄阶段学生学习的特点等。第二,学科知识。这是教师应具备的专业知识的主体。教师要想完成某一学科的教学活动,必须首先对该学科的全部内容有深入透彻的了解,精通该学科的知识。这就要求教师必须领悟所教学科《课程标准》,掌握所教学科的知识体系、基本思想与方法,了解所教学科与其他学科的联系等。第三,通识性知识,这是教师应具备的基础知识。作为教师,应掌握相应的自然科学和人文社会科学知识,了解相应的艺术欣赏与表现知识,具有适应教育内容、教学手段和方法现代化的信息技术知识等。

(三) 职业能力素养

教师职业能力素养是指教师应具备的、能够适应终身发展和基础教育改革发展需要的关键能力和必备品格,是落实学生核心素养的关键。主要包括:第一,教育教学设计能力。教学设计能力是指教师在具备基本的专业知识和教学技巧的基础上,根据《课程标准》的要求设计出适当的年度、学期、单元和课时教学计划的能力。具体表现为:合理制定小学生个体与集体的教育教学计划,科学编写教学方案,设计班级和少先队活动等。第二,组织与实施能力。组织与实施能力是指教师在一般教学情况下能够有效地组织与实施所设计的教学计划,并能根据实际情况控制教学情境的能力。具体表现为:建立良好的师生关系与生生关系,激发学生积极性与主体性,较好使用口头语言、肢体语言与书面语言,妥善应对突发事件等。第三,激励与评价能力。正确有效的激励和评价是促进学生健康发展的有效途径。作为教师,应当对学生的日常表现进行仔细的观察与判断,并灵活运用多元评价方式,引导学生进行自我评价等。第四,沟通与合作能力。良好的沟通与合作能力是教师有效地开展教育教学活动的前提条件。作为教师,应做到经常与学生、同事和家长进行有效沟通与合作。第五,反思与发展能力。不断提升教师的反思与发展能力是促进教师专业化发展的必由之路。这就要求教师要主动地收集和分析相关信息,并针对现实问题进行探索研究,从而制定自身专业的发展规划。

第二节 教师的权利与义务

教师作为履行教育教学职责的专业人员,享有特定的职业权利,也承担相应的义务。我国《中华人民共和国教育法》明确规定,教师享有法律规定的权利,履行法律规定的义务。我国《中华人民共和国教师法》专门规定了教师的权利与义务。

一、教师的基本权利

(1) 进行教育教学活动,开展教育教学改革和实验。这是教师的最基本权利。教师有权结合自身教学特点自主地组织课堂教学,有权依照《教学大纲》的要求确定其教学内容,有权针对不同教学对象,进行教育教学改革和实验。取得教师资格尚未受聘或已被解聘的人员,此项权利行使处于停顿状态,待任用时方能行使这一权利。不具备教师资格的人不享有这项权利。

(2) 从事科学研究,学术交流,参加专业的学术团体,在学术活动中发表意见。教师在完成教育教学任务前提下,有权进行科学研究、技术开发、著书立说;有权参加有关的学术交流活动,参加学术团体,在学术交流中发表自己的学术观点。这是教师作为专业技术人员所享有的一项基本权利。

(3) 指导学生的学习和发展,评定学生的品行和学业成绩。教师有权根据教育规律、学生身心发展特点,有针对性地指导学生的学习,在学生升学、就业等方面给予指导;有权对学生的思想品德、学业方面给予公正评价;运用正确思想和科学方法,促进学生个性和能力充分发展。这是与教师在教育教学过程中的主导地位相适应的一项基本权利。

教师惩戒权无疑是教师管理学生的权利。然而,尽管惩戒是实现教育目标不可或缺的手段,尽管教师拥有惩戒权,"有权对教育活动的整个过程施加某种影响和控制"。但实践中因为受到外在因素的阻力,教师在行使惩戒权时,往往还是顾虑重重。由于担心学生、家长的偏激行为,担心学校领导和上级部门的批评,加之媒体的炒作,使得教师如履薄冰,产生不敢惩戒学生的心理。这些外在因素,大大影响了教师惩戒权的有效行使。传统的教育观念也使不少社会成员对教育惩戒权有种种误解,有的甚至将惩戒权简单等同于体罚,完全否认教师和学校拥有此项权利。对于教师而言,惩戒权的行使涉及到诸多方面,创设健康良好的教育大环境,不只是学校的事情,还有赖于家长的密切配合、社会舆论的支持。国家应尽快出台教师惩戒权方面的专门法规,明确规定我国教师惩戒权的适用条件,教师惩戒权的行使方式、教师惩戒的程序等,还要规定教师惩戒中的学生权利救济、外在监督等内容,为教师惩戒权的顺利行使提供专门的法律保障。应探索建立教育惩戒实施细则,使教育惩戒具有可操作性和现实适应性。作为教师来讲,不仅要明确自身的教育权利,还应当依法履行教育职责,坚守道德良知,对于违纪学生,采取切实有效的方法,合理运用惩戒手段,帮助学生认识错误,改正错误,要敢于行使惩戒权利。行使惩戒权还应坚持以下原则:① 目的正当。有过错才能惩戒,教育惩戒是为了帮助学生改正错误。② 教育为主。"惩"是为了"戒",惩罚是一种手段,重在教育,以育人为目的。③ 措施合理。对学生的惩戒方式及程度,是根据学生所犯错误的性质与程度来定,需注意惩戒事由与惩戒措施相均衡。④ 程序合法。实施惩戒需要依据正当程序,采取适当的措施。⑤ 人格尊重。实施惩戒应尊重学生人格尊严。这是教师行使惩戒权的前提与保证,也是避免侵犯学生权益的一道重要防线。作为教师,应依法行使对学生的惩戒权,关爱学生,尊重学生,不得损害学生的身心健康,自觉维护学生的合法权益。

(4) 按时获取工资报酬,享受国家规定的福利待遇以及寒暑假期的带薪休假。教师的工资报酬,一般包括基础工资、职务工资、奖金、津贴等在内的工资性收入。福利待遇主要包括教师的医疗、住房、退休等方面的待遇和优惠,以及寒暑假期的带薪休假,这是教师的基本物质保障权利。作为教师,有权要求所在学校及有关部门依法按时足额地支付工资报酬;有权享受国家规定的福利待遇。

(5) 对学校教育教学、管理工作和教育行政部门的工作提出意见和建议,通过教职工代表大会或者其他形式,参与学校的民主管理。这项权利是宪法中所规定的“公民对任何国家机关和国家工作人员,有提出批评和建议的权利”的具体体现,有利于发挥教师的主人翁作用,充分调动教师参政议政的自觉性和积极性,加强对学校和教育行政部门工作的监督,这是教师参与教育管理的民主权利。作为教师,有权通过教职工代表大会等形式,参与学校民主管理,讨论学校改革发展等方面的重大事项,推进学校的民主建设,保障自身的民主权利和切身利益。

(6) 参加进修或者其他方式的培训,简称进修培训权。这是教师享有的继续教育的权利。现代社会的飞速发展,要求教师及时更新知识,不断提高自身素质。作为教师,有权参加进修或其他多种形式的培训,以提高思想政治觉悟和业务水平。教育行政部门、学校及其他教育机构,应取多种形式,开辟多种渠道,努力为教师的进修培训创造有利条件,切实保障教师权利的实现。当然教师培训权的行使,要在完成本职工作的前提下有组织有计划地进行,不得影响正常的教育教学工作。

二、教师的义务

(1) 遵守宪法、法律和职业道德,为人师表。教师要教书育人,就应模范遵守宪法和法律,在教育教学工作中,自觉培养法治观念和民主精神。教师是人类灵魂的工程师,担负着培养下一代的任务,在传授科学文化知识的同时,对学生的思想品德、个性形成有着重要影响,因而应做到言传身教,为人师表。教师职业作为一种专门化的职业,有其职业道德准则。《中小学教师职业道德规范》明确规定了中小学教师应遵守的职业道德准则,主要内容包括爱国守法、爱岗敬业、关爱学生、教书育人、为人师表、终身学习等方面。2014 年教育部发布《中小学教师违反职业道德行为处理办法》,其中明确规定,对违反职业道德的行为,视情节轻重分别给予相应处分。处分包括警告、记过、降低专业技术职务等级、撤销专业技术职务或者行政职务、开除或者解除聘用合同。其中,警告期限为 6 个月,记过期限为 12 个月,降低专业技术职务等级、撤销专业技术职务或者行政职务期限为 24 个月。

(2) 贯彻国家的教育方针,遵守规章制度,执行学校的教学计划,履行教师聘约,完成教育教学工作任务。教师在教育教学活动中,应当全面贯彻国家教育方针,自觉遵守学校的各项规章制度;认真执行《教学大纲》、教学;严格履行教师聘任合同,认真履行教育教学职责,完成教育教学任务,保证教育教学质量。

(3) 对学生进行宪法所确定的基本原则的教育,爱国主义、民族团结的教育,法制教育,思想品德、文化、科学技术教育和组织、带领学生开展有益的社会活动等。这是对教师教育教学工作内容的全面规范。对学生进行政治思想品德教育,不仅是政治思想品德课教师的职责,也是每一位教师的基本义务。教师应结合自身业务特点,将政治思想品德教育贯穿于教育教学过程之中。

(4) 关心爱护全体学生,尊重学生人格,促进学生在品德、智力、体质等方面全面发展。人格尊严是宪法赋予公民的一项基本权利。我国《宪法》规定:中华人民共和国公民的人格尊严不受侵犯。由于学生在教育教学活动中居于受教育者的地位，其人格尊严往往容易受到侵犯。作为教师要关心爱护全体学生，对学生应一视同仁，对于学习有困难、品行有缺点的学生不能歧视，应给予特别关怀，要教育引导，尊重学生人格，对学生管理绝不能采取简单粗暴的办法，不能体罚或变相体罚学生，不能侮辱、歧视学生，不能泄露学生隐私。

（5）制止有害于学生的行为或者其他侵犯学生合法权益的行为，批评和抵制有害于学生健康成长的现象。教师履行此项义务，主要是制止在学校工作和与教育教学工作相关的活动中，侵犯其负责教育管理的学生的合法权益的违法行为，批评和抵制社会上出现的有害于学生身心健康成长的不良现象。保护学生的合法权益和身心健康成长，是全社会的共同责任。作为教师自然更负有此项义务。

（6）不断提高思想政治觉悟和教育教学业务水平。教育教学工作专业性较强，教师担负着提高民族素质的使命，这就要求教师具有较高的思想觉悟和业务水平。同时这也是社会进步和科学技术发展对教师提出的要求。参加进修培训既是教师的权利，也是教师的义务。为此，教师应不断提高思想政治觉悟和教育教学业务水平，加强平时学习，积极参与培训，完善知识结构，努力提高教育教学业务水平。

教师的权利、义务是具有职业特点的法律权利和法律义务。它们基于教育活动产生，由教育法律规范所设定。教师的权利义务之间是对立统一、相互依存的关系。“没有无义务的权利，也没有无权利的义务”。作为教师，既是权利的享有者，又是义务的承担者，因此应依法行使自己的权利，严格履行自身的义务。

第三节 我国教师的资格、任用、培训及考核制度

一、教师资格制度

教师资格是国家对专门从事教育教学工作人员的最基本要求。它规定着从事教师工作必须具备的条件。教师资格制度是国家对教师实行的一种特定的职业许可制度。世界上许多国家对教师的资格标准都有严格的规定，不少国家建立了教师许可制度或教师资格证制度。我国的《教师法》《教师资格条例》《中小学教师资格考试暂行办法》等，对教师资格的分类、取得条件、认定程序等一系列问题作了具体规定，以法律的形式确立了我国的教师资格制度。

（一）教师资格分类

关于教师资格分类，《教师资格条例》明确规定，教师资格分为幼儿园教师资格，小学教师资格，初级中学教师和初级职业学校文化课、专业课教师资格，高级中学教师资格，中等专业学校、技工学校、职业高级中学文化课、专业课教师资格，中等专业学校、技工学校、职业高级中学实习指导教师资格，高等学校教师资格。成人教育的教师资格，按照成人教育的层次，依照上述规定确定类别。

对于取得教师资格的公民而言，可以在本级及其以下等级的各类学校和其他教育机构担任教师；但取得中等职业学校实习指导教师资格的公民只能在中等专业学校、技工学校、职业高级中学或者初级职业学校担任实习指导教师。高级中学教师资格与中等职业学校教

师资格相互通用。

（二）教师资格条件

我国《教师法》第十条规定:“中国公民凡遵守宪法和法律,热爱教育事业,具有良好的思想品德,具备本法规定的学历或者经国家教师资格考试合格,有教育教学能力,经认定合格的,可以取得教师资格。”它包括以下条件。

1. 必须具有良好的思想道德品质

这是取得教师资格的一个重要条件。这一要求主要表现在全面贯彻执行党和国家的教育方针,热爱教育事业,实事求是,探求真理,忠于职守,爱护学生,作风正派,团结协作等方面,教师要教书育人,为人师表,必须具备良好的思想政治道德素质。

2. 必须具有规定的学历或者经国家教师资格考试合格

从某种意义上讲,学历是一个人受教育程度和文化素质的一个标志,是人们从事一定层次工作所应具备的基本条件。国外许多国家都对教师资格的取得规定了学历要求。比如美国各州规定,小学教师必须具有学士学位;日本政府规定小学或初中教师必须具备学士学位。朝鲜政府规定,中小学教师必须是师范大学和教员大学毕业生。英国、法国等国要求中小学教师必须由受过高等师范教育的人来担任。

结合我国实际,我国《教师法》对各类教师应具备的相应学历作了明确规定:(1) 取得幼儿园教师资格,应当具备幼儿师范学校毕业及其以上学历;(2) 取得小学教师资格,应当具备中等师范学校毕业及其以上学历;(3) 取得初级中学教师,初级职业学校文化、专业课教师资格,应当具备高等师范专科学校或其他大学专科毕业及其以上学历;(4) 取得高级中学教师资格和中等专业学校、技工学校、职业高中文化课、专业课教师资格,应当具备高等师范院校本科或者其他大学本科毕业及其以上学历;取得中等专业学校、技工学校和职业高中学生实习指导教师资格应当具备的学历,由国务院教育行政部门规定;(5) 取得高等学校教师资格,应当具备研究生或者大学本科毕业学历;(6) 取得成人教育教师资格,应当按照成人教育的层次、类别,分别具备高等、中等学校毕业及其以上学历。需要指出的是,随着《中华人民共和国教师法》的修订,教师的学历层次要求将会有所提升。

参加教师资格考试合格是教师职业准入的前提条件。2013 年教育部发布的《中小学教师资格考试暂行办法》规定,申请幼儿园、小学、初级中学、普通高级中学、中等职业学校教师和中等职业学校实习指导教师资格的人员,须分别参加相应类别的教师资格考试。教师资格考试实行全国统一考试,教育部依据教师专业标准和教师教育课程标准,制定教师资格《考试标准》,组织审定教师资格《考试大纲》。报名参加教师资格考试者,须具有中华人民共和国国籍;遵守宪法和法律,热爱教育事业,具有良好的思想品德;符合申请认定教师资格的体检标准;符合《中华人民共和国教师法》规定的学历要求。被撤销教师资格的,5 年内不得报名参加考试;受到剥夺政治权利,或故意犯罪受到有期徒刑以上刑事处罚的,不得报名参加考试。根据教育部《中小学教师资格定期注册暂行办法》规定,中小学教师资格实行 5 年一周期的定期注册。定期注册不合格或逾期不注册的人员,不得从事教育教学工作。2017 年教育部出台了《普通高等学校师范类专业认证实施办法》(暂行),对全日制师范教育类专业毕业生的教师资格认定作了进一步具体规定。

3. 必须具有教育教学能力

教育教学是教师的本职工作。教育教学能力是教师完成教育教学任务的必备条件。主要包括语言表达能力,科学地选择、运用教育教学方法的能力,课堂管理能力,组织能力,提高教学水平的能力等。此外,教师的身体状况也应当符合有关规定。

(三)教师资格认定

1. 教师资格的认定机构

教师资格的认定机构,是指依法负责认定教师资格的行政机构或依法委托的教育机构。依照《中华人民共和国教师法》《教师资格条例》有关规定,幼儿园、小学和初级中学教师资格,由申请人户籍所在地或者申请人任教学校所在地的县级人民政府教育行政部门认定。高级中学教师资格,由申请人户籍所在地或者申请人任教学校所在地的县级人民政府教育行政部门审查后,报上一级教育行政部门认定。中等职业学校教师资格和中等职业学校实习指导教师资格,由申请人户籍所在地或者申请人任教学校所在地的县级人民政府教育行政部门审查后,报上一级教育行政部门认定或者组织有关部门认定。受国务院教育行政部门或者省、自治区、直辖市人民政府教育行政部门委托的高等学校,负责认定在本校任职的人员和拟聘人员的高等学校教师资格。在未受国务院教育行政部门或者省、自治区、直辖市人民政府教育行政部门委托的高等学校任职的人员和拟聘人员的高等学校教师资格,按照学校行政隶属关系,由国务院教育行政部门认定或者由学校所在地的省、自治区、直辖市人民政府教育行政部门认定。

2. 教师资格认定程序

(1) 提出申请。认定教师资格,应当由本人提出申请。申请人应当在受理期限内提出申请,并提交教师资格认定申请表和有关证明材料:① 身份证明;② 学历证书和教师资格考试合格证明;③ 教育行政部门或者受委托的高等学校指定的医院出具的体格检查证明;④ 户籍所在地的街道办事处、乡人民政府或者工作单位、所毕业的学校对其思想品德、有无犯罪记录等方面情况的鉴定及证明材料。

(2) 受理。教育行政部门或者受委托的高等学校在接到公民的教师资格认定申请后,应当对申请人的条件进行审查。对符合认定条件的,应当在受理期限终止之日起 30 日颁发相应的教师资格证书;对不符合认定条件的,应当在受理期限终止之日起 30 日内将认定结论通知本人。

(3) 颁发证书。申请人提出的教师资格认定申请经认定合格后,由教育行政部门或受委托的高等学校颁发国务院教育行政部门统一印制的教师资格证书。

(四)教师资格丧失

教师教书育人、为人师表的职业特性,对教师的思想品德、道德修养提出了严格的要求。我国《教师法》第十四条明确规定:"受到剥夺政治权利或者故意犯罪受到有期徒刑以上刑事处罚的,不能取得教师资格;已经取得教师资格的,丧失教师资格。"《教师资格条例》进一步规定,依照《教师法》第十四条丧失教师资格的,不能重新取得教师资格,其教师资格证书由县级以上人民政府教育行政部门收缴。对于弄虚作假、骗取教师资格的或者品行不良、侮辱学生、影响恶劣的,由县级以上人民政府教育行政部门撤销其教师资格。被撤销教师资格的,自撤销之日起 5 年内不得重新申请认定教师资格,其教师资格证书由县级以上人民政府教育行政部门收缴。

二、教师任用制度

（一）教师职务制度

教师职务是根据学校教学、科研等实际工作需要设置的有明确职责、任职条件和任期，并需要具备专门业务知识和相应的学术技术水平才能担负的专业技术工作岗位。教师职务制度是国家对教师岗位设置及各级岗位任职条件和取得该岗位职务的程序等方面规定的总称。我国《教育法》《教师法》规定了国家实行教师职务制度。

1. 职务设置

根据国家有关规定，教师职务设高等学校教师职务、中等专业学校教师职务、中学教师职务、小学教师职务、技工学校教师职务五个系列。其中，高等学校教师职务设助教、讲师、副教授、教授；中等专业学校设教员、助教、讲师、高级讲师；普通中小学及幼儿园教师职务设有三级教师、二级教师、一级教师、高级教师；各级成人学校，结合成人教育的特点和层次，分别执行普通高等学校、中专、中小学、技工学校教师职务试行条例。近年来，国家实施中小学职称制度改革，将原来独立的中学教师职务系列与小学教师职务系列统一并入新设置的中小学教师职称（职务）系列，并增设正高级职称。统一后职称（职务）等级和名称为：员级、助理级、中级、副高级、正高级，职称（职务）名称依次为三级教师、二级教师、一级教师、高级教师和正高级教师。在教师职务设置上，不同类型、不同任务学校的职务结构不尽相同。各级职务数额应视各校定编、定员的基础，按照教学科研工作需要来合理设置。

2. 任职条件

担任一定的教师职务，必须具备相应的任职条件。从我国教师职务系列各试行条例的规定来看，担任教师职务的任职条件一般包括：(1) 具备各级各类相应教师的资格；(2) 遵守法纪，具有良好的思想政治素质和职业道德，为人师表，教书育人；(3) 具有相应的教育教学水平、学术水平，能全面、熟练地履行现职务职责；(4) 具备学历、学位以及符合工作年限的要求；(5) 身体健康，能坚持正常工作。除符合上述条件外，各级各类教师任职条件要求视岗位而有所差异。

3. 职务评审

一般而言，各级教师职务由同行专家组成的教师职务评审小组依据现行各教师职务试行条例的有关规定予以评审。关于教师职务评审的程序、权限以及评审组织的组成办法等，在教师职务系列各试行条例中，都有明确规定。

（二）教师聘任制度

教师聘任制，就是聘任双方在平等自愿的前提下，由学校或者教育行政部门根据教育教学岗位设置，聘请有资格的公民担任相应教师职务的一项教师任用制度。我国《教育法》规定，国家实行教师聘任制度。我国《教师法》第十七条规定："学校和其他教育机构应当逐步实行教师聘任制。教师的聘任应当遵循双方地位平等的原则，由学校和教师签订聘任合同，明确规定双方的权利、义务和责任。"使得我国教师任用进一步制度化和规范化。

1. 教师聘任制度的特征

教师聘任作为教师任用的一种基本制度，具有以下四个特征。

(1) 教师聘任是教师与学校或教育行政部门之间的法律行为。通过聘任确定了聘任人和受聘人双方的法律关系。聘任双方关系基于独立而结合,基于意见一致或相互同意而成立,并在平等地位上签订聘任合同。

(2) 以平等自愿、"双向选择"为依据。作为聘任人,学校或教育行政部门可根据国家有关规定和学校教学科研需要,自主确定教师结构比例;作为受聘人,教师有权根据本人的知识水平、业务能力选择适合于自己的工作岗位。

(3) 聘任双方依法签订的聘任合同具有法律效力。学校与教师之间在平等地位上签订的聘任合同,对于双方均有约束力。它以聘书的形式明确规定了双方的权利、义务和责任。对于学校而言,有权对受聘教师的政治思想、业务水平、工作态度、工作成绩进行考核,并作为提职、实施奖惩的重要依据。同时有义务按合同为教师提供教育教学、科研、进修等工作条件,并支付报酬。教师在聘期间,无特殊理由,一般不能辞聘或解聘。确需变动,应提前与当事人协商,意见达到一致后方可变更或解除。对于教师来讲,按照合同,享有权利,承担义务,要遵守学校规章制度,执行学校的教学计划,履行教师聘约,完成教育教学任务。聘任期满后,校方可根据教师的实际表现及岗位需要等决定是否续聘;教师可根据单位工作情况、专业要求等决定去留。

(4) 教师聘任有着严格的程序。一般说来,第一,根据工作需要设置专业技术岗位;第二,在定编定岗的基础上确定职务结构;第三,聘任。聘任单位应严格按照教师职务聘任程序聘任教师。

实行教师聘任制,既是国际上的一种通行做法,也是确保教育教学质量的需要。它打破了教师终身任用制,有利于建立"公平、平等、竞争、择优"的教师人才选拔机制,促进人才的合理流动,提高教师队伍的整体素质,调动教师的教育教学和科研工作积极性。我国自1986年颁布各个系列教师职务试行条例以来,在教师聘任工作方面,取得了一定成绩,为我国教师人事制度的进一步完善打下了基础。

2. 教师聘任制的形式

教师聘任制依其聘任主体实施行为的不同分为以下几种形式:

(1) 招聘。即用人单位面向社会公开、择优选择具有教师资格的应聘人员。一般是用人单位经人才交流部门批准后,将所需人员的任职条件、职责及工资待遇等,以广告或启示的形式提出来,并对应聘者进行审查和考核,符合条件即予以聘任。招聘、受聘双方签订聘任合同,明确双方的权利、义务和责任。聘任合同一经成立,即具有法律效力。招聘形式具有公开、直接、透明度高等优点。

(2) 续聘。即聘任期满后,聘任单位与教师继续签订聘任合同。通常是聘任期间双方合作愉快,聘任单位对在聘教师的工作满意,教师对自己的工作状况和报酬满意,双方自愿续签聘任合同。聘任书一经签订,即具有法律效力。续聘合同的内容可与上次聘任相同,也可以根据实际需要进行一定变更。

(3) 解聘。即用人单位因某种原因不适宜继续聘任教师,双方解除合同关系。这里的原因可能是用人单位发现聘任后受聘者不符合原定聘用条件,也可能是受聘者不称职或违反有关规定,已不适合继续聘任。聘任合同具有法律效力,用人单位在解聘教师时,须有正当理由,否则应承担相应的法律责任。

(4) 辞聘。即受聘教师主动请求用人单位解除聘任合同的行为。对辞聘原因要正确区分。教师因某种原因,不能继续履行聘任合同,给用人单位造成损失的,应依合同规定承担相应的法律责任。

三、教师培训制度

教师职前在学校系统学习,主要是为将来从事的工作打基础、做准备,在科技迅猛发展、知识不断更新的今天,要完成教书育人的重任,仅靠职前教育是不够的,必须不断提高自身素质,而培训则是提高教师思想政治觉悟和教育教学业务水平的重要途径。

(一)教师培训的含义

教师培训是指专门教育机构为提高教师的素质、能力对在职教师进行的一种继续教育。教师培训是相对于职前教育而言的,它也是师范教育的重要组成部分,具有补偿、更新知识的功能。包括两方面内容,一是帮助教师提高学历水平;二是了解教育科研的新成果,充实专业文化知识,提高教学技能。教师培训制度是提高教育教学质量的前提和条件。

随着科技的发展和教育改革的兴起,世界许多国家十分重视教师在职培训,并以立法形式为在职教师培训提供法律保障。我国《教师法》列专章对教师的培养和培训作了规定,并将教师在职培训作为教师的一项基本权利和义务。国家教育部发布了《中小学教师继续教育规定》等规章。从而使我国的中小学教师在职培训工作法律化和制度化。

(二)中小学教师培训

中小学教师培训就是为提高取得教师资格的中小学在职教师的思想政治和业务素质进行的培训。我国《教育法》规定,要通过培养和培训,提高教师素质,加强教师队伍建设。我国《教师法》第十九条规定:"各级人民政府教育行政部门、学校主管部门和学校应当制定教师培训规划,对教师进行多种形式的思想政治、业务培训。"据此规定,国家教育部制定了《中小学教师继续教育规定》,并于 1999 年 9 月 13 日正式发布。该规定就中小学教师培训的原则、内容、类别、管理、考核与奖惩、条件保障等方面作了全面规定。

1. 中小学教师培训的原则

中小学教师培训应坚持"因地制宜、分类指导、按需施教、学用结合"的原则。中小学教师培训应紧密结合不同地区的实际,在合理规划的前提下,因地制宜,统筹安排;要按照在职教师培训的规律,分类指导,多渠道、多形式、多层次地开展培训;在职培训要从教育教学实际需要出发,在培训的内容、方式等方面根据教师工作需要和所任学科的性质、内容而定;教师在职培训要紧密结合教师教学工作实践,重视文化科学知识、教育教学理论与技巧的掌握与学习,提高教师的教育教学能力,做到学用结合。

2. 中小学教师培训的内容

主要包括思想政治教育和师德修养,专业知识及更新与扩展,现代教育理论与实践,教育科学研究,教育教学技能训练和现代教育技术,现代科技与人文社会科学知识等,以提高教师实施素质教育的能力和水平为重点。

3. 中小学教师培训的类别

分为非学历教育和学历教育。其中非学历教育包括新任教师培训、教师岗位培训和骨干教师培训三种。新任教师培训,是为新任教师在试用期内适应教育教学工作需要而设置的培训;教师岗位培训是为教师适应岗位要求而设置的培训;骨干教师培训是对有培训前途的中青年教师按教育教学骨干的要求和现有骨干教师按更高标准进行的培训。学历教育是对具备合格学历的教师进行的提高学历层次的培训。

4. 中小学教师培训的组织管理

各级人民政府教育行政部门管理中小学教师培训工作。国务院教育行政部门管理全国中小学教师培训工作;省级人民政府教育行政部门主管本地区中小学教师培训工作。国务院教育行政部门的主要职责是:制定有关的方针、政策;制定中小学教师培训教学基本文件,组织审定统编教材;建立中小学教师培训评估体系;指导各省、自治区、直辖市中小学教师培训工作。省、自治区、直辖市人民政府教育行政部门的职责是:制定本地区中小学教师培训配套政策和规划;全面负责本地区中小学教师培训工作的实施、检查和评估工作。市、县人民政府教育行政部门在省级人民政府教育行政部门指导下,负责管理本地区中小学教师培训工作。各级教师进修院校和普通师范院校在主管教育行政部门领导下,具体实施中小学教师培训的教育教学工作。

5. 中小学教师培训的条件保障

中小学教师培训经费以政府财政拨款为主,多渠道筹措,在地方教育事业费中专项列支,由县级及以上教育行政部门统一管理。地方各级人民政府教育行政部门应当采取措施,依法保障中小学教师培训工作的实施。

6. 中小学教师培训的考核与奖惩

地方各级人民政府教育行政部门要建立中小学教师培训考核和成绩登记制度。各级人民政府教育行政部门对中小学教师培训工作成绩优异的单位和个人,要予以表彰和奖励。对中小学教师培训质量达不到规定要求的,教育行政部门应责令其限期改正。对于无正当理由拒不参加培训的中小学教师,所在学校应督促其改正,并给予批评教育。

近年来,国家投入大量资金,加大中小学教师培训的力度,实施“国培计划”等,着力促进中小学教师整体素质的不断提升。

四、教师考核制度

教师考核是指各级各类学校及其他教育机构依法对教师进行的考察和评价。教师考核制度是教师规范化管理制度的重要组织部分。我国《教育法》第三十四条规定,通过考核加强教师队伍建设。《教师法》列专章对教师考核的机构、内容、原则、结果作了具体规定。为教师考核工作提供了重要的法律依据。2018 年,教育部等五部门印发《教师教育振兴行动计划(2018—2022 年)》(教师〔2018〕2 号)指出,要建设全国教师教育基本状态数据库,建立教师培养培训质量监测机制,发布《中国教师教育质量年度报告》,加强对教师的考核。加强教师考核,不但有利于提高学校教育质量和办学效益,也有利于调动教师工作积极性和创造性,激励教师忠于职责,努力进取,不断提高政治思想和业务素质。

(一) 教师考核的内容

《教师法》第二十二条规定:“学校或者其他教育机构应当对教师的政治思想、业务水平、工作态度和工作成绩进行考核。教育行政部门对教师的考核工作进行指导、监督。”由此可见,教师考核内容主要包括以下四个方面。

1. 政治思想

主要包括政治态度和职业道德。政治态度指教师坚持四项基本原则,遵纪守法,热爱祖国，拥护党的路线、方针和政策，认真学习马克思列宁主义、毛泽东思想、邓小平理论、“三个代表”重要思想、科学发展观和习近平新时代中国特色社会主义思想。职业道德主要包括爱国守法、爱岗敬业、关爱学生、教书育人、为人师表、终身学习等方面。《中小学教师职业道德规范》对中小学教师道德修养提出了基本要求。

2. 业务水平

主要是指与教师所任职务相应的专业知识水平和业务能力。其中，专业知识水平包括学历水平、专业理论知识和教育教学理论水平、工作经验、外语水平等。业务能力包括教育教学能力、科研能力、表达能力、管理学生的能力、创新能力等。

3. 工作态度

指教师在履行教育教学职责中的工作积极性、事业心和责任感。主要包括：教师是否履行其义务；治学态度如何；是否积极承担教育教学任务；是否关心学生；是否刻苦钻研业务、努力进取等。

4. 工作成绩

指教师在教育教学工作中的成绩和贡献，是教师政治思想、业务水平、工作态度的综合反映。教师工作成绩主要包括工作量、教育教学质量及研究成果、论著等。

（二）教师考核的原则

我国《教师法》第二十三条规定：“考核应当客观、公正、准确，充分听取教师本人、其他教师以及学生的意见。”据此，教师考核应当遵循以下原则：

1. 客观性原则

主要指对教师的考核要从客观实际出发，实事求是，全面地对教师作出合理的评价。坚持这项原则，要注意排除主观主义和非正常心理因素的干扰。

2. 公正性原则

主要指对教师的考核严格按照考核的标准、程序和办法进行，对教师一视同仁，不偏不倚。考核公正与否直接关系到教师考核工作的成败。

3. 准确性原则

指在客观、公正的基础上，作出与教师实际表现相符的评价。这项原则要求严格依据考核内容和标准进行考核，对教师的优、缺点作出恰如其分的评价，并将教师本人的工作成果与其前期成果作纵向比较，与其同行作横向对比，将定性与定量有机结合起来，确保考核的准确度。

（三）教师考核的结果

《教师法》第二十四条规定：“教师考核结果是受聘任教、晋升工资、实施奖惩的依据。”这是对教师考核结果效力的规定。一般说来，教师考核结果分为优秀、称职、不称职等层次。经考核优秀者，可优先晋级、晋职，予以奖励。经考核称职者，可以续聘和正常晋升；不称者，可以低聘或者解聘。

复习思考题

1. 简述教师职业的产生与发展。
2. 教师地位包括哪些内容？如何提高教师地位？

3. 在我国,中小学教师应当具备哪些职业素养?
4. 教师在教学活动中有哪些权利与义务?
5. 简述获取教师资格应具备的条件。

第五章　教育目的

教育目的、教育与社会、教育与人的发展是有着紧密联系的教育基本问题;对教育本质、教育功能等范畴的理解与教育目的也有着内在联系,是影响全部教育活动的基本理论问题之一。本章主要对教育目的概念与教育目的类型、教育目的与邻近概念的关系、确立教育目的依据、人的全面发展与全面发展的教育、我国教育目的等进行介绍。

第一节　教育目的概述

一、教育目的

(一) 教育目的的概念

所谓“目的”,乃是人对于他所希望达成或获得的活动结果的一种主观上的设定。人类实践活动与动物本能活动的根本区别之一就在于有无目的性。

教育目的是教育主体对于其所希望达成结果的设定,具体说来就是教育活动所要培养人才的总的质量标准和规格要求。由于教育目的要回答的是教育要培养什么样的人这样一个根本问题,所以教育目的是整个教育工作的核心,也是教育活动的依据和评判标准、出发点和归宿。

学校教育产生以前,教育与生产、生活互为一体,具有一定的意向性。这种意向性体现了人类早期的教育目的。也就是说,目的性是人类的“类特性”之一,教育目的则是人类文化自觉的标志,因而也是真正教育活动开始的标志。学校教育产生之后,教育的目的性更为突出。这表现在:第一,学校是专门的育人机构,是人类文化发展和教育经验积累到一定程度的产物。它在规划和从事教育活动时,会比一般经验性的教育活动对教育目的有着更多的关注和反思。第二,学校教育工作的主体比一般的教育工作者具有更高更专门的教育素养,其中包括较高的对教育活动目的的设定、反思与理解的能力。因此学校教育工作者能够更为自觉地按照教育目的办事,对于偏离教育目的的现象也会迅速、自觉地采取措施予以纠正。第三,在设定的程序上,国家或学校在教育目的上会有较为全面的考虑。学校教育的教育目的会更自觉、精确和全面地反映社会和时代的要求,更自觉地反映一定的教育理想,特别是会充分反映教育规律和教育对象身心发展的实际,比一般的教育目的更具科学性、预见性和有效性。

(二) 教育目的的类型

教育目的可以分为社会的教育目的和个人的教育目的两类。社会的教育目的主要反映社会对教育系统的总要求,要求教育为一定社会的政治、经济和文化及其发展服务。个人的教育目的则要考虑教育对人类个体身心发展的促进,要求教育为个人的全面自由发展以及未来幸福生活的目标服务。

教育的社会目的与个人目的应当是相互联系的两个方面,它们共同组成教育目的整体。有效的社会教育目的必须通过个人教育目的的实现而实现。反之,有效的个人教育目的也必须考虑到社会教育目的,以社会教育目的为设定和实现的前提。孤立或割裂两者的关系,就会形成片面的教育目的,从而导致整个教育观念上的社会本位或个人本位。所以,在教育目的的设定过程中,应当充分考虑社会目的和个人目的的统一;在实际的教育活动中,则应在鼓励教育对象具有个性自由和全面发展的同时,注意引导个人发展与社会发展相结合。

(三)教育目的与邻近概念

对教育目的要有正确理解,还必须将教育目的与教育目标、教育目的与教育方针等概念作认真的比较和辨析。

1. 教育目的与教育目标

教育目的是各级各类教育培养人的总的质量标准和规格要求,而教育目标则是不同性质、不同层次和不同专业学校教育所要完成的具体任务,甚至可以是每一个具体教育活动的具体目标。教育目的必须集中反映时代、社会和个体发展的总体要求,是教育最高理想的体现,具有一定的终极性;教育目标则是教育活动的具体努力方向,因学校与专业性质的不同而不同,因教育阶段、对象的不同而不同,也因课程的不同而不同。也就是说,具体教育目标的制定既要考虑教育目的的总要求,又要考虑具体学校教育的任务和特点,考虑特定教育对象的身心特点和知识水平。任何终极性的教育目的都必须转化为一系列具体的教育目标才能避免流于空泛;而若每一个具体的教育目标不与其他平行的教育目标以及其上位教育目标一起联系起来,并且最终与教育目的相联系,则一个个具体的教育目标也会因失去整体性而流于琐碎,失去其意义和存在的价值。

2.教育目的与教育方针

教育方针是教育目的的政策性表达,是一个国家教育工作总的要求,所以它还要特别反映整个国家教育的根本性质、总的指导思想和教育工作的总方向等要素。同时,教育方针具有政策的规定性和必须贯彻的强制性,其反映的教育目的也具有某些规定性或强制性。这与教育理论和实践所要不断进行客观探讨的教育目的也有很大不同。

3.教育目的与教育活动

教育活动有广义与狭义之分。所有能够传递人类生产生活经验和精神文化的活动都是(广义的)教育。教育目的是全部教育活动的主题和灵魂。英国教育学家约翰·怀特在谈到形形色色的教育目的之后说:“除非教育工作者对这些教育目的一清二楚,否则他们培养出来的人才质量肯定会受损失。”①教育目的对教育活动具有导向功能、调控功能、评价功能,意义重大。

二、确定教育目的的依据

历史上出现的不同的教育目的论证明教育目的具有强烈的主观性,教育目的的确定首

---

① 约翰·怀特.再论教育目的[M].李永宏,等,译.北京:教育科学出版社,1997:3.

先要反映一定的价值取向和教育理想。但是教育目的的主观性又以客观性为存在前提,客观性包括社会发展的现实和要求以及受教育者的身心发展规律。所以确定教育目的的基本依据可以概括为主观和客观两个方面。

1. 确定教育目的的主观依据

从主观方面来看,教育目的首先依据教育活动中人的价值选择。人们在考虑教育目的时往往会受其哲学观念、人性假设和理想人格等观念和价值取向的影响。

哲学观念对教育活动最重大的影响莫过于对教育目的设定的影响。柏拉图认为教育的目的不在灌输知识,而在启发理性,认识绝对理念。经验主义哲学家洛克认为教育的目的应当是培养人对外在环境的兴趣,包括接受人与人之间的影响,从而形成他所谓的"绅士"。中国古代教育思想家们的教育目的论也往往建立在他们对宇宙之根本如"天""道""理""性"等问题看法的基础上,认为教育的根本目的就在于教学生领悟宇宙和人生的根本,进而从根本上修身养性。由此可以看出,教育目的的确定会受到不同世界观或哲学观念的影响。

教育目的的确定还要受到思想家们或制定教育目的者对人性假设的影响。中国古代的性善论者孟子认为教育目的是要让人将失掉的善心找回来,恢复人的本性并且发扬光大。主张性恶论的荀子认为教育应当使人去性而起伪,"积礼义而为君子"。古代基督教教育思想家们曾经由原罪说引申出必须对儿童采取严厉的态度,以去除他们身上的"撒旦"的结论。相反,卢梭却认为教育的根本目的在于求得儿童顺其自然的发展。

人总是用理想提升自己,用理想人格塑造自身。教育目的既然是对培养对象规格的设计,就不能不与人格理想相联系。故教育目的的设定会受到主体有关理想人格之观念的影响。在中国古代教育思想史上,几乎所有学派都有其对理想人格的共同追求。对于中国古代的学者而言,其修身或学问的总目标是成圣成贤。孟子说"乃所愿,则学孔子也"。荀子说学者应"始乎为士,终乎为圣人"。所以儒家实以圣贤为其教育的根本目的。在西方,卢梭所主张的自然发展的人,洛克的"绅士",杜威所谓的民主社会的公民等,也都寄托了他们对于理想人格的向往,这些理想人格也就自然成为他们所理解的教育目的的重要组成部分。

在社会主义国家,马克思主义经典作为关于全面发展的人的人格理想是教育目的确定的重要依据。

2.确定教育目的的客观依据

教育目的的确定虽然有较明显的主观性,但是一个合理的教育目的总是要受客观条件的最终制约,接受社会发展的最终检验。因此,教育目的的确定还应有客观依据。

确定教育目的的客观依据首先是社会历史条件。与价值取向相比,社会历史条件对教育目的的制约更具有基础和决定的性质。教育目的的确定受一定社会历史条件的制约,主要包括生产力与科技发展水平、政治经济制度以及历史发展进程等。此外,教育对象的身心发展实际及规律也是教育目的制定的重要制约因素。

首先,教育目的的确定受社会生产力和科学技术发展水平的制约。生产力和科技发展的状况是确定一定历史时期教育目的的物质基础。生产力和科学技术的发展水平不同,社会对受教育者的质量标准和规格要求也不同。教育目的是对社会生产力和科学技术发展特点的反映,体现着这一发展的时代特征。信息时代和知识经济时代将对全体社会成员的文化与科技素养提出更高的要求,因此未来社会对教育机会均等和劳动者文化素养的要求将更高。这也必然会影响到教育目的的设定。

其次,教育目的的确定受一定社会经济和政治制度所制约。在一定生产力基础之上建立起来的生产关系对教育目的起着决定性作用,所以教育目的的确定就必然与一定社会经济政治制度相联系。在阶级社会,统治阶级一方面会利用经济和政治上的统治权制定出符合本阶级需要的教育目的,为巩固其统治服务;另一方面还会利用在经济、政治上的权力维护本阶级在教育资源上占有的特权,并保证教育目的的实现。所以教育目的的制定会体现一定社会经济、政治的要求,并在阶级社会中具有鲜明的阶级性。

再次,教育目的的确定必须考虑社会发展的历史进程和个性发展的规律特点。关于教育目的理解的一个重要分歧表现在社会发展和个性发展的关系上。社会人格的培养和个性发展之间,也可以说社会发展与个人发展之间,是一种历史的、辩证的关系。社会发展与个人发展之间在社会历史发展的总体上是统一的。判断教育目的是否合理的重要依据是看在一定社会经济条件等许可的范围内是否提供了个性自由和全面发展的最大空间。人的个性发展应当在与社会进步的统一中正确理解,片面的社会本位和个人本位的教育目的论都是对这一辩证关系的割裂。

最后,教育目的的确定要依据受教育者身心发展规律的制约。教育活动是一种对象性的活动,教育目的既然是教育活动主体对培养对象质量和规格的设计,就不能不考虑受教育者身心发展的规律。教育对象的身心特点及发展规律对教育目的有十分重要的制约作用。教育目的须以各级各类教育的培养目标为基础,集中概括各级各类教育的培养目标,同时教育目的还要通过具体的教育目标去落实,因而教育目的需要反映不同学段教育对象的共同成长规律。完全不考虑受教育者的身心实际及发展规律的教育目的不仅错误,而且无效。

第二节　人的全面发展与全面发展的教育

一、人的全面发展

人的全面发展历来是许多哲学家、思想家关注的一个重大课题。但是,在马克思主义诞生以前的哲学家、思想家们由于各自所处时代和阶级的局限,都未能正确揭示人的全面发展的本质。直到 19 世纪中叶,马克思、恩格斯在继承和批判前人理论遗产的基础上,创立起科学的人的全面发展学说,才真正揭示了人的全面发展的本质涵义。人的全面发展理论随着时代的发展与时俱进,学者们从所处的时代和自身的认识出发,丰富和完善这一理论,从而使其具有时代意蕴和价值定位。

(一)人的全面发展理论的源头与发展

人的发展是社会发展的内在动力和必然结果,也是人类的永恒追求,因而,人的发展问题始终是人类文明进程中的一个重大课题。

在西方国家中,最早论及人的发展的是古希腊的哲学家们。柏拉图指出,个人的灵魂有三个部分,即理智、激情和欲望。当理智、激情与欲望三个部分做到各司其职、和谐协调,灵魂便能够自己主宰自己,秩序井然,这就是个人灵魂正义和健康的表现。亚里士多德在此基础上把人的灵魂分为两部分,一是非理性灵魂,其功能是本能、感觉、欲望等;二是理性灵魂,其功能是思维、理解、认识等。

18 世纪启蒙运动时期，启蒙思想家从人与动物的区别入手、从人性出发肯定人的全面发展的可能性和必然性；从权利平等出发，理解人的全面发展的内容；从追求幸福角度来界定人的全面发展的理想目标，为科学社会主义提供了重要资料。但在人的问题上还停留于人的自然生物性，具有一定的时代局限性。

19 世纪空想社会主义时期，在社会主义思想先驱圣西门、傅立叶和欧文那里，就提出了人的全面发展的理念。圣西门说，我终生的全部工作的目的，就是为一切社会成员创造最广阔的可能来发展他们的才能。欧文提出对儿童进行全面教育，强调从小就“必须培养他们的智、德、体、行方面的品质”。但是，由于时代和阶级的限制，这些思想家找不到实现人的自由全面发展的现实途径。

德国古典哲学时期，以黑格尔为代表的德国古典哲学家主要从社会对人的发展影响入手，认为社会和国家的主要使命，就是要使人类的潜能，以及一切个人的能力在一切方面和一切方向都可以得到发展。德国古典哲学的批判性、革命性、创新性和发展性是统一的和相互联系的，它贯穿于整个德国古典哲学的发展之中。从理论意义上看，这种精神使德国古典哲学达到了一个时代的高峰；从实践层面上看，这种精神有益于推动马克思主义哲学在当代的发展。

哲学人类学的“完整的人”，起源于 20 世纪 20 年代。哲学人类学应时代需求而生，从“完整的人”出发，把人作为生物人和文化人的统一进行把握，在研究视野上从观察者和被观察者的双重角度来说明“人是什么”和“人在存在中的地位”。哲学人类学所理解的“完整的人”，其主要内涵是指人是创造文化和为文化所塑造的统一。

当代西方发展理论中也有重视人的发展的流派，如现代化理论从各个层面展开了人的现代化问题研究。以因格尔斯为代表的社会心理学派从微观层面入手，研究人的心理体验和人格特征，指出了人的现代化对国家现代化的决定性作用。帕森斯、斯梅尔赛、亨廷顿、布莱克等人则分别从社会学、政治学、历史学等角度为人的现代化研究提供了宏观视角和分析框架。西方学术界自 20 世纪六七十年代以来还逐步形成了以人为本的新发展观。可持续发展观强调经济发展与保护环境、合理利用资源、控制人口相协调，实质是强调人类生存和发展必须依靠挖掘、开发和利用人类自身的智慧和潜能。

马克思主义批判地吸取了历史先哲们关于人的和谐发展的思想，尤其是直接吸收了欧文关于教育与生产劳动相结合的思想精华，使人的全面发展由空想变成科学，从而创立了马克思主义关于人的全面发展的学说。马克思关于人的全面发展的论述，最早在《1844 年哲学经济学手稿》中明确提出。在这里，他把“自由”确定为人类本质的一种属性，他认为私有制和分工是造成人片面发展的主要原因，由此初步形成了人的全面发展思想。在《共产主义原理》中，恩格斯提出了“共产主义联合体”这一概念，强调这一联合体将“使社会全体成员的才能得到全面发展”。在科学社会主义最伟大的纲领性文献《共产党宣言》中，马克思和恩格斯对未来社会有一段经典论述：“代替那存在着阶级和阶级对立的资产阶级旧社会的，将是这样一个联合体，在那里，每个人的自由发展是一切人的自由发展的条件”。在《资本论》中，马克思明确指出：未来社会将是“以每个人的全面而自由的发展为基本原则的社会形式”。以《资本论》为标志，马克思科学地确立了“人的全面发展学说”。可以说，对人的自由全面发展的呼唤是马克思的终身追求。可见，马克思、恩格斯主张把人的发展与社会的发展联系在一起，并且突出“个体”的发展。基于以上分析，马克思关于人的全面发展学说无疑是多维视角的，而且具有理论的系统性。

（二）人的全面发展的具体内涵

马克思肯定了人的全面发展的社会基础，阐述了人的全面发展的目的、本质及实现途径等，批判了人的理性发展观的错误，明确了教育促进人的全面发展的实质。人的全面发展是教育的目的，这是马克思主义教育哲学的要职。欲达到正确理解教育，就必须理解人的全面发展的真正内涵。

（1）发展主体既包括个人，也包括人类，它是个人与人类的统一，是每个人也是一切人。马克思主义认为，个人的全面发展和人类整体的全面发展是相辅相成、不可分割的一个问题的两个方面：一方面，没有个人的全面发展，就不可能有人类整体的全面发展；另一方面，个人的全面发展也只有在人类整体的全面发展中才能实现。真正的人的全面发展必须是人的素质的普遍提高，是全社会所有成员的共同发展，而不是部分阶级、阶层和个人的片面发展，更不是某一个体或社会集团的特殊嗜好的畸形扩张和繁衍。

（2）人的全面发展目标是要实现人的全面而自由的发展，全面发展亦即自由发展。马克思主义关于人的全面发展学说把人的全面发展理解为一个目标，认为人的全面发展目标的内涵主要包括人的劳动活动与能力、社会关系和自由个性全面发展。具体内容如下：

① 人的全面发展表现为人的劳动能力的全面发展。在马克思看来，劳动能力是人类生存和发展的“第一个基本条件”，劳动是人获得发展的根本途径。

② 人的全面发展表现为社会关系的全面发展。人的本质存在于人的社会关系之中，人的发展离不开社会关系的充分丰富与全面占有。人作为社会存在物，须合理建构自身所处的社会关系，并在这种社会关系中充分而协调地发展自己。

③ 人的全面发展表现为人的自由个性的发展。人是现实的人，人的全面发展必然要以人的自由个性的发展为基础。人的自由个性的发展与社会关系的发展和劳动的发展是同一过程的不同方面，后两者的发展为“人的自由个性”服务。

（3）人的全面发展的内容包括人的全部力量和全部才能，但重点是人的自由个性的充分发展。人的自由个性的充分发展，是人的全面发展的必然载体。马克思把人的个性叫做“自由个性”，并认为人的发展在某种意义上就是“有个性的个人”逐步代替“偶然的个人”，还把人的自由个性的形成和发展当做人发展的最高形态的象征。在马克思看来，只有到了共产主义社会，全部生产集中在联合起来的个人手里，为满足社会成员个人全面发展其自由个性之需要的产品生产时，人才成为社会的主人，人与人之间结成“自由人的联合体”，人们可以根据自己的志趣和意愿自由安排自己的活动与时间，个性得到充分发展，人获得了自由。

因此，马克思主义认为人的全面发展的本质内涵，概括地说，就是指人类及其所有社会成员全面而自由地发展他们的全部力量和全部才能。①

二、全面发展教育

“人的全面发展”是“全面发展教育”的目的，“全面发展教育”又是实现“人的全面发展”的教育保障和教育内涵。在教育史上，全面发展教育几乎与教育同步产生。西方历代

① 李乐为.人的全面发展理论的新发展及当代价值[J].求索，2009(07)：101.

教育家都是从全面发展的核心内容出发,寻找全面发展的途径。从亚里士多德到洛克再到马克思,在他们的教育思想中,我们都可以发现很多关于全面发展教育的论述。

(一)全面发展教育在西方的演变

在教育史上,全面发展教育始终是和人的全面发展联系在一起的。经过萌芽期、发展期、成熟期三个阶段,全面发展教育日臻成熟。

1. 萌芽期

以雅典教育为代表,全面发展教育开始萌芽。在古希腊传统中,理想的完人是在理性的支配下,身心都得到健康发展的人。因此,雅典的教育就是要把统治阶级的子弟培养成为具有多种才能、能言善辩的军人、政治家和商人,即“身心既美且善”的人,与之对应的教育是比较全面、和谐的教育。代表人物有苏格拉底、柏拉图和亚里士多德。苏格拉底的思想最早蕴含了德、智、体三要素。在智育方面,他将几何、天文、算术列为必须学习的科目,同时认为健康的身体是必要的,锻炼可以使人身体强壮。柏拉图也在《理想国》中提出了体育、智育、德育的思想,他的教育内容涵盖了从几何、天文、算术、音乐(后“四艺”)到诗歌、文学、体育乃至哲学等内容。亚里士多德提出了体、德、智、美和谐发展的教育,大力提倡体育、德育、绘画、音乐等课程。此时的全面发展教育或以体育或美育为主,侧重点有所不同,但都蕴含了全面发展教育的多种要素,是全面发展教育的萌芽期。但是,古希腊时期的全面发展教育思想只是出于某种社会需要,才覆盖包含体、德、智三育在内的课程。从培养目标上看,都是清一色的军人、政治家或商人,而不是有独立思想和个性的艺术家。而其培养目标又是由当时多战争的社会状况决定的——只有批量生产或从政或从商的人才,才能迅速壮大国家的军事和经济力量。

2. 发展期

从文艺复兴时期开始,以人文主义世界观为指导的人文主义教育家,对中世纪的经院主义教育提出了批判,要求对青少年实行身心并行发展的新教育。主要代表人物有夸美纽斯、洛克、卢梭、欧文和斯宾塞。捷克教育家夸美纽斯从其“泛智”思想出发,认为应当“把一切事物教给一切人”,任何人所得的教育应该是“周全的教育”,都应该在智育、德育、宗教教育及健康教育等方面得到全面培养。17 世纪英国教育家洛克则提出要培养绅士,要有“健全肉体”“健全精神”和“真正有用和实际必需的”健全知识的人。其中,道德(教育)是绅士(教育)的灵魂。洛克在教育史上第一次较为明确地提出了一个以德育为主,包含德、智、体三育的全面发展教育体系。卢梭主张自然教育的目的是培养“自然人”,即身体强壮、心智发达、能力强胜的新人。欧文主张儿童应受到全面教育,在智、德、体、美、行方面都得到发展,以便能从事全面的实践活动。欧文提出智育与生产劳动相结合,其贡献就在于为培养全面发展的人找到了一条正确而合理的道路。民主主义教育家裴斯泰洛齐认为,教育目的应是培养有道德、有智慧、有劳动能力与身体健康的人,因此教育内容应该涵盖体育、智育、德育和生产劳动教育。斯宾塞认为,教育目的是为“未来完满生活”做准备,因此必须教给学生有价值的知识。在教育史上,他首次鲜明而正确地表达了智育、德育、体育三个教育学基本范畴。发展期的最大进步在于已经明确提出了一个以德育为主,包含德、智、体三育的全面发展教育体系。这一时期的特点是“新”,体现在新的指导思想、新的教育方法和培养新人上,即德、智、体三方面或更多方面全面发展的个人,集体意识逐渐淡出人们的思维,人们更关心个体作为完整的人的成长。

3. 成熟期

经过发展期的质变,全面发展教育日渐成形,但是总体上仍只包括传统的德、智、体三育,美育和劳动技术教育还未被正式列入全面发展教育范畴。而且,只要我们重新审视和理解全面发展学说的内涵就会发现,由于受阶级和历史的局限,上述思想对人的全面发展观点的诠释都有局限性。那么,培养出来的人就仍然是片面的。只有马克思主义产生以后,才对这一问题作出了科学的阐述。马克思指出,只有从根本上改变资本主义的生产关系,才能实现人的多方面发展。因此必须向全体社会成员施以普遍的全面教育,智育、综合技术教育、体育和德育以及实现教育与生产劳动结合。人的全面发展意味着劳动者智力和体力两方面都得到发展,达到体力劳动和脑力劳动相结合,这是人的全面发展的基础。但从更深层次看,它也是指一个人在志趣、道德、个性等方面的发展,即作为一个真正"完整的""全面性"的人的发展,而且是每个社会成员得到自由的、充分的发展。具体表现为人的能力的全面发展、社会关系的全面发展以及人的自由个性的发展。这一学说已成为对"全面发展"的界定的最可靠的依据。19 世纪俄国教育家乌申斯基提出教育学的最终目的在于培养全面、和谐发展的个人——除了要在身体、智力、道德等方面得到全面发展外,还应具有劳动的习惯和爱好。凯洛夫强调共产主义教育的思想和政治方向,以及构成共产主义教育的各个部分,即智育、综合技术教育、德育、体育、美育的"综合与统一"。实践教育家苏霍姆林斯基把全面发展当成一种教育过程,认为实现人的全面发展必须把德、智、体、美、劳和谐发展与培养个性结合起来。他要求注意到各育之间的相互联系和规律性,发挥各种教育活动的综合作用,以"全面发展"为主体,把"个性发展""和谐发展"和"全面发展"融合在一起,成为相互联系、相互渗透、相互促进的统一整体。此时的全面发展教育已经演变成了社会主义、共产主义教育的一部分,并由此迅速传入社会主义国家,对其教育,尤其是新中国教育产生了深远影响。①

综上所述,我们可以得知,人的全面发展教育观的深刻内涵应包括以下三点:

第一,就个体活动的全面发展而言,学校应为学生将来实现改造自然、改造社会、改造人自身活动的全面生成和丰富的目标奠定丰厚的底蕴。特别是高等学校的专业教育,一定要实现由过度的专业化教育向厚基础、宽专业教育转换,因为专业划分过细、课程体系过窄的教育,只能使学生在毕业后从事某一种职业,社会活动将失去丰富性,丧失完整性,更不具备可变动性。

第二,就个体的社会关系的全面丰富而言,全面发展的大教育应当矢志追求个体与外部世界的既有广度、又有深度的有机结合。首先拓展教育外延,促进教育的全社会化,形成学校、家庭、社区、社会四位一体的教育生态圈;其次,学校教育的课程设置应更加面向变化与发展的现实世界,着眼于培养主体的实践精神和实践能力。

第三,就个体的素质全面提高和个性的自由发展而言,是要促进个体的自然属性、社会属性和精神属性的全面发展。在素质全面提高方面,一是要通过德育、智育和美育、追求智力、道德和情感三方面的全面和谐之发展,塑造真善美三者相融合的理想化个性。二是要注意心理素质和生理素质的和谐统一,通过体育与德智美诸育的结合而追求个体身心的全面发展。在个性的自由发展方面,从根本上扩大学生根据自身情况和社会需求对自身知识结

① 赵静.全面发展教育在西方的演变[J].西安社会科学,2009,27(05):149-150.

构、能力结构构建的自主权，尊重学生的兴趣、爱好，并为其发展提供条件，创造出充满“人本情怀”的个体成长环境，使每个人都追求并保持着自己独特的存在，呈现出与众不同的差异性，即个人的唯一性、不可重复性、不可取代性。①

（二）世界范围内对全面发展教育的阐述

在世界范围内，任何一种教育思想在不同的历史阶段，有其相应的内容，不同的教育家对其也有不同的理解。它在历史的长河中能否得以不断发展和完善，关键是看其对教育产生的影响。全面发展的教育思想从古希腊开始到现在，经过了两千多年的发展和完善，而且又不断地提出新要求，这也证明了它的生命力。所以，在当代教育中全面发展教育的思想仍然占有重要的地位，越来越成为衡量一个人或国家受教育程度的标准。而其中，联合国教科文组织近年来所倡导和传播的系列主张值得关注，即终身教育、全民教育和全纳教育。

1. 终身教育

终身教育思想始于20世纪20年代，是指人们在一生中都应当和需要受到各种教育培养，而不仅仅是在儿童和青少年时期。1929年，英国成人教育家耶克斯利出版世界上第一本终身教育专著《终身教育》，对终身教育进行了系统论述，指出教育与人的生命相伴，学校中的教育仅仅是人生过程的开始，应该将各种教育统一起来，将教育看成是真正贯穿于人的一生的活动。20世纪60年代，法国成人教育家保罗·朗格朗发表《论终身教育》，标志着终身教育的概念化和体系化。20世纪80年代初，韩国把终身教育写进了宪法。拉丁美洲的许多国家，如智利、秘鲁、巴西、墨西哥等国，都在政府的倡导和推动以及教育部的具体策划下，将终身教育思想贯穿于整个国家教育体制。到20世纪末，世界上许多国家已将终身教育思想作为国家教育制度改革的一种重要指导思想，建立了正规教育和非正规教育相联系、学校教育和社会教育相结合的，包括了从幼儿教育到高等教育这样的一种终身教育体系。1996年，联合国教科文组织出版《教育：财富蕴藏其中》，至此，终身教育思想最终形成。该报告指出，终身教育建立在“学会认知”“学会做事”“学会共同生活”“学会生存”这四个支柱基础上。

终身教育思想突出的贡献之一，是打破了传统教育在时间上和空间上的限制。在时间上，终身教育主张教育是贯穿人的一生的过程；在空间上，终身教育主张教育的过程要扩展到整个社会。终身教育将教育联系到社会的各方面，并将持续学习推及每个人的各个人生阶段。

终身教育思想突出的贡献之二，是提出了人的终身受教育的权利，应当得到尊重和保障。终身教育向社会提出了更高的要求，即教育要民主和平等，人们需要更多的受教育机会以及各种与之发展相适应的教育。因此，我们的社会就应当尊重和保障人们的终身受教育的权利。尽管目前可能会受到条件的限制而不能充分满足人们的需求，但是，教育必须朝着这个方向发展。令人欣喜的是，世界教育也确实在朝着这个方向发展。

2. 全民教育

尽管世界上绝大多数国家都赞同终身教育的思想，但是，由于历史的原因，许多国家还不能提供更多的机会来满足所有人受教育的愿望，尤其是在发展中国家，有些甚至连最起码的义务教育的任务也无法落实。在发展中国家，教育发展中出现的普遍问题，是教育机会的

---

① 刘红旗.论人的全面发展的教育观[J].青海师专学报.教育科学，2004(06)：216.

不均等性。在这样的一种背景下，联合国教科文组织等在泰国召开"世界全民教育大会"，提出"全民教育"的新概念。全民教育坚持人人都有受教育权的原则，提出要满足所有人的基本学习需要这一思想，主张从普及初等教育、扫除成人文盲、重视女性教育等方面进行教育改革，以消除教育上的不平等。全民教育的思想受到了各国的赞同，尤其是在发展中国家更是受到了比以往更热切的关注。

为实现全民教育的目标，许多发展中国家进行了不懈努力。许多国家已建立了全国性的全民教育机制，制定了全民教育的计划，增加了对全民教育的经费投入，加强了与国际援助机构的合作。例如，巴西将把实施全民教育，作为今后教育发展的最大优先领域，并具体制定了"全民教育十年计划"。印度在 1992 年修订的"国家教育政策"，提出了具体的教育行动计划，其中对初等教育和成人扫盲给予了优先考虑。全民教育已成为所有发展中国家教育改革和发展过程中的重要指导思想，在教育机会、普及教育、提高教育质量、消除教育差异、关注残疾人教育、改善学习环境、加强教育与社区的联系、调集资源、教育组织与管理、教育计划制定、教师培训、教育技术等方面，均产生了巨大影响。

3. 全纳教育

从许多发展中国家的教育发展来看，尽管大家有学可上，但问题仍然很多，尤其是留级和辍学这两种痼疾。现阶段，虽然在入学机会均等方面已有很大改善，但在教育过程机会均等方面仍然困难重重，许多儿童被排斥在主流社会甚至是主流学校之外。这充分说明，虽然我们可以达到全民教育的目标，但我们并没有使所有的人都能参与到学校的学习和生活中去。也就是说，教育做到了"全民"，但还没有做到"全纳"。

1994 年联合国教科文组织提出全纳教育思想，认为每个儿童都有其独特的特性、兴趣、能力和学习需求，学校应全面接纳所有有各种需求的学生，学校教育要考虑到学生特性和需求的广泛差异，消除歧视，不排斥任何人。全纳教育是在将特殊儿童纳入普通学校的过程中发展起来的。在全纳教育发展过程中，特殊学校逐渐在减少，特殊儿童大量地纳入普通学校学习，这成为国际教育改革的一种必然趋势。我国已制定了将特殊学校的学生，纳入普通学校"随班就读"的政策，然而这仅仅是全纳教育过程中的一部分。全纳教育最重要的问题是普通学校如何接纳有各种特殊需求的学生，如何关注每一个学生，如何提供与学生需求相适应的教育。

尽管对全纳教育的开展还存在不同的看法，但全纳教育的思想已经为各国所接受。许多国家已遵照"世界特殊需要教育大会"上通过的"萨拉曼卡宣言"的原则，开展了全纳教育的实践。例如，在发达国家（美国、英国、澳大利亚、加拿大、西班牙等），全纳教育已轰轰烈烈地开展了起来。在发展中国家（南非、加纳、智利、秘鲁等），也都在不同程度上实施了全纳教育，已逐步将特殊儿童纳入了普通学校之中，并在普通学校中要求教师掌握一些基础的特殊教育技能等。然而，这仅仅是全纳教育过程中的一个部分。全纳教育还有很长的路要走。

第三节　我国的教育目的

我国的教育目的经历了一系列的历史变化。教育目的与时代有着紧密联系，关系着一个国家的未来走向，决定着每一个个体的角色定位。

一、我国教育目的

（一）我国教育目的的发展与演变

教育目的是一个历史性的范畴。在我国古代，学校教育重在培养“士”“君子”“圣人”。春秋战国时，孔子主张培养志士、仁人和君子。孟子主张“明人伦”的教育目的：“设为庠序学校以教之……皆所以明人伦也。人伦明于上，小民亲于下。”荀况的教育目的在于化性起伪，使人初为士，次为君子，最后为圣人。《大学》指出教育目的在于明德、亲民、至至善。西汉时董仲舒主张培养“以仁安人，以义正我”的君子。东汉的王充把培养杰出的政治人才（文人）和学术人才（鸿儒）作为教育的最高目的。唐代韩愈则认为教育目的在于培养体道、悟道、行道的人。宋朝著名的理学家张载主张教育目的在于立天理去人欲，“为天地立心，为生民立命，为往圣继绝学，为万世开太平”。明代的王守仁认为教育目的在于致良知：“圣人之学，惟是致此良知而已……是故致良知之外，无学矣。”清朝的颜元主张教育目的在明德、亲民、止于至善，在养成文武双全、德艺兼备、经世致用的人才。

清朝末期，“西学东渐”之际，张之洞等在1904年奏请颁布《奏定学堂章程》时声明：“至于立学宗旨，无论何等学堂，均以中国经史之学为基。俾使学生心术壹归于纯正，而后以西学瀹其智识，练其艺能，务期他日成材，各适其用，以仰副国家造就通才、慎防流弊之意。”此教育宗旨即教育目的，反映了“中学为体，西学为用”的指导思想。1906年，学部奏请清廷颁布了“忠君、尊孔、尚公、尚武、尚实”的教育宗旨。

1912年初，蔡元培发表《对于教育方针之意见》一文，从“养成共和国健全之人格”的观点出发，提出了军国民教育、实利主义教育、公民道德教育、世界观教育和美感教育“五育”并举的教育方针。1929年，南京国民政府通令颁行的《中华民国教育宗旨及其实施方针》中提出“三民主义”教育宗旨为：“中华民国之教育，根据三民主义，以充实人民生活，扶植社会生存，发展民国大计，以促进大同世界。”新中国成立之初，《共同纲领》规定：“人民政府的文化教育工作，应以提高人民文化水平、培养国家建设人才、肃清封建的、买办的、法西斯主义的思想，发展为人民服务的思想为主要任务。”

社会主义改造基本完成以后，1957年毛泽东主席在最高国务会议上提出：我们的教育方针就“是使受教育者在德育、智育、体育几方面都得到发展，成为有社会主义觉悟的有文化的劳动者。”

1958年，毛泽东又指出：“教育必须为无产阶级政治服务，必须同生产劳动相结合。”毛泽东对于教育目的的论述对当时我国教育目的的确定起了非常重要的作用。

1958年中共中央、国务院《关于教育工作的指示》就明确指出：教育目的“是培养有社会主义觉悟的有文化的劳动者”。并且指出这一表述“正确地解释了全面发展的涵义”。

1978年，我国宪法中关于教育目的的表述为：“我国的教育方针是教育必须为无产阶级政治服务，教育必须同生产劳动相结合，受教育者在德育、智育、体育几方面都得到发展，成为有社会主义觉悟的有文化的劳动者。”以毛泽东的指示为直接指导所形成的教育目的着重强调了教育目的的社会制约性，也考虑到了教育目的对教育对象身心发展及其规律的适应性，在不同时期起过一定的积极作用，但也曾产生过消极影响。

中共十一届三中全会以来，改革开放及社会主义现代化建设事业的发展对教育事业提出了新的要求。国家制定了新时期的教育目的——以经济建设为中心方针主导下的教育目的。1981 年，中共中央《关于建国以来若干历史问题的决议》要求“坚持德智体全面发展、又红又专、知识分子与工人农民相结合、脑力劳动与体力劳动相结合的教育方针”。

1982 年，《中华人民共和国宪法》规定“国家培养青年、少年、儿童在品德、智力、体质等方面全面发展”，也是对教育目的的表达。

1985 年，中共中央《关于教育体制改革的决定》提出要“为 90 年代以至下世纪初叶我国经济和社会发展，大规模地准备新的能够坚持社会主义方向的各级各类合格人才”，规定这些人才“都应该有理想、有道德、有文化、有纪律，热爱社会主义祖国和社会主义事业，具有为国家富强和人民富裕而艰苦奋斗的献身精神，都应该不断追求新知，具有实事求是、独立思考、勇于创造的科学精神”。

1986 年，《中华人民共和国义务教育法》规定“义务教育必须贯彻国家的教育方针，努力提高教育质量，使儿童、少年在品德、智力、体质等方面全面发展，为提高全民族素质，培养有理想、有道德、有文化、有纪律的社会主义建设人才奠定基础”。

1995 年，《中华人民共和国教育法》也规定“培养德、智、体等方面全面发展的社会主义事业的建设者和接班人”为我国的教育目的。

1999 年 6 月，《中共中央国务院关于深化教育改革全面推进素质教育的决定》则指出：“实施素质教育，就是全面贯彻党的教育方针，以提高国民素质为根本宗旨，以培养学生的创新精神和实践能力为重点，造就‘有理想、有道德、有文化、有纪律’的、德智体美等全面发展的社会主义事业建设者和接班人。”

2001 年 6 月，《国务院关于基础教育改革与发展的决定》明确提出：“坚持教育必须为社会主义现代化建设服务，为人民服务，必须与生产劳动和社会实践相结合，培养德智体美等全面发展的社会主义事业建设者和接班人。”

2002 年，中国共产党第十六次全国代表大会的报告中指出：“全面贯彻党的教育方针，坚持教育为社会主义现代化建设服务，为人民服务，与生产劳动和社会实践相结合，培养德智体美全面发展的社会主义建设者和接班人。”

2010 年，《国家中长期教育改革和发展规划纲要（2010—2020 年）》提出我国的教育目的是：“全面贯彻党的教育方针，坚持教育为社会主义现代化建设服务，为人民服务，与生产劳动和社会实践相结合，培养德智体美全面发展的社会主义建设者和接班人。”

2012 年，中共十八次代表大会颁布的《坚定不移沿着中国特色设主义道路前进为全面建成小康社会而奋斗》指出：“要坚持教育优先发展，全面贯彻党的教育方针，坚持教育为社会主义现代化建设服务、为人民服务，把立德树人作为教育的根本任务，培养德智体美全面发展的社会主义建设者和接班人。”

2014 年，《教育部关于全面深化课程改革，落实立德树人根本任务的意见》指出：要根据学生的成长规律和社会对人才需求，把对学生德智体美全面发展总体要求和社会主义核心价值观的有关内容具体化、细化，深入回答“培养什么人、怎样培养人”的问题。

2015 年，《中华人民共和国教育法（2015 修正版）》提出：“教育必须为社会主义现代化建设服务、为人民服务，必须与生产劳动和社会实践相结合，培养德、智、体、美等方面全面发展的社会主义建设者和接班人。”“教育应当坚持立德树人，对受教育者加强社会主义核心价值观教育，增强受教育者的社会责任感、创新精神和实践能力。”

2018 年习近平总书记在全国教育大会上指出，培养什么人，是教育的首要问题。必须把培养社会主义建设者和接班人作为根本任务,培养一代又一代拥护中国共产党领导和我国社会主义制度、立志为中国特色社会主义奋斗终生的有用人才。这是教育工作的根本任务,也是教育现代化的方向目标。

我国不同时期对教育目的的表述不完全一致,但都提出所培养的人要为国家现代化建设服务,特别是《中华人民共和国教育法》已经成为全国必须遵行的法律要求。党的十八大报告把立德树人作为教育的根本任务,《中华人民共和国教育法》(2015 修正版)也再次提到教育应当坚持立德树人,对受教育者要加强社会主义核心价值观教育,增强受教育者的社会责任感、创新精神和实践能力。对教育目的的表述,从最初的为社会主义建设服务的外在要求,逐渐发展为开始关注人的自身发展——立德树人、发展学生核心素养的要求。这体现了我国在"培养什么人、怎样培养人"的认识上更加关注学生个体的发展。①

(二)对我国教育目的的思考

1. 突出"以人为本"

在教育发展史中,曾存在两类教育目的观,一类是社会本位的教育目的观,另一类是个体本位的教育目的观。两者在相互争辩的过程中不断发展,现已倾向于融合和统一。现在我们强调要突出"人"在教育目的中的核心地位,即强调个体本位的教育目的观,主要是期望对此引起重视,力图克服当前我国教育目的过于强调社会本位所带来的不良影响。这些不良影响主要表现在:社会需要哪方面的人才,高等院校便大量设置哪方面的专业;社会看重证书,我们便不断地要求学生去考这个证那个证,而忽略了具体个体的性格、兴趣爱好的差异,忽视了道德素质的培养,忽视了教学生如何做人等。结果,教育逐渐远离培养"人"的目的,而是培养一批一批的劳动力,缺乏完整的精神和独立的人格。

2. 道德培养上要突出知行合一

一般而言,人的道德素养包含四个方面,即"道德认识""道德情感""道德意志""道德行为",这四个方面构成了一个有机整体。道德践行与否是判定一个人是否具有道德素养的唯一客观标准。道德行为能力的形成是道德认识、道德情感和道德意志共同作用的结果。在道德素养的培养过程中,我们往往过多地强调了道德认识的提高,却忽视了与之相应的道德情感的熏陶和道德意志的锻炼,而这两者分别能为道德行为的发起提供强大动力,能对道德行为进行调控。因此,我们培养的受教育者往往知道什么是对,什么是错,但却无法表现出相应的道德行为,导致德育的实效性降低。

3. 突出创造能力的培养

所谓创造力是指根据一定的目的,运用一切已知信息产生某种新颖、独特、有社会或个人价值的产品的智力品质,这里的产品既指思维成果,也指物质成果。创造力本身是个体个性全面发展的一个重要组成部分,也是我们不断获取新知、超越现实的动力之源。因此培养具有创新精神和创造能力的人,不仅是现代科技、经济和社会发展的需要,也是个体不断发展的需要。②

二、我国教育目的理论依据

近代中国教育经受了西方教育方式的冲击,出现了对立并存的状况。十月革命送来了

---

① 康琪,丁邦平.关于教育目的与教育目标、教学和课程目标关系的再思考[J].北京教育学院学报,2016,30(02):42.

② 戴军,娄小平.浅议我国教育目的[J].黑龙江教育(高教研究与评估),2009(04):2.

马克思主义,也送来了以苏联教育思想为主导的新的教育理论,其中就包括全面发展教育。使受教育者在德育、智育、体育几方面都得到发展,是马列主义、毛泽东教育思想中关于全面发展教育的核心,是制订我国教育目标的根本指导思想,这一指导思想从50年代起即已被确立为我国的教育方针。全面发展教育作为教育目的第一次出现在1958年中共中央、国务院颁布的《关于教育的指示》中。此后,全面发展教育由于与教育目的相吻合而生机勃勃地发展起来,具有强大生命力。

60多年来,我国学者进行了多方面的探索,观点甚多,代表性的有“三育说”(德、智、体)、“四育说”(德、智、体、美)和“五育说”(德、智、体、美、劳动技术教育)。20世纪90年代以后“五育说”已经成为官方认可的说法,因而全面发展教育基本由五部分组成。至此,全面发展教育理论成熟起来。①

(一)对人的全面发展理论的内涵要有新理解

我国学者在教育目的研究中大都认为马克思关于人的全面发展学说是我国教育目的的理论基础。在对马克思关于人的全面发展学说的理解上,一般将它看作是马克思教育思想的一部分,将人的全面发展视为马克思为共产主义教育所规定的目的。社会主义是共产主义的低级阶段,因此,我国社会主义教育目的应该是培养全面发展的人。马克思人的全面发展学说不是专门的教育理论,但它在教育学上确实具有十分重要的意义,它确立了科学的人的发展观,并指明了人的发展方向。但在理解人的全面发展学说时,必须要认识到,人的全面发展与社会的变革是统一的,人的全面发展过程是一个历史的渐进过程。同时,我们也要清晰地认识到马克思主义全面发展教育观,其实质在于追求受教育者个体生命和谐发展、个体与群体之间关系的和谐发展,促使教育对象生机勃勃地、自然高效地迸发生命的潜质。

党的十八大以来,习近平总书记多次强调,中国梦归根到底是人民的梦,必须把增进人民福祉、促进人的全面发展作为发展的出发点和落脚点。实现中华民族伟大复兴的中国梦,这是对马克思主义有关人的全面发展理论的继承与发展,对中国和世界的发展具有重要的理论和实践意义。中国梦是对马克思主义关于人的全面发展理论的继承与发展。中国梦表达了当代中国人的美好憧憬和奋斗目标,是对人的全面发展理论的诠释与发展。

中国梦的实现就是要满足全体人民的现实需要和促进全体人民的素质发展,将中国发展所取得的各项成果由全体人民共享。可以说,中国梦的终极价值追求就在于实现每个人的全面发展。人的发展与社会发展是辩证统一的,只有实现中国梦才能实现人的全面发展。而人的发展又是实现中国梦的主体条件,因为人是推动社会发展的生产力中最活跃的因素,具有主观能动性,中国梦的探索和实现都取决于人,所以人的发展就是中国梦的终极目标。

目前,我们社会发展面临着部分现实问题,如人的发展还不够全面,人的整体素质还有待于进一步提高。但是,我党始终坚信人民群众是历史的创造者和推动者,充分尊重广大劳动人民的创造性和积极性,秉持全心全意为人民服务的宗旨,始终将代表最广大人民群众的根本利益作为一切工作的出发点和落脚点。同时继续着力于提高社会劳动生产率,促进国民经济又好又快地发展,为实现人的全面自由发展提供丰富的、坚实的物质基础;深入实施科教兴国战略和人才强国战略,努力提高全体社会成员的科学文化素质和思想道德水平;加强社会主义核心价值观建设,使全体社会成员在核心价值观问题上形成共同信仰,建构社会

---

① 赵静.全面发展教育在西方的演变[J].西安社会科学,2009(05):150.

主义和谐社会;建设资源节约型、环境友好型社会,走出一条生产发展、生活富裕与生态文明共同和谐发展的道路,促进人与自然、人与社会、人与自身的和谐发展。

(二)促进人的全面发展要有新举措

2016年9月,《中国学生发展核心素养》研究成果在京发布。核心素养以培养“全面发展的人”为核心,明确学生在接受教育过程中应该形成的“必备品格”和“关键能力”,反思教育如何在当下以及未来的社会环境下,让孩子“学会求知,学会做事,学会生存,学会共存”。这就要求创设适合学生成长需要,为学生的全面发展和终身发展奠定教育基础。

第一,要全面贯彻党的教育方针,切实加强素质教育,促进学生德智体美劳全面发展。《中国学生发展核心素养》突出强调科学性、时代性、民族性,更加注重学生的全面发展,对于落实立德树人的教育根本任务和全面推进素质教育具有重要的指导意义。各级各类学校都必须大力实施素质教育,将素质教育贯穿于人才培养的全过程。促进全体学生的健康发展,要克服长期以来学校教育存在的重主科、轻辅科,重智育、轻其他各育特别是轻德育等做法,努力造就大批德才兼备、身心健康发展、能够担当振兴中华民族伟大复兴重任的一代新人。

第二,要努力遵循教育规律,正确处理面向全体受教育者的全面发展与个性发展的关系。坚持因材施教的原则,既面向全体受教育者的全面发展,又注意受教育者的个性发展,要努力在使受教育者基本素质普遍提高的同时,使每个人都有适合自身特点的发展方式,切实促进每一个受教育者在德智体美等各方面的全面发展。

第三,要坚持以学生为本位,做到教育发展观与学生发展观的和谐统一。教育工作既要为社会服务,又要为学生的成长服务。大多数受教育者正处于青少年成长阶段,教育工作者必须遵循青少年身心发展的科学规律,坚持学校工作以学生为本位,所有工作要面向全体学生,促使他们尽可能得到全面的发展。

第四,要切实加强教育与生产劳动相结合,正确处理教育与生产劳动的关系,加强创新精神和实践能力的培养。马克思、恩格斯提出,生产劳动同智育和体育相结合是造就全面发展的人的唯一方法,是改造现代社会的强有力的手段之一,这揭示了生产劳动在人类社会中所具有的至关重要的作用。在社会主义初级阶段,我们尤其需要继续坚持教育与生产劳动相结合的方向,努力培养广大青少年热爱劳动、尊重劳动和依靠自己的劳动生存的观念。

第五,要坚持统筹兼顾,正确处理好教育发展过程中诸方面的关系,努力实现教育的全面、协调、持续、健康发展,努力为全社会提供更加公平的教育。面临新的形势,一要着眼于现代化建设全局,完善中国特色社会主义现代化教育体系,努力构建比较完善的现代国民教育体系和终身教育体系,不断完善义务教育制度和终身教育制度,形成全民学习、终身学习的学习型社会,为促进人的全面发展提供教育制度保证。二要统筹各级各类教育的发展,促进教育事业全面、协调、持续、健康发展,把握好各级各类教育发展的节奏,使各级各类教育发展的速度、规模与经济社会的发展相适应,促进教育发展规模、质量、结构、效益的整体统一,为人的全面发展和人的富有个性的发展提供良好的可持续的教育条件。三要统筹城乡和区域教育的发展,合理布局,促进城乡、区域间基础教育的均衡发展,为城乡儿童特别是边远地区的农村儿童和广大青少年的全面发展提供基本保障。同时,还应当重视女性的受教育权利和全面发展。四要统筹各民族的教育事业,促进各民族的共同繁荣和教育的均衡发展,进而促进不同民族特别是历史上发展相对滞后的少数民族儿童和青少年的全面发展。

五要统筹办学管理体制，促进公办教育和民办教育共同协调发展。贯彻落实科学发展观，必须加强教育发展的宏观规划和宏观指导，重视教育发展的多种力量和积极性的调动。公办教育与民办教育的共同发展，有利于为社会公民提供更多的受教育机会。

人的全面发展，既是崇高的理想，更是长期的实践过程。我们坚信，随着社会主义市场经济体制的不断完善、社会主义民主政治的不断发展、社会主义文化建设的大发展大繁荣，人的全面发展会越来越受到全社会的重视，人的全面发展的历史进程必将随着中国特色社会主义事业的发展而不断得到推进，人的全面发展理论也必将随着时代的发展而不断发展。①

三、我国教育目的的组成部分

长期以来，德育、智育、美育、体育和劳动教育一直作为我国社会主义全面发展教育的内容。该理论的理论基础是马克思主义关于人的全面发展学说和我国社会主义的教育目的。尽管马克思主义所论述的人的全面发展必须从哲学、政治经济学和科学社会主义等方面全面理解，但其含义中都有一个共同的思想，就是人的身心的全面发展。毛泽东同志继承和发展了这一思想，于 1957 年 2 月在《关于正确处理人民内部矛盾的问题》一文中提出："我们的教育方针，应该使受教育者在德育、智育、体育几方面都得到发展，成为有社会主义觉悟的有文化的劳动者。"以后，教育理论工作者以上述理论为指导，结合我国教育工作的实际，不断进行理论探索，形成了包括德、智、体、美、劳五个方面的全面发展教育理论。这一理论在所有不同作者、不同版本的《教育学》教材中都是一致的。实施素质教育后，有的教育著述又把五育作为素质教育的内容，把"五育"作为全面发展教育或素质教育的内容，体现了我国社会主义教育的性质，符合我国对社会主义建设人才的要求，对推动我国教育事业的建设和发展起到了巨大的作用，对构建我国社会主义特色的教育学也起了积极作用。但随着社会的发展进步和教育的现代化，社会对人才的素质提出了新的要求，教育尤其是学校教育有了新的培养任务，作为指导教育工作实践的教育理论也必然要进行理论创新，传统的全面发展教育理论中的"五育"有的已经显现出不符合时代要求的成分，有必要进行新的诠释。②

（一）德育

德育即培养学生品德的教育。狭义的德育专指道德教育，亦即西方教育理论所讲的"moral education"。一种广义的德育概念认为，教育学上的德育，是相对于智育和美育来划分的，它的范围很广，包括培养学生的思想品质、政治品质和道德品质。③ 另外还有更为广义的德育界定，认为德育除思想、政治、品德方面的教育之外，还应当包括法制教育、心理教育、性教育、青春期教育，甚至还应包括环境教育、预防艾滋病教育等。2010 年《国家中长期教育改革和发展规划纲要（2010—2020 年）》明确指出，坚持德育为先。把社会主义核心价值体系融入国民教育全过程。把德育渗透于教育教学的各环节，贯穿于学校教育、家庭教育和社会教育的各方面。构建大中小有效衔接的德育体系，创新德育形式，丰富德育内容，不断提高德育工作的吸引力和感染力，增强德育工作的针对性和实效性。中共十七大特别提

---

① 吴德刚.关于马克思主义人的全面发展学说的再认识[J].教育研究，2008(04)：8.

② 黄朝宾，吴忠权.对传统全面发展教育理论的当代诠释[J].教育与教学研究，2011，25(1)：18.

③ 王道俊，王汉澜.教育学[M].北京：人民教育出版社，1989：330.

出，加强公民意识教育，树立社会主义民主法治、自由平等、公平正义理念，培养社会主义合格公民。在我们国家，加强公民意识教育，已经不是探索和讨论的问题，而是在学校如何实施的问题。① 2014 年 3 月，《教育部关于全面深化课程改革，落实立德树人根本任务的意见》明确指出，要根据学生的成长规律和社会对人才的需求，把对学生德智体美全面发展的总体要求和社会主义核心价值观的有关内容具体化、细化，深入回答“培养什么人、怎样培养人”的问题。中共十九大报告指出，坚持社会主义核心价值体系。这为我们认清新时期德育内容指明了方向。2017 年 8 月，教育部颁布《中小学德育工作指南》，明确指出要贯彻落实立德树人根本任务，始终坚持育人为本、德育为先，着力构建方向正确、内容完善、学段衔接、载体丰富、常态开展的德育工作体系，大力促进德育工作专业化、规范化、实效化，努力形成全员育人、全程育人、全方位育人的德育工作格局。2018 年 9 月，习近平总书记在全国教育大会上指出，把立德树人融入思想道德教育、文化知识教育、社会实践教育各环节，贯穿基础教育、职业教育、高等教育各领域，要在加强品德修养上下功夫，教育引导学生培育和践行社会主义核心价值观，踏踏实实修好品德，成为有大爱大德大情怀的人。由此看来，德育工作不仅是社会主义精神文明建设的重要组成部分，也是学校全面育人目标实现的重要一环。

1. 德育的内容

依据《中小学德育工作指南》，我国新时期学校德育的内容主要包括：第一，理想信念教育。通过教育和实践培养学生对党的政治认同、情感认同和价值认同，引导学生不断树立为共产主义远大理想和中国特色社会主义共同理想而奋斗的信念和信心。第二，社会主义核心价值观教育。主要包括爱国主义教育、国情教育、国家安全教育、民族团结教育、法治教育、诚信教育和文明礼仪教育等，旨在引导学生将社会主义核心价值观内化于心、外化于行。第三，中华优秀传统文化教育。主要包括中华传统美德教育、中华人文精神教育、家国情怀教育、社会关爱教育和人格修养教育等，旨在引导学生了解中华优秀传统文化的历史渊源、发展脉络、精神内涵，增强文化自觉和文化自信。第四，生态文明教育。主要包括节约教育和环境保护教育等，旨在引导学生树立尊重自然、顺应自然和保护自然的发展理念，养成勤俭节约、低碳环保和自觉劳动的生活习惯，形成健康文明的生活方式。第五，心理健康教育。主要包括认识自我、尊重生命、学会学习、人际交往、情绪调适、升学择业、人生规划和适应社会生活等方面教育，旨在引导学生增强调控心理、自主自助、应对挫折和适应环境的能力，培养学生健全的人格、积极的心态和良好的个性心理品质。

2. 德育的功能

学校德育的功能可以概括表述为德育的社会性功能、个体性功能和教育性功能三个主要方面。德育的社会性功能指的是学校德育能够在何种程度上对社会发挥何种性质的作用。具体说来，主要指学校德育对社会政治、经济、文化等发生影响的政治功能、经济功能、文化功能等。德育的个体性功能是指德育对德育对象个体发展能够产生的实际影响。德育的个体性功能可以描述为德育对个体生存、发展、享用发生影响的三个方面。其中享用性功能是德育个体性功能的最高境界。德育的教育性功能的实现实质上是整个教育活动精神本质的实现。直接德育还是间接德育，一直是世界各国不断探索和反复的问题，包括中国在内

---

① 蔡志刚.特色育人与高职德育创新[M].北京：中国文史出版社，2015：145.

的许多国家最终仍然选择了直接德育(即专设德育课),其道理就在于专门的德育课程能够在一定意义上保证教育所应具有的教育性。

德育对智、体、美诸育的促进功能就其共性来看主要有三点:动机作用、方向作用、习惯和方法上的支持。在动机方面,无论智育、体育、美育都需要道德情感等启动和放大学习动机,同时,学习动机也需要借助德育改进其方向性、强度和持久性等质量特征。所谓方向作用是指德育可以为在每一学科学习过程中的个体提供价值的方向。最后是习惯和方法问题。良好的道德教育不仅可以对智育体育美育贡献动机、方向,而且可以提供良好行为习惯和学习方式、方法的直接支持。综上所述,所谓德育的教育性功能,实际上是指德育在完成教人做人的总目标和支持智、体、美诸育具体任务的完成这两个方面的实际作用。

3. 德育的原则

德育的原则是根据教育目的、德育目标和德育过程规律提出的、学校和教师进行德育工作必须遵守的基本要求。具体包括:

(1) 导向型原则。第一,坚持正确的政治方向;第二,德育目标必须符合新时代的方针政策和总任务;第三,要把德育的理想性和现实性结合起来。

(2) 集体教育与个别教育相结合原则。第一,引导学生关心、热爱集体,重视培养学生集体;第二,通过集体教育学生个人,通过教育学生个人影响集体;第三,调动每个学生的积极性,针对学生的不同情况进行个别指导,促使个性在集体中得到发展,并初步培养他们自己教育自己的能力。

(3) 知行统一原则。第一,对学生进行社会主义道德规范的系统理论教育,提高学生的思想觉悟;第二,要有计划地组织学生参加各种社会实践活动,培养良好的道德行为;第三,教师应该言传身教,给学生做表率。

(4) 正面引导与纪律约束相结合原则(疏导原则)。第一,讲明道理,疏通思想;第二,因势利导,循循善诱;第三,以表扬、激励为主,以批评处分为辅,选择适当的时机,以达到教育目的。

(5) 发挥积极因素与克服消极因素相结合原则。第一,一分为二地看待学生;第二,长善救失,通过发扬优点来克服缺点;第三,进行自我评价,提高学生自我修养水平。

(6) 严格要求与尊重信任相结合原则。第一,爱护、尊重和信任学生;第二,严格要求学生。

(7) 因材施教原则。第一,深入了解学生的个性特点和内心世界;第二,根据学生个人特点有的放矢地进行教育;第三,根据学生的年龄特征有计划地进行教育。

(8) 教育影响的一致性和连续性原则。第一,组建教师集体,使校内的教育影响一致;第二,发挥学校教育的主导作用,使学校、家庭和社会对学生的教育影响相互配合,协调一致;第三,做好学生衔接工作,使对学生的教育影响保持一致和连续。

4. 德育的方法

德育的方法主要包括教育者的施教传道方式和受教育者的受教养方式。具体而言,我国中小学主要的德育方法主要有说服教育法、情感陶冶法、实践锻炼法、自我教育法、榜样示范法和品德评价法。

(二) 智育

智育是教育者创设一定情境以提升教育对象智慧水平为目标的教育。“智慧”包括内容和形式两个方面。在内容方面，指人对知识的掌握，对事物敏捷而正确的理解、辨析、判断，以及具体的发明创造等。在形式方面，则包括理解、辨析、判断和发明创造等方面的心智和实际能力（即智力）。由于智力对于智慧内容的产生具有十分重要的意义，所以对智育范畴的理解必须与对“智力”及其发展的理解联系起来。

我国学者中通行的智力概念“是指认识方面的各种能力，即观察力、记忆力、思维能力、想象能力的综合，其核心成分是抽象思维能力”①。所以，对智力的培养也包括上述能力的发展。为了实现这些能力的发展，我国学者通常主张采用传授知识、发展技能等方式。

我国心理学界对智力的理解为：第一，即使再狭义的智力也不是一个封闭系统，它不可能脱离相关因素的影响，即智力是一种由天赋、策略与知识等因素合成的综合能力。第二，即使将智力看成是个人在团体中按聪明程度排列所处的位置，人的智商也绝不是不可改变的。教育活动所要做的只是在承认智力差异的条件下发展学生的智力水平。

智育概念的理解还应注意与“教学”概念区别开来。智育与教学是一个交叉概念。智育与德育、体育、美育等相并列，构成教育内容的完整构架。教学是智育的主要实施途径，但并不是智育的唯一途径。中华人民共和国宪法规定，国家培养青年、少年、儿童在品德、智力、体质等方面全面发展。2018 年 9 月，习近平总书记在全国教育大会中指出，要在增长知识见识上下功夫，教育引导学生珍惜学习时光，心无旁骛求知问学，增长见识，丰富学识，沿着求真理、悟道理、明事理的方向前进。由此可以看出，促进学生智力发展是我国教育工作者的重要任务。

智育的意义可以从其必要性和可能发挥的功能两个角度去理解。

首先，人的智慧水平有必要通过智育去培养。人类的智慧成果以两种方式得以传承和发展：一种是客观的或物质的形式，比如工具、图书和其他媒介的形式；二是以主观的即主体的心智能力（包括智力）的形式。这两者相互促进。

其次，智育对社会和个体发展具有非常重要的促进作用。从社会的角度看，智育是生产力提高、科技发展、社会进步的催化剂，是实现人全面发展的重要途径之一。智育的主要任务和内容应当是传授知识、形成技能和发展智力。之所以强调知识和技能的传授，是因为这两者是发展智力的必要条件。此外，要充分发展学生的智力，还需要努力培养他们的自主性和创造性。

（三）美育

美育是以培养学生审美、立美的能力，从而促使他们追求人生情趣与理想境界等为目标的教育活动。归纳起来首先可以分为狭义和广义两类。

所谓狭义的美育专指“艺术教育”“美感教育”“审美教育”“审美立美教育”“审美观和美学素养教育”等。对于广义的美育概念，有人认为“真正的美育是将美学原则渗透于各科教学后形成的教育”。“教育美育”是说要使全部教育活动成为美育事业的组成部分，教育活动本身要努力做到审美化。

强调美育对诗意人生的促进功能已成为现代美育的核心。中国教育界在新中国成立后一直都处于狭义和形式美育阶段，现在则已有为数不多的人站到了广义美育和实质美育这一边。这是合乎美育的规律和潮流的。

---

① 朱智贤.心理学大词典[M].北京：北京师范大学出版社，1989：953.

定义的变化意味着美育概念的本质变化，从而也意味着对美育功能认识的拓展。人们对美育功能的认识成果主要体现在以下三个方面：首先是关于美育的直接功能。美育的直接功能可用两个字表示即“育美”。我国学者认为：“美育的任务可以概括为树立正确的审美观，培养欣赏美和创造美的能力”①。狭义的育美功能或美育的直接功能（审美观以及审美、创作能力的培养等）与美育概念的狭义、美育的形式定义阶段相关。其次是关于美育的间接功能（或附带功能）。美育的间接功能是一种附带功能，或者说是一种潜功能，为其他教育功能发挥提供前提条件，具体讲，就是美育的育德、促智、健体等功能。最后是关于美育之“超美育”功能（或超越性功能）。“超”相对于既定的美育功能观而言。一般的美育功能观认为美育的功能无非在于审美观的确立、审美创美能力的发展，同时促进德智体诸育等，没有超出以上的功能范围。而与这些功能观对应的是一种形式美育概念。中国教育史上蔡元培先生提出的“以美育代宗教说”就是美育之超美育功能认识的代表，他认为美育的要旨在于倡导人生终极意义的教育达成。

对以上三种美育功能的认识有一个历时性维度，即从对直接和间接功能的认识走向对超美育功能的认识。这是人们对学校美育的认识不断深化和提高的结果。2015 年 9 月，国务院办公厅发布《关于全面加强和改进学校美育工作的意见》，指出美育是审美教育，也是情操教育和心灵教育，不仅能提升人的审美素养，还能潜移默化地影响人的情感、趣味、气质、胸襟，激励人的精神，温润人的心灵。美育与德育、智育、体育相辅相成、相互促进。

美育的主要任务可以概括为四个方面：一是培养和提高学生感受美的能力，二是培养和提高学生鉴赏美的能力，三是培养和提高学生表现美、创造美的能力，四是培养和提高学生追求人生趣味和理想境界的能力。

（四）体育

体育是指以发展体能、锻炼体魄为目标的教育活动。广义的体育是指所有能够增强人的身体素质及活动技能的活动。它包括社会体育、竞技体育和所有能够增强体质和体能的活动。我们这里所讲的体育是狭义的体育，是指在学校教育中有意识地促进学生体质、体能、体魄提高的教育活动。2016 年 4 月，国务院办公厅发布《关于强化学校体育 促进学生身心健康全面发展的意见》，指出强化学校体育是实施素质教育、促进学生全面发展的重要途径，对于促进教育现代化、建设健康中国和人力资源强国，实现中华民族伟大复兴的中国梦具有重要意义。2018 年 9 月，习近平总书记在全国教育大会中指出，要树立健康第一的教育理念，开齐开足体育课，帮助学生在体育锻炼中享受乐趣、增强体质、健全人格、锤炼意志。

学校体育活动的基本特性是教育性、技能性和娱乐性。所谓教育性首先是指体育是全面发展的教育的一部分。体育的分工是通过身体活动去提高身体的素质，从而为教育对象的全面发展这一教育的整体目标或教育目的的实现服务。所谓技能性是指体育活动还要向学生传授一定的锻炼身体和提高体能的知识和技能。所谓娱乐性是指体育具有在活动或锻炼中使人的身心得到放松、愉悦和享受的性质。学校体育的这些特性使它区别于一般的活动比如劳动和娱乐活动，也区别于竞技体育和一般的身体锻炼。学校体育最初的来源是早期人类的劳动和娱乐，其有意识地选择了那些有益于身体素质和体能全面提高的活动方式，

---

① 成有信.教育学原理[M].郑州：河南教育出版社，1993：382.

对学生进行有意识、有计划的培育。

学校体育的功能主要包括健体功能、教育功能和娱乐功能。健体功能是指对身体机能的促进作用;教育功能可以理解为体育的价值功能;娱乐功能是指学校体育能够使学生在劳累之后在体力和精神上得到恢复和放松。

体育应更关注健康教育,向学生传授健康、卫生、保健的基础知识和相关基本技能,关注增强学生身心健康的教育,包括生理健康教育和心理健康教育。

中小学体育工作的基本任务主要有三个方面,一是增强学生体质,促进其身体的正常发育;二是提高运动素养,传授必要的知识技能;三是培养体育兴趣,形成良好的精神品质。体育任务的完成可以从不同的角度进行解释。从活动的内容角度看,小学体育的主要项目有游戏、田径、体操、球类、武术等;从要实现的具体教育目标的角度去理解,主要体现在各级各类学校体育大纲和《国家体育锻炼标准》上。

(五)劳动教育

劳动教育是使青少年学生获得正确劳动观念、劳动习惯、劳动情感、劳动精神,了解和懂得生产技术知识,掌握生活和劳动技能,在劳动创造中追求幸福感的育人活动,包括劳动思想观念教育、劳动技术知识教育和劳动技能教育。劳动教育是中小学教育不可缺少的重要组成部分,是全面实施素质教育、提高学生全面素质的基本途径,是落实教育与生产劳动相结合方针的重要措施。2001 年,教育部颁布《基础教育课程改革纲要(试行)》,将劳动技术教育作为综合实践活动课程框架下的一大学习领域,规定从小学至高中设置综合实践活动并作为必修课程。2015 年 7 月,教育部等颁发《关于加强中小学劳动教育的意见》。2017 年 12 月,教育部颁发《义务教育学校管理标准》,指出贯彻《关于加强中小学劳动教育的意见》,为学生提供劳动机会,家校合作使学生养成家务劳动习惯,掌握基本生活技能,培养学生吃苦耐劳精神。2018 年 9 月,习近平总书记在全国教育大会上指出,要在学生中弘扬劳动精神,教育引导学生崇尚劳动、尊重劳动,懂得劳动最光荣、劳动最崇高、劳动最伟大、劳动最美丽的道理,长大后能够辛勤劳动、诚实劳动、创造性劳动。由此看来,劳动教育不仅是培育和践行社会主义核心价值观的有效途径,更是全面实施素质教育的重要内容与促进学生全面发展的重要环节。

1. 劳动教育的目标

2015 年,教育部等颁发《关于加强中小学劳动教育的意见》,明确了劳动教育的主要目标,即通过劳动教育,提高广大中小学生的劳动素养,促进他们形成良好的劳动习惯和积极的劳动态度,使他们明白“生活靠劳动创造,人生也靠劳动创造”的道理,培养他们勤奋学习、自觉劳动、勇于创造的精神,为他们终身发展和人生幸福奠定基础。

2. 劳动教育的原则

劳动教育的原则是根据教育目的、劳动教育的目标和过程规律提出的、学校和教师进行劳动技术教育时必须遵循的基本要求。主要包括:

第一,坚持思想引领。中小学劳动教育既要让学生学习必要的劳动知识和技能,更要通过劳动帮助学生形成健全人格和良好的思想道德品质。

第二,坚持有机融入。有效发挥学科教学、社会实践、校园文化、家庭教育、社会教育的劳动教育功能,让学生在日常学习生活中形成劳动光荣、劳动伟大的正确观念。

第三,坚持实际体验。让学生直接参与劳动过程,增强劳动感受,体会劳动艰辛,分享劳动喜悦，掌握劳动技能，养成劳动习惯，提高动手能力和发现问题、解决问题的能力。

第四，坚持适当适度。根据学生年龄特征、性别差异、身体状况等特点，选择合适的劳动项目和内容，安排适度的劳动时间和强度，做好劳动保护，确保学生人身安全。

3. 劳动教育的形式

多样化的劳动教育形式有利于推进劳动教育的实施，具体而言，劳动教育的形式主要包括：第一，落实相关课程。学校结合实际在课程中加强劳动教育，在学科教学中加大劳动观念与态度、动手操作和劳动技能、职业技能的培养。第二，开展校内劳动。学校积极组织学生参与校园卫生保洁和绿化美化，开展与劳动有关的兴趣小组、社团、俱乐部活动，进行手工制作、班务整理、室内装饰、勤工俭学等实践活动。第三，组织校外劳动。学校安排一定时间的农业生产、工业体验、商业和服务业实习等劳动实践，结合研学旅行、团日队日活动和社会实践活动，组织学生学工学农。第四，鼓励家务劳动。安排适量的劳动家庭作业，布置洗碗、洗衣、扫地、整理等力所能及的家务。

四、我国教育目的的落实

教育目的是全部教育活动的核心，是教育活动所要培养的人的质量标准和规格要求。为了充分发挥教育目的对教育活动的促进功能，教育工作者应当特别重视教育目的的落实。要想认真落实我国的教育目的，应当特别注意以下几个方面①。

第一，创造精神。即具有良好的知识基础和科学素养、敏锐的观察力和准确的判断力，面对庞杂的信息世界，能够进行有效的筛选，迅速捕捉有价值的信息，独立分析和决策，取得最佳效益的能力。

第二，实践能力。所谓实践能力，即学以致用，包括解决实践中问题的能力和直接的生产劳动与社会实践的能力。学以致用不仅是巩固知识学习的需要，更是学习的根本目的。参加适度的生产劳动和社会实践是培养一代新人的重要途径。

第三，开放思维。即要改变单一的思维参照系，扩大思维的空间范围，要具有高度的宽容精神，开放胸怀，敢于接纳新生事物，特别要具有在国际视野中对问题进行比较和分析的能力。

第四，崇高理想。创造精神和开放的胸怀只有与崇高的未来理想相结合才具有方向性。未来对青年一代的要求，不仅是有知识、有能力、有创造精神和开放思想，还必须有科学的世界观、人生观、价值观，优良的道德品质，具有为国家、社会的美好前途奋斗的精神。

此外，要认真落实我国的教育目的，我们还必须正确处理以下几个方面的关系并进行探索。

（一）教育目的与教育目标

教育目标是根据教育目的而制定的更具体的教育活动目标。除了考虑落实教育目的之外，教育目标还应结合各级各类学校教育的性质和任务，以及特定教育对象的身心特点及规律来确立。从教育目的到教育目标的转换实际上就是教育目的由一般到具体的实现过程。所以应当对不同学校的教育目标有正确的理解与界定。

根据《中华人民共和国义务教育法》等法律的规定，基础教育阶段学校教育必须做到

① 黄济.教育哲学通论[M].太原：山西教育出版社，1999：456-460.

“两个全面”，即“全面发展”和“面向全体（学生）”。目前我国的义务教育阶段的根本任务是“使儿童、少年在品德、智力、体质等方面全面发展，为提高全民族素质，培养有理想、有道德、有文化、有纪律的社会主义建设人才奠定基础”。基础教育除了小学、初中，还包括普通高中阶段。基础教育阶段教育目的的落实显然有别于职业技术教育、成人教育和高等教育等。后者必须根据其教育的性质、任务和教育对象的特殊性确定具体的培养目标。

（二）德智体美劳诸育之间的关系

教育目的，如从内容结构上说，可以理解为应当进行德育、智育、体育、美育和劳育五方面的全面教育；如从受教育者的素质结构来说，是指应求得德、智、体、美、劳五方面的素质的全面发展。而教育对象素质的全面发展又需要实现德育、智育、体育、美育和劳育的诸育并举和相互贯通，所以正确处理诸育关系对于教育目的的实现至关重要。

在诸育关系认识上，有两点至关重要。一是各育均有相对的独立性。应当根据不同的教育内容或领域的特点实施合乎规律的教育，有重点地完成整体教育目标，同时使德、智、体、美、劳诸育相互配合、互相促进。二是现实或真正的教育应是一体的。在实际工作中虽然有所分工，但所有从事教育工作的人，都兼有完成德、智、体、美、劳诸育的任务，都应是德育兼智育、体育、美育、劳育的工作者。只有这样，全面发展的教育目的才可能真正实现。

（三）全面发展与因材施教的关系

全面发展与因材施教是全面发展和个性发展相统一的具体要求。全面发展的一个维度是自由发展，全面发展不仅不排斥个性发展，而且以个人合乎本性的自由发展为条件。全面发展不等于平均或平面的发展。不同个体所处环境不同，自身素质和客观条件也不同，因而会形成不同的个性、兴趣和特长。所以，必须根据每一个学生的特殊性对学生因材施教，在充分发挥每一个人的长处的同时求得他的全面发展。全面发展是指学生基本素质的发展，学生可以而且应当在基本素质全面发展的基础上保持并发展自己的兴趣和特长。就个人来说，基本素质的发展和兴趣、特长的发展是相互依赖、相互促进的。所以在教学工作中，要承认学生的个人特点，承认学生之间的差别，把全面发展与因材施教结合起来，使学生既有比较完善的基本素质，又能充分发展其特长，形成丰富而独特的个性。①

（四）全面发展与职业定向的关系

职业定向与人的全面发展从二元对立走向对话融合是现代教育理论的重要内容之一。传统的职业教育定位为“工匠教育”，即为了训练某种单一的技能，牺牲其他肉体与精神方面能力的发展，造成人的片面、畸形发展。随着工业时代的到来，职业中的知识含量越来越高，职业既是一种“专业性”和“事务性”的活动，又是一种“艺术能力”和“社会教养”的提升过程。适应现代社会需要，一种新型的职业观应时而生。这种新型职业观认为：其一，职业发展成功的标准不是劳动效率提升或职位提升等外在形式，而应体现在人本身才智与道德的发展上。其二，职业即生活，职业即生长。职业为人的生活提供了不同的生活经验，而这些不同的经验正是人全面发展的基础与载体。因此，职业定向不仅是人全面发展的目的，更是实现人全面发展的方法与途径。在义务教育之后，只要完善学生职业定向的指导措施，充分尊重个人的选择自由，职业教育就能与人的全面发展一致。

---

① 柳海民.教育原理[M].北京：高等教育出版社，2006：205.

(五) 推动人的全面发展的教育探索之路

第一,自由教育,即以发展理性为目标并使人的心灵得到解放与和谐发展的教育。自由教育是顺应人的本性的自然发展教育,一种启发和促进人的创造冲动的博雅教育,一种激发精神生命无拘束发展的解放教育。当代中国的自由教育应该是培养人的理智和修养、发展人的独立个性、使人的心灵得到解放并实现个体自由发展的教育。

第二,创造教育,即以培养人的创造力为目标的教育。通过对个体认知、智能与潜质的唤醒,使人的自主性、开放性、智慧性和创造性得以和谐生成,人的探索精神、发散思维和创造欲望得以全面激活,从而培养与现代化事业相适应的能力素质。当今世界,国家之间的竞争主要是人才的竞争。因此,人的创造能力显得愈加重要,培养创造型人才是知识经济对教育的必然要求。大力发展素质教育、课程设置综合化以及提倡启发式教学模式等是培养符合现化化建设人才的必然要求,也是促进人的现代化的题中之意,更是促进人的全面发展的应有之义。

第三,整体教育,即全面和谐的教育。通过德、智、体、美和知、情、意的全方位培养,促进个体的精神健康、人格和谐与素质全面发展;通过科学与人文知识体系的整合教育,促进个体思维方式、认知路径和创新行为的健康、和谐与全面发展。通过理论学习与社会实践相统一、思想道德教育与科学文化素质教育相结合、课堂教育与课外教育相协调以及主干课程和其他课程的相配合等全方位育人的方法与途径共同作用,使人成为与现代社会相适应的具有思想道德素质和科学文化素质的全面发展的人。

第四,终生教育,即以最大限度实现人生价值为目标的教育。终生教育,旨在通过全时空、全方位的教育,促使每个个体学会学习,学会生存,学会发展,学会合作,学会创造,从而面对社会变迁具有可持续的应变能力。

复习思考题

1. 试分析教育目的、教育活动、教育方针的关系。
2. 简述我国教育目的的基本精神。
3. 简述人的全面发展的基本内涵。
4. 结合实际,谈谈如何在教育教学工作中落实立德树人?

第六章 课程

课程不仅是构成教育活动的基本要素，也是决定教育质量的重要环节。正确理解课程的基本概念，掌握课程设计的主要模式，对于强化课程意识、提高教育教学工作质量具有重要的意义。本章主要对课程的基本概念、课程的一般范畴和课程设计的主要模式等进行介绍。

第一节 课程概述

一、课程与课程理论

（一）什么是课程

课程是课程论最基本的概念，关于课程的概念一直倍受学术界关注。目前，课程论作为教育理论中的一门基本学科，已得到了学术界的公认。然而，课程这样一个最基本的概念，在课程理论的不同流派中，却没有达成共识。人们往往从不同的立场和角度出发去研究课程，关于课程的概念有不同的表述。

课程的概念，必须回答课程究竟是什么。国内外较有影响的课程概念主要有以下三种。

1. 课程是知识

这是一种比较早、影响相当深远的观点，也是比较传统的观点。斯宾塞的"什么知识最有价值"的思想，表达了将课程看作知识的倾向。可以说，世界范围内，近代课程体系主要是在这种观点影响下建立起来的。目前在国内，这种课程观仍最具代表性和广泛性，表现在我国中小学普遍实行的学科课程及相应理论。

这种观点的基本思想是：学校开设的每门课程是从相应科学中精心选择的，并且按照学习者的认识水平加以编排。作为知识的课程通常特别强调课程计划（教学计划）、《课程标准》（《教学大纲》）和教科书等所谓看得见、摸得到的客观存在物。

当课程被认为是知识并付诸实践时，一般特点在于：课程体系以科学逻辑组织；课程是社会选择和社会意志的体现；课程是既定的、先验的和静态的；课程外在于学习者。

从心理基础而言，这样的课程主要关注并依赖学习者的认知品质和认知过程。

2. 课程是经验

这种观点主要是在对前一观点的批评和反思的基础上出现和形成的。人们发现，将课程看作知识，很容易导致"重物轻人"的倾向，即强调课程本身的严密、完整、系统和权威，却忽视了学习者的实际学习体验和学习过程。而且，从课程是知识的认识出发，课程确实能设计编排得十分合理，但在实践领域却往往并不能达到预期效果。这样的问题，几乎在各个国家的不同时期都被人们注意到和批评过。于是人们提出，实际上只有那些真正为学生经历、理解和接受了的东西，才称得上是课程，也就是说只有当学生与知识发生了相互作用，知识才可能真正转化为课程。于是，许多人在谈到课程时开始使用“经验”这一概念，并且进一步认为课程就是学习者本身获得的某种性质或形态的经验。

当课程被认为是经验时，一般特点在于：课程往往从学习者角度出发和设计；课程与学习者个人经验相联系相结合；课程强调学习者作为学习主体的角色。

从心理基础而言，这样的课程不仅关注学习者的认知品质和认知过程，还特别强调和依赖学习者个性的全面参与：如主动性、积极性、选择性、感情、兴趣和态度等。

3. 课程是活动

这是一种较新的观点，认为上述两种观点所表达出来的思想都有局限。比如将课程理解为学科教材，教师容易把握，但也容易导致“见物不见人”的倾向；把课程理解为学习经验，有利于解决“教育中无儿童”的问题，但教师会感到迷茫，不知如何操作。我们认为，走出这种两难困境的唯一办法是要改变传统的非此即彼——要么是主观学习经验，要么是客观学科教材的思维方式，将视角转向二者交合处——活动，从活动的角度看待和解释课程。①

这种观点比较新颖，但有关资料较少。从现有理论成果中可以看出，这种看法认为课程应当具有以下特点：强调学习者是课程的主体，强调主体的能动性；强调以学习者的兴趣、需要、能力和经验为中介实施课程，从活动的完整性出发；突出课程的综合性和整体性，反对过于详细的分科；重视学习活动的水平、结构、方式，特别是学习者与课程各因素的关系。

从心理基础而言，这种课程也强调全面性，即除了认知过程之外，学习者的其他心理成份同样是实施课程必须考虑的。

在世界范围内，“课程是知识”的观点形成较早；“课程是经验”的观点出现较晚；“课程是活动”的观点最为新颖。迄今，三种观点都对课程实践产生着不同程度的影响。就国内情况看，人们普遍接受的主要还是“课程是知识”的观点。但是，从课程发展趋势而言，“课程是经验”“课程是活动”的观点也愈来愈多地影响着人们对课程的认识与理解。

（二）什么是课程论

顾名思义，课程论是研究课程的专门理论。但是，众多以课程论为名的理论体系存在着很大的不同，除了有不同流派之外，还存在着研究层次上的区别。

大体说来，课程论从内容上可以分为两个层面。

第一个层面，是关于课程基本理念方面的探讨，是人们对课程最根本的认识，通常由一些思辨性较强的题目，以及比较概括化和抽象化的理论性观点及其说明论证构成。例如，课程的终极目标是什么？课程的基本价值是什么？课程的实质是什么？课程的结构应当是什么样的？课程的内容应当包括什么？等等。

第二个层面，是关于课程设计或编制方面的探讨，通常是由一些操作性很强的要求、步骤、原则、方法等说明和规定构成。例如，课程的具体目标怎样建立？课程的结构如何确定？课程的内容怎样规划？课程的实施如何展开？课程的结果如何评价？等等。

---

① 冯晓霞.以活动理论为基础构建幼儿园课程[J].学前教育研究，1997(4)：22-24.

完整的课程理论,应当包括以上两个部分的内容,也就是能够兼顾理论性和应用性,但从理论研究和发展的实际来看,这两个层面往往又是分离的,某些研究侧重于基本理念,另一些研究侧重于应用。

二、课程的理论基础

(一)课程论与哲学

在课程的各种理论基础中,由于哲学本身的特性,使哲学对于课程的影响最为长久和深刻。

一般说,哲学对课程的影响有两个层次。一是哲学本体论的层次,在这个层次上,哲学对于课程的影响与对整个教育理论的影响是一致的,即用关于自然、社会和人的学说的哲学理论诠释教育活动的性质和意义,并且贯彻到课程领域,表现为形成关于课程的各种基本理念:课程是什么、课程的基本价值和终极目标等。

二是方法论层次。随着哲学和课程论本身的发展,哲学在这个层次上对课程论的作用逐渐增加,尤其是在认识论领域。人们是如何与外部世界发生认识关系的?知识的本质是什么?人与认识对象之间存在什么样的联系?等等。对于这些问题的回答,直接影响着课程的具体面貌,包括从内容的选择到形式的决定。

哲学对课程论的作用有时是通过中介进行的,通过与课程论更为密切的其他学科间接地影响到课程,最显著的就是心理学和教学论。这两门学科本身就以哲学作为主要理论基础,不同的心理学和教学论与不同的哲学流派关系极为密切。同时,它们与课程论的关系也更为直接。

(二)课程论与心理学

心理学作为课程论主要理论基础之一,与哲学相比较,对课程的影响更加直接,更加明显,也更加具体。不仅如此,哲学对于课程论的影响,往往还通过心理学作为中介实现。随着课程论和心理学各自的发展,心理学作为课程论理论基础的作用也越来越强,越来越突出,甚至在某种程度上已经超过了哲学。

与心理学结盟是课程论成为独立科学的主要条件。课程论与心理学的联系,最早可以追溯到亚里士多德。教育史的研究把亚里士多德公认为将心理学引入教育的第一人,亚里士多德按照儿童的年龄特征划分教育阶段,并且为各个阶段设置相应课程。此外,他还论证了灵魂的三个部分及与之对应的三种教育,这些都是将课程建立在心理基础上的尝试,有着重要的理论价值。但就如那时的课程论思想还不能称为真正的课程论一样,亚里士多德的心理学思想同样不能算作真正的心理学。

真正为课程论建立起心理学基础的人是赫尔巴特。他从观念心理学出发,对于课程进行了多方面的探讨,从儿童兴趣出发提出并论证了课程结构,从观念的运动说明学生获取知识的过程,从新旧观念的联系讨论教材的安排顺序,甚至从学生心理活动的连续性质疑分科课程的合理性。虽然彼时心理学的发展水平仍然有限,课程论的独立更是十分遥远,但赫尔巴特努力把课程与心理学全面地联系起来,并从心理学为课程寻求说明和依据,对于课程论后来的发展作出了重要的贡献。

心理学在成为独立科学并且成为课程论的基础理论后,对课程论的发展发挥了极大作用,甚至部分地取代了哲学对课程论的影响。与包罗万象的哲学相比,心理学关于人的思维和智力的解释，关于人的学习行为的理论，表现出与课程更为密切的关系，也为课程提供了更为丰富和具体的帮助。在一定意义上可以说，课程论的许多基本问题，像课程的本质、课程实施过程、课程的内部结构和课程的顺序安排等，都能够从心理学中找到充分的支持和依据。

（三）课程论与教学论

从目前的趋势来看，今后相当长的时期内，国内的课程论和教学论将共同存在。针对这种趋势，课程论的发展应当注意与教学论的联系，自觉地将教学论作为自己的理论基础。

教学论成为课程论的理论基础，首先在于二者本身的联系。在课程论与教学论分立的情况下，像教学活动中学生与教师的关系，不同教学组织形式和方法的特征，教学活动的特点和模式等问题的研究，主要是由教学论承担的。而这些问题，全部关系到课程理论，不仅课程在实施过程中需要面对，而且在课程设计时就必须加以考虑。课程结构的确定、课程类型的选择、课程内容的安排和课程评价的构想，总建立在对于教学活动的某种假设之上，或者说以某种教学论的观点为依据。离开教学论的基本观点，课程就失去了最根本的基础。

其次，虽然长期以来国内没有独立的课程论，但对课程问题的研究并不是一片空白。在我国教学论的发展中，无论是否冠以课程的题目，实际上都已经对课程问题进行了大量的研究，并积累了许多成果，尽管在量和质上十分有限，但其中相当一部分是在中国教育实践基础之上产生的，有着重要的现实意义，比如关于教学计划、《教学大纲》、教科书的研究，关于课程设置与学生全面发展关系的研究，关于学科课程及其发展的研究等，至今仍对国内基础教育课程产生着深刻影响。这些成果的重要性不亚于国外比较成熟的课程论，无视这样一些成果而去发展中国的课程论是不可想象的。

三、决定课程的几个基本关系

在谈到教育的发展时，一般都会指出政治、经济、文化、科技的制约和决定作用，这些对课程来说也不例外。但仅仅如此，并不足以解释说明课程与其他教育现象的区别，也不足以解释说明不同的课程流派及课程实践的千姿百态。课程自产生之日起，便获得了自身的独立性。这就是说，一方面，它总是存在于一定的、具体的历史条件下，受制于政治、经济等因素；另一方面，它又有自己的生命力，有自己成长发展的特殊规律。事实上，在课程内部客观存在着一些基本矛盾关系，这些基本关系的相互作用及其结果，推动着课程的进步和发展，决定着课程的具体面目和不同流派。当然，这些基本关系说到底还是要受制于政治、经济等因素，但它们对课程所起的作用更为直接。

在面对课程的一些主要决定时，比如选择什么内容、采用什么方式等，人们经常会发现，不同的课程理论流派，往往在同一个问题上执各不相同、甚至针锋相对的主张。如果加以审视和思考，又会发现它们的确各有道理，都从不同方面揭示了课程的一些真理，能自圆其说。因此，在比较对照不同的甚至对立的课程论流派后，经常会得出这样的结论：看起来截然对立的观念不是非此即彼的真理或谬误，而是各有其科学性与合理性，往往需要根据具体的社会和历史条件以及教育现状，才能在双方的对立当中寻求一个比较合理的落脚点，从双方的主张之中吸取正确的成份，形成比较全面和公允的判断和决策。课程内部的基本矛盾关系，正是形成这些争执和对立的根源所在。也就是说，这些基本关系以及对待基本关系采取的不同态度，是不同课程流派产生的主要原因。下面将对决定课程的几个基本关系进行讨论。

（一）直接经验与间接经验

伴随着课程的成长与成熟，在课程理论研究中逐渐形成了两种对立的声音。一种声音是课程应当给予学生间接经验，另一种声音是课程应当使学生获得直接经验。主张间接经验为主的课程，典型的表现形式是学科课程，认为课程就是分别从各门科学中选择主要内容，组成不同学科，彼此分立地安排它们的顺序、学习课时和期限。主张直接经验为主的课程，典型的表现形式是活动课程，认为课程应当是一系列学生自己组织的活动，学生通过活动学习，获得经验，培养兴趣，解决问题，发展能力。这是课程论中有代表性的两种主张。

间接经验为主的课程历史比较悠久，但隐含着缺陷：它与人类一般认识及个人认识的过程是相违的，不是来自生活和生产实践的需要，也不在学习之后直接回到实践中去，而是从概念到概念，从书本到书本。其优点是赢得了教育的时间和速度；缺点是失去了认识的完整性和活力。当人们把它当做唯一的课程类型时，就必然造成学习者在发展上的局限，即对于所学知识缺少深刻的理解，不善于将所学理论应用于实际，提出问题和解决问题的能力欠缺，态度价值观的养成没有与知识的获得同步等。实际上，这样的缺陷早已为许多教育家所意识到，并且从不同角度进行了思考和批评，而在这些思考和批评中，经常将直接经验作为武器来使用。

杜威最自觉、清醒地论证了直接经验在个人成长中的意义，并以极大的魄力将儿童个体的直接经验加以规范，具体化为课程，并且付诸实践。这使得直接经验进入学校课程，获得正式地位，与间接经验为主的课程分庭抗礼。在杜威的实验学校中，传统的学科课程不复存在，学生通过各种各样的活动学习知识和锻炼能力，开创和形成了教育史上能够与传统的间接经验为主的学科课程相抗衡的活动课程体系。

在今天世界范围内，以学生直接经验为主的课程并未取代间接经验为主的课程，但已经成为课程结构中的有机组成部分，融入了现代课程的整体之中。欧美国家各门课程中多样化的实践活动，日本的综合活动时间等，都属于此类课程。在我国基础教育的课程传统中，长期以来只有间接经验为主的课程。2001 年，教育部颁布《基础教育课程改革纲要（试行）》，指出要改变课程内容“难、繁、偏、旧”和过于注重书本知识的现状，加强课程内容与学生生活及现代社会和科技发展的联系，关注学生的学习兴趣与经验，精选终身学习必备的基础知识和技能。课程内容的这一转变，对于改变学生学习生活和现实世界相脱节的状况，调动学生学习的主动性和积极性具有重要意义。

（二）知识与能力

课程究竟是应当给学生某种完整的或某种意义上实用的知识储备，还是通过传授知识来发展学生的各种能力？这是课程必然要回答的问题，也是课程历史上十分古老的问题。

这一基本关系曾发生两次较大冲突。

一是发生在 18 世纪前后的形式教育与实质教育关于知识和能力的著名争论。在这次争论中，强调课程以传授知识特别是科学知识的实质教育获得了最终胜利，结果是主要以自然科学为基础和内容的课程大规模地发展。

二是以本世纪中叶以来的课程改革为代表。面对科学技术的迅速发展，人们意识到课程只关心给学生什么样的知识，无法满足社会对教育的要求，于是将改革的目标定位于如何使学生通过课程的学习获得能力的良好发展，并且对只关注知识完整性、系统性的课程进行了批判。与形式教育和实质教育的争论比较，此时的争论要更为深入和成熟，表现为人们不再简单地看待二者的对立，而是努力去将它们统一起来。

中国教育在开始现代化进程时所引进的课程，是在西方十八、十九世纪形成的，也就是发生在形式教育与实质教育论争之后，是实质教育的思想占据优势的条件下形成的，是知识取向的。新中国成立后学习苏联的课程，知识取向倾向不仅没有改变，反而进一步强化。在苏联和我国的教育理论中，虽然提到了要培养学生的能力，但实际是将能力的发展作为学习知识的自然结果，过分地强调能力对知识的依赖。似乎只要选择和学习了正确的知识，能力的发展便有了保证。这种课程思想对中国基础教育产生了极为深刻和长久的影响，使课程的研究改革始终局限在知识增减范围，缺少真正从培养能力目的出发的有价值的探讨。

知识与能力之间存在着内在联系，不能截然分开。这是面对这一关系时首先应当强调的。没有任何知识能够完全凭借"灌输"被学生掌握，总需要个体凭借一定的能力才能得到，因此能力是获取知识的必要条件。反过来说，也不存在完全不依赖于任何知识的能力，无知必然愚昧，能力的发展更是无从谈起，学生只能根据自己已有的知识去进行各种各样的活动，并且在这些活动中形成、运用和提高能力。因此，知识是能力形成和提高的基础。无论课程是知识取向还是能力取向，知识与能力的内在联系始终存在。但是知识与能力又各自具有独立性，从存在方式上分属于不同范畴。在发展上，彼此的独立性就更加明显，知识在量上的积累并不必然导致能力的提高，能力的形成除了与知识相关外，还有自己的规律和特征。

处理好这一基本关系，才能将传授知识与发展能力真正统一起来。为此，人们进行了多种多样的尝试，课程本身成为统一这一关系的基本思路。《基础教育课程改革纲要（试行）》提出，要改变课程过于注重知识传授的倾向，强调形成积极主动的学习态度，使获得基础知识与基本技能的过程同时成为学会学习和形成正确价值观的过程。这一根本性的转变，对于全面实施素质教育，培养学生具有社会责任感、健全人格、创新精神和实践能力、终身学习的愿望和能力、良好的信息素养和环境意识等具有重要意义。

（三）分科与综合

分科与综合的关系在课程发展过程中也是由来已久的，但在很长的历史时期内并不是课程发展中的主要问题，只是在当代才成为课程实践和理论研究中十分突出的课题，成为今天人们设计课程时不可回避、必须考虑和处理的关系。具体地说，就是如何看待和处理分科课程和综合课程的关系。

古代或早期的课程以整体、综合为特征，中西莫不如此。但是古代的综合是低水平的，是人类认识初级阶段的表现，是以人类对自身和外部世界模糊、朦胧、不精确的认识为基础的，并不是一种自觉的选择。

近代课程是分科的。课程近代化的标志之一是建立在近代自然科学基础之上的独立设置的课程的出现和成熟。近代自然科学的发展是人类认识史上伟大的进步之一，标志着人类对于自然、社会及自身的认识从整体、笼统到分化，并且达到了前所未有的深度和高度。分科课程的出现、进入学校教育领域并逐渐站稳，是这一进步在教育上的反映。近代教育历史上对课程作出卓越贡献的著名教育家们，其主要贡献正是在分科课程领域。夸美纽斯提出"百科全书式"的课程、赫尔巴特从培养兴趣出发论证分科课程的合理性、斯宾塞着眼于人的现实社会生活论证分科科学课程的价值等。实际上，支撑着世界范围内义务教育发展的，正是分科课程的体系。

综合课程的研究和尝试在二战之后达到高潮，成为当代课程实践和理论发展中一个重要的课题。综合课程成为关注的焦点，有着很强的针对性和指向性：即分科课程的局限性，尤其是分科课程发展和相对成熟后显示出来的不足。具体说，即过分强调分科，或分科过细过繁导致学科之间封闭甚至相互重复。人们希望通过综合课程，打破各学科之间的界限，建立彼此之间的联系，提倡综合课程有不同的侧重点，但总体而言，综合课程或课程综合化的主张主要是针对分科课程而言，综合是作为分科的对立面产生、存在和发展的。

分科与综合反映了人类认识的两种基本方式——分析与综合，这是认识论的两个基本范畴。分析的方式注重探究事物自身的特征，注重了解特定事物的个性和特殊规律；综合的方式强调事物之间的联系，不同事物之间的共性和普遍规律。就人类认识的终极目标来说，这样两种方式都是不可或缺的；就人类个体的认识能力来说，缺少其中任何一种都将造成发展不平衡；就人类认识的历史过程而言，这两种方式共同发挥着动力作用；就具体的历史阶段而言，两种方式的地位会变化转换。课程的发展与上述状况有相似之处，当人们强调和追求其中一个方面时，便赋予课程不同的功能，体现不同的认识方式和不同的认识结果。在认识上如此，在思维方式的训练上也是如此。就课程结构而言，包括分科与综合两个方面才全面；就学习者的认识和思维的结构而言，包括分析与综合两种方式才合理。

在这一关系上，中国面临的问题与世界基本趋势是一致的，即主要在于分科绝对化。20世纪80年代以来的课程改革，进行了综合课程的各种设想和尝试。《基础教育课程改革纲要（试行）》提出，要改变课程结构过于强调学科本位、科目过多和缺乏整合的现状，整体设置九年一贯的课程门类和课时比例，并设置综合课程，以适应不同地区和学生发展的需求，体现课程结构的均衡性、综合性和选择性。曾经在西方国家出现过的广域课程、生态课程、STS课程、我国浙江省开设的自然科学课程等，都是很有价值的实验，也取得了不同程度的成就。不过在全世界范围，应当就哪些内容、在什么阶段、采用何种方式设置综合课程，仍然缺乏必要的共识，还在探索之中。

（四）人文主义与科学主义

今天人们经常提的人文主义课程或课程中的人文主义，主要是在文艺复兴时期形成的，虽然后来经历了许多变化，但主要的追求与特点依然保存和固守着，这种传统的最重要的特点表现在以下几个方面。

（1）在课程目的上，重视人，崇尚个性。课程的根本目的在于为个体的发展和幸福服务，个性的和谐、理性的培育、情操的陶冶、身心发展的平衡等都是人文主义课程所追求的目标。简言之，注重课程对整个人的塑造和影响。

（2）在课程内容上，提倡广泛的课程范围。标榜人性完满、个性丰富，必然地要求课程本身基础和内容的广博。人文主义课程对科学的进步也表现出容纳和肯定，但是这种容纳和肯定是从个性完满发展的需求出发的，与科学主义课程完全不同。

（3）在课程的实施过程中，充分尊重儿童，热爱儿童。重视受教育者的需求和兴趣，讲究教学方法，提倡学习的主动性和积极性。

科学主义的课程也有许多具体的流派，但在各种流派的差异之中，科学主义的课程传统是共同的，这种传统主要表现为以下几点。

（1）在课程目的上，强调科学本身的价值和力量，课程要为科学的发展和进步服务，即使提到课程对个人和社会的意义，也会归结到二者对科学的依赖或者科学对二者的巨大影响方面。

（2）在课程内容上，提倡和推崇科学、重视各门科学知识在学校教育课程体系中的地位，并不断增加自然科学的内容，及时吸收科学发展的新成就。

（3）在课程实施过程中，对于方法和形式同样讲究科学性，讲究效率。即使关注学习者个体的兴趣、爱好、差异，也是从获取更好的学习结果出发，而不是从学习者个性发展的需求本身出发。

科学主义课程的产生要晚于人文主义课程，而且是在人文主义思想对封建神学的批判和否定基础上，才有了近代科学和科学课程。后来二者逐渐分道扬镳，甚至出现了对立和冲突，其中有两个时期冲突格外激烈。

第一次冲突是科学主义的课程基本形成并且在学校站稳地位，这一时期科学主义课程代表着课程的进步趋势。按照某些学者的观点，这一次冲突持续了二百年。事实上，在斯宾塞大声为科学主义课程摇旗呐喊的19世纪中叶，英国相当的中学课程设置仍然是古典科目占据统治地位，拉丁文和希腊文的教学时间占全部教学时间的三分之二。在两种课程的论争中，科学主义者抨击人文主义课程的空疏无用，落后于时代，人文主义者则批评科学主义课程表现出狭隘的功利主义倾向。伴随着这种论争，科学主义课程逐渐在早期的资本主义国家获得了地位，成为中小学课程的主流。

第二次冲突是人文主义的课程对科学主义课程主流的冲击，这一时期人文主义课程代表着课程的进步趋势。这次冲突在20世纪中叶后日趋激烈。人们在享受科学技术所带来的种种好处的同时，也看到了它的另一面，即现代化武器所带来的毁灭人类的危险，生态环境的灾难性破坏等。所有使人类失去安全感的阴影，几乎都与科学技术有着直接的关系，迫使人们正视科学的负面影响和消极作用，思考科学主义的极端，并且以人文主义与之抗争。一般说，课程中的科学主义极端表现为将科学知识的价值凌驾于人的价值之上，视受教育者为工具，学生沦为知识的载体和科学的奴仆，更严重的是对人的存在、人的个性的漠视和否定，课程不再是培养人的手段而成了目的，科学不再是人认识把握外部世界的工具而成了高高在上的权威。面对这些现象，人们自然地希望依靠人文主义制衡，于是，人文主义课程传统又开始复兴，并对科学主义课程进行批判和否定。

在人文与科学这一基本关系上，我国的课程改革应有自己的特点，我们既要提倡科学精神和科学知识，又要提倡尊重学生和重视个性发展的人文精神。我国当前的课程改革，主要不是克服某一方面的极端，而是在两个方面都要进行“基本建设”：在课程中同时加强人文精神和科学精神。而且，这两方面的任务，都是中国的现代化建设对于教育和课程提出的要求，是课程必须完成的历史使命。

第二节 课程的一般范畴

即使是在课程论研究比较发达的西方国家，课程论的体系也是多样化的。一般说，在各种不同的课程论体系中，有一些范畴比较普遍，是人们在讨论课程时经常采用的，这样一些范畴主要包括课程目标、课程内容、课程结构、课程评价，其中课程评价将在本书第11章教育测验与评价中专门讨论。

一、课程的目标

在课程论中,关于课程目标的理论通常是非常重要的部分,而且经常是一个相对独立的部分。在英文中,“目标”一词常用但又有着不同内涵的单词有 aims、goals、和 objectives。在中文里,长期以来基本上采用“目的”这一概念,没有可以与上述几个英文单词分别对应又相互关联的概念。在需要时,人们往往采用在“目的”前面加上修饰词的方法强调区别,例如教育目的,学科目的等。近年来,随着国内课程理论的发展,开始有研究者注意到普遍使用“目的”概念可能引起的泛化和混乱,于是逐渐出现有区别地使用“课程目的”和“课程目标”的倾向。

对于国外有关课程目标的大量研究,有学者从“垂直”和“水平”两个维度着手进行探讨①。现实中课程目的的用法复杂多样,理论研究中由于理论基础和研究角度不同而产生了各种主张,这种分类方式是比较实用的,下面就这两个方面对课程目标进行讨论。当然有必要指出,所谓垂直和水平都是相对的,比如布卢姆,虽然提出了三个平行的目标领域,但在每一个领域中的研究又是按照垂直的维度进行的。

(一)课程目标的垂直分类

这是指根据目标的性质及其与课程的关系,从宏观到微观将课程目标区分为不同层次的分类方法。

1. 课程的总体目标——教育目的

即英文中的 aims,可以翻译为“教育目的”或“教育宗旨”,实际上带有总体目标的含义,反映特定社会对于合格成员的基本要求,与该社会最根本的价值观一致,通常有较强的哲学理念色彩,以及浓厚的社会政治倾向。这一层次的目标经常被写进国家和地方的教育法,或其他形式的重要的课程文件之中,比如培养合格的社会公民,培养有责任感的社会成员等。作为宗旨的教育目标与课程的关系不如后面所要讨论的 goals、和 objectives 那样直接和密切,但有着重要作用。

长期以来国内关于教育目的的研究和讨论,基本上可以与 aims 相对应,人们所熟悉的教育目的,如全面发展的人、四有新人等,均属于这个意义上的目标,明显地带有课程总体目标的性质。此外,总体目标在各个教育阶段或不同类型学校中往往还有具体化的表述,比如义务教育的目标,高等教育的目标,等等,也就是人们平时所讲的培养目标。

在这个层次上,教育目的与课程目标是一致的,并不存在独立于教育目的之外的课程目标。教育目的主要凭借课程才能得以实现,因此,课程目标必须与教育目的一致。

2. 学科的(领域的)课程目标

即英文中的 goals,按照一般含义,这一层次的目标适用于一定阶段的具体课程,比总体目标更为具体,是总体目标在特定课程领域里的表现。国内外大量关于课程目标的比较专业的研究,相当部分是在这个层次上进行的。国内在阐述各级各类学校课程目标时,所陈述的内容实际上也在这个层次上。例如,小学阶段语文的教学目的(课程目标)是:“指导学生正确理解和运用祖国的语言文字,使学生具有初步的听说读写能力;在听说读写训练的过程中,进行思想政治教育和道德品质教育,发展学生的智力,培养良好的学习习惯。”小学阶段

---

① 李子建,黄显华.课程——范式、取向和设计[M].香港:香港中文大学出版社,1994.

数学的教学目的(课程目标)是:(1) 使学生理解、掌握数量关系和几何图形的最基础的知识。(2) 使学生具有进行整数、小数、分数四则计算的能力,培养初步的逻辑思维能力和空间观念,能够运用所学的知识解决简单的实际问题。(3) 使学生受到思想品德教育。

可以看出,这一层次的目标比总体目标具体,与课程的关系也更为接近,总体目标是以具体课程领域的目标为中介作用于课程的。

3. 课程目标

课程目标即"objectives",这是更为具体的,与课程关系最为直接和密切的目标。这一层次的目标在具体的课程领域内部展开,对课程的作用最具体、最直接。以上两个层次的目标能否真正体现和落实到课程中,主要取决于能否科学和恰当地分解为这个层次的目标。

我国长期以来对这个层次目标的研究比较缺乏,往往从前两个层次的目标直接过渡到教学内容的规定。新中国成立后历次颁布的各门课程教学大纲中,都有教学要求的部分,这些要求实际上具有课程目标的性质,但从内容上看,主要是关于课程内容的规定,比较简单笼统。如小学数学四年级的教学要求有这样的表述:"理解四则运算的意义,掌握加法与减法、乘法与除法之间的关系。"这样的要求当然是正确的,但是怎样才算是"理解"了四则运算的意义呢?如何才算是"掌握了加减法、乘除法之间的关系呢?是能够背诵有关概念?还是能够解决有关的问题?这样的目标,对课程设计和实施的指导意义都是有限的。在国外的课程论发展中,关于课程目标的研究相当发达,泰勒、布卢姆等许多学者做出了重要的贡献。借鉴他们的研究成果,推进国内关于课程目标的研究,将对课程理论和实践产生积极的作用。

需要提到的是,在一些国家,明确要求在课程目标之下提出更为具体、微观的目标,英文通常采用"indicator",国内经常翻译为"指标",从内容指向看,正是为了解决上述问题。比如,"表示、发现、比较物体的分数部分和整数部分,并排序"的课程目标下,会以"indicator"形式描述学生达到目标时具体的表现:"根据长度、面积和容量,表示物体和模型的分数部分(例如,一块巧克力的3/4,2又1/2个苹果派);找出分立集合的单分数部分(28个物体的四分之一)"①等等。显然,这个层次的目标对教师实施课程及其评价更富指导性。

(二)课程目标的水平研究

这是指在课程目标的同一层次上,根据其所涉及具体范围的不同,将课程目标区分为并列的不同类别。在上述课程目标的三个垂直层次上,实际上都存在着目标的不同类别。

关于课程目标的水平研究最为著名的是布卢姆。根据布卢姆的思想,完整的教育目标应当包括三个部分:认知领域、情感领域、动作技能领域,并且每一个领域都有着更为详细、由低到高的区分。

在我国,关于教育目标的水平研究是比较丰富的。比如德、智、体三育的提法,或德、智、体、美、劳五育的提法,实际上就是在教育总体目标层次上所作的水平分类。无论三育还是五育,从总体目标的角度来说都有其逻辑上的合理性,彼此在相互关系上是并列和平行的,使得教育总体目标的内容更加清楚和明确。不过,以往的研究并没有将这些水平范畴进一

---

① 丛立新,章燕.澳大利亚课程标准[M].北京:人民教育出版社,2005:125.

步深入和具体化，因此无论三育还是五育，与课程之间未能建立起确定的实质性联系，而是处于比较泛化和松散的状态。一方面，人们普遍同意课程应当为受教育者德、智、体或德、智、体、美、劳几方面的发展服务；另一方面，对于课程究竟如何促进受教育者这些方面的发展又缺少清楚的思路。理论上的苍白使得自身无法在课程设计过程中产生有力的影响，逻辑上具有全面性与合理性的目标在课程中难以真正落实。

二、课程内容

从一定意义上可以说，课程全部问题就是内容问题，课程设计、课程目的、课程评价以及课程实施，都可以理解为围绕着课程内容的安排及其结果展开的：课程设计是关于内容的组织安排，课程目的是决定内容的依据，课程评价是判断学习内容的实际效果，课程实施是内容的逐步实现等等。因此，对于课程内容的讨论基本上可以包括在上述范畴之内。国内外对决定课程的外部因素的讨论已经十分丰富，并且相当深入和完整，而且还有一些专门的研究，比如政治力量对课程的影响，科学技术对课程的影响等。这些影响虽然涉及课程的各个方面，但在课程内容上最为集中。

不同的课程论流派，对于课程内容往往持有极为不同的主张，决定这些不同主张的，除了上面所提到的各种力量以外，还有课程自身的原因，主要是以下两个方面。

（一）课程本质观

关于课程内容的不同主张，最集中地决定于对课程本质的认识。根据前面的讨论，从知识本位、经验本位和活动本位的课程观出发，在课程内容的理解、选择和组织安排上都会有明显差异。

根据知识本位课程观，课程的内容就是知识，无论是充满了古典色彩的希腊文、罗马史，还是洋溢着科学精神的生物和化学，在这个根本点上是一致的。于是，学生及其学习活动被排除在课程之外。而经验本位和活动本位的课程观，则将学生尤其是学生的学习活动及其体验纳入课程内容之中，并且作为课程的必要条件。于是，关于课程内容的考虑不仅是知识的选择，还必须包括知识以外的其他问题，诸如学生是怎样与学习对象的知识发生相互作用的，课程应当通过哪些活动开展以及怎样活动等。

（二）课程内部基本关系的倾向

前面谈到，课程发展的内部动力在于内部基本关系的相互作用和相互影响。根据这样的观点，课程在内容上的区别也取决于人们在这些基本关系上的倾向性。在这些基本关系上持有什么样的认识，对课程内容就会有相应的选择和安排，可以说，这些基本关系对课程内容的影响比政治、经济、科学等来得还要直接。

在政治、经济、科学发展水平相近的条件下，杜威的儿童中心主义与当时较有影响的另一流派要素主义在课程内容上的主张完全不同，这种不同可以在他们对直接经验与间接经验的不同倾向中得到解释。而目前国内强调的课程应当包括学生的自主、探索性学习，也是源于对直接经验在受教育者发展中的价值的重新认识和肯定。在对语文课程的大讨论中，主张应当选择名篇、经典和主张选择贴近学生生活题材的两种声音，也能够用双方在儿童与社会关系上的不同倾向作出合理说明。同样，布鲁纳的结构主义课程与罗杰斯自我实现课程的差异，十分鲜明地表现出二者在科学与人文这一关系上的对立。

三、课程结构

（一）最常见、最一般的结构形态

近代以来，随着课程的发展，在教学实践中渐渐形成了课程的一般结构：即课程计划（教学计划）、《课程标准》（《教学大纲》）和教科书，尽管在不同国家和地区名称和实施状况往往不同，但这三个层次及相应的内容大体是一致的。这种课程结构的出现与稳定不是偶然的。有了专门的各级各类相互衔接、相互联系的近代学校制度，有了内容比较丰富系统的以近代科学为基础的各门课程，便出现了对课程规范化的要求。在基础教育各个阶段，都要解决这样一些问题：应当开设哪些学科？这些学科的先后顺序如何安排？每门学科分别学习几年？在每一学期各占多少时间？每门学科应当包括哪些内容？等等。而教学计划（课程计划）、《教学大纲》（《课程标准》）、教科书这样一套从比较宏观的设计和比较微观的课程结构，极大满足了解决这些问题的需求，因此逐渐地成熟和稳定下来。

课程计划（教学计划）：是课程的总体规划。课程计划是根据教育目的和不同类型学校的教育任务，由国家教育主管部门所制定的有关教学和教育工作的指导性文件。它对学校教学、社会活动和课外活动等方面作全面安排，具体规定学校应设置的课程、各门课程开设的先后顺序、课时分配和学年编制等。课程计划在课程结构中占有极为重要的地位，它既是纵向结构中最宏观的安排，同时也展现课程的横向结构。

《课程标准》（《教学大纲》）：《课程标准》是根据课程计划，以纲要的形式编定某门课程内容的指导文件，它规定学科的内容范围、体系、课程进度和教法上的基本要求。《课程标准》按学科分别编写；课程计划中所列出的每门课程，都有相应的《课程标准》，它是编写教科书、实施教学和开展评价的直接依据。

教科书：简称课本，它是根据课程标准系统阐述学科内容的教学用书。教科书是《课程标准》的具体化。

一般说，可以将课程计划（教学计划）称为课程的宏观结构，将《课程标准》（《教学大纲》）和教科书称为课程的具体结构。

（二）一般结构的不同存在方式

上述一般结构在世界各个国家的基础教育中普遍采用。然而，这种普遍存在并不是一成不变的，实际上，在不同的教育制度和教育传统之中，一般结构经常表现出不同的特点。

1. 教学计划（课程计划）和《教学大纲》（《课程标准》）

在这样两个层次上，主要有以下两种情况。

（1）以统一要求为特点的存在方式

在中国、苏联、日本和法国等中央集权的教育体制下，教学计划（课程计划）和《教学大纲》（《课程标准》）最典型、最显著的特点就是统一性。基础教育各个阶段分别开设哪些课程，这些课程的内容范围，彼此之间的顺序和联系，都由国家从整体到部分地作出规定，一旦决定并且颁布，便具有法律效力，地方和学校必须严格执行，并确保其在本地区和本学校得到实施。在这种教育制度中，教学计划（课程计划）和《教学大纲》（《课程标准》）的制定和修改，都是国家的特权，在完成制定和修改的过程中，通常会组织大批有关专家和学者参加，并且有专门的工作程序保证得到来自各方面的重要信息。

（2）以多样化为特点的存在方式

在实行地方分权的教育管理体制下，情况则不同，主要特点是没有国家制定的统一计划和标准。也就是说，控制计划和标准的主体不是国家或政府，而是其他机构或团体，这些机构和团体可能是地方教育管理部门，也可能是学区，甚至是学校。在这种体制下，教学计划（课程计划）和《教学大纲》（《课程标准》）表现出极大的灵活性和差异性。同一国家的不同地区，甚至同一地区的不同学校，所实行的计划和标准可能千差万别。

在英国，直到1988年改革之前，既没有统一的国家课程标准，也没有统一的国家课程计划。政府对课程实行相当宽松的导向式管理，主要表现在义务教育结束时举行的两次16岁统一考试：普通教育证书普通水平考试（GCEO）和中等教育证书考试（CSE），学生可以从这两种考试中任选一种。这两种考试对学校课程会起一定程度的规范作用。课程的实际决定权在学校，校长和教师在课程上享有很大的权利和自由。

在德国，教育采取各州分权制，没有国家统一的课程标准和课程计划，16个州各自制定自己的课程标准。为了使各个州之间的课程标准维持大体一致，各州的文化教育部长有例行的专门会议，研究讨论与标准有关的共同性问题，并达成全国性的协议。各州标准有详有略，一般是对课程、教学时间、考试指导等提供广泛的建议和指导。无论详略如何，在各州的课程标准之下，学校和教师的自由度相当大，学校自己举行初中毕业考试，在教什么和怎样教方面，学校享有充分的选择和决定权，有很大的灵活性。

在这方面最为典型的是美国，与其教育管理体制一致，他们的课程反映出高度的自由和灵活性。直至今日，“在美国，几乎16 000个区的大多数都设计他们自己的课程标准，而且50个州中的每一个都有自己的课程指导。”①（此处区似应为“学区”）

2. 教科书

上述区别不仅反映在教学计划（课程计划）和《教学大纲》（《课程标准》）中，也反映在教科书上。

在我国，中小学教科书长期以来采用国家定制，一直持续到20世纪80年代。无论是北京、上海这样相对先进的大城市，还是宁夏、青海这样相对落后的地区，所有学生都使用相同的教科书。这种状况长期以来受到人们的批评，直到教育部正式决定在义务教育阶段进行多样化的教材实验才结束，但到目前为止，还有许多问题没有被很好解决。在这种教科书制度中，教材的编写、出版的权力集中在国家控制的专业出版社，而这样的出版社长期以来又只有人民教育出版社一家，尽管人民教育出版社在教科书的编写出版方面有着极为丰富的经验和极为严格的制度，且到目前为止所出教科书的质量在国内仍无人企及，但显然，由一套教科书“占领”所有中小学，不可能很好地满足众多中小学需求。

日本一直实行教科书审定制度。文部省大臣拥有教科书审定权限，根据学校教育法，规定教科书的审定规则和审定标准。在文部省领导下，审议会对于出版发行教科书的出版社的资格、教科书编写人员资格、教科书的质量等，进行全面的审查，未经审查通过的教科书，一律不准进入学校。地方和学校对经过审定通过的各种教科书，可以进行选择，国立学校（大学的附属中小学等，为数较少）和私立学校由校长决定，公立学校由地方教育行政部门决定。一般来说，中小学各门课程都有几套比较有影响的教科书，以数学为例，约90%的学

① 魏国栋.追求卓越——国际背景下美国八年级数学和科学的教学、学习、课程以及成绩的研究[M].北京：人民教育出版社，1998：27.

生使用的是5种广泛流行的教科书。

美国在教科书的编写和使用上,与课程计划和大纲一样,也是相当自由和多样的。教科书的选择通常要经学区批准,但基本由学校自行决定。过去,校长在这方面有相当大的权利,目前则有较大的变化,主要表现为教师意见的作用逐渐增强。在部分学校,每学期或学年定期召开例行的各学科组织的会议,有些学校会成立专门的组织负责这项工作,教师们根据出版社邮寄的广告、样书和自己搜集到的教科书,以及自己目前使用的教科书的实际效果作为基础,进行充分的比较和讨论,最后决定下一学期或学年各门课程的教科书。然后将有关意见以书面形式报告给校长,校长可以提出意见,最后再上报学区。

(三)一般结构的发展变化

无论是中央集权的国家,还是地方分权的国家,课程的一般结构在近年来发生了一些变化。基本情况大致是,一方面保持原有的主要特点,另一方面出现了与原有特点相反的迹象,强调统一性的开始有所松动,注重多样化的开始进行适度控制。

1. 在统一基础上增加灵活性

1992年国家教委印发了新的计划《九年义务教育全日制小学、初级中学课程计划(试行)》,在这个计划中,专门设置了地方课程,从小学一年级开始安排地方课时,五四学制九年总数为966课时,六三学制九年总数为704课时。地方课时的安排,是我国课程结构的根本性变化。

1986年9月22日,在国家教委领导下,全国中小学教材审定委员会正式成立。1987年10月10日,国家教委颁发了《全国中小学教材审定委员会工作章程》(简称《章程》)。根据《章程》,委员会负责审定中小学各学科《教学大纲》,以及由出版社、学术团体编写的教科书,凡通过审定的教科书,便可以进入中小学校。这个委员会的成立,标志着我国教科书领域大一统的历史正式结束,教科书多样化的历史时期已经开始。目前,义务教育阶段的八套教科书已经通过了审定,分别为不同地区的学校采用。虽然目前我国教科书的多样化还存在许多问题,但这个方向已经为人们接受,更为重要的是,委员会的成立使得教科书的多样化得到了制度上的保证,这有力促进了我国教科书的建设。

日本20世纪90年代的课程改革,在80年代基础上将以继续增加地方和学校的自主性作为目标,"根据统一性和多样性相结合的原则,改善课程管理,发挥地方和学校的积极性,给予地方和学校更大的编制和实施课程的自主权。"①作为90年代课程改革主要特色的"综合学习时间"的设定,只是规定了专门的学习领域,在具体内容上则没有详细要求,由各地区、学校充分发挥自主性,根据自身的条件和学生的实际决定。同时,对中小学课程目标作了调整,除了数学和小学理科外,其他各科均增加了跨年级目标,以便地方和学校根据实际灵活安排。此外,在教学时间上也增加了弹性,原来的规定是小学每节课45分钟,中学59分钟,改革后只规定学年的课程总时数,实际教学时间则可以由学校根据学生和学科的特点决定。

2. 在多样性基础上增加调控

英国在1988年由议会通过了教育改革法令。除了在学制、学校类型、考试制度等方面的改革之外,法令还决定授权教育科学大臣制定国家课程。于是,国家课程委员会制定了各

① 魏国栋.日本教育课程标准的改善[M].北京:人民教育出版社,1999:6.

科《教学大纲》,在给学校保留一定的课程自由的条件下,使得英国第一次有了中小学教学内容和标准上的全国统一要求。虽然对于这项改革仍有许多争论,而且各科大纲为学校留有相当的余地——比如许多目标是跨年级设置的,但这毕竟是英国基础教育的重大变化。

自从 1983 年《国家处在危机之中,教育改革势在必行》的报告发表之后,美国一直没有停止对基础教育的各种改革。其中一项引人注目的举措,就是陆续推出了数学、科学、艺术等若干课程的国家标准。这在一直实行教育分权制的美国是史无前例的。

(四)课程结构的其他形态

人们十分熟悉,迄今为止发挥着重要作用并且必然继续发挥重要作用的“课程计划(教学计划)+《课程标准》(《教学大纲》)+教科书”的结构,是课程结构的主要形态,但不是唯一形态,它的作用和功能是有条件的。例如,普遍存在于许多国家的活动课程,也就是本世纪初我国基础教育课程改革在中小学课程计划中设置的“研究性学习”(即学生获得直接经验的活动课程)。在课程计划中,明确规定了从小学到高中“研究性学习”课程的设置及其课时安排,但并没有颁布相应的《课程标准》和教科书。这是因为,研究性学习(活动课程)的性质并不适宜采用“《课程标准》+教科书”这样的具体结构。

1. 学习者的不同学习方式是课程具体结构的基础

长期以来,我国基础教育中学科课程占据着统治地位,无论是文科课程还是理科课程,在学习方式上基本都以接受教师讲授的内容为主。“《课程标准》(《教学大纲》)+教科书”的课程微观结构与这样的学习方式十分相宜,如《教学大纲》详细罗列学生在课程中所要学习的概念、原理等知识,教科书按照学生的认识水平以尽可能有利于学生理解的方式将这些概念、原理准确地呈现给学生。然而,在研究性学习(活动课程)中,学习方式不再以接受为主,而以学生的自主性探索实践为主,这样上述结构便无法满足教学的需要。

在这样的学习方式中,各种学习结果不再由教师说明、解释,而由学生自己通过各种各样的自主活动最后获得。即学生在教师的帮助下自己寻找、证实和确认,因此,课程标准(教学大纲)+教科书这样详细罗列学习内容的结构是不适当的。①

2. 建立与学生自主性探索学习方式相适应的课程结构

根据国内外有关经验,建立在学生自主性探索学习基础上的课程,具体结构以单元的形式最为适宜,应当由学校教师完成设计。比如,目前中小学所设置的研究性学习便是如此。在每一个单元中,至少必须包括以下三个部分:主题、任务和评价标准。下面就这三个部分分别进行讨论。

(1) 主题

主题是课程单元的主要内容。以自主性探索学习为基础的课程,每个具体的课程单元总是围绕某个主题展开。主题所涉范围相当宽泛灵活,可以来自学科课程的某个内容,比如物理学的某项定理,也可以来自社会和自然的现实,比如环境或人口问题。主题的选择和确定应当遵循学生发展和社会的需求相统一的原则,并富有教育意义。

对主题的选择和安排,应当有宏观、总体的考虑。比如在一个学期、一个学年、一个学段之中,主题应当有比较广泛的覆盖面,只有历史性主题、只有科学性主题或只有社会性主题

---

① 2017 年教育部颁布的《中小学综合实践活动课程指导纲要》中,“活动方式”部分的“考察探究”即对应着课程计划中“综合实践活动”中的研究性学习。

都是不妥当的。

（2）任务

任务是在一定的课程单元中，学生通过各种活动必须完成的学习作业。任务是根据主题确定的，学生的学习及由此可能得到的发展主要是通过任务的设置规定的。

任务的种类是多样化的，如借助必要的资料证明一条几何定理、应用某个数学原理解决具体的问题、调查某地区的空气质量、制作一个飞机模型、起草关于某种工具的使用说明和介绍一种动物的生活习性。在同一个单元中，任务可以是单一的，也可以是复合的。在同样的主题下，可以根据学生的需要、实际的条件设计出难度和广度各不相同的任务。在不同的任务中，学生的体验和发展也不同。

任务的设置应当根据学生发展水平，在同一个主题下，不同发展阶段的学生可以承担不同的任务。例如，环境保护教育在小学、初中和高中都是经常被研究性学习所采用的。选择学校附近一条被污染的河流进行实际调查，就是一个很好的主题，而且对上述三个阶段的学生都能够适用。然而在任务的设定上却应当有所区别，比如在小学，任务可以只是让学生调查河水的污染带来了什么样的后果，什么原因导致了河水的污染，污染是从什么时候开始发生的，等等。在初中和高中阶段，根据他们知识和能力水平的提高，可以考虑让学生完成更具难度的任务。

（3）评价标准

评价标准是对于任务完成状况作出判断的依据。在此类课程的每一单元中，都应当有根据主题、任务、学生具体情况而制定的评价标准。

与接受性学习相比，在这种课程结构中，学生活动的自由度在时间和空间上，乃至思想上和行为上都要大得多。在学科课程中，课程的组织、规范和引导作用是由教师面对学生直接进行的。何时讲授、何时练习、何时讨论、何时阅读，都由教师根据教学目的和任务事先安排并且在教学过程中灵活地掌握。然而，在以学生的自主探索性学习为基础的课程中，这几乎是不可能的，学生活动的范围可能是变化的，学生学习以小组或个人为单位，教师完全无法始终追随所有的学生。因此从一定意义上可以说，对于课程的组织、规范和引导相当部分需要由评价标准来承担。

同样的主题和任务，由于评价标准的不同，会对学生完成任务的活动产生极为深刻的干预和影响。例如，了解学生所在城市或地区的空气或水源状况是目前常见的研究性学习内容。许多学校采用小组合作学习的形式，任务通常是最终提交调查报告。可以设想，如果评价标准仅仅集中在报告的质量上，学生势必将全部努力投入这一方面，如，样本采集是否全面，结果分析是否精确，报告撰写是否通顺等。甚至有可能为了保证报告质量而将任务落实到几个“高手”身上，小组合作最终形同虚设。如果评价标准在报告质量之外提出考察小组人员的责任分工及合作情况，那么在学生完成任务的整个过程中自然会注意彼此的配合与帮助、责任的分配与承担。

制定评价标准时，必须注意以下两点：

① 评价标准应当突出重点。

总体而言，自主性探索学习的目标与接受性学习是一样的，都应当着眼于学生的态度、价值观、能力、知识等方面。对于每一个具体的主题及各项任务而言，都可能在上述几方面引起学生的变化，但却不可能在每一方面都是等量齐观的，必然会各有侧重。在制定评价标准时,应当根据主题和任务的特点,突出最主要的内容。

② 评价标准应当有一定的弹性。

在自主性探索实践中,学生有相当大的自由,由此使他们的个性能够得到比较充分的发挥和锻炼。在同样的主题和任务之下,学生的实际收获会表现出相当大的差异。评价标准本身应当是鼓励而不是限制这种差异。因此,标准应当具有弹性,在保证学生起码收获的基础上,不宜过于细致烦琐。

(五)课程的不同类别

关于课程的另一个重要问题,就是课程的类别,即学校开设哪些不同类别的课程,以及这些课程之间的比例关系,当然,这主要是由教学计划(课程计划)解决的问题。

人们总是根据某种标准来对课程划分类别,一般而言,经常用来作为标准的有以下几种情况。

1. 以培养目标为标准

这是我国长期采用的标准。如德智体美劳五项目标或德智体三项目标,据此在总体上建立相对应的课程结构,以保证学生在这几个方面的发展。再如历史上的教育家赫尔巴特,认为教育应当培养人的六种兴趣,因此学校应当设置六类课程;斯宾塞认为教育应当为个体的生活做全面的准备,因此按照个体生活的五个方面开设五类课程;等等。

2. 以课程的内容或范围为标准

这也是人们经常采用的标准,比如将课程分为文科、理科、艺术几类课程;或者将课程分为自然科学、人文与社会科学、艺术、劳动技术几类课程;将课程分为分科课程与综合课程,等等。

3. 以学生的学习方式为标准

这种标准提出比较晚。学生在课程中的学习方式是不同的,最为典型的便是在学科课程与活动课程之中。在学科课程中,学生的学习方式以接受为主,主要获得各种系统的间接经验;在活动课程(今天国内的研究性学习)中,学生的学习方式以探究、体验、制作等自主活动为主,主要获得各种直接经验。

在课程的发展过程中,课程的类别也经历了从简单到复杂的变化。在相当长的历史时期,关于课程类别的研究主要是关于"门"的:理化生是在同一门课程之中,还是分别开设?计算机是不是作为一门独立课程?等等。可以说,在杜威的进步主义教育运动及其实验开展之前,课程的类别是比较单一的。从欧洲中世纪的宗教神学课程到工业革命后以自然科学为基础的课程,基本都是学科课程。杜威的活动课程,为课程增加了新的"类",它不是与数学、物理、历史、地理等可以并列的又一门学科课程,而是另外一种课的类型。

认识和了解不同的课程类型,可以帮助人们思考课程结构的合理性。今天,中小学课程类别的多样化趋势已经出现,不同的课程类别的意义、价值及其在课程中的地位逐渐成为学校必须面对的问题。

第三节 课程设计

一、课程设计的三个层次

课程设计就是对于课程的各个方面作出规划和安排。课程设计是课程论在应用层面上最重要的范畴之一。一种课程设计的理论,经常会全面地涉及课程目的、课程内容、课程结构和课程评价等各个范畴。每一个范畴提出具体的观点、主张和实现这些观点和主张的程序、方法,并在此基础上形成特定的课程设计模式。

根据所承担的任务和产生的结果,可以将课程设计大致分为三个层次。

第一,宏观的课程设计工作。这一层次的课程设计应当解决课程的一些基本理念问题,包括课程的价值、课程的根本目的、课程的主要任务和课程的基本结构等。无论是针对一门具体的课程,还是针对一个大的课程结构,这些问题都必须给予明确的回答。通常表现为关于课程目的、课程性质、课程目标、课程内容的主要范围或选择内容的主要指导原则等。如我国1992年颁发的《九年义务教育全日制小学、初级中学课程计划(试行)》,1996年颁发的《全日制普通高级中学课程计划(试验)》,就是属于这样的设计。

当设计针对某个教育阶段的较为宏观的课程结构时,还必须进一步解决在这一课程结构内,各类课程应当有什么样的比例关系、具体的课程门类、开设顺序和时间分配等。例如,我国在新中国成立后历次制定的中小学教学计划、目前正在实施的义务教育的课程计划和普通高中课程计划。

第二,中观的课程设计工作。宏观的课程设计完成之后,进一步需要做的,便是将其具体化为各门课程的大纲或标准,并且以教科书或其他形式为物质载体表现出来。这一层次的设计工作以宏观的课程设计为前提和基础,是在具体的课程门类基础上进行的。

第三,微观的课程设计。无论中观设计是比较详细还是比较概括的,进入课程实施领域,必然还要由教师进行再设计。微观课程设计一般不涉及课程的总体目标和学科目标,基本是在接受和认可现存目标的前提下进行的。影响微观设计的因素主要是学生的已有基础及学习状态、教师的自身条件和可以运用的课程资源等。即使我国长期实行大一统课程,课程的宏观及中观设计基本为国家垄断,微观的课程设计仍然客观存在。当然,在中央集权制的国家,教师进行微观设计时受到的牵制比较大,而在地方分权制的国家,教师相应的作用要大得多。

二、课程设计的主要模式

(一)国内关于课程设计模式的研究

早在20世纪80年代中期,国内学者就曾经对课程设计的各种方法做过比较与概括,认为课程设计的方法或模式大致可以分为五种,分别是主观法、经验法、客观法、活动分析法和实验法等。今天看来,这样的概括仍然比较准确,但就课程设计理论的发展来看,上述概括和介绍还比较简单。

在几十年的时间内,国内的课程设计主要采用的是主观法和经验法,即设置什么学科、组织什么活动、选择什么教材、怎样组织安排等,都由某个人或集团的意志来决定;设置什么学科、活动,选择什么教材,怎样组织等,根据对已有的课程、教材使用的经验教训,得出某种结论、认识和原则来决定怎样改进。① 此外,在一些新课程的推行中曾经采用实验法,对一些课程的科研过程中也曾经采用客观法。总体而言,对于课程设计模式的研究是比较缺乏的。目前,国内基础教育课程改革正在深入进行,国家、地方和学校三级课程管理制度将逐

① 王策三.教学论稿[M].北京:人民教育出版社,1985:223-224.

步建立,课程结构的灵活性和弹性也会增加。这些都会对课程设计提出新的要求,除了国家依旧会在课程设计中担任主要角色外,地方、学校和教师都会承担比以往更多更重要的课程设计任务,因此研究和学习课程设计的模式日显必要。

(二)泰勒的课程设计模式

自本世纪中叶以来,伴随着课程论的繁荣,课程设计的模式在一些西方国家得到迅速发展,各种各样的课程模式在种类和数量上都十分可观,其中最为著名、在实践领域最富影响力的是泰勒模式。

泰勒是著名的美国课程理论家,一生著述甚多,但最为重要的是1944年出版的《课程与教学的基本原理》。这本书被认为是课程论的经典,其中提出的关于课程编制的4个问题后来被称为泰勒原理,并且在世界范围内产生了广泛、持久的影响。20世纪80年代,该书出版后仅在美、英等国就印刷了30多次,并且被翻译成多种语言在世界许多国家出版。80年代初,对全美课程研究工作者的一项调查表明,该书是20世纪以来对于课程领域影响最大的两本著作之一。1994年,由施良方翻译的《课程与教学的基本原理》中文译本在我国由人民教育出版社正式出版。全书的内容可以简化为著名的四个问题,泰勒不是直接回答这些问题,而是围绕着解决这些问题的方法和程序,对每个问题都进行实际分析,而后进一步提出解决问题的思路和程序。

第一,学校应该达到哪些教育目标?

泰勒对于这个问题的解决,主要可以概括为以下三个方面。

(1)论证了教育目标的三个来源

泰勒在讨论目标问题时,开宗明义地指出,许多教育计划都没有清楚地界说目标,,然而,教育计划的各个方面,实际上只是达到基本教育目标的手段。① 因此,课程设计和编制的首要任务就是确定所要达到的教育目标。

泰勒认为,确定教育目标主要是选择问题,这样,就应当解决“哪些来源可以被用来取得有助于确定目标的信息?”②泰勒认为,不同的教育流派、学者和学校在教育目标的来源上往往强调某个方面,而任何单一的来源都不足以成为课程目标的基础,课程目标应来源于三个方面:对学生的研究、对当代社会生活的研究和学科专家对目标的建议。

在对学生的研究中,泰勒认为,把学生目前的状况与理想的常模加以比较,确认其中存在的差距,就能够发现教育上的需要,从而提出教育目标。泰勒认为教育是主动的过程,是学生积极投入的过程。因此,虽然是行为主义者,泰勒却十分重视情感、思维这样一些通常不被行为主义赞成的东西,并且将其包括在课程目标之中。

在对当代社会生活的研究中,泰勒强调选择。他认为由于社会变化的迅速,学校必须把精力放在当代社会生活中最重要的方面,不要让学生去学习也许在50年前非常重要但今天已经不再有意义的内容。

在研究学科专家对目标的建议时,泰勒指出,存在的问题是过去往往将其当作了教育目标的唯一来源,应当将这些建议与对学生和社会生活的研究结合起来作为目标来源。

(2)解决了教育目标的筛选原则

---

① 泰勒.课程与教学的基本原理[M].施良方,译,瞿葆奎,校.北京:人民教育出版社,1994:1.

② 泰勒.课程与教学的基本原理[M].施良方,译,瞿葆奎,校.北京:人民教育出版社,1994:2.

可以设想，从上述三个目标来源所得到的教育目标，在数量上必然是极为可观的，全部将其当作设计和编制课程的依据不必要也不可能。泰勒提出“我们必须对已经获得的大量庞杂的目标进行筛选，以便剔除那些不重要的和互相矛盾的目标。”①根据什么进行筛选呢？泰勒认为有两个筛子，第一个是学校信奉的教育和社会的哲学，也就是最基本的社会价值观，学校的教育目标当然要与此一致。第二个是学习心理学所提示的选择教育目标的准则，也就是说，学校的教育目标应当是学习心理学认为可能达到的。

（3）规定了教育目标的表述方式

仅仅有目标的合理性仍然是不够的，目标还必须得到正确表述。泰勒特别指出，教育目标的表述应当有助于选择学习经验，有助于指导教学过程。他指出在陈述教育目标时存在着一些常见的错误，一种是“把教育目标作为教师要做的事情来陈述，例如，介绍进化论、演示归纳证明的性质、介绍浪漫派诗人、介绍四部和声等。”而在他看来，学校的教育目标，“都应该是陈述要学生发生的变化”。第二种是“列举一门或几门学程所要涉及的课题、概念、概括或其他内容要素”。例如在美国历史中会有这样的目标：“殖民时期，宪法规定，西部开发运动，内战与重建以及工业化”。或者是以概括的形式来陈述的。“例如，‘物质既不能被创造，也不能被消灭’，‘绿色植物把太阳能转化成葡萄糖的化学能’等。”而在他看来，“陈述教育目标的目的，是要指明期望学生产生的各种变化。”第三种是“采取概括化的行为方式这样的形式”，例如，“发展批判性思维”“培养鉴赏力”“形成社会态度”和“形成广泛的兴趣”等等。这种陈述固然指出了希望通过教育在学生身上引起的变化，但是，由于目标如此地高度概括化，要有效地达到是不大可能的。在他看来，“必须更加明确具体地指出这种行为运用的内容或将要应用这类行为的生活领域”。②

在分析批评常用的目标表述方式之后，泰勒提出了自己关于目标表述的主张，“最为有效的陈述目标的形式，是以这样的措辞来表述：既指出要使学生养成的那种行为，又言明这种行为能在其中运用的生活领域或内容。”③并且创立了能够有效地陈述教育目标的工具：二维图表，借助这一工具，可以将每一个教育目标分解为内容和行为两个方面。即学生应当到达的行为，运用这种行为的领域或内容，并且将两个方面的相互对应关系清晰地表达出来。④ 也就是说，教育目标不仅要清楚地说明要学习什么知识技能，同时要说明，学生掌握这些知识技能后可以完成什么样的行为。比如，学会某个句型，应该能够在口语和写作中正确加以使用；掌握欧姆定律，应该能够计算某个电路中的电流或者电阻量；认识地图上的比例尺，应该能够计算地图上不同地区之间的实际距离等。

第二，提供哪些教育经验才能实现这些目标？（泰勒在这个问题上先后使用过教育经验和学习经验两个术语，从使用时所赋予的内涵，可以认为二者是一致的。）

泰勒所指的学习经验，不仅是课程所涉及的内容、教师所从事的活动，更不仅是知识，而是包括了学习者与学习对象及环境、条件的相互作用，因为是通过学生的主动行为发生的，学习的最终结果取决于学生做了什么，而不是教师做了什么。教育目标必须通过特定的教

---

① 泰勒.课程与教学的基本原理[M].施良方，译，瞿葆奎，校.北京：人民教育出版社，1994:26.

② 泰勒.课程与教学的基本原理[M].施良方，译，瞿葆奎，校.北京：人民教育出版社，1994:34.

③ 泰勒.课程与教学的基本原理[M].施良方，译，瞿葆奎，校.北京：人民教育出版社，1994:36.

④ 泰勒.课程与教学的基本原理[M].施良方，译，瞿葆奎，校.北京：人民教育出版社，1994:37-48.

育经验才能实现，学生通过特定经验的学习产生和养成教育目标所规定的行为。因此，能否选择好学习经验，决定着教育目标能否实现。泰勒为学习经验的提出和选择制定了 5 条一般原则，此外，还提出了有助于达到教育目标的学习经验必备的 4 个特征。

选择学习经验的 5 条原则如下：

(1) 学生必须具有使他有机会实践这个目标所隐含的那种行为的经验。

(2) 学习经验必须使学生由于实践目标所隐含的那种行为而获得满足感。

(3) 学习经验所期望的反应，是在有关学生力所能及的范围之内的。

(4) 有许多特定的经验可以用来达到同样的教育目标。

(5) 同样的学习经验往往会产生几种结果。

有助于达到目标的学习经验所必备的 4 个特征如下：

(1) 有助于培养思维技能的学习经验。

(2) 有助于获得信息的学习经验。

(3) 有助于形成社会态度的学习经验。

(4) 有助于培养兴趣的学习经验。

第三，怎样才能有效地组织这些教育经验？

泰勒认为学习经验必须组织起来形成连贯的计划，才能使它们产生"累积效应"。① 为此，他提出了组织学习经验的主要准则和一般程序。

组织学习经验时必须符合的主要准则是：

连续性：对于一些重要的目标，要让学生有机会反复地涉及以便于理解和掌握。

顺序性：主要指正确安排难易深浅的顺序。

整合性：是指不同课程之间，以及课程与学生发展之间的横向关系。

泰勒指出，学习经验的组织结构有三个层次。组织学习经验，可以说就是完成将学习经验从最高单元到最低单元的编制程序。泰勒陈述了这一程序的具体步骤：

(1) "对课程组织的总体框架取得一致的看法"，即采用学科课程、还是核心课程等。

(2) "对已确定的每一个领域内所要遵循的一般组织原则，取得一致的看法"，即确定与所采取的课程形式一致的逻辑顺序和原则。

(3) "对采用的低层次单元的种类，取得一致的看法"，即采用系列的课、顺序的课题还是单元。

(4) "制定一些灵活的方案或所谓的'资源单元'，供每位教师在与某一组学生打交道时使用。"

(5) "由学生与教师共同设计班上从事的特定活动。"②

第四，我们怎样才能确定这些目标正在得到实现？

虽然在泰勒原理之前已经产生了众多的课程编制模式，但是将评价正式引入课程编制过程之中的，泰勒是第一人。在泰勒看来，评价就是检查课程的实际效果与预期的教育目标之间的差距。根据这样的思想，泰勒提出了课程评价的程序，特别应当指出，由于这一评价程序具有比较严密的内在逻辑和自身的完整性，它既是课程编制必不可少的环节，又具有明

---

① 泰勒.课程与教学的基本原理[M].施良方，译，瞿葆奎，校.北京：人民教育出版社，1994：66.

② 泰勒.课程与教学的基本原理[M].施良方，译，瞿葆奎，校.北京：人民教育出版社，1994：81-82.

显的相对独立性,后来逐渐发展成为独立的教育评价学科,泰勒本人也因此被称为“教育评价之父”。

评价程序共有四个步骤。

(1) 确立评价目标

泰勒反复强调,评价目的在于了解事先确定的课程目标实现得如何,所以评价的目标就是最初确定的目标。在评价时,要获取学生行为变化的证据,因此,当初用来表述课程目标的二维分析表在评价时同样有用,是课程评价的指南。

(2) 确定评价情境

既然目标本身是行为的,那么,评价显然也就应当是针对行为的,因此评价情境要使学生有机会表现教育目标包含的行为。如评价学生的口头表达能力,评价情境就应当使学生进行口头表达;评价学生的社会交往能力,情境就应当让学生交往。

(3) 设计评价手段

评价手段要与评价情境相一致。比如,在知识的获得方面,可以采用测验;对学生社会适应能力方面,可以采用记录的形式。同时,泰勒还强调,评价手段应当符合客观性、信度、效度这样一些基本准则。

(4) 利用评价结果

评价结果首先可以帮助人们了解课程的实际结果,也就是教育目标实现的状况。此外,通过检验和分析评价结果,还能够提出改进课程的各种假设。

泰勒的课程设计模式在产生巨大影响的同时,也显示出了许多弱点,许多后来出现的课程设计模式正是在对于泰勒模式反思和批评的基础上形成的。至今人们还认为,泰勒模式是世界上第一个完整的课程编制模式,无论同意还是反对,泰勒原理所提出的四个问题是课程设计所不能回避的。

复习思考题

1. 什么是课程？国外关于课程的定义主要存在哪几种观点？
2. 如何理解决定课程的几个基本关系？
3. 试述泰勒关于课程设计模式的基本观点。

第七章　教学(上)

教学工作是学校工作的中心,教学工作开展的好坏,直接影响着学校育人的质量。正确理解和掌握教学相关概念和理论,对于提高教学质量、促进教师专业发展和学生全面发展具有重要的意义。本章主要对教学的概念、意义及任务,教学活动的本质及模式,教学原则和教学组织形式等进行介绍。

第一节　教学的概念、意义及任务

一、教学的概念

教学是学校教育中最基本的活动,也是学校教育的基本途径。在学校中,培养人的活动主要是围绕、凭借教学活动进行的。在国内,教学概念比较常见的表达是:教学是教师教、学生学的统一活动。在这个活动中,学生掌握一定的知识和技能,同时身心获得一定的发展,形成一定的思想品德。

二、正确理解教学概念

1. 区别教学与学习

近年来,比较常见的一种现象是,将教学与学习的概念混同,不加区别地使用这两个概念,有时甚至以学习的概念替代教学的概念。在许多情况下,这种混同与替代并无大碍,但是在讨论学校教育时,就必须澄清二者的关系。

简单地说,教学的概念是一个教育学概念,而学习则是一个心理学概念。学习指个体在环境刺激下产生的相对持久的心理变化。准确地把握这两个概念的联系与区别,需要注意以下几点:

(1) 学习是人和动物共有的。小鸟飞翔,小猫捉老鼠,虽然要依靠遗传条件,但必须通过学习。当然人的学习比动物复杂得多。

(2) 学习活动的发生是广泛多样的。人类从呱呱坠地的婴儿期就开始了形式多种多样、内容多彩多姿的学习,如认识事物、认识亲人、学习翻身、站立和说话等。在科学技术高度繁荣,尤其是信息技术迅速进步的今天,儿童在生活中学习的内容及其所达到的水平是惊人的,使用专门为儿童编制的各种软件,他们可以认识大量的事物,可以完成相当复杂的游戏操作,这些对于他们的成长都是极为宝贵的。

(3) 成为学生之后或者离开学校之后,在工作中和生活中仍然会发生大量的学习。继续教育、终身学习、学习社会这些名词的出现,已经不仅仅是对于未来的设计,而是活生生的现实。

教学的概念与学习的概念存在联系。在课堂里的学习,也是在环境刺激下发生的,也会带来相对持久的心理变化。但是,教学的概念又与学习的概念存在重要的区别:

(1) 教学概念所涉及的学习范围要窄得多,特指发生在学校、发生在课堂里的学习。动物的学习、生活中的学习和学校以外的学习等,都不在教学概念之中。

(2) 从历史上来看,教学作为一种人为的、专门化的活动一出现,整个人类对于后代的教育立刻有了很大的改观,这种改观体现在:在教学的条件下,学生发展的水平和速度,都要远远地高于非教学状态下的儿童。

(3) 在教学中,有一系列自觉的设计。具体包括:教学目标的确定、教学内容的选择、加工和改造等。还包括一系列外在的教学制度,比如课程设置、考试制度等。生活情境中或者一般学习中学完就完了,但在学校教育中显然不行,需要检验、考试,这就对学习结果以及下一步的学习有了很大的保障和促进。

总而言之,如果没有教学,如果没有这些外在于学生的设计和引导,想要在短短的义务教育时间里学完那么多内容、掌握各种基本技能和成为一个合格的社会公民,基本上是办不到的。

2. 理解教与学的统一

(1) 教学包括"教"与"学"两个方面,两个方面有相对的独立性,但教学活动是这两个方面的统一。就此,经常出现混淆,最为常见的就是忽视二者的统一,比如单独讨论教和孤立地讨论学。

教学活动中"教"与"学"两个方面既相互统一又相互依存,类似人类的买卖活动。一桩交易,有相对独立的买方与卖方,但买卖活动的发生与存在,只能在二者的统一之中,没有买就无所谓卖,没有卖也就无所谓买,不存在单独的买的活动或者孤立的卖的活动。同理,在教学活动中,没有脱离教的学,也没有脱离学的教。教永远是针对学而设计和实施,学永远在教的引导和领导之下。

(2) 在学校教育中的教学条件下,教与学是永远统一的,不存在"分"或"合"的问题,一旦分开,教学其实就不存在了。好比氢氧结合生成水,水里面固然包含这两种元素,但是若放着水的一大堆属性不管,偏偏要去研究氢气和氧气,那就不对了。教学也是一样,虽然里面有教有学,但是决不能把它简单地还原、分解成教和学。有一些人只讲学习,只重学生的"学",好像那样才是以学生为本,才是真正关心学生。还有一些人总强调教与学的对立,好像一提倡学生的主动性就必须消灭教师的主导,一提倡探究合作就不能有讲授,这些想法显然都是走极端的,原因就在于没有真正理解"教学"的概念,特别是它的核心精神,也就是二者的统一。

因此,就学校教育而言,教与学是不可分割的,相互依存,共同构成教学活动。失去了二者的统一,教学活动就不存在。

3. 学生是教师主导下的主体

人是主体,这个主体可以从事各种各样的主体性活动。在游戏活动中,学生是游戏的主体,在旅游活动中,学生是旅游的主体,在教学中,学生的主体活动就是学习。教学本来就是为了学生的学习而存在的,离开学习这种主体活动,学生不可能学到知识,不可能提高能力,不可能形成积极的情感和正确的价值观。

在教学中，学生也可能脱离教学，如走神、玩手机等，在这种情况下，虽然他们仍然在教室之中，但已经不是教学的主体。另一种情况更为常见，如学生在听课、在讨论、在观察时，不甚了了、似是而非。此时，他们是教学的主体，但他们的主体性没有得到充分的发挥。好的教学活动，能够充分调动学生的主体性，必定是贴近学生的认识水平和需求的，能够唤起他们的智力活动，让他们追求真知。也正是在这样的教学中，学生的主体性才得以提高和发展。

教师是教学活动的主导，学生是尚未成熟的主体、发展中的主体。学生不能凭借自己的力量完成社会要求他们达到的教学目标，而必须借助教师的力量。当然，教师主导的具体形式也必须是多样化的。

三、教学的意义与任务

（一）教学的意义

在现代社会，教学对于社会发展和个人发展都起着重要作用。在基础教育阶段，离开教学活动，个体难以成长为合格的社会成员，也难以获得进一步的发展，难以谋求继续教育和终身学习；离开教学活动，社会的发展将会停顿甚至倒退。

学校教育目的的实现，主要凭借教学活动实现，教学是学校教育的基本途径。教学活动与学校其他活动，如课外活动、共青团或少先队活动相比，处于中心、核心地位。

（二）教学的任务

多年以来，我国教学论关于中小学教学一般任务的研究，已经形成了比较一致的见解。我国教学论的研究取得了很大的进展，因此，关于教学任务的表述相应地也出现了一些新的变化。

1. 关于教学任务的传统表述

先前我国理论界关于教学任务的研究，主要是在学习苏联教学论和总结自己经验的基础上进行的。传统的关于教学任务的认识，主要概括以下三个方面：

（1）传授和学习系统的科学基础知识和基本技能；

（2）在这个基础上发展学生的智力和体力；

（3）在这个活动过程中培养学生共产主义世界观和道德品质。

这三项基本任务在我国中小学教学实践过程中执行与完成的程度是不同的。传授和学习系统的科学基础知识和基本技能的任务，在基础教育的各个阶段总体来说完成得比较好，这一点已经在国际性的比较研究中得到了确切的证实。而对于发展学生智力和体力的任务，以及培养学生世界观和道德品质的任务，在中小学教学实践的过程中完成得不是很好，甚至存在着许多的问题。为此，20 世纪 80 年代以来，国内的教学理论曾经进行了几次大型的讨论，并开展了多项教学改革和实验，目的在于改善这两项任务的执行状况，提高任务完成的质量。

2. 近些年以来我国关于教学任务的不同表述

改革开放之后，我国中小学教学实践发展迅速。通过与世界各国进行教学理论的交流，人们对上述教学任务表述的合理性产生了怀疑，并进行了卓有成效的探讨。人们注意到，在一些发达国家，尽管在阐述教学任务时所使用的概念术语有所不同，但在具体的范围上与我国的认识却是基本相同的,大体也是上述三个方面。但是,在表述的逻辑上却有着明显的差异。比较常见的就是将态度价值观的养成(相当国内的世界观和道德品质),或者能力的培养(相当国内的智力和体力)的任务置于获得知识的任务之前。看起来只是排列顺序的不同,实质上却蕴涵着不同的对教学任务的认识和思维逻辑。

按照国内传统表述的逻辑,科学知识是形成思想感情和价值观、发展各种能力的最根本的基础,离开了科学知识的学习,其他任务就都谈不上。这样的逻辑,一方面对于科学知识的教学提供了强大有力的保证,但另一方面,很容易将思想感情与能力的培养发展当作学习知识的结果,似乎得到了知识,也就提高了思想品德,发展了能力。这就导致在事实上将教学的后两项任务架空。按照一些发达国家对教学任务表述的逻辑,思想感情和能力是首位的,知识的学习固然必要,却应当按照上述两项任务的需求加以选择。可见,两种表述反映出了对于教学任务及其实现的认识差异。

科学知识的学习、思想感情的培养、能力的提高,既相互独立又相互联系,彼此之间存在错综复杂的关系,对于教学任务的不同表述,正是这些关系复杂性的反映。究竟如何认识和表述教学的基本任务,除了要坚持科学性,立足于符合客观规律的基本出发点以外,也要从现实出发,针对教学活动的现实状态,以便强化教学实践的正确导向。目前,国内由国家教育行政部门推行的以及由各种学术团体发起的课程与教学改革中,在任务和目标的表述上做了许多改革,表现之一就是不再恪守传统,采用了类似发达国家的方式,将思想感情和能力的培养置于教学任务中居前的位置,同时将学习知识的任务放在靠后的位置。显然,这样的变化,意在改变长期来在我国中小学教学活动中,过于强调知识以至忽视思想感情和能力培养的倾向。

第二节 教学活动的本质及模式

一、教学活动的本质

教学活动是一种认识活动。它服从人类认识活动的一般规律,如认识是人脑的反映,认识过程是一个从感性到理性,再由理性到实践过程的规律等。同时,教学活动作为一种相对独立的认识活动,既要受到这些认识规律的制约,又表现出它自己独有的特征。教学活动就其本质而言,是一种特殊的认识活动。

(一) 教学认识过程是一种学生的认识过程

在基础教育阶段,教学认识主要指中小学生的认识,这是教学认识最具决定性的特征,后面几条特征也受到这一决定性特征的制约。

在相当长的历史时期内,学生认识的特殊性并没有得到足够的重视。随着社会的进步,受教育成为每一个年轻社会成员的义务和权利,他们在教学认识中的特殊性问题研究日益突出并为人们所关注。心理学的发展,特别是近几十年来发展心理学的兴起,尤其是皮亚杰、维果茨基等人的理论,为其提供了大量有价值的研究成果,为这一问题的解决提供了理论基础。与传统理论相比,今天的教学论中关于教学认识的研究,格外重视学生的认识规律。

教学活动必须考虑作为认识主体的学生的认识水平和方式,不能够将以成人认识为对象的研究结果直接套用到学生身上。教育者应当尽可能地了解不同发展阶段的学生是怎样认识的,这些认识阶段分别具有什么样的特征,并在此基础上设计和实施教学。

(二)教学认识过程是一种间接性的认识过程

在教学活动中,学生的认识,主要是为了掌握由课程计划、课程标准确定的,通过教科书具体陈述体现出来的,人类在千百年中积累的知识经验。学生的这种认识与其他个体或科学家的认识不同,其他个体与科学家的认识主要通过个体亲身探索与经历人类尚未认识的事物,而且是不确定的事物。而学生的认识在总体上是去认识人类已知的事物,在认识的对象和方式上都具有间接性的特点:

首先,认识的对象是间接的。学生学习的知识不是本人亲身获得的,而是现成的、前人认识的结果,主要表现为书本知识和理论知识。这些知识是数十年、数百年、数千年间由前人逐渐积累起来的,是经过长期、反复的实践检验的真理性知识。这样,学生认识的范围突破了他们个人生活的狭小范围。凭借认识对象的间接性,他们可以"上知天文,下知地理",可以通今知古。正如马克思说过:"因为再生产科学所必要的劳动时间,同最初生产科学所需要的劳动时间是无法相比的,例如学生在一小时内就能学会二项式定理。"①

其次,认识的方式是间接的。学生不是直接同事物打交道去获得关于事物的认识,而是通过读书、听讲、观察等方式接受现成的知识,然后通过作业、实验等方式应用。这样,就使得学生的认识不像前人那样,需要进行大量的摸索和尝试,经历多次的挫折与失败,完成复杂的比较分析、综合概括,而是能够比较顺利地掌握正确的知识。也就是说,学生不必亲自进行观测和计算就能够认识太阳系,不必亲自周游全世界就能够认识世界地理,不必亲自春种秋收就能够认识农作物的生长周期。

教学认识的间接性,使得教学活动获得了在一般认识活动中所没有的巨大优越性,这是教学认识的高效率性,学生可以用短短的几年时间掌握人类几千年认识结果中最重要最有价值的内容。

应当指出,教学活动虽然是以间接认识为主,但这种间接认识却不等于无视直接经验。而且,教学是否善于利用学生的直接经验,是否能够将间接经验转化为学生的直接经验,或者与学生的直接经验联系起来,对于教学活动的成功有着举足轻重的作用。

(三)教学认识过程是一种在教师领导下的认识过程

在教学活动中,学生的认识是在教师领导之下进行的,学生的任何学习活动都不可能没有教师的指导而孤立存在。有些活动即使教师不在场也不例外,因为他们仍然是按照教师的引导、要求进行的,例如学生独立地完成家庭作业、从事调查、制作等活动,仍然是在教师的指导下进行的。而在其他认识中,是不存在"领导"这种特点的,科学家的认识是对于未知世界的探索,不可能有任何人"领导",人们在日常生活中的认识,也主要依靠自己的摸索和总结。

在教学认识中,教师的领导或者教师的主导作用存在着客观必然性。在中小学,教学认识的主体是中小学生,他们在各个方面都处于成长发展期。因此,中小学生虽然是认识主体,但却是不成熟的、发展中的主体,仅仅依靠他们自己的力量是无法完成社会所要求和规定的教学任务的。教学活动的方向、内容、方法、进程、结果和质量等,主要都是由教师决定

---

① 马克思恩格斯全集:第26卷.[M].北京:人民出版社,1972:377.

和负责的。教师接受国家和社会的委托,经过专门的培养和训练,以教育和培养学生为职责,有责任、有条件成为教学认识的主导,帮助成长中的主体完成教学认识。

教师领导作用的发挥必须注意两点:第一,承认学生的主体地位;第二,领导方式应当是多样化的。

(四) 教学认识过程是一种有教育性的认识过程

学生在教学认识中,不仅仅是掌握各种科学知识,他们的情感、态度、价值观和各种能力也在经历着变化发展。

在认识活动中产生思想感情的变化,并非教学认识独有的特征,科学家在进行研究活动中可能产生深刻的思想变化,人们在观赏一部戏剧、阅读一本小说的过程中也经常会产生强烈的情感共鸣,可以说教育性这一特征在认识活动中具有普遍性。然而,教学认识中的教育性与其他认识中的教育性仍然存在显著的不同,这是因为在教学认识中,教育性带有客观必然性和目的性。

前面谈到,中小学生是正在成长发展过程中的个体。人的发展总是在环境中通过各种活动实现的,毫无疑问,对于中小学生来说,生活中最重要的环境是学校,而在这个环境中最重要的活动是教学活动,在教学活动中,对于他们最有影响力的人则是教师。因此学生的各方面发展受到教学活动和教师的影响是客观必然的。无论这种影响是正面的或是负面的,自觉的或是不自觉的,总是会在小学生各个方面的发展上留下深刻的痕迹,这是不以人的意志为转移的。

教学是教育活动的主要途径,任何历史时期,任何国家和社会的教育都会将自己的根本利益及其要求体现在教育目的中,教学认识必然要为某种教育目的的实现服务。因此,教学认识的教育性不能像在其他认识活动中那样偶然地、自发地发挥作用,而应成为经常地、自觉地追求,成为必须有意识、花力气去实现的东西。教师必须努力保证教学认识的内容和形式,过程和方法都与教育目标方向一致,必须努力使学生从教学认识中产生的情感、形成的价值观等是积极的、向上的,是与社会要求和教育目的相一致的。

二、关于教学活动本质的不同观点

教学活动,是教师教、学生学的统一活动。活动是在过程中实现的,而过程则是通过活动得以展开的。因此教学活动与教学过程在本质上涵义是相同的。

(一) 教学活动本质上是一种学生身心发展的过程

这种看法的基本观点是:教学过程不仅是教师领导下学生自觉认识世界的特殊认识过程,而且也是以此为基础的促进学生身心全面发展的过程。

发展说的历史很长,从古希腊的苏格拉底到近代的夸美纽斯、裴斯泰洛齐以及现代的杜威、皮亚杰、布鲁纳、赞科夫等人,都把儿童的发展看作是教学的根本任务。尤其近代的教学论是随着挣脱封建枷锁的束缚,争取人类自由解放的运动发展起来的,更强调尊重儿童的独立性和创造性的发展,要求以儿童的发展为中心展开教学活动。随后的现代教学理论将以往的教学理论中合理的内核加以完善与发展,重新提出了发展问题,并将发展论作为指导现代教学的基本理论。在当代的教学过程理论中,有人从一般的教学过程角度进行概括,认为教学过程是一种特殊的认识过程,也是一个促进学生身心发展的过程。①

---

① 王道俊,王汉澜.教育学[M].北京:人民教育出版社,1989:197- 200.

总之,这种观点认为,教学过程的根本目的在于培养人,在于促进学生德智体全面发展。那种认为教学过程是一种特殊认识过程的观点不够全面。在他们看来,认识过程只是人的一种心理活动,它不包括学生的身心发展,学生智能和品德的发展虽然是在认识过程中实现的,但是其又高于认识过程。

这种观点强调和突出了教学与发展的联系,特别是作为教学活动主体的学生在教学中的能动性,强调任何具体的教学活动都应当以促进学生发展为根本宗旨。

发展说的不足在于,从逻辑上很容易落入掌握知识与发展智力和能力的关系这个古老的命题之争。发展说强调了学生的主观能动性,但是削弱了教师的主导作用,在教学活动中,离开了教师主导,学生的发展水平是难以得到保证的。此外,国内目前对于发展说的研究仍然比较笼统,有关发展的目标、具体内容等都缺乏可操作性。

(二)教学过程是一种特殊的实践过程

李秉德先生认为,教学过程是学生在教师的指导下,对人类已有知识经验的认识活动和改造主观世界、形成和谐发展个性的实践活动的统一过程。①

桑新民认为,教学活动是一种特殊的实践活动,其特殊性主要表现在教学过程中教师通过教学引起了学生信息状态的变化,并由此导致学生内在结构的发展变化。②

马健生认为,教学活动本质上是一种实践,教学实践是教师主体与学生客体之间能动而现实的双向对象化过程,也就是教学实践的客体的主体化和主体的客体化的辩证过程。③

钟启泉认为,学校教学活动是"作为师生特别的生活实践"而存在的。④

上述观点基本都将实践视为教学活动的本质,但是这里所说的实践与一般所说的"教学实践"的概念是不同的。一般所说的"教学实践"指的是教师的教学工作或教学实际,而不是对于教学过程本质的概括。教学过程本质的实践说着眼点是教学过程中的自主行为者(老师或学生)具体的感性的外部行为及其结果蕴涵的意义,作为教师的实践,其根本目的是促进学生的成长,也是教学活动区别于其他实践活动的特殊性所在;作为学生的实践,其目的就是通过一系列的活动来促成自身预期发展。

实践说对于处理好教学过程中知与行的关系等问题具有很重要的意义。以实践的观点看待教学过程,关注的是从师生展开活动,学生获得一定的意义,到学生发生某种成长性变化的最终结果。

实践说的不足在于,从教师的角度概括教学的实践本质,不是十分妥当,而且容易导致重教轻学,从学生的角度则容易重学轻教,无论怎样都可能导致本来统一的教学活动人为分离的倾向。而且,学生的实践与一般的社会实践有着根本的不同,将学生受教育的过程等同于理论上的实践也有一些问题。最后,这种学说也容易使得实践的概念泛化,使得认识与实践之间界限不清,甚至混淆。

(三)教学过程是一种师生交往活动

教学本质的交往说认为,教学是一种特殊的交往活动,是师生之间的一种有目的、有组

---

① 李秉德.教学论[M].北京:人民教育出版社,1991:24.

② 桑新民.呼唤新世纪的教育哲学——人类自身生产探秘[M].北京:教育科学出版社,1993:333.

③ 马健生,王琦.论教学实践观——兼评"主导主体说"[J].教育科学,1995(3):40.

④ 钟启泉.教学实践辨[J].上海教育科研,1996(2):2.

织、有计划的师生交往过程。按照这种学说,教学不仅仅是一种知识传递的过程,更应该是一种交往的过程。交往也不仅是教学的手段,它还是教学的目的。教学的最高目标在于通过交往尽可能地发展学生的个性,强调学生个性的自我实现,使学生通过教育具有独立的人格和独立的能力,最终能够达到成熟,摆脱教育,从受教育的状态中解脱出来,即以所谓的"解放"为教学目标和手段,并努力实现目标与手段的辩证统一。①

这种观点最先在德国提出,认为传统的教学忽略了学生的地位,教学中教师与学生的地位不平等的现象依然存在而且严重,学生处于弱势的地位,权威型的教师使得教学成为一种不民主的生活,一些教师甚至根本不承认学生的地位,一味将自己的观点、理论以灌输的形式传授给学生,丝毫不考虑学生各方面的能力,交往说由此提出反权威、平等、解放的观点。

我国学者叶澜教授最早在国内提出了"教育形态交往起源说",对学校教育活动中交往的基本类型、教师在师生交往中使用的基本方式进行了较详细的分析,在此基础上提出教学是"师生间的特殊的交往活动"。② 认为不能把教学简单地理解为仅仅是传授知识的过程,也不能把它看成主要是学生内在潜力展开的过程,而应该看成是师生间知情意行相互作用的过程,认为"教学活动中没有师生共享的教学经验及成果,就没有交往,就称不上是教学活动。"③

交往说阐述了教学活动中师生的交往关系,并且作出了合理的解释和论证,具有鲜明的时代性和进步性,不仅对世界范围内的教育现代化有重要的历史意义,对于今天我国教育的现代化仍然具有巨大的现实意义。此外,传统的教学论把心理学仅仅看成是教学论的条件,交往说指出注重学生心理的交往不仅是手段与条件,同样也是目的。

这一学说的不足在于,交往是人类活动的基本形式之一,普遍地存在于人类不同活动当中,用来作为教学过程本质的概括,失之宽泛,难以揭示教学活动区别于其他活动的特殊性所在。

三、教学模式

(一)教学模式的概念

教学活动的本质所要回答的问题,是这一活动的根本属性。无论将这种根本属性认定为认识,还是实践或者交往,都是高度抽象的理论结论。这种结论有很强的概括性,是针对教学活动的共性和普遍性而言的。毫无疑问,关于教学活动本质的理论在整个教学论中占据基础和统领地位。然而,仅仅凭借有关本质的理论来把握教学活动这种极其复杂的人类行为仍然是不够的。

受到苏联教育学的影响,在我国的教学论体系中,长期以来没有关于教学模式的范畴。因此,虽然我们一再指出并且强调教学活动的丰富多样和复杂变化,但由于缺少这样一个专门范畴,在理论体系上就表现为从关于教学活动本质的十分概括的研究探讨,直接进入了教学原则、教学内容、教学组织形式和教学方法等这样一些相对具体的范畴,教学活动多样性的研究实际上失之空泛。教学本质的理论从千姿百态的教学活动表面深入到内部,抽出并

---

① 李其龙.德国教学论流派[M].西安:陕西人民教育出版社,1993:119-126.

② 叶澜.教育概论[M].北京:人民教育出版社,1991:38-41.

③ 叶澜.新编教育学教程[M].上海:华东师范大学出版社,1991: 264-285.

且归结出唯一的本质，帮助人们完成对于这一活动的最高抽象。然而在教学实践过程中，人们面对的并不是纯粹的本质，仍然是丰富多样的教学现象。在理解本质的基础上，能否更为具体了解和把握教学活动的多样性呢？或者说，除了本质的同一外，教学活动的多样性是否有规律可循呢？教学模式的理论对于这样的问题给予了肯定的回答。在长期的教学发展历史过程中，人们通过实践和研究逐渐发现，教学活动中不仅存在着一些基本的因素，而且这些因素往往按照相对稳定的方式组合。这样的组合，就是教学模式，对于一些不同组合方式进行的研究，就是关于教学模式的探讨。到了 20 世纪中叶，在西方国家形成了比较成熟丰富的教学模式理论。20 世纪 80 年代，我国也开始了有关的研究。

一般来说，模式是某种事物的标准形式或使人可以照着做的标准样式。根据国内外有关教学模式的研究和相应的定义，教学模式的概念可以这样表述，以某种教学理论为指导，以一定的教学实践为基础形成的，教学活动的各个成分按照一定的要求和程序整合而成的、比较固定的和具有典型性的教学实践形式。

教学模式是认识和把握教学活动多样性的关键。因为与教学活动本质的讨论相比，教学模式具体、实在，与教学方法、教学组织形式等范畴和一般教学实践相比，教学模式又具有一定的概括性和抽象性。借助教学模式这样一个中间层次，抽象与具体、理论与实践的关系都能够更好地结合起来。这样既有利于使基本原理的研究指导实践，也有利于将庞大繁杂的现实提升到理论高度来认识。因此，将关于教学模式的研究纳入教学论是重大的进步。

就我国中小学教学活动的实际而言，长期以来的主要缺陷之一就是教学模式过于单一化，脱离了中小学生学习和发展的需要和不同学科的要求，影响了教育教学任务的完成。目前和今后相当时间内，教学模式的多样化将成为中小学教学改革的重要历史任务。因此，广大中小学教师了解和学习教学模式是十分必要的。

（二）教学模式的种类

由于研究者的出发点和关注点不同，教学模式的分类也十分多样，有些比较注重模式的概括性，有些则更注重模式的具体差别。

1. 关于教学模式的概括化研究

我国有学者指出，教学模式的具体形式虽然多种多样，但从根本特征上，大致可以概括为以下三种模式。

（1）师生系统地传授和学习书本知识的模式

这种模式在东西方有较长的历史，是最古老的，并且经历了一次次的变化和发展。特别是近代以来，夸美纽斯将观察引进了教学活动，赫尔巴特提出了教学过程的四个阶段，即明了、联想、系统、方法，后经他的学生发展为预备、提示、联系、统合、应用，称为“五段教学法”，盛行于欧美并影响到中国。裴斯泰洛齐注意到能力的发展和训练，乌申斯基则明确提出教学的起点不限于直接观察，可以将已知的东西作为起点，等等。在这些基础上，苏联教学论运用马克思主义认识论原理，分析教学实践，总结教学经验，提出了师生系统地传授和学习书本知识模式的比较完备的结构：

诱导学习动机——→领会新教材（感知、理解）——→巩固知识——→检查

这种模式有许多变式，但是苏联教学论所提出的这种变式及其结构，至今在世界范围内仍然是最为普遍被采用的，在我国的教学实践中更有着深厚的传统。学科课程的教学最经常采用的便是这种模式。

(2) 教师辅导学生从活动中自主学习的模式

这种模式出现较晚,是对系统传授和学习书本知识的教学模式的否定。以杜威的“从做中学”为指导原则,强调学生的主体地位,强调学生的实践活动和亲身经历,重视直接经验对学生学习和发展的意义。这种模式也经历了一个发展过程,卢梭主张教学要从儿童的生活出发,福禄贝尔注重儿童的自主活动,最为典型的表现是杜威的教学实践,杜威的学生将他的主张概括为设计教学法,可以视为这种模式的典型。设计教学法的一般程序为:

设置问题的情境——→确定问题或课题——→拟定解决课题方案——→执行计划——→总结与评价

这种模式的变式十分多样,目前在世界范围内与前一种模式同样在中小学占有重要的地位。活动课程、日本的“综合学习时间”和我国基础教育课程改革设置的研究性学习课程等最经常采用的便是这种模式。

(3) 折衷于两者之间的教学模式

这种模式主要是在20世纪50年代以来发展起来的,表现出将上述两种模式加以结合的倾向。面对科学技术的发展和社会的进步对教育教学提出的新要求,轻视学生发展或轻视学习系统书本知识的思想都暴露出明显的缺陷,许多教学改革致力于将这两个方面统一起来,在这样的尝试过程中,出现了一些新的“折衷”的模式。其中比较有代表性的是以下两种。

① 美国教育家布鲁纳的结构化教材和发现学习模式。在这种模式中,一方面,强调要有既定的教材,而且这种教材应当是理论化程度非常高的并且反映学科基本结构的;另一方面,要求学生亲身去发现这些理论知识及其结构,以此促进学生智力的发展。这种模式的一般进程为:

明确结构,掌握课题,提供资料——→建立假说,推测答案——→验证(一次或几次)——→做出结论

② 德国教育家瓦·根舍因的范例教学模式。在这种模式中,并不特别强调知识的系统性,而是选择具有典型性的问题或事例,要求学生进行分析和研究,获得具有一般性和普遍性的知识结论,并且在这个过程中培养学生的情感,发展学生的能力。这种模式的一般进程为:

解释作为范例的个别事物——→解释范例的类或属——→掌握规律范畴——→获得对自我或人类的理解

这些折衷的模式虽然发展历史较短,但却受到人们普遍的关注和肯定。

将教学模式分为三类,其优点在于概括性较强,简洁明确,便于理解;其缺点在于过于笼统,对于一些模式的独特性无法反映出来,在指导教学实践方面缺乏针对性;为此,将教学模式作详细的分类是必要的。

2. 关于教学模式的全面化的研究

在西方,关于教学模式的研究比较发达,许多研究者致力对教学模式进行详细的分类研究,认为可以通过比较全面的阐述、详细分类研究的教学模式,基本穷尽教学实践的主要形态。在这样的研究中,最为全面、完整,最有代表性,从而影响也最为广泛的是美国学者乔伊斯(B.Joyce)和韦尔(M.Weil)的成果,这些成果集中反映在《教学模式》一书中。在这本关于教学模式的专著中,他们提出了信息加工类、个人类、社会类和行为修正类4类教学模式,

共有 25 种。这是从上百种教学模式中挑选出来的。他们对于每一种模式进行了详细的阐述、分析和比较,从实际范例、理论导向、主要教学活动、教学原则、辅助系统、教学效果和应用建议等 7 个方面给予了详尽的说明。

信息加工类教学模式包括:概念获得模式、归纳思维模式、探究训练模式、先行组织概念模式、记忆模式、认知发展模式和生物科学探究模式等。

个人类教学模式包括:非指导性教学模式、群辩法模式和意识训练模式等。

社会类教学模式包括:课堂会议模式、直率性训练模式、群体调查研究模式、角色扮演模式、法理学探究模式、研究室训练模式、社会探究模式和社会模拟模式等。

行为修正类教学模式包括:相倚性管理模式、通过操作方法的自我控制模式、训练模式、掌握学习模式、减轻紧张模式、脱敏模式和使教与学的特点相适应的模式等。

人们通常所说教学活动丰富多样,是就其普遍性和一般性而言,具体到某个特定环境中的教学,这种丰富多样能否成为现实,在很大程度上取决于教师。如果教师对于教学活动的认识是非科学的,简单贫乏的,那么他的教学行为也就只能是单调乏味、缺少生机的。可以说,教学模式的理论,对于教师的教学行为的影响是比较直接和积极的。对于不同教学模式的了解愈是丰富和深刻,教师的教学行为就愈是富于理性和自觉并愈能够依据现实条件选择恰当的教学模式,真正实现教学活动的多样性。

第三节 教学原则

一、教学原则的概念及教学原则的发展

(一)教学原则的概念及意义

教学原则是根据教育教学目的、教学规律而制定的指导教学工作的基本要求。

教学原则的概念首先表明了教学原则的合目的性。教学活动永远是按照一定的教育教学目的进行的,教学原则要能够指导教学工作,必须与国家所规定的教育教学目的一致,必须有利于这些目的实现。

同时,教学原则的概念还表明了教学原则的合规律性。教学规律客观存在于教学活动中,需要通过人们的认识才能获得,而人们在认识规律时,并不总是能够得到与之相符的结果,由人们提出的教学原则既可能是符合规律的,也可能是不符合规律甚至完全与规律相悖的,只有那些经过长期实践证明确实给予教学工作正确指导的原则,才可能真正反映教学规律。

一般地说,教学活动越是符合教学原则,教学活动就越容易成功;反之,教学活动越是脱离教学原则的要求,教学活动就越可能失败。

(二)教学原则与教学模式

历史上的教育家们提出了无数的教学原则,在当今国内外各种各样的教学实验和教学改革中,人们又在不断地提出新的教学原则。那么,究竟应当如何把握教学原则的合理性?面对纷繁多样的教学原则,人们在教学实践中又应当怎样选择?从宏观意义上,教学原则必然随着教学活动本身的发展而不断发展,在实践层面上,教学原则的把握应当与教学模式联系起来,即教学模式的多样化和科学化,是教学原则合理性最为直接的基础和保证。

从农业社会到信息社会,教学活动以渐进或者革命的方式,总是处于发展之中。人们对于教学规律的认识和教学目的的规定也总是经历着演变和深化。因此,教学原则需要及时、不断地反映人们对于教学目的和规律的新的把握,依据这样的认识来完善自身。然而,教学活动又具有相对的稳定性,人们制定的特定教学目的和人们对于教学规律的具体认识并非瞬息万变,这就使得具有一定稳定性的教学原则体系可能产生。

教学活动的在实践中总是丰富多样的。那么,在一定历史时期内,能否建立起普遍适用于教学实践、放之四海而皆准的教学原则体系?古往今来人们对于教学原则的探讨,使我们清楚地看到,这种愿望是无法实现的。无论什么样的教学原则,其适用范围总是相对的,有条件的。迄今,可以得出探讨教学原则的基本思路,即将建立教学原则的努力建立在教学模式的基础上。教学模式是认识和把握教学活动多样性的关键,把握教学原则的多样性,前提便是正确认识教学模式的多样性。在不同的教学模式中,教学规律的作用方式是不同的,相应地指导教学工作的基本要求也是不同的,针对某个模式的特征研究探索,就可能建立起与之相适应的教学原则体系。也就是说,不去寻求具有普遍适用性的原则,而是设法制定能够指导不同模式的教学活动原则。例如,在由教师传授书本和理论知识的教学模式中,应当贯彻哪些教学原则?在由学生自己发现学习结果的教学模式中,又应当贯彻哪些教学原则?

总之,教学原则的有效性、教学原则能够发挥的作用都是有条件的。教学活动的复杂多样表现为,其中任何一种因素如教学目标、教学内容、教学方法和师生互动的方式等的变化,都可能使得教学活动呈现出不同的面目,要建立一套能够“放之四海而皆准”,能够普遍适用于任何时间和空间的教学活动原则,只能是不切实际的幻想。用教学模式驾驭教学活动的复杂性,以教学模式为基础建立相应的原则体系,比较符合教学论的理论建设和教学实践的现实需求。

二、几种教学原则体系

(一)我国中小学常用的教学原则体系

世界范围内中小学的教学模式多样化地存在和发展。如前所述,在各种各样的教学模式中,“师生系统地传授和学习书本知识”的模式是最为普遍的,我国亦不例外。

这一原则体系是苏联凯洛夫教育学在继承和发展欧洲古典教育学基础上发展起来的,并经过我国教育理论和实践工作者的丰富和补充。具体包括如下内容。

1. 直观性原则

直观性原则指根据教学活动的需要,让学生用自己的感官直接感知学习对象。该原则是针对教学中词、概念、原理等理论知识与其所代表的事物之间相互脱离的矛盾而提出的。

教学活动的特点之一在于它是一种间接认识,学生在教学中是以学习前人经验即书本知识为主的。这些书本知识的真理性固然毋庸置疑,但它们与学生的生活和他们自己的个人经验必然存在相当的差距,有些甚至是完全陌生的。而人的认识总是从感性上升到理性,从具体过渡到抽象,完全没有感性认识和具体形象作基础和支撑,是不可能真正掌握纯粹理论知识的。由于书本知识与学生之间客观存在的距离,他们在学习和理解的过程中必然地会发生各种各样的困难和障碍,直观性原则的意义正在于克服这些困难和障碍,通过提供给学生直接经验或利用学生已有的经验,帮助他们掌握原本生疏难解的理论知识,陶行知先生所说的“接知如接枝”,正是这个道理。

一般说，直观的具体手段有以下三种：

实物直观。实物直观是直接将对象呈现在学生面前，其能够最为真实有效和充分地为学生提供理解、掌握所必需的感性经验。

模象直观。模象直观是运用各种手段对于实物进行模拟，包括图片、图表、模型、幻灯、录音、录像、电影和电视等。现代技术在教育领域的应用，使得模象直观的范围更加广阔，大到宇宙天体，小到分子结构，都能够借助某种技术手段达到直观的效果。

语言直观。语言直观是教师运用自己的语言并借助学生已有的知识经验进行比喻描述，引起学生的感性认识，从而达到直观的效果。语言直观的运用效果主要取决于教师本人的素质和修养。与前两种相比，语言直观可以最大限度地摆脱时间、空间和物质条件的限制，也最为便利和最为经济。

在教学中贯彻直观性教学原则，对于教师有以下基本要求：

(1) 要恰当地选择直观手段。学科的不同、教学任务的不同和学生年龄特征的不同，所需要的直观手段也不同。

(2) 直观是手段而不是目的。一般来说，在教学内容对于学生比较生疏，学生在理解和掌握上遇到困难或障碍时，才需要运用直观。为直观而直观，只能导致教学效率降低。

(3) 要在直观的基础上提高学生的认识。直观给予学生的是感性经验，而教学的根本任务在于让学生掌握理论知识，因此教师在运用直观时要注意指导，比如通过提问和解释鼓励学生细致深入地观察、启发学生区分主次轻重、引导学生思考现象和本质及原因和结果等。

2. 启发性原则（启发自觉性原则、自觉性原则）

启发性原则是指在教学中要充分调动学生学习的自觉积极性，使得学生能够主动地学习，以达成对所学知识的理解和掌握。该原则是为了将教学活动中教师的主导作用和学生的主体地位统一起来而提出的。孔子是世界上最早提出启发性原则的教育家，“不愤不启，不悱不发。举一隅不以三隅反，则不复也”，正体现了这一原则。

“有领导的认识”是教学活动的特点之一，没有教师的主导作用，中小学生不可能自行达到社会对于他们的要求，教师对于教学任务能否完成和教学效果的优劣都负有主要责任。但是，学生是教学活动的主体，教师的主导作用从根本上说就在于激发学生的求知欲和学习兴趣，使得他们能够自觉主动地学习，离开了这一点，学生对于科学知识的真正掌握、学生智力的发展、学生态度感情的成熟和提高都是不可能的。

在教学活动中贯彻启发性原则，对于教师有以下基本要求：

(1) 激发学生的积极思维。教师的启发应当能够激起学生紧张、活泼的智力活动，从而使学生深刻地理解掌握知识，获得多方面的体验和锻炼发展。因此，启发应当选择那些具有一定难度、需要学生进行比较复杂的思维活动，但又需要他们通过自觉积极的思考并能够得到基本正确结果的问题进行。

(2) 确立学生的主体地位。学生是学习的主人，教师的启发只有在切合学生实际时才可能避免盲目性，只有承认学生的主体地位，真正研究和了解学生的学习需要，教师的启发才可能是有针对性的和有效的。

(3) 建立民主平等的师生关系。在权威式的师生关系中，教师是凌驾于学生之上的真理代言人和学术权威，学生很难真正做到自由、充分地提问和思考。只有当学生真正感受到教师将自己当作人格上与之完全平等的人,他们的学习自觉性才可能真正地调动起来。

3. 系统性原则(循序渐进原则)

系统性原则是指教学活动应当持续、连贯、有系统地进行,使学生系统掌握基础知识和基本技能。该原则是为了处理好教学活动的顺序、学科课程的体系、科学理论的体系和学生发展规律之间错综复杂的关系而提出的。《学记》中的"不陵节而施之谓孙"正是这一原则的有力体现。

上述几个方面都对教学活动的进行产生了影响作用。一般来说,学科课程的体系和学生发展规律是最主要的,教学活动的顺序必须以这两方面为依据,按照这两方面的要求持续、连贯地进行。同时,教师也要了解作为课程基础的科学理论本身的发展变化,从而能够更自觉地安排处理教学,使得教学活动的顺序更加科学合理。

在教学中贯彻这一原则,对于教师有以下要求。

(1) 按照教学大纲(课程标准)的顺序教学。教学大纲(课程标准)是各门课程的内在逻辑系统的反映,并且建立在中小学生发展一般规律之上。教学活动从根本上是按照教学大纲(课程标准)的顺序展开的。教师要认真学习和研究教学大纲(课程标准),充分地了解和掌握课程的逻辑以及对于学生的要求,这是教学系统性的根本保证。

(2) 教学必须由近及远、由浅入深、由简到繁。教学大纲(课程标准)虽然考虑了学生的认识发展,但主要是按照内容编排制定的,教师要认真研究学生,针对他们在学习过程中的认识需要和特点处理好近与远、浅与深、简与繁等问题。

(3) 根据具体情况进行调整。系统性原则并非要求教师刻板地、僵化地执行大纲。教学大纲(课程标准)是按照一般和普遍规律制定的,在实际教学中,教师要善于从自己面对的实际出发,适当地调整速度,增删内容。

4. 巩固性原则

巩固性原则是指在教学中要不断地安排和进行专门的复习,使学生对所学的知识能够牢固地掌握和保存。该原则是为了处理好教学中获取新知识与保持旧知识之间的矛盾而提出的。

教学活动是不间断地、连续地进行的,学生要不断地学习、记忆新知识,而人的记忆和遗忘是同一事物的两个方面,在学习新知识的同时必然会产生对于旧知识的遗忘。因此在教学中需要进行不断的巩固工作。巩固的意义不仅在于强化旧的知识,也有助于学习新的知识,知识是有内在联系的,旧知识是新知识的基础。人类早已注意到巩固对于学习的价值,正如孔子所说:学而时习之,温故而知新。

在教学中贯彻这一原则,对于教师有以下基本要求。

(1) 在理解的基础上巩固。对于所学知识的理解是巩固的前提,没有学会的东西,是不可能真正巩固的。教师首先应当保证学生学懂学会,才可能获得巩固的良好效果。

(2) 保证巩固的科学性。心理学的研究揭示了许多关于记忆和遗忘规律,按照这些规律组织安排巩固,可以提高巩固的效率。教师应当熟悉并且善于运用这些规律。

(3) 巩固的具体方式要多样化。除了常见的各种书面作业外,教师应当善于利用各种不同的方式帮助学生巩固所学,比如一些调查、制作、实践,都能够使得学生通过将知识运用于实际有效地达到巩固的目的,并且能够促进学生多方面的发展。

(4) 保证学生的身心健康。近年来国内若干调查显示,小学生的学习负担过重、睡眠不足。造成这一现象的原因之一是作业量偏多。教师应当本着对学生和社会负责的精神,合理地安排巩固工作,将作业量控制在恰当的范围(国家对小学生的作业时间和睡眠时间都有正式规定)。

5. 量力性原则(可接受性原则)

量力性原则是指教学活动要适合学生的发展水平。该原则是为了防止发生教学低于或高于学生实际程度而提出的。墨子在我国教育史上首次明确提出了量力性原则。

教学活动要追求和讲究效率,在同样的时间内,学生所学越多则教学的效率就越高。但是,教学效率的获取必须以符合学生身心发展规律为基础。如果教学超过学生的实际接受程度,学生就不可能真正理解和掌握所学的知识,各种心理机能也不可能得到恰当运用和提高;如果教学低于学生的实际接受程度,学生则会因为缺少必要的注意和紧张从而难以对所学知识留下深刻印象,而且由于无法进行有价值的学习活动使得各方面的发展失去机会。

在教学中贯彻这一原则,对于教师有以下基本要求。

(1) 重视学生的年龄特征。教师应当不断加强自身的心理学素养,及时掌握心理学对于儿童青少年心理发展研究的新的成果。

(2) 了解学生发展的具体特点。年龄特征和发展阶段主要是揭示个性发展的普遍规律,这些普遍规律表现在具体的学生身上是极为多样化的。教师要具体研究的问题包括:在学习某种新知识的时候,他们原有的知识准备情况如何?思维或记忆水平是否能够完成这个学习任务?可能发生什么困难?能够达到什么样的理解和掌握程度?等等。在这样的研究基础上,才可能真正做到“量力”。

(3) 恰当地把握教学难度。什么样的程度和水平最符合量力性的要求,很难有稳定确切的具体标准,需要根据心理学揭示的普遍规律和对于学生的具体研究,由教师自己来把握,这是教师劳动创造性的表现,是需要教师不断地思考、不断地解决的问题。

6. 思想性和科学性统一的原则

思想性和科学性统一的原则是指教学要在科学的方法论的指导下进行。该原则是为了将教学中科学知识的传授学习与思想品德教育统一起来而提出的。

小学开设的各门课程,是按照教育的根本目标选择安排的,一般地说,在科学性和真理性上是有保证的,这些课程的学习,对于学生思想品德形成发展的作用必然是积极的和肯定的。但是,对于小学生来说,完全凭借科学真理的思想品德教育价值去直接、自动地发挥作用是不够的,需要教育者引导和挖掘,才能使之充分地对于受教育者产生熏染和陶冶作用,对于理性和逻辑思维能力尚处于稚嫩阶段的小学生来说尤其如此。此外,教育者本人的政治信念和道德修养总是会投射到教学活动中,如果教育者在这方面与课程所体现的方向存在差异,就有可能扭曲其在思想品德教育方面的价值,因此需要通过这一原则来提高对教师的要求。

在教学活动中贯彻这一原则,对于教师有以下要求。

(1) 坚持正确的方向。小学生的认识水平和分辨能力都是有限的,教师要主动地、适时地、适当地加以引导,帮助他们形成和提高对于是非、善恶和美丑的认识。

(2) 严格遵守职业道德。教师作为社会公民,享有思想和信仰自由,但是在教学中教师必须体现国家意志,按照国家制定的教育目的教学,坚持和维护社会基本的政治观点和价值观念,不能用带有个人色彩的思想观点随意地影响学生。

(3) 实事求是。在教学中贯彻这一原则,特别要防止形而上学,不能穿凿附会,生拉硬扯。那种"穿靴戴帽式"的思想,本身就是违背这一原则的,从长远效果看其教学效果更是适得其反。

(4) 讲究教学艺术。要善于根据小学生的年龄特征和教学任务的具体特点,自然地将思想性与科学性结合起来,使得学生在不知不觉中受到教育,达到"润物细无声"的效果。许多优秀教师在这方面创造了宝贵经验,教师应当善于从中学习。

7. 理论联系实际原则

理论联系实际原则是指教学活动要把理论知识与生活和社会实践结合起来。该原则是为了解决和防止理论脱离实际、书本脱离现实而提出的。

学生主要是学习理论知识,而且是在相对封闭的学校和课堂里,通过教师的讲授和书本学习的。这种状况很容易导致学生所获得的理论知识与其来源和去向脱节,既不了解概念和原理是如何产生的,又不能够运用它们去阐释和解决实际问题。因此,在教学中必须提供和创造机会,通过多种多样的途径和形式使学生从事实践活动,引导他们体会思想观点、态度信念等的形和对于解决实际问题的价值意义。

在当前,贯彻这一原则还特别应当强调教学要联系学生实际。近 20 年来,改革开放所带来的社会生活变化,从深度和广度上都要超过新中国成立后的前 30 年。因此,今天的中小学生是在完全不同于他们的父母和教师的环境中成长起来的,身心发展的各个方面都带有许多新的特点。作为教师,对此要有足够清醒和自觉的意识,不能够简单地以自己的经历套用到对学生的教学中。哪些知识在过去是生活常识,而对于今天的学生则完全陌生,哪些知识在过去是专业性很强的,而对于今天的学生则非常熟悉。与此相应,教学中应当选择什么事例,设计哪些实践环节,都需要教师从学生的成长发展实际考虑安排。

在教学活动中贯彻这一原则,对于教师有以下要求。

(1) 重视理论知识的教学。实际是相对实践而言的,没有理论,联系实际就降低到了学生日常生活的水平,就会失去学校教育的优势和意义。

(2) 注重在联系实际的过程中发展学生的能力。与课堂学习相比,联系实际的实践过程提供了更加丰富多样的能力要求,教师要敢于放手,鼓励学生去尝试和探索。

(3) 联系实际应当从多方面入手。首先,应当尽可能广泛地让学生接触社会生活的各个方面;其次,应当尽可能结合本地区的特点;最后,应当注重中小学生发展的实际。

(4) 帮助学生总结收获。中小学生的行为自觉水平和反思水平还比较欠缺,不大善于分析总结在联系实际过程中的收获,联系实际很容易沦为形式化。教师要加以引导,提供机会和提出要求,让他们及时交流体验,表达感受。

8. 因材施教原则

因材施教原则是指教师在教学活动中应当照顾学生的个别差异。该原则是为了处理好集体教学与个别教学、统一要求与尊重学生个别差异而提出。孔子是我国历史上首创因材施教的教育家,"柴也愚、参也鲁、师也辟、由也喭"正是这一原则的体现。

由于遗传素质、家庭环境和个人成长经历的不同,在同一班级的中小学生,虽然有着共同的年龄特征,但是在学习的成绩、学习态度和方法、兴趣和爱好、气质和性格、禀赋和潜能等方面都会存在很大的差异。教师是对由个性完全不同的学生组成的集体教学,因材施教不是指让所有学生达到同一规格和标准,而是适应每个学生的不同需要及可能进行有针对性的教育。因材施教在我国有着悠久的历史传统,孔子本人的教学实践就为我们提供了这方面的典范。

我国目前的中小学教育普遍班级大,学生人数多,因材施教原则的贯彻是比较困难的。但是毫无疑问,教师应当在可能的条件下争取将这一原则最大限度地付诸实现。

在教学中贯彻这一原则,对于教师有以下要求。

(1) 充分了解学生。在共同的年龄特征基础上,儿童的差异是绝对存在的。要做到因材施教,必须充分地了解每一个学生。除了学习成绩之外,学生的个性特征、家庭背景和生活经历等,都是教师因材施教的重要基础。

(2) 尊重学生的差异。学生的差异不仅客观存在,而且是合理的,因材施教的含义不仅包括承认差异,而且包括尊重差异。在达到基本标准的前提下,教师应当允许学生存在不同方面、不同水平的差异。并且针对每一个学生的具体条件帮助他们得到最适宜的个性发展。良好教育的结果是大批个性充分发展的人,而不是千人一面的“标准件”。正如如杜威所说,如果从儿童身上舍去社会的因素,我们便只剩下一个抽象的东西;如果我们从社会方面舍去个人的因素,我们便只剩下一个死板的、没有生命的集体。①

(3) 面向每一个学生。现代教育的一个重要观念就是让每一个儿童有权利得到适合于自己的教育,教师不能以任何理由忽视任何学生。

(二) 赞科夫的教学原则体系

列·符·赞科夫是苏联心理学家和教育家。从 1957 年起在小学阶段进行“教学与儿童发展”的实验,经历近 20 年时间,取得了显著的实验成果。他的根本思想是“以尽可能大的教学效果来促进学生的一般发展”,而一般发展是指学生个性所有方面的发展。他对以凯洛夫为代表的苏联传统教学论进行了激烈的批判,认为偏重于知识和技能的训练,忽视和限制了学生的发展。他接受并极为推崇苏联心理学家维果茨基的观点,认为凯洛夫的教学只是利用学生的发展,而教学实际上可以促进学生的发展。并且进一步提出,如果教学只是着眼于知识技能的传授,学生的发展是不可能取得理想效果的,只有同时对教学原理和方法都从学生发展的角度进行考虑,才可能在学生掌握知识的同时有效地促进他们的发展。

赞科夫的上述思想,在他的教学原则体系中得到了比较充分的体现。这一原则体系是在针锋相对地批判和否定凯洛夫原有的五条原则体系基础上形成的,也包括五条原则。

1. 高难度原则

赞科夫认为,在原来的量力性原则(可接受性原则)指导下,教学内容贫乏,教学方法不能引起学生的创造性的认识活动。这样不利于学生的智力和一般发展。因此提出与之相反的高难度原则,强调要将教学建立在高水平之上,同时注意掌握难度的分寸,只有这种能为学生紧张的智力活动不断提高丰富食物的教学过程,才能促进学生迅猛的发展。

2. 高速度原则

赞科夫反对巩固性原则,批评在这条原则指导下的教学进度太慢,浪费时间,总是让学生花费大量的时间去咀嚼他们已知的东西,进行过多的技巧训练。结果导致学生不动脑筋,精神消沉,阻碍了发展。他主张,只要学生已经掌握了学过的知识,就要向前进,就应当教给他们新的知识。以广度求深度。

---

① 杜威.学校与社会——明日之学校[M].北京:人民教育出版社,1994:5.

3. 理论知识起主导作用的原则

赞科夫认为,过去在直观性原则和量力性原则的指导下,小学教学主要以训练读、写、算技巧为目的,理论知识所占的位置微不足道。他提出加强和提高理论知识的地位和作用,要求尽可能在深刻地理解语言的规律、数的概念和数的运算规则的基础上,形成读、写、算技巧。赞科夫还批评以往的教学片面、过分强调直观,久而久之,很难发展学生的抽象概念。

4. 使学生理解学习过程的原则

赞科夫认为,在凯洛夫教育学理论影响下,教学只关心学生学习的结果,而不关心学生学习的过程。他主张要使得学生学会学习,学生不仅要能够理解知识本身,而且应当能够理解知识得来的过程。他还认为,凯洛夫教学原则体系中的自觉性原则,只把"理解"指向外部,只把知识技能作为"理解"的对象。而使学生理解学习过程的原则与之有重大区别,是指向内部的,即指向学习的进行过程。

5. 使所有学生包括学困生都得到一般发展的原则

赞科夫认为,在凯洛夫教育学理论影响下,教学对学困生提供智力活动的机会和可能性是最少的,帮助他们的方法主要是补课和多做作业。而学困生之所以差,正是因为他们在发展上落后于其他学生,单纯的补课和作业,对于改善他们的发展不但没有效果,还会造成恶性循环。因此,对于学困生要特别注意发展其智力和个性品质,这才是提高他们的根本办法。

对于赞科夫的原则体系,人们提出了各种各样的意见。高难度和高速度的原则,受到比较多的质疑,集中在什么样的难度和速度是合适的? 按照赞科夫自己的回答,是根据是否有利于学生一般发展来确定。其余的三条原则,得到了比较普遍的肯定和好评,被认为是对于凯洛夫教育学理论的突破。同时,人们也指出,虽然赞科夫对于凯洛夫进行了激烈的批判,但是他的原则体系只有在与凯洛夫原则体系相比较对照中才能充分显示出其意义,因此无法完全取代凯洛夫体系。此外,虽然赞科夫一再强调他所追求的是学生一般发展,但在他的实验中,真正落实并且取得突出成效的主要是在智力方面。

(三) 布鲁纳的教学原则体系

布鲁纳是美国著名教育理论家和改革家,领导了美国 20 世纪 60 年代的结构主义课程改革运动。他主张课程应当突出学科基本结构,让学生通过发现法学习,十分重视学生智力的发展。他的教学原则就是为他的结构主义课程改革运动服务的。

1. 动机原则

布鲁纳提出,学习与解决问题,取决于个人作出选择的探索活动。教学必须对于这种选择和探索活动起促进和调节作用,重视主动学习,激发独立思维,引起学习兴趣。具体说,要靠动机的作用,他提出三个方面:首先是活动的激发,主要是使课题具有最适度的不确定性。其次是活动的维持,主要是使得活动的收益超过可能导致的损失。最后是活动的方向,主要是以比较准确的形式使学生明了活动,并且提供一定的知识。

2. 结构原则

这一原则强调基本知识、概念和原理的掌握,要加深理解水平,以便于广泛迁移。其中又包括三点:首先,选择与学生认识发展相符合的再现表象形式;其次,按经济原则把知识作出摘要或列出一览表;最后,使结构具有力量或有效力量。

3. 程序原则

要注意知识的序列。布鲁纳提出，最理想的程序要与智力或认识发展顺序同一方向进行。此外，程序必须经济，必须不脱离教学效果来考虑。

4. 反馈原则

要重视教学反馈，及时调整教学措施，及时强化，以便加强教学的效果。因此，掌握反馈的时机最重要，要在学习者将其实验结果与他谋求获得的结果进行比较的这个时刻提出，因为这样的时刻是学生最容易接受反馈信息的。同时，反馈信息应当是明确的，有助于学生改进自己的学习。

总之，任何原则体系的生成基础都在于具体的教学模式，它的适用范围也只限于这种教学模式。

第四节 教学组织形式

一、教学组织形式的概念及意义

教学组织形式是教学的空间结构和时间序列的统一。教学组织形式所要解决的问题，就是教师以什么样的形式将学生组织起来，通过什么样的形式与学生发生联系，教学活动按照什么样的程序展开，教学时间如何分配和安排等问题。

教学组织形式对于教学活动的质量和效果有着非常重要的影响，在教学的其他方面相同的情况下，教学组织形式的不同会带来极为不同的教学效果。教学组织形式在历史上也经历了许多变化，从早期的个别教学到近代的班级授课制，再到今天班级授课制为主的多样化，这些是随着社会和教育活动的进步而变化发展的。在许多西方国家的教学理论中，教学方法和教学组织形式往往没有严格的区分。而在苏联和我国的教学论中，教学组织形式则是一个专门、独立的研究范畴。

二、班级授课制及其意义

（一）班级授课制的由来及发展

目前在世界范围内，最普遍采用的教学组织形式是班级授课制。

在古代教育中，无论在东方还是西方，教学组织形式主要是个别教学，即使孔子“弟子三千，贤人七十”，仍然是通过个别教学进行教育的，每个弟子之间在原有程度、学习内容、学习进度上各不相同，没有一致的要求和规定。工业革命之后，社会提出了普及义务教育的要求，教育的规模和效率都必须扩大和提高，个别教学因无法满足这样的需求，表现出明显的不适应，于是班级授课制应运而生。一般认为我国班级授制课制，始于清代同治元年开办的京师同文馆。

（二）班级授课制的主要特征

班级授课制的特征主要包括三个方面，有人用班、课、时三个字来概括。

班：把学生按照年龄和知识水平分别编成固定的班级，即同一个教学班学生的年龄和程度大致相同，并且人数固定，教师同时对整个班集体进行同样内容的教学。

课：把教学内容以及实现这种内容的教学手段、教学方法展开的教学活动，按学科和学年分成许多小的部分，分量不大，大致平衡，彼此连续而又相对完整，这每一小部分内容和教学活动，就叫做一“课”，一课接着一课地进行教学。

时：把每一“课”规定在统一的单位时间里进行。单位时间可以是 50 分钟、45 分钟或 30 分钟，时间都是统一的和固定的，课与课之间有一定的间歇和休息。

(三) 课的研究与发展

班级授课制一直经历着变化发展，上述班、课和时的特征一开始就具备了，但在不同时期发展的侧重点也有所不同。正如国内学者指出，在夸美纽斯时期，主要是将学生编成班级，一个教师同时教许多学生，即突出“班”的特征。在赫尔巴特那里，从他的统觉论出发，提出教学是观念形成的过程，具体表现为相互联系的几个阶段：明了、联想、系统、方法。这些为课的划分提供了理论基础，但尚未明确提出课的类型和结构问题。

在课的发展上，主要的贡献来自凯洛夫教育学为代表的苏联教学论，他们提出了课的类型，并且进行了专门的研究。以传授系统书本知识为主要任务，他们将课划分为两大类别：单一课和综合课。单一课指在一节课中主要完成一种教学任务的课，单一课又可细分为若干种类：新授课、复习课、练习课、实验课和测验课等。综合课指在一节课中承担两种以上教学任务的课，还进一步提出了综合课的一般结构，按照顺序依次为：组织教学、复习旧知识、讲授新知识、巩固新知识和布置作业等。

特别应当指出的是，课的类型及其结构的理论，对中国的中小学教学实践产生了极为深刻和长久的影响。这不仅是职前的师范教育必须让教师掌握的，而且是教学行政管理部门检查和评价教师教学水平的主要依据，课的类型是否明确，课的结构是否完整，成为教师教学工作合格与否及质量高低的重要标准。这种状况，一方面，对于保证教学工作的质量，对于进行教学工作的规范化和制度化管理起到了促进作用；另一方面，由于缺少与其他形式的比较对照，也产生了使教学活动程式化的影响，甚至沦为形式主义，产生为类型而类型、为结构而结构的问题。

(四) 对班级授课制的评价

1. 班级授课制的优越性

(1) 班级授课制使得教学获得了巨大的效率，一位教师同时向几十个学生教学，使得教育的普及成为可能。

(2) 有利于教师主导作用的发挥，便于有计划地教学活动，循序渐进地开展教学。

(3) 由于学生是按照年龄和程度编成班级且水平接近，有利于他们彼此之间的互相交流和启发。

可以说，没有班级授课制，就会影响义务教育的普及。因为它具有一些突出的优越性，尽管不断受到批评和改革，其仍然表现出长久的生命力，而且许多改革实际上是对于班级授课制的发展，而不是彻底的否定。

2. 班级授课制的局限

(1) 不利于学生主体性的发挥，学生比较多的是接受教师所传授的现成知识。

(2) 为学生提供的实践性学习和探索性学习的机会较少，因此不利于学生多方面的发展。

(3) 不能很好地适应教学内容和教学方法等方面的多样化，比较固定化，缺少灵活性。

(4) 强调统一性，难以适应学生的个别差异，不利于因材施教。

（5）每个学生实际上分别地对教师负责，彼此之间没有分工与合作，因此学生的互相交流和启发难以保证。

由于具有这样一些局限性，人们一直在致力于班级授课制的改革。

三、教学组织形式的改革

近代以来，班级授课制成为中小学最基本的教学组织形式，但人们并没有停止有关新的教学组织形式的探索。而这些探索又集中围绕对于班级授课制的改革展开，人们一直在努力，试图在保持班级授课制优越性的同时能够有效地克服它的局限性。

（一）分层教学（分组教学、能力分组）

分层教学，是将学生按照智力测验分数和学业成绩分成不同水平的班组，教师根据不同班组的实际水平进行教学。在西方一些国家尤其是美国十分流行，一般在中学进行，有些学校在小学高年级实行。

1. 分层类型（小组教学、分组教学）

指根据智力测验和学习成绩将学生分为不同的小组，教师针对各个小组的情况展开不同水平和不同进度的教学。通常在每一年级有 A、B、C、D 和 E 五种水平，A 组为最高，B 组次之，以此类推。就一般情况而言，A 组和 D 组人数都比较少，大多数学生在 B、C 两组。在美国 20 世纪 80 年代的合流运动（main stream）之后，智力水平低下的学生进入普通学校与正常学生一同学习，许多学校的 E 组实际就是这些学生，还有一些学校只有二或三个等级。

2. 分层依据

以美国部分州为例，主要依据智力测验分数、学习成就、教师意见和家长意见等决定。

3. 分层范围

通常在主要科目实行分层。比如，数学、英语、科学和社会等。

4. 分层管理

一般实行弹性机制，分层不是固定的，每学期或每学年要进行调整，层次变化的主要依据是学生的学习情况，比如进步显著，可以上调，学习吃力，则可以下调。因为是按照科目分组，实际上所有科目都在 A 组或所有科目都在 D 组的学生很少，多数学生是不同的科目在不同层次的组中学习。

分层管理的优点是由于增加了智力测验和成绩作为依据，同一层次内学生的基础和水平较一般班级授课制条件下更为整齐，因此对学生的学习和教师的教学都更加便利。由于不同科目各自分组，能够比较好地适应学生的兴趣和差异。

分层管理的缺点是在管理上比较复杂。

在历史上，分层教学曾经在不同时期不同地域被广泛采用，也曾经受到猛烈批评。肯定者认为分层教学可以更充分地因材施教，批评者则认为不利于学生身心健康。一般来说，在学生水平参差不齐的条件下，以及学生进入较高年级、课程内容逐渐深化的条件下，分层教学是有效的教学组织形式。

（二）小组合作学习

小组合作学习是以异质小组为基本形式，以小组为主体，以小组成员合作性活动为机制，以小组目标达成为标准，以小组成绩为奖励依据的教学组织形式。

小组合作学习的基本要素包括以下几个方面。

1. 组间同质,组内异质

通常由4~6名在性别、学业成绩、个性特征、家庭及社会背景等方面具有异质性的学生组成。由于在每个小组内体现了合理差异,从而在全班各小组之间形成了大体均衡、可以比较的小组联合体,使各小组在大致公平的前提下进行合理竞争。同时,由于组内各成员之间在各方面的差异与互补,又有利于各小组成员之间互助性合作活动的开展,最终促进组内每个成员的认知、社会交往、个性和积极情感的全面提高。

2. 设立小组目标

学习目标为小组而不是个人设立。这样改变了班级授课制条件下教学偏重竞争的课堂气氛,形成合理的组内互教互助和组际公平竞争的良性机制。而对于小组目标,全体小组成员会形成一个“利益共同体”。每个学生能够体会到一个人的成功并非真正的成功,只有在小组的其他成员也达到学习目标的情况下,自己才能达到目标。学习不再是自己的事。因此,成绩好、能力强的,会去积极帮助其他组员,学习较差的由于集体荣誉感和自尊心也会尽自己最大努力学习,尽量使所在小组不因自己失败而被拖后腿。这样,小组成员彼此之间的关系是荣辱与共的积极、相互依赖关系。

3. 实施小组评价与奖励的机制

与小组目标的设立相互联系的是小组合作学习得以顺利进行的动力源泉。在小组奖励面前,每个小组成员都尽力为集体的成功而工作,积极承担集体义务,从而推动小组合作学习顺利进行。保证以小组为单位实施评价,使得小组成员之间不是你输我赢的关系,而是大家输或大家赢。这种机制可以有效地调节小组合作,促进成员争取小组目标的实现。

4. 个人责任的明确

在小组合作学习中,每个人都必须为自己的学习负责,学习成效的大小同个人是否尽责直接联系在一起,并要在两方面确保责任到个人。

(1) 通过将小组任务分解到个人,或全班任务先分解到小组,再分解到个人的方法,使组内每个成员都承担小组任务中的特定部分,一个人完不成承担的任务,不仅会影响自己的成功,也会对小组或全班完成任务带来不利影响。

(2) 在单元检查、小测验和竞赛中,不再允许依靠组内其他成员的帮助来证明个人掌握学习内容、达成教学目标的程度,每个组员必须靠自己力量独立完成测验。统计小组总体成绩之前要先计算个人成绩。

5. 均等的成功机会

在小组合作学习中,只要自己努力并有同伴之间的帮助,每个学生都可以做得很好,成功的机会是均等的。小组合作学习经常采用“个体提高分”的计分方式,即个体本次测验的分数比上次测验高出来的分数。这种方式保证小组所有成员无论成绩优劣都有成功机会,比自己从前进步。在自己过去的基础上比较而不是与别人比较。这样,不仅成绩好的学生可以为团体做贡献,成绩差的学生同样可以。

(三) 小班教学

小班教学在发达国家基础教育各阶段已经普遍实行,许多国家在教育法中规定的每班学生人数,通常在15—25人之间。近年来,我国的一些大城市也开始了小班教学的尝试。小班教学是社会和义务教育发展到一定程度的产物,是为了满足社会成员对于教育公平性、公正性的进一步要求。人们不仅享有受教育的权利,而且要求得到高质量的教育。可以预见在今后几十年内,小班教学会成为我国义务教育的主要发展趋势之一。

从发达国家的经验来看,实行小班教学有几个问题应当给予注意。

取消教师分科任教或延缓教师分科年限:在多数实行小班教学的国家和地区,通常采取教师包班的方式,而不是分科任教。在小学阶段尤其普遍,甚至在一些班额仍然较大的国家和地区如日本和我国台湾,小学也是教师包班。在小学阶段,各门课程的文化科学知识都是基础性的,具有合格学历的小学教师完全能够胜任。教师包班,为教师了解每个学生提供了分科任教所无法比拟的便利,也为教师有针对性地对每个学生因材施教创造了分科任教条件下难以得到的充分条件。发达国家之所以先后将班级授课制改为小班教学,正是立足于学生发展所做的选择。

改革现有的班级制度以保证给予学生均等的机会:在大多数国家,小学阶段没有严格的班级组织,不存在正副班长、班委和组长等相对固定的角色,各种活动所需要的工作由所有学生轮流承担。这样,可以使每个学生都有机会得到各种锻炼,也使每个学生有机会获得不同的体验。

目前国内的小班教学改革,处于刚刚开始的阶段,基本上只是缩小了班级规模。随着这一改革的深化,上述问题都应当逐步地加以解决,否则,改革的效果将是有限的。

(四)复式教学

在我国部分地区的小学还存在着复式教学。复式教学是指把两个或两个以上年级的儿童合编在一个班级,采用直接教学和布置、完成作业轮流交替的方式,在同一节课内由一位教师对不同年级学生进行教学的组织形式。在复式教学中,教师为某个年级学生授课称为直接教学,同时布置其他年级学生从事各种作业和练习称为间接教学或自动作业。

目前,在我国部分经济文化不发达的农村地区,特别是山区,复式教学的形式仍然存在。

复习思考题

1. 简述教学的任务。
2. 为什么说教学认识过程是一种特殊的认识过程?
3. 什么是教学模式?教学模式如何分类?
4. 简述中小学常用的教学原则及其基本要求。
5. 试评析班级授课制的优缺点。

第八章　教学(下)

第七章教学(上)主要论述了教学理论中的一些基本问题,本章继第七章之后论述的主要是教学理论中一些相对来说较为具体的问题,如教学方法、教学手段和教学工作的实施等。

第五节　教学方法

一、教学方法概述

在教学理论和教学实践领域,教学方法都是十分活跃的部分。但是,在不同的教学理论体系中,对于教学方法的理解存在着差异,有时是广义的,可以将教学原则也包括进去,比如把理论联系实际、启发式等称为教学方法;或者将教学组织形式包括进去,例如将上课、小组教学称为教学方法。

根据目前我国的教学论体系,对于教学方法的理解是狭义的,比较准确的定义是:为达到教学目的,实现教学内容,运用教学手段而进行,由教学原则指导的,一整套方式组成的,师生相互作用的活动。

在人类教育史上,教学方法经历了复杂的变化。从根本上说,教学方法的产生发展是由社会生产和科学技术进步决定的。具体地说,教学的任务、目的、内容的要求,以及人们对于学生身心发展规律的认识更直接地决定着教学方法的产生发展。

教学方法一旦形成,就具有相对独立性,能够对教学任务、教学目的和教学内容产生巨大的反作用。人们普遍了解,同样的教学任务和教学内容,采取不同的教学方法,或者同一教学方法的不同水平运用,会导致极为悬殊的教学效果。而且,由于这种独立性,教学方法的改革也比较容易着手,可以在课程设置和教学组织形式不作大的变动前提下进行。

由于教学方法的相对独立性及其意义,它在教学活动中占有重要的地位。

二、中小学常用的教学方法

(一)讲授法

讲授法是教师运用口头语言系统地向学生传授知识的方法。讲授法是最古老的一种教学方法,也是迄今为止在世界范围内应用最广泛、最普遍的一种教学方法。讲授法的基本形式是教师讲、学生听,具体地说,又可以分为:讲述、讲解和讲读三种方式。

讲述:教师向学生叙述、描绘事物和现象。

讲解：教师向学生解释、说明、论证概念、原理和公式等。

讲读：教师利用教科书边读边讲。

以上三种方式之间没有严格的界限，在教学活动中经常是穿插结合地使用。

讲授法的优点在于，可以使学生在比较短的时间内获得大量的、系统的知识；有利于发挥教师的主导作用；有利于教学活动有目的有计划地进行。讲授法的缺点在于，容易束缚学生，不利于学生主动自觉地学习，而且较多地依赖于教师个人的语言素养。

教师运用讲授法的基本要求是：

(1) 保证讲授内容的科学性和思想性。教师讲授的概念、原理、事实、观点必须是正确的，这就要求教师认真备课和教学。

(2) 讲授要做到条理清楚、重点分明。讲授的逻辑清楚，学生的理解才能够清楚。

(3) 讲究语言艺术。教师的语言水平直接决定着讲授法的效果，因此必须注重不断提高教师的语言修养。教师首先要做到语言清晰、准确、精炼，既逻辑严密又清楚明白；其次要努力做到生动形象、富于感染力；最后，还应当注意语音的高低、语速的快慢，讲究抑扬顿挫。

(4) 注意与其他教学方法配合使用。学生的注意时间有限，在整节课中完全采用讲授法很难取得良好效果，教师应当善于将讲授法与其他教学方法和手段交叉替换使用，避免学生因长时间听讲出现疲劳和注意涣散的现象。

（二）谈话法

谈话法是教师根据学生已有的知识经验，借助启发性问题，通过口头问答的方式，引导学生通过比较、分析和判断等思维活动获取知识的教学方法。谈话法的基本形式是学生在教师引导下通过独立思考进行学习。

谈话法的优点在于，能够比较充分地激发学生的主动思维，促进学生的独立思考，对于学生智力的发展有积极作用，同时也有助于学生语言表达能力的锻炼和提高。与讲授法相比，谈话法的缺点是，完成同样的教学任务，它需要较多的时间。此外，当学生人数较多时，很难照顾到每一个学生。因此，谈话法经常与讲授法等其他方法配合使用。

教师运用谈话法的基本要求如下。

(1) 做好充分的准备。围绕什么内容进行谈话、提出哪些问题、提问哪些学生，以及学生可能作出什么样的回答，怎样通过进一步的提问引导学生等，教师都应当在事前周密考虑和安排。

(2) 谈话要面向全体学生。尽管谈话只能在教师与个别学生之间进行，教师还是可以通过努力吸引所有的学生。首先，谈话的内容应当是能够引起全体学生注意的，教学中具有普遍性和重要性的问题。其次，教师应当尽可能使得谈话对象有代表性，比如选择不同层次的学生。最后，在谈话时适时加以适当的解释、说明作为补充。

(3) 在谈话结束时进行总结。在谈话中学生的理解和掌握往往表达得不够准确精练，因此在谈话的最后阶段，教师应当用规范和科学的表述对学生通过谈话所获得的知识加以概括总结，从而强化他们的收获。

（三）讨论法

讨论法是在教师指导下，学生围绕某个问题发表和交换意见，通过相互之间的启发、讨论、商量获取知识的教学方法。讨论法的基本形式是学生在教师引导下借助独立思考和交流学习。

讨论法的优点在于,年龄和发展水平相近的学生共同讨论,很容易激发兴趣、活跃思维,有助于他们听取、比较、思考不同意见,在此基础上进行独立思考,因此能够促进思维能力的发展。此外,讨论法能够普遍而充分地给予每一个学生表达自己观点和意见的机会,调动所有学生的学习积极性,并且有效地促进学生口头语言能力的发展。讨论法的缺点在于,受到学生知识经验水平和能力发展的限制,比较容易出现讨论流于形式或者脱离主题的情况。

教师运用讨论法的基本要求如下。

(1) 选好讨论题目。首先要选择那些有讨论价值的题目,一般来说,应当是教学内容中比较重要的事实、概念、原理等。其次要选择难度恰当的题目,一般说,过于简单或过于复杂的内容都不适当,前者难以激起学生的学习热情,后者则容易挫伤他们的积极性。

(2) 肯定学生各种意见的价值。对于未知的东西,任何意见都是有价值的。学生总是从自己的逻辑出发去理解和思考,因此各种不同意见尽管可能离正确答案相去甚远,但却最真实地反映了学生的想法。教师不应当"裁判",急于指出各种意见正确或错误,要让学生畅所欲言,通过充分的讨论理解什么是对、什么是错,以及为什么对、为什么错。

(3) 善于引导。教师应当在学生讨论时全面巡视,注意倾听,善于捕捉讨论中反映出来的问题。在讨论遇到障碍深入不下去时适当点拨,在讨论脱离主题时加以提醒,在讨论结束时帮助学生整理结论和答案等。这些对于讨论法的运用都是必不可少的。

(四) 实验法

实验法是学生在教师指导下,运用一定的仪器设备进行独立操作,观察和研究这种操作引起的现象和过程,以获取知识的教学方法。实验法的基本形式是学生在教师指导下独立自主的学习。

实验法的优点在于,学生是通过亲身活动,从感性知识过渡到理性认识,认识的过程比较完整。在这种学习过程中,学生的观察能力、独立思考能力和动手能力可以得到很好的锻炼;求实的科学态度,探究的科学精神和热爱科学的情感也能够得到培养。

教师运用实验法的基本要求如下。

(1) 准备工作充分。在实验之前,要就实验的目的、内容、步骤、仪器的使用和操作要领向学生做清楚的交代,并且保证学生明确。

(2) 及时、具体地指导。学生独立完成整个实验过程往往有一定困难的,教师要适时地提醒他们实验步骤、操作规范等。当然,这种提醒应当是在需要时进行,并且根据具体情况决定是针对个别学生或是全体。

(3) 帮助学生总结。由于不够成熟,学生很容易被实验的外在和表面因素吸引,比如实验仪器的新鲜,实验中某种变化的趣味性,并因此忽略了最重要的结果和根本目的,因此教师要帮助他们总结实验的收获,比如写出简单的书面报告,或者组织进行口头汇报。

(五) 实习作业法

实习作业法是学生根据教师布置的任务,在课上或课外进行实际操作,将已经学过的知识运用于实践的教学方法。实习作业法的基本形式是在教师指导下,学生运用书本知识解决实际问题的教学方法。

实习作业法的优点在于,通过将书本知识运用于实际,把理论与实践结合起来,并且在这样的过程中有效提高各种能力。

教师运用实习作业法的基本要求如下。

（1）提出明确要求。实习作业总是在学习某种理论知识之后进行的，教师要让学生明确实习作业的目的及具体任务，从而提高学生的自觉性和活动效率。

（2）选择恰当的方式。实习作业法的具体方式是十分多样的，测量、测绘、制作、栽培和饲养等，教师要根据所学知识的性质和特点选择与之相适的具体方式。

（3）做好事后的检查。教师要在学生完成实习作业后给予检查和评价，帮助学生理解自己的得失。

（六）练习法

练习法是学生在教师指导下，进行各种练习，从而巩固知识、形成技能技巧的教学方法。练习法的基本形式是学生在教师指导下的一种实践性学习。

练习法的优点在于，可以有效地发展学生的各种技能技巧。任何技能技巧都是通过练习形成和巩固提高的，在教师指导下进行各种及时、集中的练习，能够在这方面取得比较明显的效果。

教师运用练习法的基本要求如下。

（1）明确练习的目的和要求。要让学生知道为什么进行练习，怎样才是达到了练习的要求，这样才能使学生的练习具有自觉性和积极性，避免练习的盲目性和机械性。

（2）指导正确的练习方法。教师要在练习之前讲解和示范正确的练习方法，并且保证学生基本掌握，以便提高练习的效率。

（3）合理安排练习步骤。教师应当使得练习有计划地进行，循序渐进。

（4）科学掌握练习量。技能技巧的练习需要一定的练习量，但并不是越多越好，超过学生承受能力的练习会适得其反。教师要考虑到学生身心发展特点确定练习的量。此外，一般说分散练习比过于集中的练习效果更好，将某种练习分成时间较短的几次完成，要比一次性安排更为科学。

（5）给予学生及时反馈。要使学生能够及时知道练习的结果，以便纠正错误和巩固成绩。

（6）练习方式要多样化。要防止单一、重复的练习方式，根据教学任务和学生实际，将口头的与书面的、记忆的与操作的、课内的与课外等不同方式结合使用，采取多样化的练习方式，保持学生的兴趣和注意，提高练习的效率。

（七）参观法

参观法是教师根据教学目的，组织学生到校外观察自然现象和社会现象，从而获取新知识或验证已经学习过的知识的教学方法。参观法的基本形式是学生在教师指导下获得直接经验。

参观法的优点在于，能够有效地把书本知识与实际紧密结合起来，帮助学生深入地理解和领会所学习的理论知识，扩大学生的眼界，并且从中受到多方面的教育。根据与学习有关知识的顺序，参观法又可分为三种：准备性参观，在学习某种知识之前进行；并行性参观，在学习某种知识的过程中进行；总结性参观，在学习某种知识之后进行。

教师运用参观法的基本要求如下。

（1）做好参观的准备。教师应当事先到参观地进行实地考察，全面了解各种需要注意的问题，并且据此做好参观计划。教师还要为学生做好参观动员，让他们了解参观的目的；明确参观的要求和任务，比如是否要做笔记、收集哪些资料，以及参观的注意事项。

(2) 指导参观的进行。在参观过程中,教师要关注和引导学生,比如提出启发性的问题,提示值得注意的细节等,避免走过场或走马观花。

(3) 总结参观的收获。参观结束后,教师要帮助学生做好总结,可以要求学生写出参观心得或报告,根据参观所得制作图表模型等。

三、教学方法的改革与发展

教学方法一直是教学实践领域中最活跃的部分,历史上各种各样的教学方法层出不穷,在现代教育的发展过程中,教学方法的变化格外迅速和多样。在20世纪中叶以来世界范围的教育改革运动中,各种各样新的教学方法不断出现,其中有一些带来了教学实践的显著变化,并且由此产生了广泛的影响。

(一) 发现学习

发现学习是美国教育家布鲁纳提出的教学方法。布鲁纳是结构主义课程的代表人物,他认为学生在课程中应当学习的是基本结构,也就是每门学科最具有根本性的理论知识:基本概念、基本原理、基本法则等。而基本结构是不能简单地通过教师的讲授学习的,要通过学生的发现学习去构造。

发现法的具体做法是,教师提出课题和一定的材料,引导学生自己进行分析、综合、抽象、概括等一系列活动,最后得到学习结果。

与讲授法相比,发现法对学习过程的关注超过对学习结果的关注,也就是说要求学生主动参与到知识形成的过程中去,否则,学习结果将无法得到。

发现法的优势在于,由于学生在发现的过程中必须进行持续的、全面的智力活动,他们的智力也就因此获得发展,这是讲授法所难以企及的。发现法的缺点在于,对于同样的教学内容,它的时间花费要比讲授法多出许多,这是它无法完全取代讲授法的重要原因。同时,发现法对于教师提出了很高的要求,引导学生自己获得学习结果不仅需要教师有更高的教学水平,而且也使得教师的教学更加紧张和具有挑战性。因此,虽然人们对发现法评价很高,但在实践过程中往往要同其他教学方法结合进行。

(二) 探究—研讨法

探究—研讨法与发现法有密切联系,在实质上也基本一致。这种方法在一些发达国家被普遍应用。

探究—研讨法没有十分严格的程序,但十分注重利用发展心理学所提供的关于儿童不同认识阶段的特征,由此形成了一些十分突出的特点。

1. 从具体材料引发学习经历

学生的学习应当从具体的、能够引起他们兴趣的事物开始,而不是从抽象的概念开始。要给学生足够的材料,这些材料应当是与所要学习的概念或原理相关的,有助于他们理解和形成这个概念的,而且是能够引起兴趣的,能够让学生进行各种尝试的。“学习总是在学习者内部发生的。在支配材料的过程中,神经上的、肌肉上的和感觉上的刺激,导致学生越来越意识到各物体之间的相互作用。思考和表述使学生把这种动觉的经验提高到思维的水平。”①

---

① 兰本达,等.小学科学教育的“探究—研讨”教学法[M].陈德璋,张泰金,译.北京:人民教育出版社,1983:51.

2. 通过集体交流和研讨促进学习

不能期望所有的学生发现同样的事实或看出同样的内在联系，每个人在共同经历中的反应从来都不是完全一样的。让学生们在一起把各自的看法谈出来，每个人可以分享其他人的思想，就会有丰富的内容，并且引起进一步的思考。

3. 鼓励学生的语言表达

语言与思维之间存在着密切的关系，人的思维只有在发达的语言能力基础上才能够深刻地进行。因此，要鼓励学生进行语言交流，在运用语言与其他人交流时，学习的内容才能丰富起来，鼓励学生描述自己的观察、表达自己的感受、说明自己的意见，所有这些，要比学生自己读教材、重复教师的话有价值得多。"一个人在把自己的思想用语言表达出来之前，还没有把他潜在的学习变为可同自己或别人交流的思维。"①

4. 肯定学生在学习中所犯错误的意义

科学本身是一个不断发现、核对、验证、重复的过程。要让孩子们像科学家一样经历所有这一切。因此，学生在学习过程中出现各种各样的错误不仅是必然的，而且是必需的。要鼓励学生从错误中学习，通过寻找原因、纠正错误，澄清思想，提高认识。

（三）纲要信号图式教学法

这是苏联教师沙塔洛夫在自己 30 年的教学实践基础上创立的。所谓纲要信号图式是一种由字母、单词、数字或其他信号组成的直观性很强的图表，是教学辅助根据。它通过各种"信号"提纲挈领、简明扼要地把需要重点掌握的知识表现出来。有时一张图表仅由几个信号组成，有时一张图表可以包括教科书中二三节甚至四五节的内容。

例如，在苏联七年级历史课中，有关于俄土战争中雷姆尼河畔上一次战役的内容：苏沃洛夫率俄军七千人，奥地利盟军一万八千人，土军则有十万人。土军包围住奥军，但没有发现俄军动向。苏沃洛夫趁敌不备，日夜兼程，以骑兵迂回袭击敌人的侧翼和后方，使敌人溃不成军，狼狈逃窜。这一战役可以用纲要信号图式来表达如下：

奥地利

1889 年————7　　18　　100　　指挥所

雷姆尼河

图表简明扼要，能使学生对当时战役的进展情况产生鲜明的印象。据说，应用纲要信号图式法，大大提高了教学的效率。纲要信号图式法的突出作用，在于使教学有效地贯彻了理论知识起主导作用的原则，为发挥学生各方面的潜能提供了可能性。

这一方法的具体运用包括以下 6 个阶段：

（1）按照教材内容详细讲解教学内容；

（2）出示纲要信号图式，进行第二次讲解，突出重点，分析难点，指出各部分之间的逻辑关系，并加以概括；

（3）把小型的"图式"发给每个学生进行消化；

（4）要求学生课下按"图式"进行复习；

（5）在下一次课上，让学生根据记忆，在各自的练习本上画出图式；

（6）让学生在课堂上按图式回答问题。

---

① 兰本达，等.小学科学教育的"探究—研讨"教学法［M］.陈德璋，张泰金，译.北京：人民教育出版社，1983：173.

(四) 暗示教学法

暗示教学法是保加利亚医学博士卢扎诺夫创立的教学方法，20 世纪 60 至 70 年代在欧洲、苏联、美国和加拿大等国都产生了巨大反响，尤其在外语教学方面，被公认为创造了奇迹。

暗示教学法采取与传统教学法完全相反的作法，上课如同游戏、表演。以外语教学为例，每一课包括 200~250 个单词、一些新的语法、一个主题对话，主题对话是一种教学剧本，有生动的情境、有趣的情节、戏剧冲突。教材还包括一套专门的练习，称之为练习曲。教学活动一般包括：介绍情况，给每一个学生取一个新名字，假设一个新职业，学生据此进行各种游戏和表演活动。利用这种教学方法，学生能够在六七周的时间内基本掌握一种新的语言。

暗示教学法是建立在不同于以往的教学理论基础之上的。卢扎诺夫认为，传统教学低估了人的巨大潜力，缺少建立在医学、生理学、心理学、艺术等基础上的综合性教学手段。因而只能调动大脑的一部分功能，而且是与机械的、逻辑的、非感情的、无趣的教学相联系的那一部分功能。卢扎诺夫在参观印度时，受到瑜珈功的启发和影响。他发现瑜珈教徒通过强化联想能够记住经书上的十万多个词，由此建立了暗示教学法的基本原理：广泛利用环境的暗示信息，充分利用人的可暗示性，使理智与感情统一，有意识功能和无意识功能统一，尤其是调动和发掘大脑无意识领域的潜能，使学生在愉快气氛中不知不觉地接受信息。

暗示教学法的具体做法主要有以下几个方面。

(1) 善于激发学生动机，设置能够诱发学生学习潜力的外部环境，充分考虑学生个性的完整性，尽可能彻底地消除学生的紧张心理，尊重学生，帮助学生确立自信。在暗示教学的环境中，一反教室的常规，不用课桌，而是将几十把椅子排成半圆形，教室还选择让人感觉松弛、舒适的颜色装饰。

(2) 用跨学科的观点，按课题编制较大的教学单元，加强教学的整体逻辑。

(3) 充分利用各种艺术手段，采用音乐、舞蹈、戏剧和电影等单项或综合的艺术形式配合教学进行。在学生为戏剧表演等做准备而阅读教材——主题对话时，用微小的音量播放背景音乐，通常是柔和舒缓的古典音乐，据说这样能够使人的大脑处于最佳的记忆状态。而在正式表演时则根据“剧情”的需要，用较大的声音播放其他精选的音乐，以强化表演者的印象。

(五) 范例教学法

1. 产生背景及理论基础

1951 年秋季，德国高级中学和高等院校的代表云集蒂宾根研讨德国课程与教学改革的问题，这就是著名的蒂宾根会议。范例教学即发端于这次会议。蒂宾根会议批评了传统教育，认为由于追求高质量的、新的教育内容，在科学技术迅速发展的条件下，必然造成课程内容臃肿甚至饱和，学生负担沉重；考试竞争又导致死记硬背书本知识的现象；学生的精神生活被窒息，缺乏主动性和创造性。会议主张，为了培养出有真才实学的、有教养的人，必须改革教材，充实根本性、基础性和本质性的内容，使学生得以借助精选的教材，通过与范例的接触，训练独立思考和判断的能力。范例教学的主要倡导者是德国著名教育家、教学论专家瓦·根舍因和克拉夫斯基，他们提出了若干范例教学的基本理论观点。

研究认为，范例的基本特征有三个：即基本性、基础性和范例性。

基本性：针对教学内容而言。就一门学科来说，如果选择的范例能够包含或体现该学科的基本要素、基本概念、基本知识结构和基本科学规律，即具有了基本性。

基础性：针对与学生主体实际状况的适宜性而言。基础性要求范例的选择要从学生的实际经验和已经达到的某方面智力发展水平出发，所教授的基本经验是能促进其智力进一步发展的东西。如果选择的范例能在教学过程中达到发展学生智力的目标，能使学生认识各门类自然科学和社会科学的各种实质性关系，即符合了基础性。

范例性：针对教学活动而言。所选择的具有基本性和基础性的范例，要真正能成为教学活动中的有效材料。它要求设计一种教学结构，使得教学内容、方法及二者之间的联系结构化。范例的特征，在于能够在教学中使学生的兴趣、问题、学习方式等同各种分化的、复杂的和客观的教学内容的结构一致起来，从而成为沟通学习者主观世界与教材这一客观世界的桥梁。

上述三点既是范例的基本特征，又是选择范例的基本原则。

2. 范例教学的过程

范例教学的一般程序包括如下四个步骤：

（1）范例性地阐明“个”的阶段；

（2）范例性地阐明“类型”和“类”的阶段；

（3）范例性地掌握法则性、范畴性关系的阶段；

（4）范例性地获得关于世界（以及生活）关系的经验。

施滕策尔以“乌克兰的防风林地带”课题为例，具体地说明上述四个阶段。

第一阶段，以乌克兰的防风林带为特例，以具体直观的方法，提出关于防风林地带的问题。这一阶段的教学目的是掌握事例的本质特征。

第二阶段，根据由防风林地带的特例所获得的认识，推论出乌克兰地区的特点，而且还要掌握该地带的普遍特性和类型特征，用开拓草原这一“类型”的认识来说明一系列类似景观的本质特征，如美国中西部草原。其目的在于从个案出发探讨“类”的现象，通过“个别”的迁移来把握“类”，或者对个别事例进行归类，对在本质特性上一致的个别现象作出总结。

第三阶段，在上述从“个别”过渡到“类”的基础上，进一步达到对更本质的关系——规律性的认识。在这个阶段要明了草原化的过程及阻抑这一过程的努力，即明了人类如何在特殊的气候、地理、形态诸条件下，干预自然、作用于自然并且改造自然的。

第四阶段，认识人类与自然的关系，即人类要干预、改造并主宰自然。在这一阶段，教学已经由对客观内容的重视转移到开拓学生的精神世界方面。

正如许多学者所做的评价，范例教学以丰厚的德国教育传统为底蕴，又吸纳了 20 世纪二三十年代流行于欧洲的进步教育精神。在对学生主动性的弘扬方面，在对教学的问题性的提倡方面，以及在思考课程内容时突破学科界线、主张课题性教学、重视知识与生活的联系、打破“知识就是力量”的传统转而追求获得支配知识的力量等许多方面，都提出了新的主张。同时，在强调“教”的作用方面，特别是用“教”来统领学生学习的主动性和探索精神方面，又更多地继承了德国传统教育的思想。范例教学之所以产生广泛影响并且为许多人所接受，主要原因在此。

（六）以网络为基础的新的教学方法

近年来，在现代教育技术、特别是网络技术进入学校教育领域、进入课堂教学的大背景下，出现了一些以网络技术为基础的新的教学方法。它们吸引了人们极大的关注和兴趣，在国内的中小学反响强烈,各种各样的推广、尝试层出不穷。同时,围绕这种热潮也出现了许多思考和争论。

1. 翻转课堂

翻转课堂,是指由学生在家或自习课上根据教师事先准备和提供的视频以及在线辅导,独立完成知识的学习,此后,在课堂上教师与学生、学生与学生围绕所学知识展开讨论,完成答疑、解惑、运用等。

翻转课堂最早于2000年由美国学者在大学提出和实施。2007年,由美国一位高中化学教师在课堂上采用,推动了这种方法在中小学的开展。随着互联网的普及,翻转课堂在美国以及世界各地流行,同时也引起人们的争论。

翻转课堂的主要优点表现为:

(1) 提高教学效率。

教师不再承担系统、全面讲授知识的任务,而是在课堂上面对学生在学习中产生的疑问和困惑,从而能够直接地、有针对性地帮助他们澄清问题和解决困难。

(2) 强化师生、生生之间的互动。

由于课堂上主要时间是用于师生、生生之间的各种交流,而且这些交流又是围绕着所学知识的重点难点展开的,便使得各种交流成为高质量的互动,从而对于学生思维进行锻炼提高。

(3) 促进学生自主学习意识和能力。

学生要能够参与课堂活动,必须在课前独立完成教学任务。教师制作的教学视频短小精悍,针对性强,充分考虑了学生的身心发展水平,同时,具有暂停、回放等多种功能,便于学生自我控制。完成这样的教学任务,要求他们必须具有自觉的自主学习意识,必须切实地实施自主学习。

2. 微课

关于微课,有来自不同角度的定义。一般来说,可以将微课定义为一种教学方法:它以特定知识点的教学为目标,充分利用各种教学资源,将教师的教学精心制作为视频,学生通过观看视频学习。

在我国当下的中小学教学实践中,微课呈现多样性。既有在课堂中采用的,也有在课堂以外采用的;既有与传统课堂相结合的,也有比较独立地实施的。有时又与翻转课堂、慕课等有交集。对于微课的认识,也尚未形成比较成熟的理论。

微课的优点是:

(1) 突出特定的教学内容。

微课的时长一般为5~8分钟,相对于传统的40或45分钟一节课来说,短小精悍。因此,有针对性地制作视频并且采用微课的方法,特别适用于学习某些重点难点知识。

(2) 便于教学活动的调节。

由于内容和时间的密集性,微课的安排和使用都富于灵活性。便于学校在大班教学条件下做出调整,适应不同学生的不同层次需求。

(3) 便于学生个别化学习。

由于视频可以放在网络上,所以为学生提供了个别化学习的条件,学生可以根据自己的需要反复观看,多次学习。

3. 慕课

慕课是指开放式的网络课程，大规模兴起于2012年。最早仅仅是一种在线课程的开发模式，后来成为一种教学方法，即学生通过网络在线学习。在较早进行这种尝试的国外大学，慕课课程不提供学分和学位，通常是免费的。每门课都有频繁的小测验，有时还有期中和期末考试，考试通常由同学评分。后来有人尝试对慕课学习结果进行认证，目前国内外均有一些学校认可学生通过慕课进行学习的结果，将其纳入学校学分。

慕课在中国已经进入了中小学，并且引起了人们的注意。慕课为终身教育和学习化社会提供了坚实的基础，是信息化社会高等教育发展的一个重要补充形式。在中小学阶段要不要采用这种方法，如何采用这种方法，还在探讨和尝试之中。例如，有些中学在高中阶段采用引入选修课和大学先修课程，应该说是值得肯定的尝试。

针对这些新的教学方法，既有声势浩大的肯定、推动、实践，也出现了各种各样的分析、批评，其中一些带有共性，值得思考。

第一，有分离教学活动的可能。

教学是师生统一的活动。在这些方法中，为学生提供的"视频"等资源均为教师提前录制和准备的。尽管有一些视频将学生与教师的互动也录入进去，但其所展示的教学活动与当下正在学习的学生在时间与空间上都是分离的。无论教师多么富于教学智慧，在视频中也不可能完全预知学生当下的心理，因此不可能对学生在学习过程中即时产生的疑问、困惑作出及时的回应。

第二，教学效率难以保证

这些方法几乎都将课堂教学建立在学生之前在网络上独立学习基础上。而事实上，中小学生的知识基础和能力恰恰是在形成之中，尚未达到独立学习的水准，尤其需要在教师主导的教学活动中获得和提高。应当正视的是，无论是翻转课堂还是慕课，最早都是出现在高等教育领域。显然，在中小学运用这种方法，较之大学难度要大得多，很难保证教学应有的效率。比如，他们是否能够就所观看的教学视频提出真正有意义的问题？能否准确表达自己的困惑？

第三，自主学习的不确定性。

在教师缺席的条件下，学生能否将时间用于学习？这也是不确定的。离开了课堂这种特殊环境的约束，中小学生是不是能够凭借自己的意志和行为完成学习任务，这并不是靠制作精良的网络资源就能够保证的。

第四，学校教育的越界可能。

这些方法将相当部分具有实质性的教学任务从学校转移到了家庭，使得学校教育活动在时间、空间上延长和越界，占据了学生的家庭和休闲活动领域，在伦理角度也是需要考量的。

总而言之，对于这样一些这些方法，有足够的理由采取更为慎重的态度。一方面，积极地展开各种尝试，另一方面，尝试应该是严肃严谨的，比如，具体地探讨：哪些课程的什么内容，适合采用这样一些方法？与各种传统的教学方法的关系是怎么样的？等等。这些方法很可能会融入教学方法多样化的趋势之中，如若期望用它们完全取代现有的各种教学方法，是不切实际的。

第六节　教学手段

一、教学手段的概念及其发展

教学手段是教学活动中师生互相传递信息的工具、媒体或设备。在很长的历史时期内，教学论中没有关于教学手段的专门研究和论述，有关的内容通常包括在教学方法理论中。近年来，教学手段逐渐成为教学论中的一个相对独立的范畴，主要是计算机和互联网作为教学手段出现和迅速发展，并在教育实践中发挥了巨大的作用，日益显示出其深远的意义。

(一) 传统的教学手段

最早的教学手段就是人自身的活动，如口耳相传、示范、模仿、练习，主要通过语言，也包括表情、动作、形体等。文字和书籍的出现、造纸和印刷术的发明，促进了教学手段的重大进步，使得教学活动能够摆脱个人直接经验的局限，学习以书本理论知识(间接经验)为主。文艺复兴前后，出现了专门的教学手段。夸美纽斯编写的《世界图解》是较早的教科书，裴斯泰洛齐的“算术箱”和福禄贝尔的“恩物”都是专门的教具。粉笔、黑板、教鞭、模型、标本等，大多是在班级授课制条件下逐渐出现和发展起来的。这样一些教学手段的出现大大提高了教学活动的效率，促进了普及义务教育的发展。

(二) 现代化的教学手段

随着工业革命的发展，各种以现代科学技术为基础的教学手段逐渐产生。先后出现了用于教学的幻灯机、电影、唱片、录音机、闭路电视和语音教室等。特别是近半个世纪以来现代教育技术——即以计算机及网络为基础的多媒体技术的出现与繁荣，在教学中越来越显示出强大的作用。

现代化教学手段的出现和运用，不仅提高了教学活动的效率，而且使得教学活动本身产生了重要的变化，扩展了教学活动在时间和空间上的界限，达到了过去所没有的广度和深度，将教学活动带进了一个新的阶段。

二、现代教育技术作为教学手段的意义

国内有学者指出，一般的现代化教学手段如闭路电视、电子显微镜等的应用，比起传统的教具，具有极大地丰富性、扩展性、灵活性、精巧性和高效性等，这些是显而易见的。但是，这些教学手段充其量只是人的感官的延长，它们所应用的教学原理，与此前相比基本上没有根本性的变化。而计算机和互联网为基础的现代教育技术的出现，在一定程度上是人脑的扩展，因为计算机可以部分地代替人脑的工作。计算机的这种独特性，为教学活动带来的不仅是效率的提高，而且有一些革命性变化的可能。的确，计算机进入教学领域所产生的意义是所有其他教学手段无法比拟的。

现代教育技术集声、文、图、像于一体，极大地拓展了知识信息来源。现代教育技术容量庞大，内容充实，形象生动，能够将宏观的遥远太空与身边事物的微观样貌都清晰地呈现在学生面前，其中许多是过去所无法想象的，也因此可以令教学更具吸引力。

由于能够充分地利用学生的视、听、动觉，许多过去难以为学生所理解的知识变得清晰明确，从而使得学习效果显著提高。教师的部分劳动将可以由技术手段替代，然而，这不仅

不是宣告教师的角色会消失，恰恰相反，将促使教师的角色升华到更高的境界，教师应当也可以把更多的智慧和精力投入到学生发展的考虑上。学生在学习中反映出的主要问题有哪些？应当给予什么样的帮助？需要安排哪些必要的讨论？应该继续什么样的实践环节？需要补充哪些重点讲解和演示？……这样一些在以往的教学中难以真正关注的问题，在技术手段的协助下，可能得到更好的解决。

根据每个学生的差异进行个别化教学，以满足每个学生的独特需求，是人们长期追求的教育理想。使每个学生得到适合他的教育，是现代教育的基本命题，在以往的教学手段和缺乏弹性的班级授课制条件下，这又几乎是不可能的。在一定程度上，现代教育技术教学系统为这种教育理想的实现开辟了广阔的前景和极大的可能性。通过营造个别化自主学习的教学环境与系统，每个学生可以以此为基础独立完成相当部分的学习任务，进度快的可以捷足先登，进度慢的可以稳扎稳打，速度和时间的差异完全是个人的事情，不会与他人发生任何矛盾冲突。同时，合理的设计使得学习者能够分别得到自己需要的独特参考和帮助，各得其所。所谓“齐步走”“一刀切”的弊端可以在相当程度上得以改善，从而令教学将最大限度地适应学生的个别差异。

三、必须形成对于现代教育技术的科学态度

现代教育技术手段所显示的蓬勃生命力，不断地提醒我们，它的发展仍然在继续，它既为教学带来了巨大的机遇，也带来了严峻的挑战。如何在教学中恰当地运用现代教育技术，并没有现成和稳定的策略，它向课堂教学提出的许多问题，目前也还没有明确的答案。比如，人机对话与人人对话的关系？教师的哪些作用是技术手段仍然无法替代的？慕课及翻转课堂在小学阶段是否适用等，这些问题仍然在探索之中。因此，在今后相当长的时期内，如何在教学中运用现代教育技术手段，是中小学教师必须慎重思考、作出判断的严肃课题。

就当下我国中小学教育的一般情况，以下几种倾向较为常见。

（1）拒绝排斥的态度。近年来，面向学校的各色各样现代教育技术手段不停地涌现，常常令人应接不暇甚至不知所措。在技术发展空前强劲的时候，这种感觉其实是正常的。但部分教师因此形成了比较消极的态度，以各种借口拉开自己与现代教育技术的距离，固守传统的手段。这种态度的最大损失是失却了本来可能从技术中得到的好处。

（2）盲目求新的态度。不断地求新，只要听闻有新的手段，马上“拿来”并且抛弃旧的。这种态度的不恰当在于，现代教育技术不同于生活中的时装或游戏，“新”与“好”并不总是一致，要允许技术有成熟、修正、完善的过程。

（3）大而化之的态度。面对某种现代教育技术的成功，有时教师会放弃自己的比较、判断的权利。例如，国外出现了运用现代教育手段的翻转课堂、微课、慕课等教学方法的尝试，国内也有相当多的介绍和模仿，许多教师趋之若鹜。事实上，每一种现代教育技术及其应用，其效果都不是无条件的。就如翻转课堂，是不是适合于小学生？是不是适合于所有科目？是不是适合于任何教学内容？如果没有对于这些问题的具体分析、比较、判断以及规范的实验，便加以采用，不仅盲目，更是令人担忧的。

总之，面对现代教育技术，要积极地拥抱，不断地学习，也必须要有实事求是的科学精神，有审慎的态度。

第七节　教学工作的实施

一、教学工作实施的一般过程

一般说,教学工作的实施,由备课、上课、作业布置和批改、课外辅导等环节构成,这是迄今为止我国中小学教学工作实施最常见、最普遍的过程。应当指出,这样的过程对于以学生接受性学习为主要基础的教学模式是适宜的,当教学模式有所变化时,教学工作的实施过程亦应有所变化,对此下面将专门讨论。

(一)备课

凡事预则立,不预则废。备课是教学工作的基础,备好课是上好课的先决条件。备课的过程,是教师提高自身文化科学知识修养的过程,也是教师积累、总结教学经验和提高教学能力的过程。

备课主要从三个方面为上课做好准备。

1. 钻研教材

钻研教材包括学习《教学大纲》(《课程标准》)、研究教科书和阅读与教学内容有关的参考材料等。

学习《教学大纲》,可以使教师从宏观和整体上把握所教学科,从而能够对备课的具体部分在学科体系中的意义和地位有准确和自觉的认识。

学习教科书,是为了掌握主要内容、重点难点和关键所在等。同时,教师要自觉意识到,教科书本身不是教学的目的,而是为实现教学根本任务服务的,教学的根本任务和目的在于学生的发展,教师在钻研教科书时必须考虑,如何利用它来促进学生态度情感、价值观、科学知识和各种能力的进步和提高。

各种参考资料是教科书的重要补充,阅读参考资料可以获得大量有价值的资料,用来满足教学的需求。应当特别指出,有些教学参考书提供编写细致,甚至提纲完整的教案,但这样的东西并不能代替教师自己的备课,因为教学是不可重复的。即使是著名教师的教案,也只能是备课的参考,而不能是替代物。

2. 了解学生

孔子云,视其所以,观其所由,察其所安。学生既是教师教学的对象,更是全部教学活动的主体,成功的教学只能是建立在对于学生充分而正确了解的基础上。根据学生的发展现状和发展需求设计和实施教学,才可能获得良好的教学效果。

了解学生应当是全面的。学生原有的知识经验基础、原有的能力水平、学习态度和兴趣特点、班级一般状况和学生个体状况等,都是教师在备课时应当加以研究的。同时,教师应当注意从多种渠道获得有关信息,除了平时观察学生在教学活动中的表现、日常的作业和考试检查成绩之外,还应当注意了解学生在课外的情况,校外的情况,尽可能使得对学生的了解全面可靠。

3. 设计教学过程

在钻研教材和了解学生的基础上,教师要设计教学活动如何进行,具体说,要完成以下三个计划的编写。

学期(或学年)教学进度计划。这种计划应当在学期或学年开始时就编写出来。内容主要包括:学生基本情况的分析、本学期或学年教学的主要任务和要求、教学大纲(课程标准)和教科书的章节或课题、各个章节或课题的教学时数和时间安排、考试和考查的次数和时间、各个章节教学所需要的教学设备和教具等。

单元(或课题)教学计划。在学期或学年计划的基础上,教师还要对教学大纲(课程标准)中每章或每个课题制定出单元或课题计划。内容主要包括:单元或课题名称、教学目的、课程类型、教学方法、时间安排和所需教具等。

课时教学计划(教案)。一般按一节课为单位编写,是上课的具体方案。内容主要包括:班级、学科名称、授课日期和时间、课题、教学目的、课的类型、教学方法、教具、教学进程等。其中教学进程是教案的主要部分,需要详细设计安排教学内容的展开、教学方法的运用和时间的分配。

(二)上课

上课是全部教学工作的中心环节,教学质量的高低,直接取决于上课的水平。

教师上课一定要有经过详细准备的教案,但上好课只有好的教案是不够的,相反,过分拘泥于教案可能会影响教学的效果。教师要善于根据实际情况,灵活地运用教案,才可能把课上好。一般说,一节(次)好课应当符合以下标准。

1. 教学目的明确

教师对于一节课要完成什么任务,心中必须十分清楚,同时应当以某种形式让学生有所了解。教学目的是根据教学大纲(课程标准)或教科书而确定的,必须符合学生的实际,而不能是教师的主观愿望。教学目的应当从学生发展的各个方面考虑。一般说,获得知识技能的目的是比较明确和容易把握的,但教师不能局限于此,必须照顾到学生个性的各个方面,并且将其发展上升到目的高度去考虑。

整个教学活动的进行都要贯穿教学目的,教学方法的选择和运用,学生活动的设计和安排,教学环节的组织和实施,等等,都是围绕教学目的进行的。

2. 教学内容正确

教学内容要科学合理。我国小学各门课程的内容从教学大纲(课程标准)到教科书都是由国家专门机构制定或审查的,科学性有很强的保障。但是教学总是发生在具体的教师与学生身上,教学内容的科学性要通过作为主导的教师来体现。教师要能够按照大纲和教科书的要求,并且联系学生实际和教学条件,使得教学主次分明,详略得当,前后有序。

3. 教学方法适当

根据教学任务的要求、教学内容的特点和学生的具体情况,以正确的教学原则为指导,教师要善于选择和运用适当的教学方法,方法适当,学生的积极性才能调动起来,教学才能取得良好的效果。

4. 教学过程紧凑

整个教学过程结构要严密,教师的讲解、学生的各种活动、讨论和练习等,都要精心设计,安排妥当,使得教学时间得到最大限度的利用,教学活动有高效率。

5. 学生主体性充分发挥

这是最根本的一条,如果学生在教学过程中的主体地位没有保证,学生的主体性没有得到发挥,这节课是不可能真正成为好课的。学生主体性的发挥可以有不同形式和不同途径,核心是发挥学生在学习活动中的主动性和积极性。

（三）作业的布置和批改

作业的布置与批改是教学工作的有机组成部分，是上课的延续。学生作业分为课内和课外两种，学生作业的直接目的在于巩固所学内容。此外，组织好学生作业的布置和批改工作，对于培养学生良好的学习态度、学习习惯和学习方法，锻炼和提高他们的智力和各种能力，都有着重要的作用。学生在完成各种作业的过程中，需要阅读教科书及各种参考书，需要进行独立的思考，需要将所学的各种知识技能加以运用。

学生的作业大致有如下种类：阅读教科书和参考书，如复习、预习教科书，阅读文艺和科技读物；口头作业，如口头问答、朗读、复述、背诵；书面作业，如演算习题、作文、绘制图表；实践作业，如观察、实验、测量、调查；等等。

布置作业应当遵循下列要求：

（1）作业的内容，应当符合教学大纲（课程标准）和教科书的要求，作业的目的要明确，每项作业都有明确的意图，为学生知识的巩固、技能的训练服务。

（2）作业的分量要适当，要做到时间和难易适度，大多数学生经过一定努力能够独立完成，避免负担过重。

（3）布置作业时要有明确的要求，规定完成的时间。教师也应当根据具体情况对学生完成作业给予指导。

（4）对学生作业要认真、及时地批改。作业是教学活动的有机组成部分，通过批改作业，教师可以全面地了解学生情况，从而有效地调整自己的教学；而教师的批改结果是重要的信息，将这种信息反馈给学生，能够使他们清楚地知道自己的进步和错误。批改作业的方式可以也应该多种多样：全面批改、重点批改、轮流批改、当面批改和指导学生互相批改等。

（四）课外辅导

课外辅导是教学工作的重要组成部分，是上课的补充和辅助，是适应学生个别差异、因材施教的主要途径和措施。在我国中小学主要采用班级授课制，而且班级规模通常较大的情况下，尤其应当重视并尽量做好这项工作。

课外辅导的内容通常包括：解答学生的各种问题，指导学生完成作业，为因各种原因成绩较差的学生补课并帮助他们克服学习上的困难，为成绩优秀且学有余力的学生进行个别指导等。课外辅导主要以个别辅导和小组辅导两种形式进行。

二、教学工作实施的不同过程

目前，国内课程与教学改革的一个重要任务，是建立学生自主性探索的学习方式，与这种学习方式相适应的，不是师生系统学习书本知识的教学模式，而是教师辅导学生从活动中自己学习的教学模式①。因此，上面所讨论的教学工作实施的一般过程便不适用了，根据这种教学模式的特点，教学工作的实施可以参照如下过程。

（一）确定主题

在这种教学模式中，教学内容通常是以单元的形式组织的，每个单元都有确定的主题。教师在选择和确定主题时，必须考虑这一主题是来自现有学科体系如语文、数学、物理、生物

① 参见本书第六章第二节“三、课程结构”中“课程结构的其他形态”。

的某个部分，还是与现有学科不存在隶属的关系。如果是前者，必须解决与前后有关内容的关系，如果是后者，必须考虑与学生已有知识经验的关系。但无论是何种情况，主题都应当是符合学生和社会发展需求的，富有教育意义的。

（二）布置任务

在确定了主题之后，教师要提出学生必须完成的任务。在这种教学模式中，学生的收获不是来自教师的讲授，而是来自完成任务的活动。围绕主题所展开的活动可以是多种多样的，制作一个模型、完成一项调查、起草一份说明和写出一份论文等。任务的设置要根据学生的发展水平，既要促使他们去独立学习和探索，又应当是大多数学生经过努力可以完成的。

（三）制定评价标准

在这种教学模式中，学生学习活动的自由度是比较大的，教学活动的组织和进行不可能像系统学习书本知识的模式那样直接由教师控制，学生的学习活动甚至经常是在教师缺席的情况下进行的。为了保证教学活动的有效，就要依靠评价标准。教师制定相应的标准并且在活动开始就使得学生有所了解，评价标准就能够在很大程度上承担起教学活动的导向作用。评价标准应当根据主题和任务来确定，比如论文应当有多少字数，说明什么问题，模型应当使用什么材料，达到哪些规格；调查应当包括什么信息，来自什么对象，等等。

（四）展示与交流

学生的学习活动一般是分小组或个人独立进行的，结果究竟如何？是否符合评价标准？学生得到了哪些收获？产生了什么有意义的体验？在这种教学模式中，通常会在最后的环节组织学生进行展示与交流活动，学生介绍自己的学习结果、内心体验，并且与其他同学共同分享，教师则在这样的基础上加以总结和引导。

复习思考题

1. 中小学常用的教学方法有哪些？运用这些方法时应遵循哪些要求？

2. 20 世纪中叶以来，世界上出现了哪些新的教学方法，每一种教学方法的基本含义是什么？

3. 教学工作实施的一般过程包括哪些基本环节？每一环节的实施应遵循哪些要求？

4. 如何理解现代教育技术对备课的意义？

第九章　学生集体与集体教育

集体就是社会的缩影，学生通过归属于集体而归属于社会，通过参与集体生活而参与社会生活，学生的集体主义精神、主动精神、创造精神、合作精神以及管理和改造社会的能力都是在集体中养成的。集体教育是其他任何一种教育都不能取代的学校教育基本形式，学校教育离不开良好的学生集体。本章主要对学生集体的概念、学生集体的发展阶段与学生集体的教育作用、学生集体的组织形式、班主任与班集体的相互关系等进行介绍。

第一节　学生集体概述

一、学生集体的概念

要了解什么是学生集体，首先要了解什么是学生群体。人是社会的动物。从人类诞生之日起，为了生存和发展的需要，放弃个别的单独行动而采取集体的共同行动，因此就形成了最初的社会群体组织。在现代社会中，一个人从生到死，在学习、工作、生活的各个发展阶段和各个方面，都要加入许多群体组织，甚至同时加入几个群体组织，成为几个不同群体的成员。社会群体的功能是多方面的，就个人而言，加入群体能够满足社会交往的需要、满足自尊的需要，增加自信感，获得安全感，满足人的多方面的心理需要，从而促进个人身心的发展。

群体是一定社会关系的直接反映。社会的意识形态、价值、规范、传统等都要通过群体影响群体中的每一个人，促使其逐步地社会化。个人通过归属于群体而意识到他归属于社会，通过群体的共同活动和交往而参与整个社会生活。个人只有以一定的群体为基础，才能发展和表现自己的才能。

在社会学或心理学中，“群体”这一概念有广义和狭义之分。广义的“群体”概念认为群体是按某些共同特征，例如一定的出身、年龄、职业、社会地位等特征而划分的人类共同体。这样的共同体是假定的群体，因为属于同一群体的人之间可能没有任何个人之间的联系和接触。例如，初中学生就构成了一个具有某种共同特征的社会群体。无论他们在农村还是城市上学，他们彼此是否认识、是男学生还是女学生，之所以把他们归为一个群体，是因为从他们身上可以观察到某种共同的特征。狭义的“群体”概念则是指由于某种共同的社会活动和交往需要而结合起来的具有组织特征的联合体，参加到这种联合体之中的人们都在不同程度上发生组织上的相互联系和接触。例如学校、年级、班级、共青团组织和少先队组织、学生会等，就是这种群体。教育学取这种群体的含义，认为群体是具有组织特征的人的共同体，群体中的成员是按某个或某些共同特征而结合在一起的，这些特征都与他们进行的共同活动和交往有关。

除了上述广义和狭义的分类之外，群体还可以分为正式群体和非正式群体。学校中的学生组织是对儿童、青少年进行自我教育，促进身心发展的正式的社会群体组织，它对每个成员的政治启蒙、道德教育、自治能力与民主精神的培养以及组织纪律性的锻炼都是其他群体所不能替代的。因而学校中的学生组织能大大丰富学生的精神生活，从各种渠道促使学生成为符合社会需要的德、智、体、美全面发展的人。非正式群体与正式的社会群体不同，它是人们情投意合、自愿结成的群体。非正式群体是自发的、没有形式化的组织群体，它以人们之间的性格、志向、兴趣、感情等心理的、精神的因素为基础，因此一旦形成就具有很大的内聚力和吸引力，对学生的成长影响极大。这种影响可以有两种方向：如果它形成的思想基础是健康的，则对正式群体和组织是一种补充和促进；如果它是在不健康的思想影响下结成的，则对正式群体组织产生瓦解作用。儿童、青少年由于各方面都尚未成熟，参加何种非正式群体往往带有很大的偶然性，同时学生中的非正式群体由于成员的年龄相仿，又有共同的语言和兴趣，因此感情纽带较牢固，一旦参加进去就不易摆脱，对他们的成长产生巨大的影响。因此，学校教育应当重视非正式群体的作用，既不能一概加以否定，又不能任其自由存在和发展，而应当有意识地指导学生正确地择友和开展朋友交往，使之发挥正面的作用。

集体是群体发展的高级形式，任何组织起来的群体，例如幼儿园的学前儿童班组、中小学的班级等，只有符合一定的要求才能成为集体。正如苏霍姆林斯基所说，“应然”集体必须具备共同的思想、共同的智力、共同的情感、共同的组织四种基本特征。当我们开始组织一个学校、班级、小组时，它们都还不具备集体的特征，在成为名符其实的集体之前，这些群体都要经历一系列的发展阶段。集体是一个有意识地加以组织的群体，是具有共同规范、共同活动目的和共同活动组织的整体。

学生集体是社会地形成和发展起来的，作为特殊的群体，它表现出其他群体所没有的特点，例如良好的集体主义精神、民主与集中的原则和制度、健康的人际交往关系、自我管理和自我教育的组织运行方式等。学生集体是社会的一个组成部分，与其他集体组织有着不可分割的联系。就学校内部而言，学生集体是一个多层次的结构体系。全校学生构成了统一的全校性集体，如校共青团和少先队组织以及校学生会。但是仅有全校性的学生集体是不够的，在大多数情况下，对学生的教育影响不是从全校性的学生集体直接过渡到每个学生，而是通过它的各个基层集体组织实现的。班级、团支部、少先队中队等就是学校的基层学生组织，这些学生集体通过课内课外的各种活动把学生们联合起来。除此之外，在学校中还有各种由于某种需要而临时组织起来的学生集体，例如学校中的各种学科小组、兴趣小组以及为完成某项任务而成立的各种组织等。

近些年来，教育领域出现了“学习社区”“共同体”等彰显“21 世纪型学校”愿景的概念。“共同体”源于英文“社区”（community），这本是一个社会学概念，是指一个由多人组成的群体，群体成员之间具有某种社会依赖关系，他们共同讨论、共同决定、共同维护共同体，并为共同体所影响。一个成功的共同体应给成员以归属感。当一个共同体以学习为主要目的时，我们就可以说它是学习共同体。“学习共同体”（learning community）即“学习社区”，其设计源自于杜威在 1896 年创立的芝加哥大学附属实验学校。1910 年以后通过新教育运动在世界各国普及，20 世纪 70 年代也在美国开放学校的“革新主义”（progressivism）教育改革中得到传承。作为新型的学习与教学的组织形式,“学习共同体”是指由学习者及其辅助者(包括教师、专家、辅导者、同伴等)共同构成的团体。为完成共同的学习任务,成员之间互相沟通,分享各种学习资源,交流情感体验和观念,从而形成相互影响、相互促进的人际关系。

二、学生集体的发展阶段

学生集体是一个经过专门组织而形成的学生联合体,其形成过程并非一蹴而就,需要经历一系列不同的发展阶段。

在集体形成的初始阶段,主要任务是组织和团结集体。在这个阶段,还没有形成集体的核心和集体舆论,集体成员之间也还没有形成正常的相互关系。这时,教师对学生提出的各种要求具有特殊的意义,这种外在的要求是组织和团结集体的必要手段。在每个集体最初形成的时候,有时甚至要以不容反对的方式对集体提出要求。

集体形成的第二阶段,积极分子开始接连转到教师这方面来,自觉地维护纪律的男女学生开始组织在教师周围,这意味着集体已经初步建立了自己的核心和舆论,集体成员之间也初步建立起领导与服从、责任与检查、互助与互谅等基本的相互关系准则。全体少年儿童为了取得工作成绩而进行共同努力。

集体形成的第三阶段是集体发展趋于成熟并和谐发展的阶段。这时,集体开始成为真正的教育手段。集体本身作为主体,向每个成员提出自己的奋斗目标和要求,并团结全体成员为达到共同的目标而进行有组织的顽强努力。集体关心着每一个人,个人关心着集体。在第一阶段中那种对个人利益的暂时压制已经消失,集体的基本目的是满足每个人的正当利益,真正成为个人全面发展的客观条件。

由上可知,学生集体的发展要经历一个辩证发展的过程,最终才成为教育的有效手段。在集体发展的不同阶段,由于特点的不同,对集体进行教育和建设的手段和方式是不同的。如果一个教师把初始阶段的手段和方法简单化和绝对化,就会不可避免地导致各种矛盾的尖锐化,导致个人与集体、学生与教师以及学生与学生之间的不正常关系的出现。为了建设良好的集体,使用一定的手段和方法是促使集体向前发展的必要条件。但任何手段和方法都不是目的本身,而是为了把学生集体建设成为学生自我学习、自我管理、自我教育的场所,变成影响每个学生,使其全面发展的最有效的手段。

三、学生集体的教育作用

学校教育工作是通过课堂教学活动和课外活动所采取的一系列形式进行的。为了使教育工作取得效果,一个最重要的前提是建立学生集体和充分发挥学生集体的作用。如果一个学校或班级没有形成一个团结一致、组织健全的集体,则任何教育努力都不会取得明显效果。那么,学生集体在教育工作中究竟具有哪些作用呢?

(一)集体通过有机的组织对其成员施加教育影响,可以起到教师个人起不到的作用

学生的一切思想、观点、行为、习惯都是在一定的社会环境中产生的。社会环境包括宏观和微观两个方面。宏观的环境是指整个社会的政治、经济条件。微观的环境是指学生直接接触的家庭、邻里、学校。其中又以教学班、共青团支部、少先队中队的集体对学生成长的影响更为直接,更为深刻。学生对社会的理解是在自己亲身接触的环境中得到的,他们从周

围经常出现的有血有肉、看得见、摸得着的具体事例中学习和模仿社会。

集体是一个有机的组织，是按照民主集中制的原则组织起来的。每个人都是集体中的一个成员，在集体内部有领导和被领导的关系，相互之间有责任的依从和制约的关系。学生可以在集体里学习如何处理个人与集体、个人与个人之间的关系。

在集体中，经常性的以共同利益为基础的集体活动是形成集体主义思想的基础。集体的实践活动可以使集体主义思想认识变为个体的体验，多次肯定性的体验，有利于促进认识转化为信念，从而成为推动学生养成良好行为的内动力。在集体活动中，学生看到集体的力量，会产生建立坚强有力的集体的需要。当他们看到个人在集体中存在的价值，个人的努力与懈怠都会影响集体的成败时，便会树立尊重集体、服从集体和为了集体的观念。如要争得"卫生红旗""课间操红旗"，必须每一个成员共同努力。在学校、班级、少先队和各种社团活动中培养起来的对集体的责任心和义务感，是一种非常重要的品质，将来可以转化为对社会主义建设的事业心，成为建立远大理想的基础。

良好的集体不仅是教育学生的必要条件，它本身就具有巨大的教育力量。集体是由个体组成的，但集体的力量不是个体力量的简单相加。集体成员是由共同的理想、共同的目的，一致的行动联系在一起的，每个成员为共同目标所激励，受共同舆论所制约，也用自己的行动维护着集体。集体又以它无形的力量影响着每个成员，塑造着每个成员的灵魂。在这里，集体的目标成为每个成员自己的要求，每个人都自觉地使自己的行动与集体舆论的要求一致。在这种良好的集体环境中，学生能自觉主动地按照外部教育的要求，提高自己原有的道德水平，自觉地将社会道德意识转化为个体的道德意识。集体的这种特殊教育作用是其他教育形式所代替不了的。

（二）集体组织活动比教师个人对学生教育的范围大、内容丰富、方法多样灵活，学生易于接受

丰富多彩的集体活动会从认识、情感、意志、行为等多方面教育感染学生。少年儿童在小学阶段以具体形象思维为主，到了初中阶段，虽然抽象逻辑思维的程度比小学阶段高，但仍离不开具体形象思维的支持，因此要寓教育于具体活动之中，把具体形象思维与抽象逻辑思维高度结合起来，使学生通过带有感情色彩的活动受到感染、熏陶，从中逐渐领悟抽象的道理。

中小学学生的集体活动包括学习活动、劳动活动、各种社会活动以及游戏活动等基本形式。集体活动是促使学生学习和掌握社会经验的主要手段。在集体活动中，学生之间形成了与社会要求一致的相互关系，例如工作中的从属关系以及责任、检查、互助、领导、服从等关系。根据活动的内容和情节的要求，所有的学生都会各自扮演一定的角色。从社会心理学的角度看，角色的变化会给人们的心理带来一系列变化。在活动中，为了完成对角色的要求，他们可以克服在常态下不能克服的困难，完成老师认为难以完成的任务。他们不感觉这是外加的要求，不认为这是约束，而是饶有兴趣地在扮演"角色游戏"。在这里，他们不是"观众"，而是"演员"，不是被动地当演员，而是"自编""自导"，自己教育自己。所有的学生都要学习同时当好组织者和执行者的角色，为达到共同目的而进行有纪律、有组织的持续努力。在这种情况下，集体不是限制个人发展，而是实现个人品质的多方面发展，因而成为教育的有效手段。

（三）集体的教育影响是通过舆论实现的，集体舆论起着潜移默化的教育作用

舆论在教育上的作用靠的不是行政手段，而是人们内心的信念，是受教育者的自我教育。健康的舆论在集体里对每个成员都具有无形的教育作用。应该说，好的行为和习惯一般都会自发地存在于各个集体之中，但是由于舆论的作用不同，影响和结果就完全不一样。在良好的集体里，人人都赞扬并自觉地学习好榜样。而在一般集体里，可能是自生自灭，而不能形成主流。在不良的集体里，好的行为习惯则会受到妒忌或遭到打击。这说明集体舆论是一种不可否认的教育因素，是实际上可以感触到的教育因素。

在良好的集体中，同学之间团结友爱，互相帮助。这样的集体具有巨大的教育力量，每个人关心集体，集体关心着每一个人。有了进步将受到鼓励，有了困难将得到帮助，有了缺点将受到批评。舆论维护着集体的荣誉和团结，形成了巨大的教育力量，促使每个孩子努力争取进步，决心克服缺点错误。良好的集体舆论，还可以对不良言行起到防微杜渐的作用，使其消灭在萌芽状态。

必须强调指出的是，集体舆论虽有重要的教育作用，但它并不是唯一的教育手段。儿童需要成年人以及同龄人的关注、理解、同情、支持和鼓励。如果只知运用舆论工具，而不去发挥集体的其他作用，势必使儿童在精神上受到创伤。同时应指出，集体舆论的效果和作用取决于集体的质量及其发展水平。如果没有形成真正的集体，也就不会有真正的集体舆论。

（四）在集体中，个体之间的相互影响使得人人都成为教育者

集体成员在不断交往的过程中，其行动会随时影响其他成员。从这个意义上说，集体中的每一个成员都是教育者。中小学学生的模仿性强，优良的行为是他们学习的榜样，尤其是同龄伙伴的言行更为亲切可学。如有个班级，一个同学拿出一瓶墨水放在教室里，并写了一张纸条："当你的钢笔没墨水时，可以用这墨水"，下面署名"你的同学"。此后，班里经常出现做类似好人好事的学生。这说明，集体成员之间的友谊，比、学、赶、帮的力量是老师的个人力量无法比拟的。在集体中，每个人都是其他人的教育对象。也就是说，每个人都是集体的教育对象，又都能教育和影响集体。当他们作为教育对象时，他们是教育的客体；当他们教育和影响集体时，他们又都是主体。

以上我们讨论了学生集体的教育作用。当然，学校不能脱离社会的制约，实际上，学生组织也是社会的一个缩影。但是学校不同于社会之处就在于，学校可以对影响环境的各种社会因素进行鉴别和选择，最终控制环境。因此，学校教育工作应当善于创造一种有利于个人发展的理想的学生集体，这样一种集体必须保持开放与可控、稳定与发展、宽松与严格、竞争与合作、丰富多彩与井然有序的统一。这种学生集体既是一种"个性自由发展"的环境，使学生的主体性、创造性得到充分自由的发展，使每个学生都始终处于一种自由自主的状态之中，创造成为新型的主体；同时又是一种"心理挑战"环境，使个体"知不足能自反，知困能自强"，始终处于一种"强迫状态"之中，不断向高目标逼近。

第二节　学生集体的组织形式

班级是学校学生集体的基层单位，是学校教育、教学活动的最基本、最常见的组织形式。

而全校性的学生集体,一般是由共青团、少先队和学生会等形式构成的统一体。[①] 充分认识和了解学生集体的组织形式,对于推进学校教育教学工作具有重要意义。

一、班级

班级是中小学最主要的学生集体组织形式,也是学校进行教育教学活动的基本单位。班级是学校里班和级的总称,这里的班具有“群”与“组”的涵义,级具有“层次”与“等级”的涵义。从这个角度去理解,班级在教育学中的涵义是指依据一定的标准,将程度相同或相近的学生聚集在一起,并对其进行统一内容教学的一种组织形式。班级的概念,基本上是随着班级教学或班级授课制概念的提出而出现的。班级授课制这种教学组织形式起源很早,“据现在已知的历史资料,在公元一世纪上半期的尼禄时代,昆体良的老师帕利门就实行过这种办法,昆体良以赞赏的口吻回顾老师的经验,并极力为这个好办法辩护。”[②]在漫长黑暗的中世纪,班级授课制这种教学组织形式逐渐消失了,后又在文艺复兴与宗教改革以后得以重新兴起。捷克著名的教育家夸美纽斯在其代表著《大教学论》一书中,对班级授课制进行了较为详尽的论述,从而奠定了现代班级授课制教学基本形式的基础。如今,人们对班级有两种理解:一种理解为班级授课制的简称,意指一种教学组织形式。另一种理解为班集体的简称,意指学校教育教学的基本组织单位。

(一)班级组织建构的社会心理基础

班级教学组织形式的建立,不仅有效缓解了教育资源短缺与群体受教育需求之间的矛盾,而且,更为重要的是它能够发挥个体教育所不能替代的功能。如在同辈群体与代际产生的知识补偿的功能;通过舆论、规范以及班俗、班风等方面因素,对受教育者个体与群体的道德水平、社会认知能力的提高与促进的功能等。

班级是学生发展的一面镜子,它通过群体作用在镜子中所形成的影像,即班级组织的镜像,在教育教学过程中发挥着重要的作用。镜像是著名的心理学文化学家拉康提出的概念,“其核心范畴意指人在自我主体形成的过程中,存在着主体分化的‘镜像阶段’。人入世时本是一个‘未分化的’‘非主体的’存在物,此时无物无我,混沌一片。到了其生存史上第一个重要的转折点‘镜像阶段’时,则首次在镜中看到了自己的形象并‘认出自己’,这是自我意识形成的开始。镜前的自我认识是‘自我’的首次出现,这一过程是‘首次同化’即‘主体’与‘镜像’的合一,也是第一次的‘自我异化’。”[③]因此,班级组织的镜像具有两种功能,一种功能是使班集体中的每一个学生产生文化认同,另一种功能是个体能够在对群体认知的基础上产生自我异化。认同包括两方面的涵义:一方面是自我认同,即个体以个人或群体为标准对自己的心理或行为产生满意感。另一方面是对集体或他人的认同,即个体对他人的心理或行为产生接受的态度。自我认同有利于学生树立在集体中的形象与自信心,增强学生个体在发展过程中的主体性与自主性地位。对他人与集体的认同,有利于学生形成合作意识,有效确立个人发展目标,增强学生在集体组织中的使命感与责任感,对于班级形成正确的舆论与良好的班级风气都具有重要作用。异化无论是对学生个体,还是对班级组织

---

① 施修华,严缘华.教育伦理学[M].上海:上海科学普及出版社,1989:143.

② 李明德,金锵.教育名著评介[M].福州:福建教育出版社,1992:59.

③ 王岳川.中国镜像——90年代文化研究[M].北京:中央编译出版社,2001:2.

的发展来说,是一把双刃剑,一方面有利于个人与班级组织系统的对外开放,吸收外部系统的积极的、有利的因素。另一方面又使得个体与群体自组织的功能在一定程度上受到了破坏。班级中的个体与群体就是在社会发展的大背景下,通过班级组织缩影所形成的镜像,并不断成熟与发展。认同与异化无论是对于学生个人还是班级组织的发展来说都是必需的。这一点已经得到了美国社会学领域的广泛关注。“在一个文化多样化的社会里,如美国,教育的另一项主要功能就是在同化的过程中起作用——将新成员吸收融入主流社会。”但是,许多美国学者认为,美国教育的同化目标被过分强调了,现在需要保护文化的多样性。“不应把文化少数派成员看作‘问题’,美国应该尝试更加强有力的保持自己的亚文化。”①在我国,似乎对同化教育目标的追求在相当长的时期里也曾主导着学校的教育工作,乃至在教学过程中忽视了学生个性的发展,因此,在我国当前的教育教学改革的实践中,开始对学生的主体性,以及学生的个性问题给予极大的关注,这对于我国教育事业的发展来说,无疑是一种巨大的进步。

(二)班级组织建构的原则

1. 有利于教育的原则

有利于教育的原则是班级组织建立的一条首要的原则。当其他的原则与其发生冲突的时候,其他原则都必须无条件地服从这一原则。在学校教育领域中,班级是开展教育活动的一种基本的组织形式。也就是说,学校的一切活动,基本上都是通过班级这一组织形式得以贯彻与执行的。因此,班级活动开展的好坏,将会对学校的教育教学质量形成重要影响。班级组织的建立,必须有利于教育、教学活动的开展,任何影响教育、教学活动开展的举措,都不能作为班级组织建构原则的基础。

2. 目标一致的原则

组建班级的很重要一点,就是被组建的人群在基本目标上应该是一致的。否则,如果被组织的人群基本目标不一致,那么就很难建构起一个正规化的班级组织。即使建立起来了,那么这个组织也很不稳定、缺乏凝聚力。学生刚一入学的时候,就已经注定了他们的基本目标的一致性,即要接受的知识体系,行为习惯的养成等。以后,尽管他们接受教育的阶段会不断发生变化,但是基本目标的一致性并不会因此发生改变。

3. 有利于身心发展的原则

青少年儿童的身心正处于发展时期,班级组织的建构,不仅要有利于教育教学活动的实施,而且还应该有利于青少年儿童身心的健康发展。为此,在校舍设置、教室环境卫生、班级规模、课程设置、班级干部任用等方面,都必须要考虑学生身心健康发展的因素。教育的根本目的就是通过班级等各方面活动的开展,促使每一个青少年儿童的身心都能得到充分的、自由的发展。

(三)班级组织的结构

班级组织机构是班级组织结构形成的基础与前提。班级组织机构的微观建制的形式主要有三种:(1)直线式;(2)职能式;(3)直线职能式。直线式的结构比较简单明了,工作上容易沟通,易于指挥。其结构图式如下:班主任——班长——组长——学生。职能式的结构,在班长与组长中间的横向层次上又出现了许多新的职责分工,负责班长与组长以及学生

---

① 戴维·波普诺.社会学(第10版)[M].李强,等,译.北京:中国人民大学出版社,1999:420—421.

之间的沟通与联系工作。一般情况下主要设置以下几种职位:学习委员、体育委员、生活委员、文娱委员、宣传委员与组织委员等。在职能式的结构中,团支部、少先队的工作与班级组织的工作是“并轨”的,一般情况下由班长兼任小队长或团支书,或者小队长与团支书隶属于班长的领导,同其他委员在组织机构中处于同一层级。直线职能式同时兼具上述两种形式的特点,在这种建制中既有明显的垂直水平的支配关系,又有明显的横向水平的责任分工的关系。直线职能式的班级组织机构设置了与班长平行的团支书或小队长的职务,在与班级委员平行的水平上又设置了组织委员与宣传委员等职务。因此,通过这种形式的组织建构,在班级组织内部形成了两种工作渠道,一种主要负责班级的教学、生活等方面的工作,另一种主要负责学生思想的工作。这两种渠道由于在工作的总体目标上是相通的,因此工作上能够相互配合、相互合作。在我国中小学班级组织的建构多数都属于直线职能式。

班级组织结构与班级组织机构不同,班级组织的结构主要包括:职权结构、角色结构、师生关系结构和生生关系结构。

1. 职权结构

传统的学校组织机构,基本上是按照韦伯的理性科层制的原则建立起来的。因此,班级组织的建立在某种程度上也符合理性科层制的特点:即层次分明、制度严格、权责明确。班级一般的情况下也是由三个层次构成:第一个层次,由班长、小队长或团支书组成,主要负责参与制定和执行班级工作计划,配合班主任完成班级的教育教学工作。第二个层次,由各个委员组成(学习委员、生活委员、体育委员、宣传委员、组织委员等),主要负责第一个层次与第三个层次之间的沟通与联系工作。第三个层次,主要由行政组长组成,主要负责班级的一些具体的活动。但是,班级组织与行政组织又有所不同,具体表现在班级组织机构的松散性以及组织层次跨度大等方面。因此,班级组织活动的开展具有一定的特殊性。首先,班级组织活动的开展应该以批评与教育为主,尽可能少用或不用具有一定强制性的惩罚措施,严禁使用体罚、降级、降职、开除等惩罚性措施。其次,班级组织活动应该以弘扬学生的主体精神为主。因此,无论在课堂教学,还是在班级组织的其他活动过程中,都要真正落实学生的主体地位,教师与学生之间、学生与学生之间的角色定位要适当。再次,班级是锻炼与培养学生的一种重要途径。学生组织活动的能力、协调人际关系的能力、与同辈群体友好相处的能力等都是通过班级的途径培养出来的。因此,在班级组织机构建设中,一些非关键性的班级干部职务应当采取轮换制的办法,尽量使每一个同学都有成长与锻炼的机会。从这一点来说,班级组织机构的稳定性,也不如其他的组织机构那样稳定。

2. 角色结构

角色从某种角度来说,意味着是一种责任,一种义务。职权与责任是统一的,因此职权与角色也应该是统一的。即有什么样的职权就承担相应的角色,反过来承担什么样的角色,就会拥有相应的义务。① 在班级组织机构中,对于教师和大多数的班级干部来说,都不同程度地存在着“角色不明”“角色冲突”“角色负担过重”等问题。② 尤其是在高等院校,这种现象更为严重,这不仅已经影响到了班级干部的学习,而且也给许多班级干部的心理造成了很

---

① 权力一词的涵义有广义与狭义之分,狭义上的权力主要是指正规的、由组织赋予的法定权力。广义的权力不仅包括法定的权力,而且还应包括自然拥有的对某一事物支配权、解释权等。这里的职权主要是指广义上的权力。

② 鲁洁,吴康宁.教育社会学[M].北京:人民教育出版社,1990:400.

大的压力。因此,如何合理发挥班级干部各种角色的作用,使他们既受到锻炼,又不影响学习,同时又保持良好的心态,是当今学校班级组织工作的一项重要课题。

3. 师生关系

教师与学生是通过教学活动联系起来的,从不同的角度来研究,教师与学生之间的关系表现就会不同。从教育学的角度来研究主要是一种教育与被教育的关系;从社会学的角度来研究主要是一种社会化与反社会化的关系;从法学的角度来研究主要是一种权利与义务的关系。从认识论的角度来说,教师与学生之间的关系并非是一种简单的主客体的关系,教育的对象、目的、内容、方法的不同,都会造成师生之间的角色转换。但不管如何进行转换,都必须保证以发挥学生的主体性作用为前提。只有这样,师生才能平等、互相尊重,才能真正发挥与培养学生的创造性,才能有效实施素质教育。

4. 生生关系

通常的情况下,人们认为学生的思想比较单纯,同学关系比较简单。这种认识虽然是正确的,但是还不够全面。因为,作为任何一个群体,它的内部组织成员之间的关系都是比较复杂的。只不过,在班级组织成员之间,由于利益冲突不大,个体间目标的一致性较高,再加上学生的身心正处于发展时期,教育的目标是使其从善,而非使其从恶,因此,一般的情况下,同学之间的矛盾很难激化。但是,不管是否被激化,在其他群体成员中存在的矛盾关系在同学之间也是存在的,如性别关系、工作关系、学习关系、交往关系等。也正是由于这些关系的存在,才使得学生在学校与班级中能够经历一个比较完整的社会化过程,由一个自然人不断向社会人的方向成长与发展。

(四) 班级文化

班级是由学生构成的,班级文化与学生文化皆是学校亚文化的重要组成部分,二者既有相同之处,又有区别。国外学者把学生文化主要归结为三种:学术亚文化、娱乐亚文化和违法亚文化。① 在我国这三种文化不仅是学生文化的主要组成部分,而且也是影响班级文化的重要方面。

学术亚文化主要是由班级中一些学习刻苦、成绩优秀、有远大理想与抱负的学生构成的。他们不仅是班级学习的带头人,而且还是多种活动的参与者与组织者。这些学生大多数都具有很强的自尊心、上进心,但同时也有很强的虚荣心。对于这些学生来说,很重要的一点就是他们应该具有很强的心理承受能力。心理承受能力不同,个人发展的程度也会不同。那些心理承受能力较强的学生做事获得成功的可能性较大,而心理承受能力较弱的学生,则很容易走向失败。

娱乐亚文化由那些热心于体育活动、各种娱乐活动的学生构成。他们在班级比较容易受到欢迎,而且由于他们不是活动的组织者,而是活动的支持者,很少与他人形成矛盾冲突,因此,经常能够得到班级同学好的评价。

违法亚文化由那些拒斥学校中学术和社会价值观的学生构成。这些学生通常持有学习无用论的观点,或由于某种原因对学习产生了强烈的逆反心理,甚至有的学生具有较强的反社会化的倾向。他们不愿意参加班级的活动,甚至以与集体对抗为乐,把自己置身于班集体之外。

---

① 戴维·波普诺.社会学(第10版)[M].李强,等,译.北京:中国人民大学出版社,1999:429.

除了上述三种亚文化以外,在班级中还存在着一些隐性的亚文化。如同桌文化、小团体文化等。这些文化有时与班级的显性文化相一致,有时会发生冲突。一致与冲突从某种角度来说是人格两重性的重要体现。具体体现为对团体内部与外部成员的要求存在着很大的差异,扮演不同的角色时,对自我的要求不一样。因此,很难对拥有这样文化价值观的学生做出正确的评价。

二、共青团

共青团是中国共产主义青年团的简称,是由中国共产党创立并领导的共产主义学校。

(一)共青团的性质

中国共产主义青年团是中国共产党领导的先进的青年组织,是广大青年在实践中学习共产主义的学校,是中国共产党的助手和后备军。共青团具有如下特点。

第一,先进性。共青团的章程对我国共产主义青年团的性质、任务、工作对象、团旗、团徽、团歌等进行了较为详尽的规定,每一方面的规定既体现了共青团工作的严肃性,同时又体现了共青团工作的先进性。中国共产主义青年团是中国共产党的助手和后备军,这是对共青团性质的重要规定。共青团在党的领导下,用共产主义的精神教育青年,把青年培养成为无产阶级革命事业的接班人,并将优秀的共青团员输送给党的组织,以不断增加党的新鲜血液。教育和培养广大的青年要有革命乐观主义精神,伸张正义,不怕困难,勇于为真理而斗争,为党和国家的事业、为人民群众的利益而不懈地奋斗。

第二,群众性。所谓的群众性,主要体现在以下两个方面:一是它的开放性。共青团组织向所有青年人开放,凡是符合团章规定的青年人,均可以加入到这个组织中来,接受先进的思想教育。二是它的广泛性。共青团在青年人之中具有非常广泛的影响力。这种影响力的形成,一方面是有意识、有组织地形成的,另一方面是自发地、非组织系统地、潜移默化地发生的。

第三,实践性。共产主义的实现,并不只是一句口号,需要不断的实践,需要广大的青年不断为之而努力奋斗。共青团就是这样一个把共产主义理想付诸实践的组织。这一点已经在共青团章程中做出了具体的规定:中国共产主义青年团"是广大青年在实践中学习中国特色社会主义和共产主义的学校"。

(二)共青团的基本任务

共青团的基本任务是用马列主义、毛泽东思想和现代科学文化知识武装青年,以习近平新时代中国特色社会主义思想为指导,引导青年在建设现代化强国的事业中锻炼成长,把我国青年培养成为共产主义事业的接班人。

共青团与少先队的基本任务都是为共产主义事业培养接班人,但是共青团对青年的培养更加注重思想性、理论性与实践性。从思想性来说,共青团要用马列主义、毛泽东思想、邓小平理论"三个代表"重要思想、科学发展观、习近平新时代中国特色社会主义思想武装青年的头脑,使他们不仅应该具有崇高的革命理想,而且还应该具有高瞻远瞩的能力,善于在大是大非面前站稳立场,不断的提高自己的思想水平。从理论性来说,共青团要用科学文化知识来武装青年,使他们掌握先进的科学文化知识,成为有理想、有文化、有知识、有能力的共产主义事业的接班人。从实践性来说,共青团员要积极投入到社会主义建设事业当中去,树立坚定的革命理想,把自己所学到的知识、掌握的技能运用到社会主义现代化建设中去,为共产主义的实现而奋斗终生。

（三）团支部、团总支、支部委员会

团支部是共青团工作和活动的基本单位，是团的最基层组织。团支部的主要任务是组织团员和青年学习马克思主义理论，坚定对党和社会主义的信念。宣传执政党和上级团组织的指示与决议，团结带领青年努力完成党和上级团组织提出的任务。对团员进行教育和管理，认真做好各项团的工作。关心团员青年的利益，积极开展适合青年特点的活动。团支部的设置，根据团章的规定，主要是根据工作的需要和团员的人数来建立。团员在三个人以上的单位可以建立团支部。此外，团支部的建立还必须"以组织形式的灵活性保证组织的严密性"为原则，采取多种方式来建立团支部。

团总支是团的基层组织之一。根据团章的规定，团员在 50 人以上的单位可以建立总支部。如果实际工作需要，团员在 30 人以上的单位也可以建立总支部。团总支委员会由团员大会选举产生，每届任期 1 年或 2 年，在团的总支部下设团支部，团总支接受所在单位基层团委的领导。

支部委员会是团支部在支部团员大会闭会期间的领导机构，它按照支部团员大会的决议、党的组织和团的上级组织的决定精神，负责团支部的日常工作，是团支部的核心。支部委员会的委员按照民主集中制的原则，由支部团员大会民主选举产生。新的支部委员产生以后，要报上级团委批准。支部委员会每届任期 1 年或 2 年。支部委员的设立，要根据具体情况而定。一般设立支部书记、组织委员和宣传委员。团员多的支部可以增设副书记、文体委员。人数在 7 名以下的团支部，可以不设委员，只需要选举团支书一人，或书记、副书记各一人。

（四）共青团组织的教育功能

1. 政治思想教育的功能

共青团是在中国共产党领导下的先进青年组织。这个组织的主要目的就是要使每一个成员都能够树立坚定的共产主义信念，树立国家利益与民族利益的观点，善于同一切的反对共产主义、社会主义建设的不良行为进行斗争，以保证国家利益与民族利益的彻底实现。

2. 思想品德教育的功能

作为要求加入共青团组织的个人，他们不仅要学习好、工作好，而且更重要的是道德品质要好。道德品质是衡量青年人是否能够加入共青团组织的必要因素。如果一个人道德品质不好，即使其他的方面表现再出色，那么也不会被共青团所吸收。青年人要想加入共青团组织，就必须朝着这个目标努力。这有利于青年人在思想上有效形成上进心。另外，共青团还可以通过组织多种多样的课外活动，来提高青年团员的思想认识与觉悟水平，从而促进他们道德水平的不断提高。

3. 协助教师与班委会组织实施教学的功能

教学是学校的中心任务，共青团作为在学校中设立的一种先进组织，其工作的开展与学校教育教学活动密不可分。共青团员要带头执行学校教育教学纪律，刻苦学习，争当优秀。同时支部委员会的成员，也应该积极配合班主任与班级委会积极开展教育教学工作。

三、少先队

中国少年先锋队，是中国共产党创立的，并委托共青团直接领导的少年儿童的群众性组

织。本部分主要对少先队的性质、基本任务、组织机构、活动形式和教育功能等进行介绍。

（一）少先队的性质

《中国少年先锋队章程(2005年修正案)》(以下简称《章程》)指出,中国少年先锋队“是中国少年儿童的群众组织,是少年儿童学习中国特色社会主义和共产主义的学校,是建设社会主义和共产主义的预备队”。由此看来,少先队具有群众性、革命性和独立自主性。

“群众组织”表明了少先队组织具有广泛的群众性特点。《章程》第11条规定,凡是6周岁到14周岁的少年儿童,愿意参加少先队,愿意遵守队章,向所在学校少先队组织提出申请,经批准,就成为队员。少先队既是一个先进性组织,又是一个群众性组织。先进性与群众性之间并不矛盾。先进性并不意味着少先队只是少数人的组织,而缺少群众性的基础。相反一个组织的先进性恰恰是通过群众性来体现的。中国少年先锋队员入队采取自愿的原则,充分保证了少先队的群众性基础。

“学习中国特色社会主义和共产主义的学校”表明少先队组织具有鲜明的革命性。《章程》第9条规定,我们的呼号:“准备着:为共产主义事业而奋斗!”回答:“时刻准备着!”少先队从它诞生的那一天起就已经注定了它的这种革命性。

“建设社会主义和共产主义的预备队”表明了少先队的独立自主性。少先队是少年儿童自己的组织,少先队员是少先队的主人。少先队按照民主集中制的原则,根据自己的意志选举自己的领导人。《章程》第11条规定,队员是少先队组织的主人,在队里都有选举权和被选举权,可以对队的工作和队的活动提出意见和要求。

（二）少先队的基本任务

《章程》规定,少先队组织的目的是“团结教育少年儿童,听党的话,爱祖国、爱人民、爱劳动、爱科学、爱护公共财物,努力学习,锻炼身体,参与实践,培养能力,立志为建设中国特色社会主义现代化强国贡献力量,努力成长为社会主义现代化建设需要的合格人才,做共产主义事业的接班人。维护少年儿童的正当权益”。归纳起来,少先队组织的基本任务主要是通过各种各样活动的开展,对少年儿童进行爱国主义教育,配合学校与班级组织对学生进行德育、智育、体育等几个方面的教育,对学生进行社会主义和共产主义的理想教育。此外,维护少年儿童的正当权益也是少先队的基本任务之一。

（三）少先队的组织机构

共青团是直接领导少先队的组织。中国少年先锋队全国工作委员会是少先队的最高领导机构。地方少先队工作委员会是各地少先队的领导机构。

少先队组织一般建立在学校和社区里,分设小队、中队和大队三个组织层级。小队是少先队第一层级组织,也是最基层的组织,一般由5~13人组成,设正副小队长;中队是少先队第二层级组织,由两个以上的小队组成,设中队委员会,由3~7人组成;大队是少先队第三层级组织,由两个以上的中队组成,成立大队委员会,由7~13人组成。小队长和中队委员、大队委员会都由队员选举产生,半年或一年选举一次。大队委员和中队委员会可以根据工作需要,设队长、副队长、旗手和学习、劳动、文娱、体育、组织和宣传等委员。

（四）少先队的活动形式

根据《章程》规定,少先队的活动形式主要有:举行队会、组织参观、访问、野营、旅行、故事会,开展文化科学、娱乐游戏和军事体育等各种有意义有趣味的活动,以及参加力所能及的公益劳动和社会实践。总体而言,可以分为以下几种。

1. 队会

这是少先队集体活动的重要形式，是全体队员必须参加的集会。队会可以分为一般队会和主题队会。一般队会是讨论与处理少先队生活中的重要问题而举行的，如选举、表彰、制定活动计划，讨论奖励和处分、进行重要任务的动员等；主题队会的特点是围绕一个教育主题来设计队会的内容、程序以及队会前后配合开展的活动。

2. 参观、访问和社会调查

这是引导少年儿童了解社会、认识社会的直观活动。活动的目的是使少年儿童开阔眼界、增加实际感受、丰富感性认识，从中受到教育。应按照教育的要求来安排参观访问和社会调查的内容，如了解祖国的历史，参观博物馆、宫殿和庙宇古迹，访问历史学家等；了解光荣革命传统，可以瞻仰烈士陵园、访问革命老前辈；了解家乡的变化，可以进行社会调查、访问工人、农民等。

3. 游戏

游戏是少儿最喜欢的一种活动，它具有竞争性、趣味性和知识性等特点。少先队的各种活动都是结合少年儿童的身心发展特点以及教育教学规律来进行的。通过各种各样游戏活动的开展，不仅使少儿开阔了眼界、掌握了知识、提高了思想道德水平，而且增强了少先队在少年儿童群体中的亲和力，使得少先队能够在少儿群体中永远保持旺盛的生命力，成为少年儿童最信服、最向往的一种组织。

4. 少先队的阵地活动

少先队阵地活动是指在少先队组织建设的过程中以阵地的形式经常开展的活动。少先队活动的阵地形式有很多，一般情况下包括少先队室、少先队报、红领巾广播站和中队活动角等四种形式。少先队室是辅导员和少先队干部学习与讨论的场所，同时也是对少先队进行教育的阵地；少先队报是少先队的宣传教育阵地；红领巾广播站，是向队员进行广播的场所，广播的内容主要包括时事新闻、科技新闻等；中队活动角是少先队进行经常性教育的阵地，一般设置在教室的某一个角落，其中可以陈列图书资料、标本、模型等。中队活动角一般可设英雄角、友谊角、科学角、卫生角等①。

（五）少先队组织的教育功能

少先队组织的教育功能，与共青团组织的教育功能基本上是相同的，即也包括政治思想教育的功能、思想品德教育功能以及协助教师与班委会组织教学的功能等等。但是，少先队组织的教育功能与共青团的不同之处在于，少先队组织的教育功能具有养成性，它更加有利于少年儿童社会化过程的完成。

当然，学校中的共青团和少先队不可能吸收全体学生，为把更多的学生组织起来进行教育，开展活动，协助学校完成一些工作，需要建立面向全校学生的组织机构——学生会。根据《中华全国学生联合会章程》，学生会“是学生自己的群众组织，凡在学的中国学生，不分民族、性别、宗教信仰均为学生会”会员。中学学生会一般分为两级：校学生委员会和班学生委员会（简称班委会）。学生会的基本任务是在共产党的领导下，在共青团的指导与帮助下，团结全体同学，使他们在德、智、体各方面得到发展，成为热爱祖国、适应中国特色社会主义现代化建设事业要求的合格人才。建立健全学生会组织，对发扬学生民主，培养学生自我

---

① 叶立群.小学教育学[M].北京：人民教育出版社，2000：399.

管理能力,开展自我教育以及培养学生集体主义思想都具有十分重要的意义。

第三节 班主任与班集体的相互关系

一、班集体与班主任概述

(一) 班集体概述

班集体是中小学最主要的学生集体组织形式,也是学校进行教育教学活动的基本单位。因而这里有必要单独予以剖析。

1. 班集体的概念

班级不是天然的班集体,班集体的形成需要教师与班级学生的共同努力。班集体是由整个班级所组成,以完成学校教育任务为共同目标,具有一定组织机构、规章制度的学生共同体①。良好的班集体应具备以下基本特征:明确的共同目标、健全的组织机构、严格的规章制度和纪律、民主平等的班级氛围、丰富多样的班级活动。

2. 班集体的功能

班集体的功能是指班集体所具有的能力及其所能发挥的作用。班集体的功能分为社会功能和教育功能。在此,重点阐述教育功能。具体来说,这一功能主要表现在以下几个方面。

(1) 有利于形成学生的群体意识

每个学生都是集体中的一员,学生的群体意识与班集体的发展密切相关。作为学生活动和交往的基本场所,良好的班集体能发挥群体的规范作用,实现群体意志,使学生在集体中获得知识、友谊,感受到群体对他们的关心与尊重,为自身的发展提供重要条件。在良好班集体的形成过程中,学生的群体意识、集体荣誉感会得到大大强化。

(2) 有利于培养学生的社会交往与适应能力

班集体是学生活动与交往的基本场所,集体活动有助于促进学生群体之间的交往。在集体活动中,学生能够积累丰富的集体生活经验,学会与人沟通交流,强化合作意识,提升环境适应能力。在良好班集体的形成过程中,学生的社交能力与适应能力逐渐提升。

(3) 有利于训练学生的自我教育能力

班集体是学生自己的集体,每个学生在所属的班集体中都扮演着不同的角色。一个良好的班集体能够影响和约束班级学生,促进学生自我教育能力的形成,帮助学生自己管理自己、自己教育自己。因此,班集体是学生自我教育的最好载体。

3. 班集体的组织与培养

班级不一定是班集体,从班级到班集体是一个量变到质变的过程。任何一个班集体的形成都会经历组建、形成、发展的过程。班集体并不是通过简单的道德说教就能培养和建立起来的,应当吸引全体学生参加多种多样的集体活动,这些活动的组织和开展应当有助于教育学生,有助于建立团结友爱和富有活力的集体。具体来说,班集体的组织与培养需要经历以下阶段。

---

① 顾明远.教育大辞典:第1卷[M].上海:上海教育出版社,1990:139.

(1) 了解学生,研究学生

了解学生包括个人和集体两方面,了解学生集体情况是在了解学生个人情况的基础上进行的。了解学生需要了解学生的身体、心理、学习和生活等方面的情况;了解集体需要了解集体中学生的年龄、性别、家庭等情况,学生德、智、体发展全貌及班风与传统等。这些既是提出班级目标的前提条件,又是班集体建设的客观基础,也是了解、研究学生的开始。了解和研究学生的方法有很多种,如:观察法、谈话法、作品分析法、调查研究法、测量法。

(2) 共同制定班级目标

班集体的特征首先是有共同的奋斗目标。明确的奋斗目标好像是黏合剂,它能够把全体成员心连心地紧紧聚集在一起,形成一个坚强的集体。共同的奋斗目标是班集体形成和发展不可缺少的条件,是班集体团结的基础、前进的动力。一个班集体要不断前进和取得日新月异的成就,就必须不断地向班集体中的每个成员提出新的更高的奋斗目标。这些奋斗目标首先要符合社会发展的方向,符合我国的教育目的。其次,要有针对性,能从每个学生的实际出发,有的放矢地提高集体的实际水平,过高或过低的目标都不可能起到鼓舞和激励的作用。第三,目标应具有吸引力、时代感,能鼓舞全体成员为达到目标而努力奋进。

(3) 建设一支好的学生干部队伍

班集体的形成,在很大程度上取决于学生干部队伍的水平,因为他们是班集体的领导核心。如果不能正确地识别和选拔学生干部,那么在正式的学生集体和学生干部之外就会出现非正式的小团体和非正式的学生领袖,这种小团体的出现会影响班集体的建设。因此,必须建设一支能够在集体中肩负领导和指挥责任的学生干部队伍。培养学生干部,首先要有严格的要求。学生干部作为同学的表率,应以身作则,具有奉献精神,热心为同学服务,在集体中树立威信。其次要耐心引导。学生干部工作能力的提高有赖于班主任的指导和训练,在班级工作中,一方面要大胆放手,培养他们独立工作的能力,另一方面要对他们的工作进行耐心指导。最后学生干部队伍应经常变动,使集体中每个成员轮流扮演领导与被领导的角色。这样做既扩大了学生积极分子的队伍,使更多的人有实际锻炼的机会,同时也使学生干部具有处理各种社会关系的实际本领。

(4) 培养健康的集体舆论

形成健康的舆论是班集体成熟的重要标志。这种舆论是一种无形的力量,它不是靠强制和压力,而是通过班级成员的内心信念来调节和实现道德行为,使其由他律向自律过渡,实现自我教育。培养健康的舆论,首先要经常进行正面教育,使学生对是非、善恶、美丑、荣辱有正面的认识。其次要结合实际事例引导学生做出正确评价。再次要积极宣扬社会主义核心价值观,抵制消除各种不正之风。最后要特别重视教师言传身教的作用。

(5) 开展形式多样的班级活动

班集体是在全班同学参加各种班级活动中逐步发展起来的,形式多样的班级活动使每个人都有机会为集体出力并显示自己的才能。因而,设计并开展班级活动应作为班主任的日常性工作。班级活动由日常性教育活动和阶段性教育活动两大部分组成,主要涉及主题教育活动、文艺体育活动、社会公益活动等内容。教师在组织各种班级活动时,要明确活动的目的和要求,要精心设计活动过程,注意形式的适龄化,力争把活动的开展过程变成教育学生的过程。

(二) 班主任概述

班主任是班集体的教育者、组织者与领导者。班主任工作是班级授课制这一教学组织形式下，为了对一个班级的学生有效地进行教育管理，所专门设置的教师职务。①

1. 班主任工作的目的

目的决定行动。班主任工作的目的是班主任工作的出发点与归宿，也是确定衡量班主任工作质量标准的唯一依据。只有对工作目的有统一的认识，才能确定班主任的工作任务。那么班主任工作的目的是什么呢？对这一问题的理解需从以下两方面作为切入点。

(1) 班主任作为学校职员，代表政府与学校行使其教育权利，他(她)必须体现国家的教育意志与要求。因而班主任工作的目的必须与国家的教育目的相一致。如前所述，新时期，我国的教育目的是以培养学生的创新精神和实践能力为重点，造就“有理想、有道德、有文化、有纪律”的、德智体美等全面发展的社会主义事业建设者和接班人。班主任必须领会这一精神实质，并以此作为自己工作的基本原则和最终目的。

(2) 班主任是教育者，又是班集体的组织者与管理者。班主任工作是在班级授课制这一教学组织形式下，为了对一个班级的学生有效进行教育管理所专门设置的职务。因而班主任的工作对象具体而明确，即由几十个学生组成的班集体。所以班主任工作的直接目的是协调各方面力量，组织培养一个团结友爱、蓬勃向上的班集体。

综上所述，班主任工作的目的是协调各方面(主要包括学校、社会、家长、学生集体等)力量，组织培养良好的班集体，从而促使其全体成员在德智体美等诸方面全面健康地发展。

2. 班主任工作的基本要求

(1) 公平对待每一个学生

公平对待每一个学生是班主任工作的主旨，也是班主任工作的根本原则和基本出发点。每个学生特点不同，发展各异，不能用同一种眼光评价每个学生，应面向全体学生，客观、公正、公平地对待每一个学生，同时重视学生的个体差异，促使和保障每一个学生的茁壮成长。

(2) 热爱学生，尊重学生，严格要求学生

热爱学生是班主任必备的素养，是教育好学生的重要条件。热爱学生要同尊重学生和严格要求学生结合起来，一方面，要尊重学生的人格、个性和自尊心，做学生的知心朋友，调动学生的主动性、积极性，促进学生个性的发展；另一方面，要对学生进行严格的管理和教育，把培养学生正确的道德认识同行为训练结合起来，养成良好的道德行为习惯。

(3) 正面教育，启发诱导

对学生进行教育是一项耐心细致的工作，要力戒简单约束与强制，严禁体罚和变相体罚。对学生的缺点和错误，要以说服教育为主，晓之以理，动之以情，导之以行，持之以恒。要通过正面教育、启发诱导，引导与培养学生的自主性，实现高品质的班级管理。

(4) 因人制宜，因材施教

班主任要用心调查，潜心研究，深度了解每个学生的身心发展状况、思想实际、个性差异以及家庭、社会影响，从学生的实际出发，根据其差异性、发展状态和发展潜力，提出不同的教育要求，有的放矢地进行教育，促进个体全面发展。

(5) 集体教育同个别教育相结合

班主任是班集体的培养和塑造者。一方面要通过开展集体活动，形成正确的集体舆论和集体规范，培养集体荣誉感、自豪感，形成良好的班风，充分发挥集体教育的作用。另一方

① 冯忠汉，等.教育学(试用本)[M].北京：人民教育出版社，1987：256.

面，集体是由个体组成的，班集体的实际状况是通过每一个具体的学生表现出来的，也是由单个具体的学生素质决定的，集体教育代替不了个别教育。因此，班主任在抓好集体教育的同时要做好个别教育，二者结合起来有利于良好班风的形成和学生个性品质的养成。

（6）以身作则，言传身教

青少年学生正处于长知识、长身体，形成思想道德品质的关键时期。他们的可塑性大，模仿能力强，教师特别是班主任的一言一行，都是学生学习和模仿的内容。因此，班主任要在政治思想、道德修养、治学精神和业务水平等方面严于律己，为人师表，以身作则，在学生中起表率作用，潜移默化地影响和带动学生。

3. 班主任工作的主要任务

班主任的多重角色决定其工作任务繁重而复杂。但从其工作目的出发，班主任工作的任务应包括如下两方面内容。

第一，组织建立良好的班集体是班主任工作的首要任务。

班集体不仅是学校进行教育教学的基本单位，而且是学生成长的摇篮、活动的基地、自我教育的课堂。正因如此，每位班主任在接手一个班级后，都把组织建立班集体作为自己工作的首要任务。建立良好的班集体是班主任的一项重要工作，并且是一项科学性很强的工作。组建班集体是班主任智慧发挥之所在，所以其方法应该不拘一格。但是通常情况下，这些环节还是必需的，即：建立组织、对全班同学提出共同的奋斗目标、制定规章制度、树立正确的集体舆论等。

第二，促进班集体全体成员的全面发展是班主任工作的中心任务。

协调各方面力量，促进全班学生全面健康发展是班主任工作的最终目的，也是其工作的中心任务。为了使每个学生都能在原有基础上获得进步与提高，班主任除组建良好班集体外，还特别需要关注以下几方面工作。

（1）培养学生自立、自策、自勉的精神和民主作风

蓬勃向上、积极进取、团结友爱、民主参与是良好班集体的一些基本特征。而这些特征的形成来自于班主任对学生自立、自策、自勉精神和民主作风的培养。自立，首先体现在集体中有较强的学生骨干和学生干部。他们不需班主任的“包办代替”，能在教师的指导下，努力搞好班级工作，甚至创造性地开展班级工作。其次表现在每个集体的成员身上，既有独立自主的精神，又能够恪守行为规范。自策，是自我策立，能够自我督促，不断鞭策自己，不安于现状，不因循疲沓。自勉是自我奋勉，集体中的成员总是努力提高自己，高标准要求自己，自觉地奋力争先。① 民主作风是集体成员在集体活动中所具有的既尊重他人，又有主人翁责任感的良好品德。培养学生自立、自策、自勉的精神和民主作风需要班主任在工作中充分认识并有意识地强化学生的主体地位，激发他们的积极意识和进取心，给予他们成功的体验，促使他们产生健康积极的欲望和需要，最终使他们形成自我教育的要求与能力。

在教育教学实践中，班主任可通过下列途径对学生进行如上品格的培养：其一，班主任与其他科任老师、团队组织等相互配合，共同研究，分别采取适宜的形式，对学生进行教育与培养；其二，班主任在一些集体活动（如：主题班会、集体劳动、竞聘班干部、重大节日的纪念活动等）中，给予学生（尤其那些性格内向或集体意识较淡薄的学生）创造参与的机会，使他

① 白铭欣.班级管理论[M].天津：天津教育出版社，2000：15.

们形成主人翁意识,形成责任感;其三,班主任采取适当的奖惩措施,使学生产生自策的意识;最后,班主任以自身的人格魅力对学生形成全面的教育影响。一位优秀的班主任本身就是一个信息源,它会“告诉”学生怎样做人,如何做事。无数教育实践已证明,班主任的民主管理能力、自我教育能力、与学生的融洽程度、自身的威望等因素直接影响着一个班集体成员的精神面貌。

(2) 在学生中树立热爱科学,勤奋学习的良好风气

学习是学生的首要任务,因而培养班集体的良好学习风气是班主任的基本任务之一。良好的学习风气不是一朝一夕就可以形成的,它需要班主任不断地教育与培养。在具体工作中,班主任要做好如下几方面的工作。

其一,班主任要帮助学生端正学习态度,明确学习目的,提高学习的自觉性。班主任除通过组织适合学生年龄特点的主题班会等活动对全班同学进行正确的学习舆论引导外,还要特别关注“后进生”的转变工作。所谓“后进生”是班集体中因学习态度不端正等原因导致学习成绩较差的学生。弱势主导理论告示我们:如果一个集体中弱势群体得到特殊关注,获得发展,那么整个集体就会得到空前发展。因而,每位班主任都不应忽视“后进生”的培养。对待“后进生”,班主任尤其要拥有正确的学生观,即把“后进生”看成现实的人、发展的人、有个性的人。班主任要深入他们的生活,发现其困难之所在,适时调整自己的教育方法。当然,对“后进生”的转变工作,是一项非常难的工作。它不仅需要班主任的工作智慧,更需要耐心、爱心与恒心的支持。譬如,有的班主任对学习态度不端正的学生进行跟踪、家访,使之转变观念,去掉陋习;有的班主任对学习能力较差的学生进行单独或小范围辅导,使之树立自信心。

其二,班主任要经常了解学生的学习情况,掌握学生学习成绩的变化。有经验的班主任,总是十分注意观察本班学生学习成绩的细微变化,因为这种变化往往是学生学习态度的反映,透过这一现象,班主任甚至能发现学生退步的开始和转好的良机。班主任了解学生的常见方法有:跟班听课,抽查学生的作业,观察自习课及配合科任教师组织本班学生的集体活动等。

其三,班主任要建立完善的学习制度,培养学生良好的学习习惯。

其四,班主任要帮助学生合理支配课余时间。班主任尤其要关心学生的课外活动,注意引导学生的课外小组活动。

最后,班主任要团结学校、科任教师、家长,共同做好本班的教学工作。例如,班主任要通过自己不懈的努力取得学校的信任与支持;遇到问题,班主任要至诚与科任教师交换意见,争取他们的配合;班主任要经常与家长交流与沟通,帮助家长为学生创造良好的家庭学习条件。

应当指出,为了培养学生热爱科学、勤奋学习的良好学风,班主任在实际工作中应将以上五方面有机结合起来。只有这样,班主任的工作才能达到预期的效果。

(3) 指导本班班委员会、共青团、少年先锋队组织的工作

班委员会是由学生骨干组成的,是班主任开展班级工作的主要助手。班主任直接组织并且领导班委会,有权解散或者改组本班班委会。

班主任对班委会的工作要求是:① 认真培养和慎重选择班干部;② 领导班委会制定工作计划。对班委会工作的各个方面,班主任都应当有明确要求,并且经常检查班委会执行情况,对于认真负责的学生干部要给予表扬;③ 对班干部既要严格要求,又要具体指导。

本班的团、队组织是班集体的组织核心。班主任不仅要积极帮助团队组织的建立与完善,而且要指导本班团、队组织活动。

班主任对本班团、队的工作要求是:① 指导团队组织,要从本班的具体情况出发,完成上级团队组织的基本任务;② 班主任要尽可能参加本班的团队会议;③ 关心和帮助团队干部提高思想觉悟和工作能力;④ 班主任要指导超龄队员积极要求入团,指导超龄团员努力入党,帮助他们树立正确的人生观。

班主任在工作中要注意引导班干部和团队干部团结合作。

(4) 组织体育锻炼和卫生保健活动

合理地组织安排学生的体育锻炼及卫生保健活动,教育学生遵守生活卫生制度,养成良好的卫生习惯,并进行生理卫生、心理卫生常识教育,促成学生身心健康发展。

(5) 评定学生操行

在普通中小学中,班主任评定学生操行有三种形式:撰写评语;评定操行等级,如优、良、及格与不及格;记分法。目前,在义务教育阶段,前两种方法较普及,而在高中阶段,班主任大多采取第一种与第三种相结合的办法。班主任在评定操行中,既要使学生明白自己的现状,又要使他们知道自己的发展方向。

(6) 做好与本班学生家长的联系工作

家庭是学生成长与发展环境的重要组成部分。因而与家长保持密切的联系是班主任工作的重要环节之一。班主任做家长工作的基本要求是:① 班主任进行学生家庭访问要有目的、有计划、有重点;② 在与家长联系过程中,要将学生在校的学习、生活各方面的情况向家长介绍,同时向家长提出建议和执行办法;③ 班主任要努力发现家长中懂教育也关心教育的积极分子,依靠他们做好本班其他学生家长的工作。

在中小学阶段,学生正处于生长发育期。他们精力旺盛,但性情稳定性较差,因而突发问题较多。这就决定了班主任工作的重要性与复杂性。作为一名合格的班主任教师,要使自己的工作能适应形势的要求,必须善于以科学精神进行研究与探索。

二、班主任在班集体建设中的作用

马卡连柯告诉我们,一个好的班集体如同一位优秀教师一样对全班学生起着特殊教育作用,它不仅能提高全班学生的学习效率,而且对全班学生的思想品德和个性发展直接发生影响。但是班集体不是自发形成的。由一个松散组织到一个有机整体,它需要班主任大量科学、细致的工作。教育部《中小学班主任工作规定》(2009 年)指出,班主任是中小学日常思想道德教育和学生管理工作的主要实施者,是中小学生健康成长的引领者。因而可以说,班主任在班集体建设中发挥着重要作用,主要体现在以下三方面。

(一) 班主任是班级管理的具体执行者

学校工作纷繁复杂,学校对学生进行教育的计划、理论、策略、方案绝大部分是通过班集体这个基层组织和班主任工作这一途径而实现的。上海育才中学校长段力佩同志曾说过这样的话,"每年中学有二三十个班级,每个班级都有几十个学生集合在一起上课、活动。如果学校没有一支二三十人的班主任队伍起主导作用,则各班就不可能形成健全的班集体,学校就只有二三十个难以驾驭的学生群"。[①] 可见,班主任是班级管理的具体执行者,其工作不仅影响着学校工作的速率与效率,而且直接决定了学校工作的面貌。

---

① 冯忠汉,等.教育学[M].北京:人民教育出版社,1987:25.

（二）班主任是班集体内教育和教学活动的核心

如前所述，在中小学教育工作中，集体是教育形式，也是教育力量。班主任是班集体的组织者和领导者，是班集体活动的主导力量。学生集体活动的教育作用是以班主任的工作为核心发挥出来的。班集体是学校进行教育教学的基本单位，班主任的工作之一就是将该班任课教师的教育力量、共青团、少先队先锋组织以及本班学生家长的教育力量都统一起来，完成该班的教育教学计划。可以说，一班学生学习成绩的好坏、纪律性强弱，在很大程度上取决于班主任的工作，取决于班主任和本班任课教师的协力合作。

（三）班主任是联系学校、家庭及社会的纽带

班级建设并非一项孤立的工作，良好的班级建设需要学校、家庭和社会等多方面的协同合作，而班主任在这个过程中发挥着关键作用。班主任通过经常接触学生，频繁地家访等细致工作，将学生及其家长对学校教育教学的意见和要求、学校对学生及其家长的希望和建议等进行多维度传递，使之不断沟通、交流从而取得共识。毋庸置疑，班主任工作的这种纽带作用对于班级建设发挥着重要作用。

三、班集体对班主任工作的反作用

在班主任与班集体这对教育关系中，班主任是教育的主体，班集体是教育的“客体”。但这种客体地位是相对的，这是因为班集体作为教育客体的同时又是班内学生的教育主体。良好班集体一旦形成，就会成为教育影响班内每个学生的巨大力量。这样班主任、班集体、班内学生就形成一种连锁互动关系。就班集体对班主任工作的反作用而言，主要涉及以下两方面内容。

（一）良好的班集体是班主任实施教育工作的有力保障

集体本身会对学生产生教育影响，这种影响来自于两方面，其一，学生会受到来自集体组织干部所给予的纪律的影响；其二，学生会在这种集体氛围中产生自律的感觉。这种他律与自律使班内学生在班主任或任课老师空缺的情况下，自觉进行活动与学习。这就为班主任实施教育工作提供了有力保障。当然，如果班风不正的班集体也会为班主任工作带来诸多障碍。

（二）良好的班集体是班主任获取工作经验的宝贵资源

良好的班集体是一个智慧群，而学生作为这个“智慧群”里的主要成员，其思想、观念和行动等都在很大程度上影响着班集体建设的成效。通过与学生的良性互动，班主任可以不断修正工作计划、更新教育理念，最终提高自身管理素养。

复习思考题

1. 简述学生集体的教育作用。
2. 学生集体有哪些组织形式？
3. 中小学校班主任工作的主要任务有哪些？
4. 简述班主任在班集体建设中的作用。

第十章 学校心理健康教育

学校心理健康教育是指学校根据学生生理、心理发展特点，运用有关心理教育方法和手段，培养学生良好的心理素质，促进学生身心全面和谐发展和素质全面提高的教育活动。了解和掌握心理健康教育的相关理论与方法，有助于促进学生人格健全发展，进一步加强和改进学校德育工作，全面推进素质教育。本章主要对学校心理健康教育发展概况、学校心理健康教育的目标与主要途径、心理辅导课程和对学生的咨询帮助等进行介绍。

第一节 学校心理健康教育概述

一、学校心理健康教育的发展概况

（一）国外学校咨询与辅导的发展概况

在欧美国家，在学校中开展与心理健康教育类似的工作已有百余年的历史，目前一般称为学校咨询（school counseling）或学校辅导与咨询（school guidance and counseling），学校咨询起源于美国20世纪初的“指导运动”，逐渐演变为服务于全面促进学生发展的专业领域。先驱者帕森斯于1908年就在波士顿成立了职业局，开展相关的培训服务，包括指导高中毕业学生择业求职及职业适应的各种困难，他主张学生要对不同职业的内容和社会环境、对自身的素质、能力及兴趣等有比较清楚的认识，进行理性的决策，使人和职业合理地匹配。随着影响的扩大，政府也在20年代开始规定学校应开设职业指导课程，这成为学校咨询中指导模式的开端。30年代，心理测量学得到长足发展，使指导运动越来越具有心理学色彩，并促进了其影响的扩大，越来越多的学校成立了专门的教育与职业辅导中心。在这一阶段，帮助学生的活动主要定位在指导，帮助者处于主导地位，他们根据丰富的知识经验、专业技能，评估学生的特点，提供与职业有关的信息，对学生的决策起导向作用。

心理卫生运动的兴起也对学校咨询的发展产生了重要影响。自比尔斯1909年发起建立全美心理卫生委员会以来，在对精神疾病的治疗中心理学疗法开始受到重视，心理学家通过与病人间的会谈分析病情，帮助他们恢复健康。此后，心理治疗逐渐扩展为对在学习工作及生活中遇到压力或困难的普通人进行的心理咨询。到四五十年代，心理咨询开始作为独立的专业领域获得社会承认。1942年，罗杰斯在《咨询与心理治疗》一书中提出当事人中心的咨询模式，随后许多心理咨询的理论流派和治疗模式纷纷诞生。以平等的帮助、处理适应障碍为特点的心理卫生咨询，得到较广的普及。在学校咨询领域，帮助学生克服在适应学习和生活中出现的各种困难与障碍的咨询日益普遍。

20 世纪 60 年代以来，以马斯洛为代表的人本主义思潮影响渐广，同时对儿童心理发展的研究也日渐深入，人们期望学校咨询服务不只是局限于对少数学生的治疗矫正，而要关心全体学生的发展需要。布洛克尔在《发展性咨询》中指出，咨询应当帮助广大学生认识、理解和接受自己，度过发展过程中的危机。学校咨询工作者也在实践中认识到，应该以预防问题的发生为目的，而不是等到造成严重的行为障碍再去矫治。到 80 年代，发展性咨询的概念得到广泛的认同。进入 21 世纪以来，发展性咨询已经成为学校咨询工作的主流，美国学校咨询师协会于 1997 年提出了学校咨询全国标准，明确指出学校咨询应当作为综合的项目，由学校咨询师组织协调，学校领导和教师、家长及其他专业人员共同参与，目标在于促进全体学生学业、职业和个性-社会性的发展，2003 年进一步提出了指导全国学校咨询工作的 ASCA 模型，并于 2012 年提出修订版①。期间美国大多数州颁布了完整的学校咨询计划与相关法规，对学校聘任学校咨询师以及学校咨询师的资格作出明确要求。

目前在学校咨询当中，指导的模式、治疗的模式和发展的模式共存共生，相互融合。同时，布朗芬布伦纳关于心理发展的生态系统理论也有较大的影响，学校咨询中越来越注重考察学生所处多重环境，包括学校和班级环境、家庭及社区成长环境、社会经济状况等，如果有可能也努力推动环境因素的改变。咨询师还特别关心来自不同文化背景的学生容易产生什么独特的适应困难或发展需要，如何在辅导课程中体现对文化差异的尊重和理解等。需要指出的是，在美国学校中，学校心理学家和社会工作者一起参与学生心理健康服务，他们既有分工又有合作。

（二）我国学校心理健康教育的发展概况

在我国，20 世纪上半叶出现了心理健康教育的萌芽，1917 年中华职业教育社成立，开展对青少年的职业辅导，1923 年，清华大学成立了职业辅导委员会；1936 年，中国心理卫生学会成立，1946 年，丁瓒创办了心理卫生实验室、咨询所，次年出版《心理卫生论丛》。但此后经历了数十年的冰封期。直到上世纪 80 年代，心理健康教育在内地逐渐恢复发展。部分学校自发开展心理卫生咨询服务，一些高校率先建立咨询中心，初期以心理热线、心理辅导室建设为主。1985 年，中国心理卫生学会成立，随后成立青少年心理专业委员会。90 年代，中小学校逐渐开展心理健康教育，主要表现在心理健康课程的开发与实验日益广泛。1993 年，中国心理学会成立学校心理学专业委员会。而以教育部 1999 年印发《关于加强中小学心理健康教育的若干意见》为标志，学校心理健康教育进入快速发展期②，目前处于政策支持有力、学校社会重视、普及程度日增、实践探索丰富的良好态势。

国家教育部于 2002 年颁发了《中小学心理健康教育指导纲要》（以下简称《纲要》），从加强素质教育的全局出发明确阐述了中小学心理健康教育的目标和途径，对各地中小学落实心理健康教育工作起到了良好推动和指导作用。此前对学校心理健康教育的不同称呼（如学校心理卫生、学校心理咨询、学校心理辅导、学校咨询与辅导等）也基本趋于统一。2012 年，教育部又颁布了《纲要》的修订版。《纲要》指出，开展中小学心理健康教育，要面向全体学生，通过普遍开展教育活动，使学生对心理健康教育有积极的认识，使心理素质逐

---

① American School Counselor Association, Alexandria. The ASCA National Model: A Framework for School Counseling Programs[J]. Professional School Counseling, 2003, 6(3): 165-168.

② 郑希付，罗品超. 学校心理健康教育[M]. 北京：中国人民大学出版社，2016：8-10.

步得到提高；同时关注个别差异，根据不同学生的不同需要开展多种形式的教育和辅导，提高他们的心理健康水平；心理健康教育的目标是：使学生不断正确认识自我，增强调控自我、承受挫折、适应环境的能力；培养学生健全的人格和良好的个性心理品质；对少数有心理困扰或心理障碍的学生，给予科学有效的心理咨询和辅导，使他们尽快摆脱障碍，调节自我，提高心理健康水平，增强自我教育能力。心理健康教育的途径和方法包括：开展心理健康专题活动（选修课、活动课或讲座等）；提供个别咨询与辅导；在学校教育教学过程中全方位贯穿心理健康教育；与家庭同步实施心理健康教育等。《纲要》强化了各地对心理健康教育工作的重视程度，心理健康教育管理机构和岗位设置的要求更为明确，但在现实中，专业师资队伍匮乏的问题仍然非常突出，且任职资格和师资培训标准尚缺乏严格规范。一般教师接受心理健康相关培训也严重不足。

就目前的发展趋势看，面向全体学生的发展需要开展的全校性心理健康教育工作得到了更多的重视，并进行了不同形式的探索。例如生涯指导在一些地区开展得比较深入，一些学校也有自己的校本课程，组织开展丰富的活动帮助学生探索自我和工作世界；校园心理剧作为学生喜闻乐见的方式被应用于多种教育活动中，诸如人际交往、自我调控能力的提高等。在《国家中长期教育改革与发展规划纲要（2010-2020）》提出，建立学生发展指导制度，加强对学生理想、心理、学业等多方面指导之后，“普通高中生发展指导”作为一个综合性的项目在全国许多地区开展了实验①，其明确提出把对学生的生活指导（个性与社会性发展）、学业指导、生涯指导作为整体的学生发展目标纳入学校的系统教育工作中，以促进学生“学会生活、学会健康、学会做人、学会学习、学会工作”②，该项目对指导工作的组织构架、学校资源整合及具体指导方式等都做了积极的探索。2016 年《中国学生发展核心素养》报告指出，学生应具备人文底蕴、科学精神、学会学习、健康生活、责任担当、实践创新六大素养。因此，改变以往学业指导、生涯指导、心理健康教育分而置之、碎片化地在三个领域分头推进的现状，统筹规划，建立“三位一体”的学生发展指导体系，实现学业指导、生涯指导、心理健康教育等工作的高度融合和渗透，为学生发展提供整体化、规范化、多样化的咨询与服务，是必然的发展趋势。③

二、学校心理健康教育的目标

《纲要》指出，心理健康教育要坚持发展、预防和危机干预相结合、坚持面向全体学生和关注个别差异相结合等基本原则。总体上，心理健康教育要有益于全体学生的全面发展，而不同处境的学生所需要的帮助则是不同的。相应地，学校心理健康教育的目标也是多层次的，可分为发展指导、问题预防和危机干预。

（一）发展指导

面向全体学生进行。学生在不同的时期，面临不同的适应和发展的任务，可能会出现一些普遍性的问题。为此我们就应该开展必要的指导活动，帮助学生成功完成心理—社会发

---

① 黄向阳，王保星.普通高中学生发展指导实践案例集[M].上海：华东师范大学出版社，2014：31-46.

② 方晓义，胡伟，陈海德，吴梦希，唐芹，王帆.构建高中生三级发展指导模式[J].北京师范大学学报（社会科学版），2014（01）：42.

③ 董新良，陈汉明.学生指导：“新高考时代”学校教育变革的新趋向[J].教育理论与实践，2018，38（01）：29.

展任务。例如，培养学生的自我意识、自尊心、人际交往能力和尊重他人意识，帮助学生理解和控制自己的情绪、增强行为自控能力等。从长远看，这才是降低问题发生可能性的治本之策。

（二）问题预防

面向部分学生群体开展。这部分学生目前并没有表现出明显的问题行为，但是某些学生心理素质比较薄弱，有可能在一定环境条件下出现问题。因此在问题发生之前，应当主动开展各种形式的工作，提高学生应付问题的能力。例如，一些平时比较容易紧张的学生，当面临重要考试的时候，有可能出现考试焦虑症。为了防止其发生，心理教师可以提前较长时间就对这些学生进行集体辅导，讲授自我放松、缓解紧张的方法。

（三）危机干预

面向少数学生进行。少数学生因遭遇到自己无法应对的压力、挫折或变故，身心出现某种程度的问题，如果得不到及时的帮助，就可能演变为更严重的障碍。危机干预就是指在问题出现初期给学生予帮助。例如学生受到父母离异的冲击，情绪消沉、无法专心学习，人际退缩等，如果得不到及时帮助，可能又会面临进一步的学习压力、产生抑郁心理等。心理教师应当给予适当的咨询辅导，使他得到情绪宣泄，能正确认知和接纳自己的处境，克服自卑、主动交流、寻求可能的支持等。

需要指出的是，学校中还存在极少数有严重心理和行为障碍的学生，需要进行系统的矫正甚至医学治疗，但对于一般的学校心理健康教育工作者而言，其专业能力不足以处理，因此应当考虑转介到有关专业机构。

三、学校心理健康教育的主要途径

（一）开展以心理辅导课程为主体的专题教育

发展性指导的任务主要通过心理辅导课程的方式进行。心理健康应当列入固定的课程安排中，通常以班级为单位安排；有必要时也可设立临时的、跨班级的辅导活动。应当注意心理健康辅导课的目标不是使学生停留在了解知识的层面，而是掌握必要的行为技能，并且在观念态度上发生某些改变。课程应当紧密结合学生的学习与生活实际，注意以丰富多样的活动为载体，力求激发全体学生的参与。为提高辅导效率，条件合适时也可以设计和安排全年级或全校性的专题活动。下节将具体介绍辅导课程的基本过程和内容。

（二）在学校教育教学工作中整合心理健康教育的目标

学校教育整个过程都应当将心理健康教育融合进去。首先，在不同学科的教学中，教师可针对某些心理健康教育的学生发展目标，重新设计教学活动，在完成学科教学目标的同时促进相关的心理能力或品质的提升；其次，在班主任工作、班团队活动、校园文体活动、校园文化建设的过程中，都有许多空间可融入心理健康教育的目标；最后，全体教师应当一方面加强自身的心理建设，提高心理健康水平，另一方面在日常教育教学活动中努力发展平等尊重、理解接纳的师生关系，而这些对学生都能起到良好的示范作用。

（三）针对学生的个别问题提供心理咨询服务

对遇到问题产生困扰的学生进行个别帮助的主要方式是心理咨询活动，包括个别咨询、团体咨询、电话咨询及通信咨询等。最主要的是在心理辅导室进行的面对面的咨询。咨询活动应当独立于一般的班主任工作，由专职人员担任。第三节将介绍咨询的基本过程和内容。

对一般的咨询难以处理的个案,应当由专门机构进行治疗,这时就要求学校心理健康教育教师担负起转介的责任,对学生的障碍程度及类型作出初步的诊断,向家长建议适当的治疗机构并联系安排转介事宜,包括介绍已了解到的学生的情况和已采取的治疗措施等。此外,在从事咨询工作的同事之间,各人擅长处理的问题往往有所不同,彼此间也可以互相转介当事学生。

(四)为其他教师以及家长提供顾问服务

学校老师和家长在与学生相处进行教育的过程中,也经常会出现一些困惑,如何理解子女或学生的问题,采取什么样的方式方法去解决等。心理教师作为专家可能能提供较好的建议,但有些值得注意的情况:第一,当事学生的情况是由家长或教师转述的,如果他们本人处于情绪困扰当中,就可能掺杂有一些主观偏见的成分,需要冷静识别判断;第二,心理教师建议的,是家长或教师的处理问题的态度和做法,应当与后者进行充分沟通,使其在态度上真正产生共识,对实施方法有比较透彻的掌握;第三,要追踪了解贯彻教育措施的结果,同家长或教师及时讨论应当改善或调整的地方;第四,应当注意到,学生的问题中,若与亲子关系有关,需要的也许是亲子双方共同接受咨询(进行家庭治疗),实现整个家庭气氛的改善,学生的问题才能真正解决。

(五)协调学校和社会教育资源

由于促进学生心理健康是一项长期而复杂的任务,更由于学生成长发展的环境包括家庭、社会和学校多方面,学校应当注意组织协调学校和社会各方面力量,包括与社区有关的管理部门和医疗机构、企事业单位、社会团体、校外教育机构等加强联系和合作,也包括充分发动家长资源,共同促成学校心理健康计划实施,例如邀请校外专家主持讲座、向家长普及心理健康和儿童发展方面的知识,与教师、家长和社区管理人员及时沟通问题多发学生的情况等。

第二节　心理辅导课程

面向多数学生的发展性需求的心理辅导,主要通过课程的方式来完成。这里我们对课程先作广义的理解,心理辅导课程即在学校中以集体(班级、跨班级的小组或大组等)方式开展的旨在帮助学生维护心理健康、提高心理素质的有计划的结构化教育教学活动。这个含义与《纲要》所提及的心理健康专题活动相近。它包括列入教学计划的心理健康课程,也包括应学生的需求开展的小组的专门辅导活动,还包含年级或全校范围内开展的心理健康相关的讲座、综合实践及学校文化建设等活动,甚至包括渗透性课程,即围绕既定的心理健康教育目标对其他学科课程进行有计划的改造,实现其他学科与心理健康教育的融合。限于篇幅,下面的内容主要涉及三部分。

一、心理辅导课程的主要原则

与一般的知识性课程相比,心理健康辅导课程有其特别需要强调的原则,以真正达到促进学生心理健康的目标。

（一）以技能和态度形成为导向

学生在心理辅导课程上的收获，不应该停留在对一些正确道理或做法的机械识记，而主要是使学生能掌握解决在适应和发展方面的实际问题的方法。辅导课程主要侧重于调节与控制自身的心理与行为的训练，它以一定的知识为基础，但为了形成相应的技能，必须有足够的实践与练习。有的课程旨在引起学生在理念和态度上的转变，这既需要从多角度进行理性思辨分析，也需要有不同机会体验和反省，讨论分享、实例观摩都是很有必要的。

（二）以活动和体验为课程的主要形式

辅导课程不应成为变相的心理学学科课程。保持学生的参与兴趣非常重要，涉及一些心理学概念或原理时，要精心选择，并且尽量以浅显、易懂的形式呈现，重点是设计生动有趣的活动激发学生的体验。辅导人员在组织以活动为主体的课程时，讲授时间比其他科目教学少很多，但要求讲授有更高的质量，在活动开始时要充分地调动学生的参与热情，活动中要尽量启发学生自己思考，活动结束时要帮助学生做好总结。

（三）紧密结合学生的生活实际

心理健康课程辅导总体上属于有计划的教育活动，同时十分强调以学生为中心的立场。离开学生生活实际的强制灌输是达不到帮助的目的的。首先，在讲课材料中，要尽可能地结合学生生活中的实例。辅导课程从学生们熟悉的人和事开始，以便引发学生的兴趣。以学生的实际经历为例，最易为学生理解。因此，辅导人员平时对学生生活实际多观察多接触非常重要（包括其校外活动和家庭生活）。其次，在课程进行当中，要注意给学生留下充足的时间，让他们表达自己的实际体验与看法，这时候辅导人员的角色要由宣讲者转换为倾听者、对话者。此外，要密切注意可能对学生造成重大心理影响的事件，进行有针对性的辅导。例如，在了解到本班有同学遭遇交通事故后，就应及时安排关于情绪疏导的课程内容，并进行以安全自护为主题的讨论。这些响应学生实际需要的辅导安排，可能引起原有课程计划的调整，但无疑是非常必要的。

（四）调动学生全体参与

心理辅导课程的目标是授课学生全体在心理和行为上的积极改变，而活动与讨论的参与机会有可能有限。这就要求辅导人员尽量给每个学生同等的参与机会。辅导人员尤其不要忽视那些内向、腼腆的学生，应当鼓励他们积极地表达自己的感受、看法，或在演练中扮演适当的角色；对那些特别积极表现自己的学生，不是生硬地打断他们，而是向他们讲清楚，大家共同参与活动才是成功，鼓励他们给别人提供表达机会。让不同的学生都能学会积极地、平等地参与课程，本身就是在培养学生的人际交往能力。为了有利于学生充分参与，辅导班级的规模不宜太大（有条件的话，学生数可安排在 20 到 30 人）。现在学校中的实际班级规模往往都很大，如果无法拆分成小班授课，就要更多开展小组活动，如分小组的讨论和汇报、组间竞赛性质的游戏等。小组中往往需要一位领导者，应该提示他尽力让各组员有同等的表现机会，并且小组领导本身也要经常轮换。

二、系统的心理健康课程

心理健康课程面向全体学生有计划地、连续地开展，以满足其心理健康发展的一般性需要。在一定年龄阶段的学生中，普遍存在相似的心理和行为发展上的需要（如青春期适应、同伴交往、学习效能提升、生涯和课业选择等），此类需要适合纳入系统的课程规划。心理健康课程辅导通常由专门的心理教师主持,他们可以有计划地到各个班级巡回教学;而班主任或其他教师在接受专门培训后,也可以成为心理健康课程辅导的组织者(以下简称辅导人员),从而缓解专职教师人员不足的问题;另外,同伴教学的方式也值得推荐,一些课程内容可以让接受过训练的学生去教其他同伴,尤其可以让高年级学生教低年级学生,这对担任传授和接受角色的学生双方都有益,当然心理教师应注意对他们督察、指导。尽管心理健康课程内容总体上具有普适性,但仍然需要根据本校、本班学生的特殊情况,进行充分的准备,使之开展得更有针对性,故有必要考虑课程设计实施的全过程(延后讨论)。

目前在多数学校已经开设了列入全校教学计划的心理健康课程,通常也会选定合适的教材。其教学内容是相对固定的,也比较完整地体现了对心理健康总目标的理解。根据《纲要》的说明,心理健康教育的主要内容包括认识自我、学会学习、人际交往、情绪调适、升学择业以及生活和社会适应等方面,主流的心理健康课程围绕这些学生发展的主要目标来设计内容①。也有教材参考美国学校咨询协会的全国标准,根据学生发展目标划分为个性与社会性发展、学业发展和生涯发展三大领域②。下面综合国内外一些常见的心理健康课程标准或教材内容,对课程的主要目标梳理如下。(应该注意,多数时候一节课在学生发展方面的目标并不局限于某一方面,虽然往往有一个相对的侧重点)

(一) 认识自己

心理健康课程应当帮助学生较好地认识自己。一方面是关注自己的情绪体验并能较清楚地分辨(如高兴、不快、伤心、气愤等),能对引起情绪的原因有一定的认识;另一方面能对个人的主要特点有基本的认识,包括对自己的外貌、行为习惯、性格、能力有所观察;还包括在态度上积极关注自己的长处,不因自己在某些方面的不足而感到自卑,能认同自己的独特性,悦纳自己。相关课程主题如自我介绍、我的兴趣爱好、他人眼中的我等。

(二) 自我调适

心理健康课程应当帮助学生形成对情绪和行为的调整控制能力。这包括当遇到压力、挫折时保持情绪的相对稳定,较少为焦虑、忧郁等消极情绪所左右;也包括能较好地自我控制,情绪宣泄合理有度,对当前任务能集中注意,坚持不懈地完成,较少因为分心、动摇等半途而废。还包括对环境变化保持开放积极的心态,较快适应社会生活。相关课程主题诸如成败归因、放松训练、做游戏的主人等。

(三) 人际交往

心理健康课程应当引导学生与周围人相处融洽并且善于合作。包括愿意与别人进行交流,能认真地倾听他人、理解他人,同时也能清楚地表达自己的意见和愿望;包括尊重他人,关心他人的需要,有同情心,愿意帮助人,而不是凡事以自我为中心;包括懂得与别人合作完成任务,知道互相激励、取长补短和分工配合,一起为共同的目标尽力,同时也有较好的独立意识,而不是过于缺乏主见依赖别人;还包括在与周围人发生冲突或分歧时懂得妥协,寻找彼此都能接受的办法解决冲突。相关课程主题诸如积极倾听、寻求支持、应对欺凌、化解嫉妒等。

---

① 俞国良,吴颖慧.心理健康[M].北京:北京师范大学出版社,2015.

② Mark D. Nelson 著.个性与社会性发展辅导活动课程[M].学业发展辅导活动课程[M].生涯发展辅导活动课程[M].苏立增,刘视湘,译.北京:首都师范大学出版社,2018.

（四）学会学习

学生在学校的心理和行为活动的中心是学习，成功地适应学习的要求需要发展多项心理品质。学会学习包括对学习策略和技能的掌握，诸如选择所需的信息，有效地记忆，分析和反思对不同的科目、内容的学习方法等；也包括自我行为管理，诸如作合理的学习计划、安排好学习时间与环境，以及控制焦虑和懈怠情绪等；还包括学习动机的维持，能结合近期目标和长期目标给自己以激励，其中涉及的学业-职业发展的远期目标，则和后面的生涯探索相关了。辅导主题诸如时间管理、学习风格、复习的策略、小学向中学学习的过渡等。

（五）生涯探索

心理健康课程中引入生涯探索的主题，在当前越来越普遍。生涯探索目的在于使学生将来进入社会后能较快地适应以职业为生活重心的新的生涯阶段。其包括对生涯角色和任务的觉察，对工作世界的了解；也包括结合工作要求对自我的兴趣、能力和价值倾向的再认识，对未来学习和工作方向的初步选择等。辅导主题例如：认识自己的工作价值观、展望未来的职业理想、理解当前学习内容与相关职业的关联、识别不同的工作类别、分析人们选择某项工作的动机、理解工作和休闲的关系等①②；此外，设立目标、制定计划、理性决策这些贯穿于从学业到生涯发展过程的核心能力，也需要不断地练习提高。

三、专门的心理辅导活动

心理辅导专门活动，旨在响应部分学生的能力发展需求或问题解决需求。一方面，由于心理辅导专门活动具有计划性、结构性和重复性等特点，我们可以将其归入课程。另一方面，心理辅导专门活动在具体内容与实施上更接近于团体咨询。辅导人员既要对有关咨询原理与技术有较好的掌握，又要具备一定的课程研发能力。辅导活动常常由专职心理教师担任，有时也可由兼职心理教师经由一定的培训后担任。对学生的特殊需要的掌握，是心理辅导专门活动的重要基础。同时，也应当注重学生身心发展的整体性。特殊情境下的问题应对要求以多项能力发展为基础，因此特殊问题的解决成为发展一般能力的契机，最终引导学生将辅导活动的学习成果迁移扩展到更大范围，提升问题应对能力和心理健康水平（例如考试焦虑辅导可以从放松身体、形成合理认知等方面进行训练，而这些学习成果都可以发展成一般的压力应对能力）。本部分对心理辅导专门活动开展的四个阶段进行简要介绍。

（一）需求分析

有效辅导的基础是了解学生的实际需要。前面提到的心理健康课程，针对全体学生的一般性的需要，往往有现成的教材可以参照，基于对本校学生情况的了解，可以有所选择和侧重，例如小学高年级要不要开展青春期和性的教育，就可根据学校的实际情况而定；对于部分学生的特殊需要，就需要做专门的实地调查，收集和分析有关信息。调查对象可以包括学生、家长及教师，调查方法可以包括问卷法、访谈法等。例如，如果通过调查发现，本校初二、初三学生网络欺凌现象比较普遍，就可以考虑开设有关课程。

（二）课程准备

一般的心理健康课程，虽然可以参考已有的课程设计，但在具体实施时应当根据本校本

---

① 黄天中，吴先红.生涯规划-体验式学习（小学版）[M].北京：北京师范大学出版社，2011.

② 北京师范大学附属实验中学.高中生涯规划[M].北京：北京师范大学出版社，2015.

班学生的特点进行适当调整和实际安排。备课环节仍是不可或缺的,辅导人员要在教案中写出明确的课程目标和教学步骤,教学材料的呈现,活动用品的使用等。专门的辅导活动,则要辅导人员自己作完整的课程设计,关键是把了解到的需要转换为课程目标。课程的目标应当是学生在具体的行为或心理上的改变,应当尽可能是可以观测的。例如根据文献研究和实地调查了解到,许多学生与同伴在一起吸烟主要是因为经不住少数同学的劝说(不好意思拒绝自己的朋友),就可以把目标定为"学会有效地拒绝他人不合理的要求,处理好来自同伴的压力"。课程目标确定后,围绕它安排讲授内容和设计适宜的活动,也是一件细致复杂、需要高度创造性的工作,由于学情的多样性,活动内容应保持较大的开放性和灵活性。

(三) 实施授课

心理健康课程辅导既然以发展技能为导向,授课时辅导人员就要对技能进行讲解、示范和指导练习。在课堂上适当的知识讲解仍是必要的,但内容要尽量简明易懂,形式上力求轻松活泼、尽可能多采用录像、图片等直观形式并及时了解学生掌握程度;辅导人员要善于利用榜样的示范作用。例如,关于如何与他人接近和沟通,除了辅导老师本人,做得较好的同学、教学录像中的人物,都可以成为模仿学习的对象,尤其是通过学习成功克服困难的同学,容易使学生觉得亲近、可学。辅导人员要指导学生反复练习,对练习结果及时反馈,并对进步给予鼓励。辅导人员一般还要布置家庭作业,引导学生把在课上所学的技能迁移到实际生活。

(四) 课程评价

辅导课程实施之后,是否达到了设定的目标,成效如何,要进行必要的评价。评价的依据包括来自学生、家长及老师的多方反馈,也可以来自辅导人员的观察。有些课程的期望成果比较明确,也容易观察到,如使学生学会做时间计划表,只需检查班级中有多少学生能做出一个可执行的周计划表;有些课程的目标虽然容易理解,却不容易测量,如提高人际交往的主动性,就需要从与学生长期相处的周围人(包括同伴、教师、家长)那里,了解其参加课程前后有什么积极的变化。此外,对课程投入的人力、物力也需要进行测算,以对课程效益进行更为全面的评估。

第三节　对学生的咨询帮助

咨询是帮助学生处理其遇到个别问题的主要方式,一般由专职心理教师担任。不过咨询中体现的支持和影响学生产生积极改变的原则与方法,对其他教师如何更好地理解和帮助学生也是有启发作用的。

一、咨询的目标

(一) 咨询的直接目标

心理咨询是由咨询师向咨询对象提供心理上的帮助,使后者克服当前困扰并提高自身心理健康水平的专业活动。在学校中,咨询师通常即是心理教师,咨询对象通常是前来寻求咨询的学生(后面称为来访学生),当然也有一些是由其他教师或家长推(转)介来进行咨询的。学生寻求咨询的直接动因,一般是最近遭遇某种境况,使他感到心理上的困扰及其他不适。可能是持续一段时间的某种不快的情绪，可能处于某种冲突当中难以做出决策，也可能面对某种任务或期望而不知道如何实现它。他希望通过咨询恢复情绪上的平衡、做出选择，或在行动上获得指导等。咨询的直接目标就是帮助学生解除心理困扰，度过当前危机。

（二）咨询的长期目标

咨询师应当牢记的是，咨询的长期目标是促使来访学生提高心理复原力，未来遇到其他问题时可以不再依赖于咨询师的帮助，而能够自己独立应对压力。如果来访学生对咨询师有长期的过度依赖，其往往是咨询失败的表现。在咨询过程中，咨询师不只是使学生的当前情绪得到舒解，还要让他学会自我调整情绪的方法；不是去代替他做出“明智”的决定，而是帮助他用理智的方法做出自己的决定；不是详细指教学生如何完成当前具体任务，而是帮助他学习控制和管理自己行为的方式。咨询师应当时时注意激励学生承担自己的责任、面对和解决问题，并使之在自立能力逐渐增强的过程中获得更多的自信。当然，相比起给予学生直接具体的指教，培养独立能力要复杂和困难得多，但咨询师决不能因此而放弃促进学生成长的长期目标。

（三）环境干预的必要性

在不少情况下，学生的问题仅凭他自己的努力是难以解决的，因为原因更多的是来自学生所处的环境。对于在学校工作的心理教师，工作目标不限定于来访学生的改变，在可能的条件下，要努力去改变影响学生问题产生的环境因素。例如受到父母虐待的情况，就应当去和父母进行沟通，影响他们改变对孩子的态度和教育方式，必要时可以借助学校和社会机构的力量乃至于法律的力量加以干涉。又比如在咨询中了解到学生遭遇严重的校园欺凌，就应当报告学校相关领导（必要时报告公安部门等），并协调相关方面制止欺凌的发生。咨询师一方面应当认识到自己的职责和能力的局限性，无法承担应由家长或其他人担负的教育责任，另一方面当学生的心理危机主要由外部因素引起时，应及时协调有关力量改善对学生不利的环境因素。

二、咨询的基本原则

要使咨询活动取得成效，关键应当使来访学生对咨询师产生信任进而主动积极参与咨询的全过程。要达到咨询的目标，需要把握以下几方面的原则。

（一）积极关注和信任来访学生

让来访学生感受到咨询师的积极关注和信任，是他愿意继续接受咨询并努力追求积极改变的前提。人本主义心理学倡导的积极关注，意指从整体的人的角度接纳来访学生，承认他不管有什么样的缺点，仍然是值得尊重和需要关心的，对每一位来访学生，都应当保持足够的尊重，给予无条件的关心。日常生活中人们常常因为个人好恶、因为片面和僵化的评判标准对人产生偏见，例如给学生贴上好学生和坏学生的标签（类似的诸如听话的和不听话的、可爱的和不可爱的等），进而在态度上产生分别。当学生前来寻找咨询师的帮助时，正是遇到了学习或交往等方面的困难，他可能较多地感受到家长、老师或其他同学的批评、不满甚至歧视，对自我的怀疑和否定的倾向非常强，因此咨询师给予他的接纳和关怀就更显重要。但是要做到这点并不容易，咨询师可能不自觉地因为来访学生是不是整洁干净、说话是不是流利，乃至学习成绩好不好等，决定其对学生整个人的接纳喜好的程度，这些都会在咨询当中无意识地流露出来，而使来访学生对咨询抱有戒心，严重影响咨询成效，这是咨询师需要经常反省和加以克服的。进一步讲,咨询师需要对人性、对人自我成长的潜能持乐观态度,相信每个人身上都存在着克服障碍、力求发展的愿望与潜能,只有这样,才能真正投入到咨询当中。当他把这种信任传达给来访学生,就更能激发学生主动解决问题和积极成长的愿望。来访学生身上出现的各种心理困扰,多数都有长期的不良人际氛围的背景,咨询师的任务,就是创造新的人际环境,让学生在信任肯定之下发掘自身的发展潜能。

(二) 充分支持和鼓励来访学生

咨询师要在与来访学生的具体交流中敏锐地发掘学生身上积极的、值得肯定的地方,及时对学生在咨询过程中的进步给予及时的鼓励。来访学生在咨询时往往感到情绪混乱、沮丧不振,咨询师对此应当给以切实的安慰支持,让学生更加接受自己,不因为暂时的困难和挫折而把自己看得一无是处。须注意鼓励不要过于泛化空洞(例如“没关系,不用担心,凡事都一定会过去的”),而应当耐心在学生身上寻找积极表现的具体点,包括他们有勇气来寻找咨询、他们能意识到和坦诚地面对当前的问题、他们试图要改变自己的现状、他们能较好地表达自己的感受等;另一方面,支持和鼓励并不意味要对问题视而不见,咨询师可以在诚恳地指出问题的同时鼓励其积极应付问题,帮助学生树立自信(例如“通过前面的交谈,我想你遇到的问题是……,我能理解它给你带来的烦恼,但是我也注意到你为解决问题做过的努力,我们可以一起看看还可以做得更多更好的地方……,这是你的潜力所在。”);另外,咨询师还应当引导来访学生经常评价参加咨询以来取得的进步,并肯定学生本人在其中的主导作用,加强他的成功感,提高自信心。

(三) 注重来访学生的主动参与

来访学生对咨询过程的主动参与是咨询取得成效的必要条件。首先,学生通常会是自愿前来寻求咨询的,这是良好的开端。但是中小学生在其他老师和家长的建议或要求下前来接受咨询也并不少见,这时候咨询师就要特别注意保护来访学生的自尊心,深入了解他真正感到困扰不安的地方,使学生体会到咨询师希望真诚帮助他的态度,而产生接受咨询的内在愿望。强制学生接受咨询,是应该避免的;其次,在整个咨询过程中,咨询师都应注意学生的主体作用。在评估问题时,咨询师应避免单方面主观判断,要随时与学生双向交流,帮助他对问题形成自己的认知。在提出目标时引导学生自己进行权衡与选择。在行动实施过程中鼓励学生积极尝试和自我监督等;另外,在学生提出中断咨询时,即使咨询师认为还有必要继续,也不宜强行要求,而应当冷静分析学生希望中断咨询的原因,以平等建议的方式,提出自己认为继续咨询的可能结果和益处,最后让学生自己作出决定。如学生有需要即做出转介,推荐其他的咨询师。

(四) 严格为来访学生保密

保密是学生对咨询的专业性产生信任的基本条件。来访学生在咨询过程中谈到的个人问题相关信息,非经本人同意,不可以透露给任何别人。咨询师经过来访学生同意后可以对个人资料和咨询详情进行笔录或者音像记录,建立档案,这更不允许除咨询督导或转介接收方以外的任何人查阅。来访学生会担心咨询师把自己谈到的情况和想法告知其他人,尤其是转告家长、班主任或是科任老师,咨询师应以适当的方式向学生申明和保证咨询的保密性。当然,咨询师确信学生处于比较紧急或危险的状况、需要家长或其他人员参加干预时(如出现伤人或自杀的企图、有危害社会的行为倾向),则是例外的情况,但即使如此,也应该尽可能先向来访学生进行解释说明自己告知他人的范围和必要性。

三、咨询会谈的一般过程

咨询主要是通过咨询师与来访学生之间的会谈来完成的。咨询会谈的基本任务是在良好的咨询关系当中澄清来访学生的真正问题，进而找到适当的改变现状的途径。咨询会谈过程一般包括以下阶段：(1)建立关系；(2)澄清和评估问题；(3)确定改变的目标；(4)促成目标的实现；(5)结束咨询与效果追踪。

(一) 建立关系

与来访学生建立和发展良好关系，是在咨询会谈过程中始终贯穿的任务。当关系逐渐深入，来访学生将更愿意暴露和澄清自己的问题，在咨询师的影响和指导下产生改变的动机和行动。会谈的开始阶段要以建立关系为核心任务。咨询师应当努力营造温暖和信任的氛围，而其关键在于积极倾听。咨询师应当把自己的角色与普通教师区别开来，在初期会谈，通常要多听少说，以使来访学生有足够的机会，梳理和叙说自己遇到的问题、感到的困扰，同时感到对方确实在专注倾听；咨询师的共情反应在此起到关键作用。共情即是对来访者表达的情绪及相关的事由有清晰的理解和觉察，并以言语或非言语的方式传达给来访者（例如，一位受父母离异冲击的来访学生说“以前一放学就能有妈妈来接，现在回家只能看见她的照片，心里说不出的难受”，较准确的共情反应可以是“是啊，以前都有妈妈陪伴在身边，现在你很想念他，觉得自己好孤单对吗？”而不只是一般的安慰：“不要难过了，一切都会慢慢好起来的”）。咨询师充分的共情反应一方面可以赢得来访学生的信赖，另一方面也有利于来访学生宣泄情绪、感到被支持从而更好地接纳自己。对咨询师来说，共情既是一种技能也是一种态度，需要在长期咨询实践中不断提高。

在会谈初期，一方面是着眼关系的建立，另一方面也要对会谈的基本结构有适当的把握。要让学生知道会谈时间的约定和时长的规定，这本身对不少来访学生也是帮助其建立规则意识的一个方面，此外，经过和来访学生的初步交流后，咨询师对后续咨询的内容和次数可以有大致的预估，这些可以和来访学生进行交流，取得初步一致，当然之后也还可能不时有调整。

(二) 澄清和评估问题

接下来会谈的任务是收集和分析资料，对来访学生的问题加以澄清作出评估。要仔细了解学生当前的处境和他的反应的详情。主要方面包括：a)导致来访学生感到困扰的事情是什么，涉及谁，在何时、何处发生；b)学生在此情境下的反应是什么，他的情绪感受如何、他做了些什么、有什么想法等；c)问题持续的时间和产生的后果，学生的身心健康以及学习交往等受到怎样的影响。此外，有关的背景信息也要注意了解，包括学生在学校和家庭中的过往表现（例如同伴关系、学业状况、亲子关系）、成长经历、身体状况等。

在澄清问题时，咨询师应当特别注意和学生交流的方式。首先要考虑的是如何提问。在会谈开始，应尽量通过开放式提问广泛地收集信息。例如，开始接待来访学生时可以询问“说说看有什么事情想谈谈？”“今天来这儿是想要聊些什么？”等，让学生有更多主动权。但是在来访学生的回答过于宽泛模糊或线索繁杂时，就要引导其适度地聚焦，如在提问中让他举出具体的例子或选一件事开始讨论等。其次，咨询师要及时进行总结，以使会谈方向明晰。简单的总结只是对来访学生谈话的要点进行简要说明，不添加自己的分析或解释。阶段性总结对双方一段时间内的对话内容进行概括，往往也作为开始讨论其他问题的转折点。

在每一次会谈结束时,则要对本次会谈的内容和收获进行总结,以巩固会谈成效,并为下一次会谈做好准备。为了加强来访学生的参与感,可以尽量先让学生自己作总结,同时也因表示了对来访学生的谈话的理解而起到鼓励作用。

在了解和分析相关信息的基础上,可以对来访学生的问题有基本的判断。一般学生的主要问题往往集中在:和同学或家长关系紧张、学习方面的困难、经常出现某些违纪行为而受批评、消极情绪长期持续(如为考试焦虑、对上学恐惧等)、突发事件造成创伤等。从咨询师的角度,则可以大致区分为情绪调整上的障碍、行为控制上的困难以及认知和思维方式上的偏差几方面。此外,必要时应注意辨别来访学生是否有严重的心理和行为异常和精神疾病,如果有初步判断,就应当及时转送有关医疗机构确诊和治疗。这里要求心理教师掌握相当的儿童精神病知识。在进行比较复杂的分析诊断时,可以选用适当的心理测验工具,必要时也可以对学生的老师、家长等进行一些调查。

(三)确定改变的目标

问题基本澄清之后,就可以着手确定咨询的目标,即双方就来访学生应当通过咨询在哪些方面产生积极改变达成共识。确定目标时,要充分听取来访学生意见,只有经过学生自己认同的目标和计划,才能真正产生效果。

目标应当是学生自身的积极改变,而不是对他人或环境改变的空想。来访学生在为问题所困扰时,往往并不能提出为改变现状自己应该做些什么。例如当学生说"小敏在宿舍老是搞出那么大动静,他就不能消停一些吗?"学生只是说出了自己烦恼的事情,接下来只是以抱怨的口气期望别人改变。咨询师应该引导他从积极的角度说明希望的状况是怎么样的,以及更进一步地探讨,为了这结果自己可以做的事情有哪些。例如"我希望能安静学习并和小敏友好相处,我准备买一副降噪耳机,并且和小敏表达我的期望,一起制作一个安静提示牌"。在帮助过程中,咨询师要启发来访学生自己思考,避免急于求成而直接告知学生应该怎么做。

目标也应该是具体而可观测的。很多时候学生改变现状的愿望强烈却失之于过于模糊而难以执行,咨询师应当帮助他具体化,使之成为结果可衡量的、可以达成的,同时有明确的完成期限的行为计划。比如学生说"都进入高三了,我希望再也不要玩那么多电脑游戏,要集中精力抓学习",咨询师可以提示学生:怎么才算少玩了?例如由现在的每周 8 小时减少到每周 3 小时吗?打算到什么时候达到这样的标准?此外,目标应当切实可行而不是无法企及,例如拔掉网线企图一夜戒网的例子,往往是很少成功的。当然为了达到目标总是要经过一段时间的逐步努力才能达到,这就要求把目标分解为多级可行的步骤,使之成为一个有效的行动计划,例如前面的学生如果回答 6 周后,就应继续让他做出逐步降低每周游戏小时数的周计划。

一般来说,改变的目标可以划分为:情绪的调整与恢复、认知和误区的省察与改善、行为管理与习惯建立。此外在学业与生涯相关的个别咨询中,也包括做出对未来(升学就业)的选择与规划。当然学生的问题往往是综合性的,有可能同时在几个方面需要不同程度的改变。

(四)促成目标的实现

确立目标后即转入实施阶段,咨询师要采取各种咨询技术与措施,影响来访学生向着目标产生积极改变。实施目标的过程中仍然要强调学生的主动性。在这一阶段,咨询师除了继续给予来访学生接纳和支持，还要通过分析、解释使学生产生对自我的觉察和对问题的领悟，通过指导、训练使学生学会新的认知方式、行为技能，这些都可能会加强他作为教育者的权威地位，这时更需注意对学生进行耐心启发而不是单向灌输、进行方向上的建议而不是行动细节的指示或代替其做决定。其次，要注意引导学生把在咨询中的学习成果迁移到现实生活当中。例如咨询师训练学生通过建立合理信念调整消极情绪后，应当要求学生在实际生活中反复运用，并以家庭作业的形式加以检查。再次，要给学生以充分的反馈与鼓励。对学生取得的每一步进展要及时加以肯定，而帮助学生学会自我奖励更加重要，即让其设计好强化计划，在自己完成一步步的目标时，给自己兑现相应的奖励。当然，当学生面临困难不想坚持时也要给予必要的督促；此外，咨询师也要时常对咨询过程本身进行评估，以确定咨询方法和措施是否能有效地推进目标，下一步需要如何调整等。

（五）结束咨询与效果追踪

咨询会谈目的基本实现后，就要考虑如何结束咨询。在良好的咨询氛围中，不少来访学生会特别喜欢会谈中受关注和鼓励的感受，而不大愿意结束咨询。咨询师应当记住咨访关系是阶段性的关系，必须有始也有终，要注意提早为结束做准备。咨询后期，可以在适当的时候提醒来访学生，咨询师不可能长期在身边提供帮助，自己在生活中还会碰到其他问题，必须主要靠自己解决；在当前问题基本得到解决时，要鼓励来访学生，他已经做得越来越好，后面可以自己独立做了；当然也要给来访学生以支持感，告诉他以后遇到严重的困扰仍然可以再来找咨询师，一起探讨问题；咨询结束后的自我持续改善，本身也是咨询的长期目标，为此要注意在结束前归纳总结整个咨询过程中学到的自我调控、自我决策的原则和方法，要求学生举一反三、自主练习，以提高今后独立应付问题的自助能力。

会谈结束以后，通常要对咨询的效果进行追踪，这既是对学生的持续关注和负责，也是咨询师发展专业能力的必要途径。咨询师可以向学生本人及其周围的师生、家长多方面了解情况，获得关于咨询效果的评价。如果出现效果较差的情况，可以和学生商讨是否进行新的一段咨询；而不论咨询效果满意与否，都会给咨询师提供很好的反馈，以反思自己在咨询过程中应当改进的地方或是可以继续保持的长处。

经过多年的发展，心理咨询与治疗形成了多种流派，发展出多种多样的方法和技术，各有其侧重和特点①②。例如当事人中心疗法、存在主义疗法、精神分析疗法、阿德勒疗法等着重加强自我觉察和情感接纳；各类行为疗法、现实主义疗法着重提高行为改变能力和自我负责的意识；各类认知疗法、认知-行为疗法着重建构影响情绪的认知方式等；此外焦点解决短程治疗、叙事治疗、游戏治疗、创造性和表达性艺术治疗、家庭治疗等，都各具特色。在咨询会谈过程中，可以根据学生特点、问题类别以及咨询师的理念与擅长有选择地加以应用。有兴趣者可以进一步了解和学习。

复习思考题

1. 学校心理健康教育的目标有哪些层次？

---

① 徐光兴.学校心理学-教育与辅导的心理(第2版)[M].上海:华东师范大学出版社,2014:71-97.

② Gerald Corey.心理咨询与治疗的理论及实践(第8版)[M].谭晨,译.北京:中国轻工业出版社,2009.

2. 学校心理健康教育的主要途径有哪些？
3. 心理辅导课程应遵循的基本原则是什么？
4. 咨询会谈过程包括哪些阶段？
5. 设计一节心理健康课程，说明相应的课程目标和活动内容。

第十一章　教育测验与评价

教育测验与评价理论不仅广泛应用于社会各领域人才选拔与评价过程中，而且在学校管理和教育教学工作中也具有重要的应用价值。了解和掌握教育测验与评价相关内容，有助于教育者树立正确的评价观，科学开展教育测评。本章对中小学教育测验和中小学教育评价进行介绍。

第一节　中小学教育测验

一、教育测验的概念

（一）概念界说

教师在日常工作中，会经常涉及和测验有关的概念，其中有的意义相近，有的意义差异明显，需要教师在具体的情境中加以辨析。

1. 测量

严格地讲，测量是给事物的某种属性给定数值的过程，回答了“有多少”的问题。如一把尺子量出长度，一份试卷测出学生的学习成绩。测量既不包含定性说明，如王辉的作业很整齐，也不对结果进行价值判断，如王辉同学成绩优异。测量局限于对学生的定量描述，如王辉做完了50道题目中的10道题。教育测量的内容包括了从身体素质到兴趣态度等多个方面，测量方法也形式多样。

2. 测验

测验是对于学生的知识水平、情意状态、运动技能等发展指标的数量化测定，包括编制试题、施测、评分到报告成绩的全过程。在教育领域，测验只是测量的一种形式，主要用来评定学生的学业成绩和心理特点。如果说测量回答了“有多少”的问题，只考查量的大小，测验则回答了“某个人做得怎么样”的问题，包含了对测验结果的解释和评判。

3. 考试

规范的考试是教师在教学过程中，编制试题、评定学生学业成绩的过程，例如期中、期末考试。人们对它与测验的区别有两种看法。第一种认为测验更为规范，从试题编制、实施测验到评分过程都有严格的程序，如智商测验。而考试则是教师可自行安排，相对灵活，技术要求不高的测验形式。另一种观点与第一种正好相反，认为测验比较随意，如随堂小测验，而考试则较为正式，如高考。同时，教师和学生对考试更重视。本书主要采用第一种观点。这种区分是相对的，在日常工作中二者可以混用。

4. 评价

评价是对某种教育活动的价值判断。评价包含定性描述或价值判断,更多的时候是两者兼而有之。测量结果能够给评价提供依据,但评价还可以借助其他非测量工具,如观察、访问、查阅文件等。例如,教师在评价学生时,可以结合学生的测验成绩做出判断,说明学生在学习中存在的优势和不足。与此同时,教师会根据自己对学生的观察以及和学生交流中获得的信息,结合实例鼓励学生、并提出自己的期望。评价的目的是促进学生的发展,为此教师需要学习专业的评价知识,提升在评价过程中进行有效沟通的能力。

(二)测验的功能

1. 激励功能

测验会给老师和学生带来动力,激励大家取得好成绩。在准备测验的过程中,学生注意力更加集中,思维更加活跃;教师更加努力工作,使教学目标更明确,教学更有针对性。此外,测验还增强了学生应对压力和挑战的能力,使他们可以在毕业后更快适应竞争环境。

2. 诊断功能

诊断性测验主要考查两个方面,一是看学习准备情况,即可否满足学习某种新知识的需要,二是看理解和掌握的程度,为教学提供了丰富的反馈信息,使教师能及时调整教学。诊断是教学过程中不可缺少的环节。因为教学是师生间的互动过程,教师总要不断地了解学生的学习进展情况,考查是否有困难及困难原因。有经验的教师会利用随堂测验了解学生的认知困难,从而及时进行辅导。单元测验之后,教师会把测验中反映出的错误反馈给学生,也会在其后的教学中有意识地纠正这些错误。测验是老师了解到每一个学生学习状况的有效途径,发挥其诊断作用,就是要进行对测验结果的解读和反馈。

3. 区分和选拔功能

测验能够把学生的学业成绩分成多个等级,为选拔提供了依据,使选拔更为公平可靠。升学考试就体现了测验的选拔功能,如高考。选拔性考试的选拔标准取决于对人才的具体要求,如青少年科技竞赛选拔具有较强创新能力和动手能力的学生。

4. 评定功能

学生在学校里到底有哪些收益?教师的教学效果如何?学校的办学质量怎么样?如果想回答这些问题,一定要考察学生在测验中的表现。总结性的测验能够全面衡量学生的学业发展水平,预测学生的学习潜力,并在很大程度上反映教学质量。这些测验结果将影响到学校的分班、分组以及对教师和学校的评价。近年来,我国开展了基础教育质量监测工作,每一年都会选择科目进行大规模的测试,并根据测试结果对区域教育的质量进行评价。

学业成就是衡量学生学业发展的核心指标,每门课的课标为编制学业成就测验提供了标准。

二、测验的类型

依划分标准的不同,测验可以分成不同的类型。根据不同的测验目的,可以分成安置性测验、形成性测验、诊断性测验和总结性测验;从测验内容上考虑,可以分成成就测验和学能测验;从规范程度上区分,可以分成标准化测验与教师自编测验;从结果解释所参照的标准区分,又可以分成常模参照性测验和标准参照性测验。

（一）安置性测验、形成性测验、诊断性测验和总结性测验

1. 安置性测验

安置性测验的根本目的是分班、分组。在讲授新内容之前，教师常常要进行摸底测验，看看学生是否掌握了学习新内容所应具备的基础知识和基本技能，比如在进行乘法运算之前要考查学生是否掌握了乘法口诀表。测验目的是考查学生能不能跟上新内容，因此安置性测验涉及的范围比较窄，难度也比较低。安置性测验还能够反映学生的学习快慢情况，使教学节奏更趋合理。如果测验结果说明一些学生掌握得很好，而另一些学生掌握得很差，教师就可以适当地放慢进度，让程度差的同学有补习机会，让程度好的学生做一些巩固性练习。

学校进行分层教学时，会使用安置性测试把学生分到不同班级，如阅读水平分成 A/B/C 三个等级，分班后更能体现因材施教思想。通常，学生能够接受分层教学的条件是，只是根据其现阶段的学习水平进行分层，如果学生水平提高了，可以转入更高的层级。

2. 形成性测验

形成性测验针对某一教学单元而设计，在教学过程中进行，其目的不在于评定学生，而是为了调控教学。教师首先要把课程内容划分为若干单元，然后根据某个单元的具体要求设置教学目标，在该单元结束时进行测验，了解教学中存在的问题，把握学习目标是否达到。测验或难或易，完全依单元要求而定。形成性测验使得学生的学习任务层层递进，夯实了基础。将形成性测验结果整合到期末成绩之中，也是一种有用的评分策略。

3. 诊断性测验

诊断性测验能够反映学习中常见的错误，诊断学习困难，特别是找到困难的成因。诊断性测验的目的是发现问题，评分不作为正式成绩。批改试卷时，教师要留意学生容易犯哪些错误，错误的成因是什么。有时候可以让学生口述解题过程，以了解问题所在。在数学课堂中，这一方法尤其有用。只有了解了学生的认知障碍，教师才能有针对性地辅导。一般来说，学习错误是有一定规律的。比如小学一年级的加减法运算，常见的错误有进位数加错，看错数字等。诊断出问题后，教师要针对这些问题进行指导。过一段时间，再重新做一次测验，看看经过辅导后学生哪些错误已消失，哪些错误还存在，从而进一步采取补救措施。诊断性测验也能帮助教师了解教学中的问题，促进教师的教学反思。进行诊断性测验，教师可以创新一些方法，如让同学以小组的方式完成任务，发现问题后相互交流。学生学业情况的问题诊断，就如身体出现了小毛病之后及时进行调整，通过平时的预防和保健使得身体更加健康。

4. 总结性测验

总结性测验用于对学生学习情况的阶段性总结分析。在一个段落或一门课结束后，教师会编制一套试题全面考查学生的掌握情况。总结性测验考核的内容比较广泛，形式比较正规，测验成绩用来评判教学质量，或用于人才选拔。现行小学学科测验多采用闭卷形式，有时候也要求学生完成实践性课题。总结性测验有其系统性和综合性，能够对学生的学习水平进行鉴定和总结。做好形成性测验和诊断性测验，总结性测验才有保障。在全纳教育理念下，对学校里随班就读的有特殊教育需求的学生，教师可以使用不同的试卷，通过降低难度，让这部分学生也能获得成功感受。由于有特殊教育需求的学生和普通学生从智能和行为发展两个方面看，都有一定的差距，起点不同，期末考试时老师可以尝试使用不同的评

价标准。

（二）标准化测验与教师自编测验

1. 标准化测验

从试卷形式上看，标准化测验并没有特别之处，但在试题编制、施测和评分过程中有着严格的规范。标准化测验是由测验专家和教师共同编制的，试题质量较有保障。为了便于评分及保证评分的客观性，多采用选择、判断等客观题。评分程序也有严格规定，评阅者需要根据评分细则打分，有时还要对评分结果进行复核。在解释测验结果时，标准化测验有常模标准可对照，常模是群体的平均水平。对照常模，就能知道和别人相比，自己考得怎么样。最典型的标准化测验是智力测验，如“比奈智力量表”，其常模是按年龄给定的，反映了在某个年龄段，平均智商有多高。如果某个 7 岁的儿童，其智商达到了 8 岁的水平，则其生理年龄为 7 岁，智力年龄（智龄）为 8 岁。除年龄常模外，还有国家级、地区级或某个学校的常模标准。

2. 教师自编测验

教师自编测验是教师自己编制的测验，是在教学过程中，针对教学实际，引用现代测验原理编制的。虽然标准化测验的优点正是教师自编测验的缺点，但教师自编测验也有着标准化测验所不具备的优势。教师自编测验针对性、灵活性强，能反映实际教学中遇到的特殊问题。平行班的老师，一起抓好自编测验，既有助于更深入地理解教学目标，也能发展出自己在试题编制上的实践性智慧。自编测验中，教师可以增加实践性作业、小组作业的比重，如对身边同学的追星现象进行的小调查，对家庭日常开支的归类统计分析等。

（三）学业成就测验和学能测验

1. 学业成就测验

学业成就测验是对学生学业成绩的检查，常结合具体学科而设，如语文测验、算术测验。接受测验的学生，在测验前需要熟悉所考查的知识和技能，然后才能应付测验，考前准备得好一些，测验成绩也会好一些。学校平时的课堂测验、期中、期末考试等，都是学业成就测验。

2. 学能测验

学能测验，又称学能倾向测验，它考查学生在课程学习中所获得的能力，它和学业成就有较大关系。学能测验不局限于某门课程，注重学生学习各门课程的一般能力，主要包括文字推理测验和数字推理能力测验。文字推理测验，就是通过文字，衡量学生处理和运用概念的能力；数字推理测验考查学生应用基本数学知识的能力。学能测验一般在小学毕业前进行，能在一定程度上预测学生的发展潜力。

学能测验与成就测验的区别在于，成就测验针对具体的教学内容而定，着重考查知识的掌握情况；而学能测验的测验内容比较宽泛，侧重于能力考查，如观察能力、想象能力和记忆能力。学能测验在实施中，也存在学生为了取得好成绩而大量刷题的问题。为此，有人提出了学习能力评价的概念，认为应该加强对于学生学习能力的培养和评估。如语文加强阅读理念和创意写作；数学加强益智训练等方法。为了提高学习能力，练习应该有助于基本能力的提高，学能测验就可以检验这些练习的成效。

（四）常模参照性测验和标准参照性测验

1. 常模参照性测验

常模参照性测验反映了考生在群体中的地位,按照在特定群体中的相对位置决定成绩的好坏,也就是说和其他考生相比,这个考生考得怎么样。例如"这个学生的成绩处在中等水平""他考了第一名"。比较的范围,小到班级、学校,大到整个地区、国家。选拔性考试一般是典型的常模参照性测验,如高考。常模参照性测验要在所定教学内容中,选出一些能区分出学生水平的题目,它不一定要面面俱到,但可以拉开分数距离。题目难度以中等为宜,特别难和特别简单的题目要少一些。常模参照性测验体现了竞争的法则,成绩好坏不仅取决于自己的表现,也要看其他人的水平。在常模参照性测验中,名次很重要。有时候,两个或多个同学排名相同,如有两位同学排名第五。排名容易造成结果取向、恶性竞争的情况,所以使用常模参照性测验之后,老师要注意保护学生的隐私,且不要过于看重排名。学生在原有水平上的进步,才是测验要多关注的。

2. 标准参照性测验

考查是否达到了预先规定的标准,类似于各种执照考试,如驾驶执照考试。这种测验只关注考生是否达到了应该达到的水平,而不去管别的怎么样。比如对刚入学的小学生来说,能否从1数到100就是一个标准,只要达到标准,就算通过。在标准参照测验中,确定合格标准是重要环节。我们可以把"听写错误率不超过2%"看作合格,也可以把"做对85%的应用题"算作掌握。由此可见,确定"合格"或"掌握"的标准是标准参照性测验能否取得成功的关键。标准参照性测验往往是针对某几个特殊的知识点而设计,题目覆盖面广,并尽可能把所学的重要知识都反映出来。为了全面了解学生的掌握情况,标准参照测验不去刻意拉开学生间的距离,题目该难就难,该易就易,完全随知识点的要求而定。严格地说,学生如果掌握得都很好,都是100分也没问题。反之,如果所有学生都掌握得不好,那么大家都不及格也无不当。标准参照性测验树立了应该达到的杠杆,利用这一思想,能够帮助一些学习有困难的学生明确自己应该掌握的知识和技能,并有针对性地解决学习中存在的问题。标准参照性测验也能保护学生的自尊,免去因为比较而带来的心理压力。

常模参照性测验和标准参照性测验的区别是:前者着重同学间的比较,后者关心有没有达到预定的学习目标。常模参照性测验适用于选拔性考试和总结性评定;而标准参照性测验适用于诊断和发现学生的不足,从而为改进教学提供反馈信息。在实际运用中,常模参照性测验和标准参照性测验并非完全对立。对某一份试卷,既可以按成绩的好坏将学生分成不同的等级,也可以考查是否通过了教学目标。可见,关键是如何发挥出测验的发展性功能,而不是因此把学生分成三六九等。

三、良好测验的标准

选择、编制测验以及测验结果的分析都必须考虑测验本身的质量如何。如果测验不能测到要测的知识和能力,或评分花时费力,同时又不客观,那么这种测验就存在问题。不管测验的目的是什么,好的测验都应当符合一定的要求,通常用实用性、信度、效度、难度和区分度等指标衡量测验质量。

(一)实用性

实用性反映了试题的基本质量,其基本要求是便于组织,便于实施,节时省力。

(1)便于组织。题意及答题要求要清晰,文字要浅显,题型不复杂。

(2)便于实施。试题由浅入深,分量合理,便于填答,测验时间适当。

（3）容易评分。评分标准合理，易于掌握。小学教师工作很忙，如果阅卷要求过于烦琐，测验就不易推行。而且，阅卷过于疲劳，会影响评阅质量。

（4）结果要容易解释。评分出来以后，要容易解释。比如便于进行同学间的比较，或能够说明学生的学习程度。

（二）可信度

可信度又称信度，指测验结果的前后一致程度，表示了分数的稳定性和可靠性。具体要求是，先后两次用同样的试卷测查同一批学生，则两次测验的分数相关性比较高，即第一次测查中成绩好的学生在第二次测查中成绩依然比较好的比例比较高，不排除个别学生成绩波动比较大；对同样的答卷组织两次评分，评分结果相近。如果上述评分结果悬殊，就表示试卷可信度很低。信度低的测验是没有价值的，就像用一根橡皮筋去测量桌子的长度，每一次都会随意伸缩，谁会相信这样的测量结果呢？教师在工作中应注意评分的客观性问题，尤其对主观题的评分，很容易发生评分偏差。一个有趣的事例，一位大学历史教师为了评分方便，自己做了一份标准答案，这份答卷竟然被其他学者评为不及格。评分的客观性常用评分者信度来说明，让几个老师批改同一份试卷，如果评分差不多，说明这份试卷的信度比较高。在作文评分中，评分者信度是一个特别重要的问题。为了保证作文或其他主观题的评分质量，应设计详细的评分规则。即使设计了规则，评分误差也是难以避免的，所以正规的测试中，主观性题目通常由两到三位评委评定，如评分相近，取其平均分；如差异大到规定的水平，则需再选其他评委进行评定。提高测验信度的一般方法是：(1)题目题量不能太少；(2)成绩要拉开档次；(3)多出客观题；(4)建立详细的评分指南；(5)评分要认真。最后一条尤其要引起教师的重视。

信度低说明试卷受偶然因素的影响比较大，这些偶然因素可能有学生的临场发挥、教室环境等各种影响答题过程的因素。好的测验较少受到无关因素的干扰，能够真实反映学生的实际水平。为了提高测验信度，多出客观题，就会使得测验不能考查一些重要的认知能力，如评价、综合分析等。为此，提高主观题的评分信度就是需要解决的重要问题。

（三）有效性

有效性在测量学上也称为测验的效度，指一个测验能考查到预先想测的知识和能力的程度。如提供资料让学生写文章，如果给的资料太难理解，就考查不出学生的写作能力，因为阅读能力影响了写作水平的表现。再比如算术试卷不能有生字，否则本来是考查数学能力，但识字能力却影响了数学成绩。另外，效度是针对测验目的而言的，测验结果只有和测验目标相比较才能了解其针对性和有效性。如果测验目的是考查学生应用知识的能力，但题目又仅仅是复述某个知识点，则测验的目的就没有达到，测验效度也就比较低。检验测验效度的方法主要有两种：

（1）内容效度，反映了题目对所考查内容的代表性问题。要求从预定教学内容中抽取有一定代表性的试题样本，使试题的覆盖面比较大，重要内容均有涉及。如果内容效度低，就会发生这样的情况：试题主要针对某一部分内容，假如学生正好掌握了这些内容，成绩就很高；假如没有掌握这部分内容，成绩一定很低，即使其他内容掌握得再好也于事无补。例如，某次考试结束后，有的学生感叹，题目主要来自中间几章，自己费力复习了后几章内容，但考题甚少。内容效度的另一个要求是，所考查的能力要求要和教学目标比较一致。例如，数学测验没有考应用题，也会影响内容效度。

（2）效标关联效度，反映了测验分数和所选择的效标分数之间的一致程度。效标是检测效度的参照标准，通常用公认的测验工具作为效标。如教师自编测验要想获得认可，就需要和某个标准化测验进行对比。如果二者一致性高，即教师自编测验分数高，学生标准化测验分数也高，表示这个教师自编测验具有比较好的效度，反之亦然。

和信度相比，测验的效度更为重要。因为效度高的测验信度一定高，就如同打靶，只要打中目标（效度高），当然每一发子弹都落在靶心（信度高），反之却不然。为了提高测验的效度，应设计清楚的教学目标，并按照教学目标编制试题，具体方法本章后面详细阐述。

（四）难度

难度即测验的难易程度，提供了试题平均通过率的信息。一份试卷的难度取决于每一道题目的难度。难度用全体被试某题的得分率（P）表示。如果全部通过，难度为 1；如果谁都没有通过，难度为 0。难度值在 0 到 1 之间，难度值越大，表示题目越容易。高分段人数少，低分段的人数多，表示难度较高。高分段的人数多，低分段人数少，表示难度较低。难度中等时，最容易拉开考生间的档次。不同的测验对难度有不同的要求，如选拔性考试难度以中等为宜，否则很难进行筛选。一般来说，某一道试题答对的学生少于 20%时便是（难度）过深；答对的多于 80%时则是（难度）偏浅。

教师自编测验时，难度可以由浅入深，以此激励学生。学生渴望得到好的成绩，难度低一点儿，让他们有成功的感受。然后逐步增加要求，学生也有更大的成就感。难度大的试卷，有时候可以先选择开卷作答，学生掌握了，再闭卷完成。

（五）区分度

区分度是测验能否拉开分数距离的指标。试题的区分度也称为鉴别力，表示某道题目能够将不同程度的学生鉴别开来的能力。测验通常包括几道或几十道题目，假设总分的高低能够说明能力的强弱，那么区分度高的题目表示总分高的考生在这道题上的得分也高。相反，如果总分高的同学这道题的得分反而低，则这道题的区分度比较低。在测验中会有这样的情形，因为题意不清，掌握得并不好的学生凭猜测得了分，好学生却答不上来，这个题目的区分度就有问题。

试题难度直接影响区分度，特别难的题目大家都不会做，特别容易的题目大家都会做，这两种题目区分度都很低。反之，中等难度的试题的区分度比较高，难度为 0.5 的题目，区分度最大。

四、测验的编制和实施

（一）确定试题内容

在选择试题内容时，应设计测验蓝图。测验蓝图包括确定测验目的、测验内容以及编制双向细目表等内容。

（1）确定知识点。教学内容可以分析为一个个独立的知识点，如语文课程目标包括“识字与写字”“阅读”“写作”“口语交际”和“综合性学习”五个部分。在此基础上，还可以再细分为具体的知识点，如识字包括辨形、析意、读音。

（2）确定认知水平。布鲁姆认知目标分类系统把认知领域的教学目标分为识记、理解、应用、分析、综合、评价六个层次。其中的识记、理解和应用是最简单实用的分类方法。我国有学者在此基础上提出了“识记、了解、简单应用、综合及创见”五个方面。布鲁姆认知目标体现了层次性，需全面加以考察。

（3）设计双向细目表。双向细目表是由教学内容和教学目标构成的。对于在每个学习水平上有多少道题目，要根据大纲要求而定。如果教学内容是生字学习，则识记的比例要大些。以下是一个双向细目表实例（表 11-1）。

表 11-1　小学自然常识测验题计划

教材内容	知识	理解	应用	分析	综合	评价	合计
生物世界	3	5	6	3	2	1	20
资源利用	2	3	3	1	1	0	10
动力和机械	2	3	4	2	0	1	12
物质、物性、能量	5	6	8	3	2	1	25
气象	2	4	3	2	2	0	13
宇宙	2	5	4	1	0	0	12
地球	2	2	2	1	1	0	8
合计	18	28	30	13	8	3	100

（二）选择试题类型

课堂测验的题型有客观题和论文题两种。客观题包括填空、判断正误和多项选择等题型。论文题包括简答题和论述题。客观题要求学生从已知的选项中挑选答案，其特点是题目多，但学生没有作答自由，更无法用自己的语言答出自己的风格。在阅卷方面，客观题有很大的优势，评阅时速度快，准确率也很高。

论文题是向学生提出问题或叙述句，要求学生用自己的语言作答。论文题包括论述题和简答题。论述题允许考生自由做答，对答题篇幅没有限制。例如题目可以是："浅谈为什么要节约用纸"。简答题常用"指出""列举""简述"等指导语来限制论述的方式和篇幅。如在学完本章内容时可以回答下面这个题："请简要论述测验和评价的区别"。论文题给学生的自由度较大。学生可以根据自己对问题的了解，选择适当的材料，深入表达自己对问题的看法。论文题便于测量"想象力""创造性""表达"等方面的能力。在小学阶段，日记和习作是最为主要的论文题形式。如坚持让学生每天写日记，教师坚持组织每天不少于 20 分钟的日记赏析，选择日记中有进步或者优秀的习作进行赏析与引领，也可结合身边发生的或者生活中遇见的事情进行交流，学生就能自由表达自己的体验和感受。

如何激活学生真实的表达，必须从改变评价标准入手。

在大多数老师的心里，只有符合阶段目标的要求，文题对应、文通字顺，甚至符合老师视角的文章才是好文章。如果教师能将学生每一天的日记当作他完成的一篇论文，会利于教师改变评价标准：说真话、说心里话、说身边的事儿、相对作者本人有进步、能帮助解决班上一些实际问题的小论文就是好的论文作品。

唯有评价标准变了，课堂才会变化，乐于真实表达的孩子才会越来越多，能够深入表达自己看法的学生才会越来越多。建立在真实基础上的表达才能真正实现"想象力""创造力""表达能力"等的发展。

"真实性"让老师把学生看作课堂环境中的主体，真实地再现学生的生活，让教师真正走进儿童的世界，关注儿童当下的生活，看到最本真的学生。

客观题和论文题各具优缺点，所以搭配使用效果最佳。论文题的弱点，是题目覆盖面小，评分也难以客观。如果想在短时间考查较多的知识点，最好采用客观题。客观题的局限，是不能反映学生选择素材、组织内容和统整观点的能力。如果想深入考查学生的能力，论文题的答案提供了更丰富的信息。如，小学语文的口语交际，可以采用口试和演讲的方法。老师也可以采用制作海报、设计方案、小组汇报、戏剧、演唱等多种形式作为补充，克服传统测验形式的局限。下面用图表的形式对比两种试题的优缺点（见表 11-2）。

表 11-2 客观题和论文题的比较

	客观题	论文题
1. 考查方式	选择正确答案	自由表达看法
2. 考查内容	能考查各种技能，但不适于考查选材、组织、书写和解决问题等能力，能有效测量记忆性知识	能考查高层次思维能力，如选材、组织、书写和解决问题等能力 不能有效测量记忆性知识
3. 试题编制	较难编制	较易编制
4. 题目覆盖面	题目多，内容代表性强	题目少，内容代表性差
5. 激励功能	激励学生广泛了解知识	激励学生深入分析问题并有效表达
6. 答题过程	避免书写技能对考试的影响	答题受到书写技能的影响
7. 评分	答案对错分明，评分容易，不易出现评分偏差，评分信度高	评分费时，评分信度低

（三）评分

计分方法可分为等级分和百分制两类。等级分在中国隋唐五代就广为使用，百分制则是 20 世纪初伴随教育测量学的发展而产生的。

等级制的计分方法除五分制和 A、B、C、D、E 外，还有许多变形。最常用的有 A+、A、A-，D+、D、D-；“达到”“稍欠”“需努力”等。在使用等级分时，各部分成绩应单独汇报，不必给出总成绩，如某个小学生可能写作方面有不足，其他方面都是 A。各部分成绩单独汇报有助于师生发现问题所在，并使掌握得好的方面形成正反馈。除一般的等级分外，教师还可以用“通过”或“不通过”来评分。在国外，甚至有人提出在小学阶段，应取消评分制，而代之以其他评价方式如写评语等办法。其实，最为关键的是如何对待测验结果，如果老师重在利用测验的发展性功能，即使给了学生成绩，也不一定就会打击学生的自信心。所以，测验是一个方面，如何反馈和利用好测验结果是需要重点反思的。

使用等级分的好处是避免了在同一分数等级上同学间的攀比，会减轻过分的分数竞争。但缺点在于，等级分比较粗略，不容易反映个体间细微的差别，评分尺度也较难把握。此外，等级分在分数合成上困难更大，比如某学生语文得优、算术得良、常识得良。则三门课的总分是多少呢？可见，评分太细太严，会造成过于计较分数的学习心理；而评分太宽泛，虽然可以减轻学生的压力，但不利于激励部分学生在学业上精益求精。教师应当根据教学任务，灵活选择计分方式。

在评分时，教师要注意到自己对学生的看法可能会影响到评分过程。对于那些特别淘气或特别不努力的孩子，教师会不会给他扣分呢？其实影响评分的因素很多，比如教师评分时的精神状态，对学生的好恶偏见，对卷面的要求等都影响着教师的评分。为了做到评分的公正性，教师应自觉克服这些问题。

小学生的好胜心比较强，教师在报告成绩时还可以采用一些比较活泼的做法，很多老师会用一些小贴纸或有趣的图章，像小红旗、小飞机、小花猫、开心的笑脸等表达对学生作业的满意程度。这些形象的标志会使成绩好的学生受到更大的激励，成绩差的学生也不至于特别失望。另外，教师也可以把学生的进步及时告诉家长，促进家长的参与。

在有关素质教育的讨论中，计分方法也引起广泛讨论。为了转变当前教育实践中普遍存在的片面追求升学率问题，改用等级制的呼声很高。我国不少地区、学校采用了等级计分制，这对素质的全面发展确实有一定的作用。和百分制相比，等级制能避免“分分计较”的学习心理，减轻学生的考试负担。但同时我们也不能把过度追求分数竞争，以考试为指挥棒的教育现状归罪于计分方法。

（四）对测验分数的解释

李明同学回家后告诉妈妈自己在算术测验中考了 80 分，那么他考得到底怎么样呢？其实孤立的分数并没有实际意义。如果班级里大多数同学都低于 80 分，则 80 分是一个不错的成绩。但如果其他人都高于 80 分，则 80 分就是班里最差的成绩。可见，分数只有经过解释才具有实际意义。

解释分数时，既可以和其他同学的学习表现相比较，也可以和考核标准相对照。在常模参考性测验中，考生的成绩要和群体中其他成员相比较；而在标准参照性测验中，考生的成绩要和预先规定的标准相比较。无论是和其他考生比较，还是和规定的标准比较，分数的意义是在比较中获得的。

在比较时，应考虑到测验分数和物理测量不同，其测量值具有一定的局限性。同样考 85 分的两个同学，其分数值虽然相同，但反映出的水平和存在的问题并不完全相同。用统计学的观点看，分数相差较小的两个成绩如 83 和 85 并不一定存在显著性差别，因为相差的 2 分可能只是由于偶然误差造成的。在测量身高体重时，可以说 50 公斤是 25 公斤的两倍；65 公斤比 50 公斤重 15 公斤。在教育测量中，很难做这样的比较。某学生在数学考试中得 0 分，并不意味着他的数学知识为 0、能力为 0。0 分只意味着他一点也不会做某张试卷。再比如，有两个考生在语文测验中都考了 95 分，其中一人是拼写有错误，另一人则是组词有错误。丢失的这 5 分，含义是不同的。因此在解释分数时，教师不应当过分夸大分数的含义。

对于学生某一考试结果的解释，需要联系学生的认知情况进行分析，老师可拿着卷子跟学生沟通，了解学生当时是怎么考虑的，为什么错了，进而找到症结，这对于改进教学很有帮助。

汇报成绩时，教师可以根据以前的情况，指出学生在本次测验中是否有进步，从而使测验更有激励效果。在反馈考试结果时，教师可以采用多种方式，既可以一个一个地和学生谈，也可以只把卷子发下去。在小学低年级，一对一的方式比较好，这样一来，教师可以有针对性地辅导学生。此外，教师还可以让学生自己找错误或同学间互相找错误。教师要多体会孩子的心理，用不同的评价方法激励学生。

教学实践中，有时候可以让学生自编测验。如一位老师将学生自编测验设计为三个阶段，首先是准备阶段，让学生对测试的范围、题量、测验实践等给出明确的要求后让学生自己编制试卷;然后老师把学生准备好的试卷收上来检查;最后,如果没有大的问题,让同学们同桌交换进行测试。测验结束后,再互相给出评分。这样做的好处是,学生在编制试卷时需要学习和考虑很多东西,而完成同桌的测验也使得相互间可以有更加深入的学习交流。自编测验并非只能运用于学业成绩好的同学,学习有困难的同学为了自编题目,也要费力去搞懂所学内容,并且试着去出题,这样的活动主要是为了调动学生的学习积极性。近年来,另类测验方法受到关注,只要能更好地发挥测验对于教学改进的积极作用,老师可以更加灵活地创新自己的小测验方法。

第二节 中小学教育评价

一、中小学教育评价概述

最早有组织的教育评价可以回溯到中国科举考试。科举考试的目的是通过考试的方法来选拔人才,在唐朝时科举考试已经发展得很完善。完善的科举考试不仅考查书本知识,也考查学生的实际能力,是一种非常好的选拔人才的方法,但后来逐步形式化,变成另一种束缚知识分子思想的工具。

西方直到19世纪末期才开始实行正规的教育评价活动,早期评价研究主要集中在美国。赖斯的拼字测验是经典的评价研究,这项研究于1895年到1905年在美国全面开展。作为著名的教育批评家,赖斯发现不同的学校在安排练习时间上有很大的差异,有的学校要求学生花大量的时间进行拼字训练。赖斯对此表示怀疑,并在全国范围取样,测评学生拼写能力,结果发现练习时间对拼写水平没有影响,练习时间只要达到最低要求就可以。在此基础上,赖斯提出应当减轻学生的拼写负担。如果没有拼字测验这项实证研究,赖斯批判的力度是有限的。20世纪初,教育评价和教育测验发展很快,在此期间最有影响力的是被称为现代教育测验之父的桑代克。到了20世纪30年代,关于教育测验的一系列研究成为教育评价的里程碑,这一时期对一系列学校教育成果进行了评定,并使人们认识到,想要使评价能够达到预期目标,关键是要明确每种教育活动的目标。20世纪50年代,布鲁姆建立了教育目标分类学,直到现在,仍然被广泛应用。

评价是在特定信息的基础上,对事物某种属性的价值判断。教育评价就是利用所有可行的评价技术来评量教育所取得的一切效果。如“某校办学水平很高”,这就是一种对学校工作的评价。很多教育效果,如学习态度、兴趣与习惯很难定量测量,但评价却适用于任何教育情境。

如果说测量给定了量的大小,评价则体现了价值判断的过程。在日常生活中,人们每天都要做很多的选择,小到购买物品,大到职业选择都是一个从选择到评价的过程。评价是一种比较主观的活动,针对学生的同一表现,不同的教师会给出不同的评判。

目前,教育评价的概念有广义和狭义两种。广义的教育评价包括对于教育活动一切方面的评价,狭义的教育评价主要是对学生发展的评价,又称为学生评定。广义的评价较为笼统,狭义的评价关注教育效果而不看过程,以下有关评价的讨论采用广义概念。

教育评价能促进变革。评价是一种回顾现在、展望未来的活动,有关教育发展的各种讨论就是在检讨当前教育的基础上展望未来的教育模式。评价还能帮助我们反思一些习以为常的问题。例如学生学业成绩的好坏是否能够说明办学质量？学校除了提高学生的学业成绩外,还应当实现哪些教育理想？从这个意义上讲,评价能够开阔教育者的思路,引发教育观念的变革。有些校长,为了践行某种理想的教育理念和模式,提出“成绩慢提高”的想法,认为教育的目标不是仅仅靠学业成绩能够反映出来的。比如学生良好的精神面貌,真诚自信的表达、有效的沟通、同理心、批判性思维等。这些是学生成为未来公民过程中非常重要的品质,着眼于学生这些方面的发展,或许短时间在学业成绩上未能看到明显改变,但学生的持久发展有了基础。因此,教育评价不能太功利,评价方式也不能太单一。

二、中小学教育评价的类型

从衡量和解释评价结果的标准考虑,教育评价可以分成相对评价和绝对评价。从评价功能区分,可以分为形成性评价和总结性评价。

（一）相对评价和绝对评价

相对评价是在群体中进行对比,这时衡量标准是相对的,如某个老师教得好不好是通过和其他教师相比较而获得。所谓“矬子里拔将军”“水涨船高”就与这种评价方法有关。

绝对评价要和预定的标准相比较,只要达到了标准,就称为合格。例如进行学生全面发展评价时,可以设计一个固定的标准来衡量发展状况。那么评价结果就可能是某个班的学生发展都很好。有些国家规定教师要满足一定的专业要求,必须通过某种资格认证考试,才能获得教师资格。

（二）形成性评价和总结评价

从评价的功能上区分,评价可分为形成性评价和总结性评价。

形成性评价是指在活动过程中,以改进工作为目的而开展的评价。通过揭示问题和反馈信息,对改进工作质量很有帮助。最近几年,有些国家开展了教师教学质量的形成性评价,要求教师在自我评价和他人评价基础上,分析工作中存在的问题,设计下一步工作目标,并在实践中落实这些目标。在此过程中,要不断进行反馈,以期实现提高。例如,X 小学实行了教师日志评价反馈制度,即教师将工作、学习中的情况随时记录,每人每月不少于八篇日志两篇反思,并上传到科研系统。写日志与反思的过程就是教师自己对工作进行自我反思的过程,通过写日志来进行自我的内部评价。每学期,科研主任都将对每一位教师进行相应的评价反馈,教师及时得到反馈,这是对教师的一种外部评价。这种内外部评价相结合的制度,让教师的工作有了质量的保证。

总结性评价是对活动结果的评价,它的目的在于评判活动效果。比如鉴定一所学校的办学能力,考察教师的工作质量。这种评价具有事后检验的性质,一般是上级教育管理部门开展的评价活动,其评价结果会影响行政决策。

形成性评价和总结性评价在评价技术上并没有差别,只是实施过程不同。前者贯穿于活动的全过程,以改进工作为目标;后者要等到活动结束时才进行,目的是为了鉴定分等。

除了以上分类,评价还可以分成正式评价和非正式评价。正式评价是在教学过程中教师通过相对规范的程序,通过测验或一些正式举办的活动,有针对性地了解学生情况的评价方式。而非正式评价是教师在和学生的交流互动中,对学生形成的某种看法和判断。

三、中小学教育评价的内容

教育评价可以拓展到教育的方方面面。在宏观范围,涉及教育目标、教育结构、教育管理体制等方面。在中观层面,包括教师队伍,办学条件、学校各项工作。微观层面则关注学生的学习和发展。在小学教育活动中,学生发展评定、教师授课质量评价、课程和教材评价是最主要的评价活动。此外,诊断学校中存在的特殊问题,评价教改实验,评估学校的总体表现也较为常见。下面具体介绍三种主要的评价活动。

(一)学生发展评定

学生发展是衡量学校办学水平的关键指标。它不仅是升学与就业指导以及因材施教的基础,还能帮助学生正确估计自己,并了解自己的特长。评定学生要考虑许多方面。最基本的有学业成就、行为表现和身体状况三方面,即智育、德育和体育。

学业成就不仅包括学生在知识领域的学习成绩,还包括技能和情意领域的学习表现。由于知识更新特别快,学生在学校里主要是学习基础知识,打好基本功。在此基础上,培养学生学习知识及运用知识的能力是关键所在。在培养运用知识的能力时,实际技能的训练应引起重视。小学课程比较强调技能的培养。语文课的听、说、读、写都有着具体的技能要求,例如识字方面运用拼音、分析字形和查字典就是最起码的技能要求。而自然、手工和音体美等课程注重实际操作、运动及艺术技能。情意领域的学业表现有态度、兴趣、习惯和鉴赏力等学习品质。在评定学生的学业表现时,知识和技能只是学习的结果,而态度、兴趣与习惯则反映了学生在学习过程中的表现和特点。在终身教育背景下,知识的累积并不是最重要的,而爱学习、会学习等学习品质对学生的发展更具影响力。

行为表现评价也就是操行评定,用以考察学生在道德品质和行为处事上的优点与不足。我国正处于社会转型期,一些学校存在着偏重智育,忽略生活和品德教育的现象。操行评定应考察学生在伦理道德、品德修养和性格特点三方面的特征和表现,如孝心、礼貌、勤奋、进取精神、合群性、公德性、朴实性、集体意识、责任感、社会适应性等。一份好的操行评语不在于面面俱到,而要能反映学生的独特特征。在评定小学生的行为表现时,要多挖掘学生的优点,同时有针对性地提出意见。

身体状况评价包括体质、体力、精力、卫生习惯和良好的生活方式等方面。体质评价要考察下述五个方面:(1)身体发育水平;(2)生理机能水平;(3)身体素质和运动能力;(4)对外界环境的适应能力;(5)心理状况。中小学生身体状况是全面发展的一个重要方面,应在学生发展评定中得到足够的重视。

评定结果应当是对整个评定过程的记录和说明,而不应仅仅是测验得分。评定可以针对各种情境,考察学生在具体活动中的表现。例如要想评定学生的学习兴趣,就要观察学生在课堂上的表现。评定时还要根据课程内容,对照学生以前的学习状况来作出综合的考察。同样是听课不专心,原因却是多种多样的。教师可以利用一些观察量表,对学生的表现进行更细致的探究,比如学生“思想开小差”这一行为,原因和表现可能是不同的。要针对实际情况,作出具体分析。可见评定比测验结果蕴含了更多的信息,能够起到更好的反馈作用。如,六年确定六个行为习惯,以星级评选的方式激励学生养成终身受益的品质。这一标准为学生确定了具体可操作的目标,且包括个人评分和小组评分。到毕业时,表现优异的学生可获得星级徽章,且照片在荣誉墙上展示(见附录1:小学生星级评价标准)。

(二) 教师授课质量评价

中小学教学中,教师起着特别重要的作用。由于中小学生年龄较小,尚不具备很强的自学能力,他们的学习兴趣、学习方法、学业成绩都要受到教师授课质量的影响。上好每一堂课是对教师的基本要求,也是关系到下一代的大事。授课质量评价能让教师清楚自己的教学特点,了解长处与不足,也提供了新老教师相互学习的机会,对年轻教师的成长极为有益。

进行授课质量评价时,要确定评价的标准,这个标准要明确、具体、相对独立,要能够全面衡量教学的各个方面。苏联著名教育家巴班斯基认为教学质量可以从以下方面去衡量:(1)对新事物的感受;(2)教育分寸;(3)本学科的知识;(4)发展学生的思维;(5)培养学生的一般学习技能;(6)培养学生对学科的兴趣;(7)以个体方式对待学生;(8)学科课外活动的组织。这八个方面反映出教师的专业发展水平,包括对教育的信念、专业知识储备、教学方式等。教师根据这些方面进行自我评价,会有所发现,比如能否充分照顾到个体差异,能否促进学生的思维发展。可见,教学评价标准是教学反思的基础。

实施授课质量评价时,不同的学校可能会选用不同的评价标准,但基本都会涉及以下方面:(1)教学目标完成情况;(2)学生的课堂参与;(3)内容安排;(4)教学方法;(5)语言表达;(6)教学原则。具体到每一个方面还应当具体化,如学生的课堂参与可能会有以下特征:能跟上教师思路,积极思考,善于提出问题或者有独特见解。如,北京某区的小学综合课堂教学评价表,包括了评价指标、评价要素和等级 3 列。评价指标分别是:教学目标、学习条件、设计与实施、学生活动、学习评价、学科特色共 6 个方面(见附录 2:小学课堂教学评价表);如,教学方法的评定指标(见表 11-3);再如,评价要素和特征描述(见表 11-4)。

表 11-3　教学方法的评定指标

评定标准	
内容	等级
1. 有效地运用启发式原理进行教学;(此条不在于看教师讲的多少,关键是怎样讲,怎样有效地运用启发式原理讲) 2. 课堂教学气氛活跃,学生学有所得; 3. 充分发挥教具和演示实验的作用,教学直观,或创造感知环境让学生主动学习; 4. 能深入浅出讲清概念,引导学生深化概念。	优
基本做到以上几点	良
做到 1、3 条	中
不及中等者	差

表 11-4　评价要素和特征描述

1. 评价方式设计与实施	1. 采用积极、多样的评价方式; 2. 收集和使用多种信息资源评价学生学习。
2. 目标的达成程度	1. 完成学习任务,基本实现教学目标; 2. 有些学生能灵活解决教学中问题; 3. 体验到学习和成功的愉悦; 4. 学生有进一步学习的愿望。

教师授课质量评价包括专家、同行、学生和自我评价。现代教育评价强调教师要增强自我评价意识,加强评价的形成性功能。在进行自我评价时,教师既不要妄自尊大,也不要妄自菲薄,要善于自我衡量,找出自己的长处与不足。作为一名教师,教学上存在一些问题是难免的,如果善于反省,问题反过来会成为动力。学校在开展评价活动时,也应注意评价结果的协商和反馈,减轻教师的心理顾虑。

对教师的授课质量进行定量评定,虽然能够在一定程度上反映教师教学水平,但其形成性功能并不是很强。在中小学教学实际中,多采用听课、评课的深入交流形式评价授课质量,不局限于固定的评价指标,而是结合具体的情况分析教学的特色和问题。对中小学教师来说,评课是很重要的一种能力,是教学常规的一部分。当有人来听课时,新教师会比较有压力。听评课让新手教师确认自己的教学能力,了解自己的局限,是一个重要的专业成长过程。听评课能力也是一种重要的专业技能,如何记录、如何总结要点、如何反馈都值得老师不断学习、琢磨。事实上,听评课的基础是对于好的教育教学的一种思考,而如何促进交流需要教研氛围来支撑。

(三)课程和教材评价

课程和教材是教育评价中比较容易忽略的部分。课程是学校教学改革的基础,只有站在分析和评判课程的高度,才能使教学内容的安排更为合理。如果不从课程入手,教学改革很难深入。当我们评判学校教育重智轻能,批评教育质量不高时,可曾想到首先应该检讨的是课程是否适当。我国香港地区在全面检讨学校课程时,提出以下问题:

(1) 今天我们的学生应该学些什么?

(2) 他们应该怎么去学习,才能学得更好?

(3) 从以往课程发展的经验中,我们得到哪些启示?

(4) 现在的课程要怎么改,才能使我们的学生学得更好?

在不同的历史时期,对以上问题的思考会有所不同。比如技术的进步给课程改革提出了新的要求,社会发展中出现的一些问题也需要教育给以回应。虽然全面的课程分析总结不是个别教师可以完成的,但对这些问题的思考会影响教师的教育观念。在开展课程和教材评价时,教师的意见很重要,因为教师最了解学生对课程内容的看法以及教材处理上的困难。例如在评价语文教材时,研究人员可以请教师就教材的内容、组织编排、练习活动、辅助材料、外观等方面进行评议,给出评价标准。如内容的评价标准为:深浅适当,以学生为本位,切合学生的生活经验,能引发学生的学习兴趣等。再如语文练习的评价标准为:练习题能够配合教学重点,深浅配置适当,具有启发性和趣味性。对于这些问题,教师是很有发言权的。

在教学过程中,教师也可以开展微观的课程或教材评价。比如教学内容是否适当,是否考虑了农村或少数民族地区的特殊性;语文教材对听、说、读、写的要求是否得当;处理教材过程中有哪些困难。总之,教师在教学中遇到的问题都可以成为评价的议题。某些视角的引入,也会丰富我们对于课程与教材的理解。例如,国家妇女儿童工作委员会推动了“性别平等教育进课堂”活动,在广东中山市这项工作开展得很有特色,发展出了融合课、活动课等多种形式,丰富了课程教学。

四、中小学教育评价的基本步骤

实施评价时,需要先确定评价目标,然后通过收集和整理资料,判断目标的达成情况。比如要想评价小学生的习作能力,就要分析小学作文教学的目标,并在此基础上建立评价标准。然后选择一些学生,考查他们的习作水平。最后要比较学生实际作文水平和教学目标的差距,分析作文教学中到底存在哪些问题。

(一)建立评价目标

现代教育评价的总目标可概括为以下类别:

1. 直接与学业成就有关的评价目标

(1)知识和技能目标:包括理解、知识、思考、技能及生活实践能力等;

(2)情意目标:包括态度、鉴赏、兴趣、习惯、品德等。

2. 间接与学业成就有关的评价目标

(1)学生的智能、性向等;

(2)学生的环境:家庭状况、交友情形、学校条件、管理、教师、课程、教材等;

(3)身体的评价目标:包括身体和健康状况等。

在中小学教育实际中,要着眼于学生的全面发展,尽管短时间内,不一定要经常、正规地开展综合评定,不一定要具体测评学生的综合素质,但对于全面发展内涵的把握,会开阔教师的评价视野。

实际的评价活动,往往只针对总目标中的某个方面,如学习态度。设计评价指标时,首先要考虑学习态度应当从哪几个方面去考察,然后再具体分析这些内容的行为表现。例如在小学数学教学中,教育工作者对学习态度设计了以下评价指标,"听、想、作业"。"听"可以从视线、神情、小动作三个方面去觉察。"想"从举手次数、发言质量、参加师生间和生生间讨论的时间三个方面去考察。"作业"从书写形式、完成任务时间、结果质量三方面去检查。这样的指标具体、可测、有前瞻性。日常教学中,教师不一定这么严格地进行评价,但可以针对感兴趣的方面,设计简单的课堂观察表,然后收集观察数据,并且最好能给学生反馈。教师可以利用互联网选择一些实用的工具进行改造,然后练习进行课堂观察。

(二)选择评价样本

进行实地评价时,对象和场所的选择也是关键。一般来说,样本的选择取决于评价的范围和目的。如果只是某市或某县的评价活动,就要在相应的范围内选择几所有代表性的学校。选择学校后,还要在每一所学校抽取有代表性的学生样本,男女生比例需得当。样本的代表性强不强取决于抽取方法,与样本量大小并没有绝对关系。如果选择不得当,大样本并不一定好。如抽取一个很大的小学生样本考察学生的身体素质,但其中主要是男生,则样本代表性不强。要考虑各种影响样本代表性的因素,让这些因素在样本中有所体现。抽样还要考虑可能性,必须在人力和财力允许的范围内进行评价。

评价的场所对评价质量也会有影响。在评价教师的课堂教学质量时,选择哪个班,评价哪堂课,哪些人来听课都将会影响评价结果。教师在评价学生时,也要注意评价情境对评价结果的影响。有些学生在自己喜欢的课程上表现出色,但在其他课程上却表现平平。而且,课内外的表现也是不同的,课堂内并不出众的学生课外可能有多种兴趣,如阅读广泛或喜欢科技实验。为此,教师要从多方面了解学生,使评定更为全面。

（三）收集评价信息

收集评价信息的方法主要有观察、问卷调查和访谈等。这些方法在教育研究中有具体的介绍。下面简要介绍教师经常使用的几种收集第一手资料的方法。

1. 观察

主要是在自然状态下的观察，以了解学生自然流露出的特点。成绩测验只能显示学习效果，但观察提供了学习过程中学生的学习状况，比如学习的兴趣和态度以及学习习惯等多方面的信息。走入一所学校，学生的精神面貌体现在方方面面，如整齐的课间操；走道里张贴的各种照片；教室里师生及生生间自然开放的对话交流；甚至当学生见到来访者轻轻挥手打招呼的状态。

2. 检查作业

检查学生的笔记、作业、日记、作文等。了解学生作业完成情况、有没有抄作业、写作业是否认真等课外学习习惯。对高年级的学生，作业是考查高层次思维能力的重要方法。老师也要教给学生自己检查作业的方法，小学低段有时候要采用一对一的方式对学生进行作业反馈。

3. 考试

可以是口试或笔试，也可以是实践性测验。实践性测验有两大类。一种是完成实际课题，如语文课中的“采访”或写读书报告。另一种是现场表演或实际操作，用以考查音乐、体育、手工、珠算和劳动等方面的技能。传统纸笔测验之外的多元考试形式，能够激发学生的参与热情，并且能够促进学生多元技能的发展。

4. 家访与家长会

评价目的在于促进学生的成长，进而也能使学生获得成功感，所以教师要充分利用家访和家长会发挥评价的发展性功能。通过家访，与家长和学生交谈，并深入了解学生的学习和生活环境。家长会也是一种重要的家校合作方式，教师要创设平等、尊重的交流氛围，并且借此展示学生的学习成果，探讨促进家校合作的方法。传统家长会上，教师可能会指出一些学生的问题，家长因此会给孩子施压，使得很多学习或行为表现较差的孩子惧怕家长会。所以，为了转变这一情况，教师需要改变家长会的模式。在新型家长会中，教师需要用多元方式评价学生，并且让学生参与到各种展示活动中，让成绩较差的学生也感觉受到理解尊重，从而激发他们的内在努力动机。此外，微信和 QQ 等交流工具，也能促进教师和家长的互动交流。

5. 轶事记录法

这是观察法的延伸，是将学生在自然状态下流露出的行为进行客观的记录。教师如果能在日常工作中持续地做一些轶事记录，在评价学生时就有了生动的素材。轶事记录法所记录的情境是一些典型行为，从中能够反映出学生的基本特点，特别是性格与品德方面的特点。方法是在卡片上记录观察到的现象，记录的内容主要包括学生姓名、观察者、时间、地点、事件、解释等几个方面，如下所示：

学生姓名________　　观察者________

时间____________　　地点__________

事件：小明上课时一会儿和同桌说话，一会儿掉转头往后看，老师提问时，他把手举得很高。请别的同学回答问题，他也跟着大声附和。但真正问他时，却又答不上来。

解释:小明希望引起大家的注意,特别是得到老师的重视。他在家里很受爷爷奶奶宠爱。来学校后,感觉受到了冷落,就采取一些不适当的方式,让大家注意到他的存在。

(四)报告评价结果

评价报告主要包括以下内容:评价目标、时间、人员、方法、结果和建议。对学生的综合评价可以用报告的形式展现以下内容:(1)学业成绩以及学习过程中表现出的品质和特点。(2)参加的课外活动以及个人兴趣及特长。(3)学业成绩以外的品质与技能。为此,教师首先要清楚教育目标,其次要细心观察学生的各种表现,并把观察到的表现记录下来。

现代教育评价认为,评价者和被评者应当加强沟通。如果学生能够对评定中不适当的地方发表意见,则评定的激励功能就会加强。另外,对学生的赏析和反馈可以在日常学习中不断进行,促进师生、生生之间的交流。因此,评价反馈要贯穿于教学过程中。下面是开展日记赏析时,某个小学生写的日记以及老师、同学、家长写给他的评语。

冬至吃饺子

一年一度的中华传统节日冬至到了,这是2017年二十四节气中最后的一个节气啦!我们东方人到这个节气就会吃饺子。看着奶奶在厨房里忙碌,我忍不住过去看一眼,只见奶奶把剁好的肉馅和大葱放进去,又放了各种各样的调料,把馅儿拌好最后还放了一些香油,馅儿调好了。我们马上就要包饺子了,妈妈擀皮,奶奶来包,不一会儿一大盘的饺子包好了。

开始吃饺子啦,看着饺子就像一个个元宝似的,妈妈说:“你看像不像一个小耳朵形状?”我说:“有点像。”妈妈说:“你知道为什么要在冬至吃饺子吗?因为在冬至吃了饺子,这一冬都不会冻耳朵。”我一听哈哈大笑。

语文老师赏析:有俗语说“冬至大如年”,在很多地方,过冬至是很隆重的!我的家乡也有这样的习俗,如果在冬至不吃肉的话就会冻掉脚趾头呢,可见天气之寒冷。你的文章把家里过冬至的情形描写了出来,有了非常大的进步,胡老师给你点赞!

学生赏析:你把饺子比成了元宝,很形象。你的饺子一定很美味吧,好想尝一尝。原来你们北方人吃饺子是为了不冻耳朵,那我们南方人吃汤圆是为了什么呢?我得回去问问。

五、当今评价的问题与发展

教育评价在我国的发展历史不长,而且教育本身也存在着这样那样的问题,致使教育评价也在一些方面长期存在着偏颇,如过分重视考试分数,忽略了学生多元素质的发展。下面首先概述当前测验与评价中存在的问题,然后介绍一些正在推行的改革办法,最后探讨评价的发展方向。

(一)现存问题

测验和评价的应用以激励学生和改进教学为目标,对此观点,多数教育工作者都很认同。但实际教学中,某些教师往往用测验一个尺度,从学业成绩一个方面衡量学生的发展水平,这样不仅会妨碍学生的全面发展,也会对教学改革形成阻力。这一问题,早已引起广泛的关注,但由于升学压力等因素的影响,以下问题仍然比较严重。

1. 重知识轻能力

尽管从理念上看,学校要培养全面发展的人,但实际上,即使在小学阶段,以考试为中心的现象也很普遍。测验命题纠结于知识细枝末节,忽略了记忆以外高层能力的评定,从而在一定程度上助长了死记硬背的学风。其后果是学生学习负担沉重,影响了多元能力的发展。

2. 片面追求分数

分数成为学习目标，不利于激发学生的内在求知动机。从教育心理学上看，学生的学习动机有内在和外在动机两种。外在动机是为了获得外在奖励而激发出的学习动机。比如为了获得高分而努力学习。内在动机是因为喜欢、有兴趣或活动本身的原因而激发起的学习热情。考试使很多学生为考试而学习，抑制了内在求知动机的发展。仅仅用测验分数评价学生，也容易挫伤困难学生的积极性。国外研究显示，那些比较聪明的学生在有评分的学校里学习态度更为积极；而那些学习比较慢的学生在不评分的学校里学习更积极有效。在小学低年级，分数对差生的不良影响尤为明显。这些研究说明，追求好成绩虽然能够驱动一部分学生投入于学习，但另一些学生可能因此心理受挫，降低了学习兴趣。

3. 影响学生心理健康

学校在评价学生时，学业成绩往往是主要的评价标准。有些老师会因为学生成绩不好而当众批评甚至羞辱学生，使学生的自尊心受到很大伤害。许多成年人在回忆自己的小学生活时，不能忘怀的是老师的一次表扬或一个意想不到的鼓励；同时久久不能遗忘的是老师的蔑视或嘲讽。生活中经常有这样的情形，学生考了高分，就被认为是好孩子，而给以奖励；而考得不好，就会受到老师和家长的责难。考试压力给学生带来沉重的心理负担，引起考试焦虑，危害儿童的心理健康。考试竞争不利于学生间的互助与合作，还会导致一些不良习惯的产生，如抄袭、说谎、攻击性过强等。厌学心理也是不当评价的一个后果，教师要理解这部分学生也渴望得到认可，并且他们的学习困难也需要深入分析，只有师生共同面对和解决这些困难，才能有所突破。

4. 制约教学改革

由于测验对教育活动起着导向和控制作用，任何教育改革如果没有测验观念和测验内容及方法的变革都很难行之有效。在不合理的考试制度下，一些好的教育思想、好的教材和教法无法在实践中推行的事情时有发生。如学校开展愉快学习教学改革，但评价时仍然盯着学生在传统测验中的得分高低，改革必然受阻。因为改革意味着采取新措施，行动之初可能会对常规教学带来影响，不仅不能保证学生取得更高的考分，有时还会因追求一些素质发展使学生的分数下降。为此，有一些学校不敢改革，不愿改革。

（二）发展和改革策略

现代教育评价具有以下特点：(1)注重评价的形成性功能；(2)注重定性和定量相结合的评价方法；(3)倡导自我评价；(4)尊重评价对象的感受。总之，评价不仅是为了鉴定、分等，更要考虑实际教育效果，使被评者在评价过程得以提高。为了推进素质教育的发展，学校和教师在评价学生时，测验内容和测验方法都要有相应的变革。在近年来，我国小学采取了多种评价措施提高教学质量，并积累了很多经验，我们可以借鉴其中一些观点和方法。

1. 从侧重一元传统测评到多元替代性评价

人类的才智是多方面的，绝对不仅仅是学业成绩所能反映的。在具体的评价活动中，以测验成绩为主要尺度，这样的评价模式就是一元评价。现代教育评价倡导多元评价的思想，也就是从多视角，采用多种方法评价学生。在多元评价的思想下，教育要关注学生整体能力的提高。从应试教育到素质教育的转变，在评价方法上，就表现为一元评价到多元评价的发展。

传统测评有客观、便捷等特点，且在高利害（有筛选任务）测验中使用得比较多。所以中小学教育实践中,传统测评是必不可少的部分。但是,传统测评需要和多元替代性评价结合,才能更好地促进学生的发展。

替代性评价的概念与表现性评价、真实性评价比较相近,目的是回应传统测评的不足。表现性评价通常要求学生运用先前所获得的知识,解决某一个生活情境中的真实问题或完成符合要求的一项成果,教师在此过程中考评学生的表现。由于关注真实情境中的问题解决,表现性评价体现了真实性评价的思想。学生走向社会后,甚至在学生时代,要想解决真实环境中的问题,需要调动和发展多方面的能力。例如,如何解决家庭不乱扔垃圾的问题,需要了解垃圾分类方法、人的习惯改变问题、社区环境治理等方方面面的知识。如果学生尝试探索在自己的社区解决这个问题的方法,则需要进行调查、查阅资料、设计海报、进行宣传等。这样的评价活动,学生可以组成团队来完成,不同的学生各有优势,组合起来有很强的能动性。下面再举一个班级层面的活动案例。

某小学开展了"这里是北京,这里是我家"的主题实践活动,每个学期,每个班级的社会实践地点均各班自己选定。在参观社会实践景点前,学生首先需要查阅相关的景点介绍,并设计出游览路线图,在班会时训练好班级讲解员,做好前期准备。在实地参观时,讲解员以导游的方式向同学们介绍相关景点,使学生们对参观地有更加深刻的认识。游览景点后,学生们会写出感受并制作班级展板,并利用班会时间训练每一位学生讲解班级文化。将自己在社会实践中的所见所闻转化为语言,为其他班级的同学进行讲解。同时结合学校的主题教育进行主题阅读。

总的来看,怎么教、怎么要求、怎么测验、怎么评价是每一位教师日常工作中要思考的问题,而这些问题的核心应关注学生素质和能力的培养。很显然,合作交流、批判性思考、动手实践等方面的技能对儿童青少年的发展极其重要,如果创设一些真实的情境考察学生的表现,则有助于引导老师和学生关注这些方面的技能发展。更为重要的是,真实情境中,知识的运用是综合性的,问题解决也在实际生活中具有指导性。所以,将真实性评价、表现性评价这些概念运用到教学评价中,思考如何进一步完善对学生的学习评价是每一个教师都要思考琢磨的事情。教师设计题目的时候,如果联系真实的生活体验,则学生就更容易理解并且对完成题目产生更大的兴趣。例如,在农村学校,联系真实的生产生活设计数学题,学生感觉更加亲切有趣。有时候,书本上的一道题目,只是稍加改变,真实性就提高了。比如计算某个教室的面积,改为计算自己班级的面积。再如设计一个性别平等的海报,改为制作一个性别平等的海报并张贴在教室中。

从教育理想上看,未来的教育应当让所有儿童都有意愿不断学习,并帮助他们充分发挥各自的特长。学生在其成长过程中,情感因素扮演着重要角色。积极的评价,能够激发学生的上进心,也能使学生获得更强的归属感和认同感。但积极评价并不是泛泛的表扬,需要有根据,需要考虑其教育性。积极评价,最根本的是对于学生发展的一种深切的关心和信任,因为改变最终只能由学生自己启动。所以教师的责任是激发并推动这种自我成长的内在动力。从一元评价到多元评价,教师总能够找到学生的闪光点,并以此为基础给以指导、要求和建议。从儿童心理的角度,需要某种承认,也能够接纳有道理的批评建议。评价的困难是对于有效沟通有很高的要求,这离不了客观的观察、较少一般性评论、对学生感受和需求的了解及具体可操作性的建议。例如学生未能按时交作业,老师要指出,到底有几次没有交作业,而不是说"你经常不交作业";然后老师要通过和学生的平等交流了解学生为什么不能按时交作业,对于客观性的原因,老师可以帮助解决。主观原因,老师还要思考如何给出具体的建议。平等耐心的沟通可以帮助老师理解学生未能完成学习任务的感觉,找到解决问题的办法。

教师不仅要树立多元评价的思想,实践上还要费一些心思。很多优秀的中小学教师不仅课讲得好,也掌握了更多的课堂评价知识和方法。教学就是一个互动交流过程,评价能帮助教师将教学目标操作化并衡量其达成情况。日本等国家还提出了教学与评价一体化的思想,认为教学和评价不可分离。具体实践中,有以下方面需要在教与学的情境中具体落实。

(1) 重视高层次认知能力的考察。为了培养学生多方面的能力,教师应设计一些小课题,让学生以小组的方式完成,如小调查、科技实验报告等。例如,某位中学生从美育的角度对自己学校的食堂进行了调研,并且在调查之后提出了一些改善食堂环境的建议。有一所小学安排了到附近的垃圾场调研的实践性强的课题,以期加强学生的以下能力:合作交流、分析和解决问题、安排筹划、总结报告、尝试错误以及从错误中学习。在小学高年级,这样的实践和锻炼机会更是必不可少。

(2) 重视对学习过程的检测。要关注学生平时的表现,把评价渗透在教学过程中。教师要从自学、课堂提问、作业、单元测验等活动中考察学生的学习表现。

(3) 注重对各种活动表现的检测。收集学生在课外活动中的表现,如演讲、朗诵、书法、文体活动、智力竞赛等。

(4) 用多种方法收集评价信息。采用多种方法,从多方面收集评价信息,如观察、家访、轶事记录法等,不要只着眼于测验。

当前在一些中小学推行的"个人成长档案袋",就是一种典型的多元评价方法。这种方法要求师生共同收集与学生的表现和发展潜力有关的实际证据,比如学生的试卷、作文、艺术作品、小制作、活动表现、老师的观察记录等。这些信息帮助教师更全面地考察学生,学生也在此过程中提高了自我评价和自我管理意识。有的教师将"个人档案"分成两部分:(1)光荣的足迹;(2)避免再发生的……培养学生的荣誉感和自我反思能力。专家也指出,要让学生参与到成长档案材料的选择中,因为这本身就是一个学习思考的过程。另外,要让学生利用档案袋进行自我评价和反思,因为评价的最终目的是为了促进更大的进步和发展。

2. 从侧重总结性评价到形成性评价

从选择适合教育的少年儿童,到创造适合少年儿童的教育是评价观察上的一大变革。总结性评价重在发挥鉴定和筛选功能,评价主要是为了衡量学生的好坏。相反,形成性评价所关心的是能不能指向提高——学校的发展,学生的进步。如果无法实现这一功能,则是失败的评价。

在当前的小学教育实践中,形成性评价已经是主流的评价方法,但在具体实施上,往往和总结性评价没有本质区别。比如形成性的评价表格要包括平时、期中、期末,包括教师对学生的评语,同学间的互评等多项内容,但如果只是在期末填写这些内容,本质上还是总结性评价。尽管评价者不会承认评价只是为了总结,但实际上评价的形成性功能远远没有发挥出来。评价应该贯穿整个过程,平时应收集信息,但实际情况是往往老师不注意这个问题,不注重分析和反馈。常常是等到上级官员来检查工作时,才匆忙补起来。事实上,教师已经忘记了许多有价值的信息。为了真正实现形成性评价的功能,在收集评价资料后,还要进行深入的分析,提供有效的反馈意见。比如对学习上有困难的学生,除了解其学习状况以外，还应了解学习兴趣、学习方法，在此过程中找到改进的办法。形成性评价最后要落实在实际成效上，这些成效不仅是成绩的提高，也包括学习态度和学习习惯等测验所考察不到的方面。

（1）考试和考察相结合。减少总结性考试次数，多开展形成性的单元测验。总结性考试不利于激励学生的后继学习，妨碍了形成性功能的发挥，应尽量减少。反过来，要多进行“低起点、小步子，快反馈”的形成性测验，让每一个学生都能不断提高。

（2）评分与评语相结合。考试评分不能简单地给一个分数，应采用评分和评语相结合的方法，用评语把分数反映不出来的问题提出来。评语要以鼓励为主，不能有刺激性语言。

（3）允许考第二次、第三次。考试不是为了难倒学生，而是为了激发学生的学习动机。考得不好，可以适当采用暂不计分的方法，鼓励学生再做努力，最后取得成绩。

（4）自评、互评和师评相结合。让学生参与评定过程，能增强他们的自我意识和独立性，促进学生在学习中的自我调控能力。

3. 从侧重区分性功能到发挥激励性功能

教育心理学中的“期望效应”表明，教师对学生的看法、期望会贯彻于言行之中，影响到学生的学习积极性。那些被教师期待取得好成绩的学生，成绩果真颇佳；那些被认为只能取得较低成绩的学生，成绩也确实较低。由于学生会朝着教师期望的方向发展，教师应坚持以找优点为评价的出发点，坚持以个体为主的评价标准，突出鼓励性评价。上海市闸北八中推行了成功教育，其核心是创设成功机会，让学生尝试成功，鼓励性评价在其中起到了重要作用。

中小学生正处于心理和智力飞速发展的阶段，可塑性很强。教师要充分考虑儿童特点，用发展的眼光看待学生，另外还要考虑到学生间的个别差异问题，不能对学生过于苛求。正如本章最前面谈到的，公平性是评价工作中的一个重要问题。学生起点不同，家庭及个人背景更是会有较大的差异。另外，个别学生可能会有特殊教育需求。作为老师，如果用一把尺子去量每一个学生，则有些学生一定会灰心。即使对表现比较差的学生，只要他们取得了一点进步，也要给予表扬。当然，中小学生因年龄较小，有时候自我约束能力不够强，教师适当的批评和指导还是有用的。学生喜欢既有赞赏，又能巧用批判的评价。对于学习成绩好的学生，教师要鼓励学生拓展兴趣，培养敢于求异的心理品质。对成绩差的学生，教师要多鼓励，让学生了解自己的长处，并逐步感受到进步的快乐。不管是哪一类，都必须要具体、中肯，特别是对差生的缺点评价更应该注意实际效果，要尽量减少有损学生自尊心的负面评价。大班教学中，老师运用分层教学和分层评价的思想，才能尊重到个体差异，在一定程度上体现个别化教学思想。与其让某些学生完全不会，不如给他们在小测验中适当放低难度，但总的原则是激励学生在原有水平上有所进步。

总之，教师只有发现学生的优点和特长，评价才不会偏狭，评价的激励功能也才能得到更好的发挥，因为优点也就是学生发展的生长点。为了让学生体验成功，加强评价的激励功能，可以采用以下具体方法：

（1）将课程分成小的单元，在每一单元内考核。由于单元内内容比较少，教学目标比较容易把握，有利于激发学生的学习热情。

（2）要扩展评价的范围，如语文教学把说话、写字、课外阅读都列为评价范围，实现“东方不亮西方亮”。另外，评价标准中也要包括一些更加本质的内容。如日记和作文赏析中，真实性是最为重要的。某小学的一位低年级学生曾经在作文中只写了一句话:“我今天无话可说”,老师首先表扬这位学生,表达了真实的想法,语句也简洁。然后老师让大家就此内容跟这位同学交流,有同学问:“你昨天都做了些什么呢”,“你为什么感觉无话可说呢”,平等愉快的交流让这位学生有了多写几句的意愿。这样的评价,没有马上下结论,而且对于平时提倡的真实表达再一次用行动进行了强调。

(3) 记录学生学业之外的突出表现,增加学生的成功感觉。对学业成绩差的学生,这种方法尤其适用。比如有的学生虽然成绩不好,但动手能力强,就应该安排他们做一些操作性作业。有的学生成绩一般,但好奇心强,喜欢提问题,就要提供机会让他们探索一些问题。教师要挖掘学生的优点,用以激励学生。有些教师会把自己对学生的观察写出来,并反馈给学生。真诚的交流,使得师生关系更为融洽。

(4) 注重学生发展过程中的纵向评价,让学生体验到自己的进步。老师和家长对孩子的评价不是横向比较,而是看到孩子成长过程中一点一滴的进步,日积月累,孩子们的进步会非常巨大。

复习思考题

1. 良好测验的标准有哪些?
2. 编制测验时应该考虑哪些方面?
3. 什么是发展性评价?如何在日常教育教学活动中更好地发挥评价的激励功能?
4. 什么是表现性评价和真实性评价?
5. 如何衡量一位教师的授课质量?定量的评分和定性的分析各有什么优缺点?
6. 给学生撰写评语时,要考虑哪些方面?如何收集相关的评价资料?

附录1 小学生星级评价标准

一星级标准

<table>
<tr><th>星级</th><th>习惯类别</th><th>基本习惯</th><th>评价标准</th></tr>
<tr><td rowspan="6">一星</td><td rowspan="3">行为习惯</td><td>说话</td><td>眼睛看着对方、声音能听清楚
问好做到“早问好、晚再见、中间微笑把手招”</td></tr>
<tr><td>走路</td><td>见人成列
轻声慢步
靠右行,不接触他人身体</td></tr>
<tr><td>穿衣</td><td>穿校服、干净整洁
路上戴好小黄帽</td></tr>
<tr><td rowspan="3">学习习惯</td><td>书写</td><td>姿势正确
笔画规范
工整、干净</td></tr>
<tr><td>倾听</td><td>听课认真
对听到的内容有自己的看法</td></tr>
<tr><td>阅读</td><td>有一定的速度
每两月至少读8本绘本
了解大致内容,有读书感受</td></tr>
</table>

评价标准分值

个人评分:每条评价标准1分,做到加1分,没做到扣1分。

小组评分:每条评价标准3分,做到加3分,没做到扣3分。

二星级标准

<table>
<tr><th>星级</th><th>习惯类别</th><th>基本习惯</th><th>评价标准</th></tr>
<tr><td rowspan="6">二星</td><td rowspan="3">行为习惯</td><td>说话</td><td>眼睛看着对方、声音能听清楚
问好做到“早问好、晚再见、中间微笑把手招”</td></tr>
<tr><td>走路</td><td>见人成列
轻声慢步
靠右行,不接触他人身体</td></tr>
<tr><td>穿衣</td><td>穿校服、干净整洁
路上戴好小黄帽</td></tr>
<tr><td rowspan="3">学习习惯</td><td>书写</td><td>姿势正确
笔画规范
工整、干净</td></tr>
<tr><td>倾听</td><td>听课认真
对听到的内容有自己的看法</td></tr>
<tr><td>阅读</td><td>有一定的速度
每两月至少读16本绘本
了解大致内容,有读书感受</td></tr>
</table>

评价标准分值

个人评分：每条评价标准 1 分，做到加 1 分，没做到扣 1 分。

小组评分：每条评价标准 3 分，做到加 3 分，没做到扣 3 分。

三星级标准

星级	习惯类别	基本习惯	评价标准
三星	行为习惯	说话	眼睛看着对方、声音能听清楚 问好做到“早问好、晚再见、中间微笑把手招”
		走路	见人成列 轻声慢步 靠右行，不接触他人身体
		穿衣	穿校服、干净整洁 路上戴好小黄帽
	学习习惯	书写	姿势正确 笔画规范 工整、干净
		倾听	听课认真 对听到的内容有自己的看法
		阅读	有速度 有感受 每两月阅读课外读物不少于 10 万字

评价标准分值

个人评分：每条评价标准 1 分，做到加 1 分，没做到扣 1 分。

小组评分：每条评价标准 3 分，做到加 3 分，没做到扣 3 分。

四星级标准

星级	习惯类别	基本习惯	评价标准
四星	行为习惯	说话	眼睛看着对方、声音能听清楚 问好做到“早问好、晚再见、中间微笑把手招”
		走路	见人成列 轻声慢步 靠右行，不接触他人身体
		穿衣	穿校服、干净整洁 路上戴好小黄帽
	学习习惯	书写	姿势正确 笔画规范 工整、干净
		倾听	听课认真 对听到的内容有自己的看法
		阅读	有速度 有感受 每两月阅读课外读物不少于 15 万字

评价标准分值

个人评分：每条评价标准 1 分，做到加 1 分，没做到扣 1 分。

小组评分：每条评价标准 3 分，做到加 3 分，没做到扣 3 分。

五星级标准

星级	习惯类别	基本习惯	评价标准
五星	行为习惯	说话	眼睛看着对方、声音能听清楚 问好做到“早问好、晚再见、中间微笑把手招”
		走路	见人成列 轻声慢步 靠右行，不接触他人身体
		穿衣	穿校服、干净整洁 路上戴好小黄帽
	学习习惯	书写	姿势正确 笔画规范 工整、干净
		倾听	听课认真 对听到的内容有自己的看法
		阅读	有速度 有感受 会交流 每两月阅读课外读物不少于 20 万字

评价标准分值

个人评分：每条评价标准 1 分，做到加 1 分，没做到扣 1 分。

小组评分：每条评价标准 3 分，做到加 3 分，没做到扣 3 分。

六星级标准

星级	习惯类别	基本习惯	评价标准
六星	行为习惯	说话	眼睛看着对方、声音能听清楚 问好做到“早问好、晚再见、中间微笑把手招”
		走路	见人成列 轻声慢步 靠右行，不接触他人身体
		穿衣	穿校服、干净整洁 路上戴好小黄帽
	学习习惯	书写	姿势正确 笔画规范 工整、干净
		倾听	听课认真 对听到的内容有自己的看法
		阅读	有速度 有感受 会交流 每两月阅读课外读物不少于 25 万字

评价标准分值

个人评分:每条评价标准 1 分,做到加 1 分,没做到扣 1 分。

小组评分:每条评价标准 3 分,做到加 3 分,没做到扣 3 分。

二星争三星条件:

1. 有坚持写日记的习惯。
2. 有习作在校刊中发表。
3. 讲究个人卫生,勤剪指甲勤洗澡;认真做好值日。

三星争四星条件:

1. 满足二星争三星的条件。
2. 爱护班级环境,有随时关注班级卫生的意识。
3. 有自己的兴趣爱好或 1~2 项特长,能在班内展示。

四星争五星条件:

1. 满足三星争四星的条件。
2. 积极参加社团或校园编辑部的活动。

五星争六星的条件:

1. 满足四星争五星的条件。
2. 积极参加校内外组织的各项征文、比赛、展示等活动。

"星级少年"条件(6 年级学生):

1. 满足五星争六星的条件。
2. 一年 4 次的争星活动都争得六星星级,获"星级少年"称号,毕业时获得 1~6 星徽章一套,照片在荣誉墙上展示。

附录 2　小学课堂教学评价表

小学综合课堂教学评价表(试行)

学校＿＿＿＿＿＿　年级＿＿＿＿　课题名称＿＿＿＿　授课人＿＿＿＿

评价指标	评　价　要　素	等　级					
		完全符合		基本符合		不符合	
教学目标(10)	1. 与课标要求和学生实际的符合程度; 2. 可促进学生发展的程度; 3. 可操作的程度。	10-8		7-5		4-0	
学习条件(20)	1. 对学生学习自然环境的创设; 2. 对学生学习氛围的创设; 3. 对学习资源的理解和组织; 4. 对学习资源的呈现。	20-17		16-12		11-0	
设计与实施(20)	1. 活动的设计与组织; 2. 指导的范围与程度; 3. 学习过程调控与程度。	20-17		16-12		11-0	
学生活动(20)	1. 学生参与活动的态度、广度及深度; 2. 学生参与活动的基本学习习惯(倾听、表达、质疑、合作); 3. 学生参与活动的学科性学习习惯(体验、探究、合作、反思、交流)。	20-17		16-12		11-0	
学习评价(15)	1. 评价方式设计与实施; 2. 目标的达成程度。	15-13		12-10		9-0	
学科特色(15)	1. 从学生真实的生活情境中发现问题,确定主题; 2. 在小组合作中进行实践体验,掌握基本研究方法; 3. 综合运用所学知识,解决生活中的实际问题。	15-13		12-10		9-0	
总分							

评价等级	A(100—85)	B(84—75)	C(74—60)	D(59—0)

评语:

填表人:　　　　　　　　　　　　　年　　月　　日

第十二章　教育法制

教育法制不仅是保障公民受教育权的重要手段，也是推进教育改革和发展的基本措施。了解教育法制的基本内容，有助于维护学校运行秩序，提高教育的总体效益。本章主要对教育法律制度的产生与发展、教育法律关系主体、教育法律责任、教育法律救济、学校安全和学生伤害事故等进行介绍。

第一节　教育与法律

一、法律的产生及其功能

法律是由国家制定或认可的并以国家强制力保证其实施的行为规范的总称。在阶级社会中，它是统治阶级意志的体现。一般说来，法律有如下基本特征：首先，法是调节人的行为或社会关系的规范；其次，法是出自国家的社会规范，即它是由国家制定或认可的，这是法律区别于其他社会规范的首要之点；第三，法是规定权利和义务的社会规范；第四，法是由国家保证实施的社会规范，具有强制性。

法律作为一定的社会历史现象，是在一定条件下产生和发展的。在人类漫长的原始社会中，没有国家，也没有法律，人们依靠习惯来调整彼此的关系。到了原始社会后期，随着奴隶制的出现，人们之间平等的社会关系改变了，新的社会关系冲突要求构建新的社会组织和新的社会规范，于是国家和法律出现了。

法律是人们行为时必须遵循的一种规范，我国古代的法家先驱管仲将其喻为"规矩"。借助于这种"规矩"，一定的社会关系和社会秩序才得以建立和维护，社会的结构才得以完整和谐，整个社会机体才能运转灵活。因而法律是社会正常存在和发展必需的社会调控手段。

在人类文明进步史上，法律的上述功能不是一成不变的。在法律发展的早期阶段，法律与宗教、道德等社会控制手段并没有什么本质区别，它们共同调节和控制着各种社会关系，法律在其中所调整的范围是相当有限的。随着社会管理经验的积累，法律开始与宗教、道德等其他社会调节手段相分离，并且逐渐成为一种高度专门化的社会组织形式，并最终成为社会调控的主要手段。法律的这一变迁过程实质上就是法律社会化、社会法律化的过程。现代法制正是在这一过程中形成和发展起来的。

二、教育的国家化和教育法的产生

教育活动是在人类的社会生产和社会生活中产生，反映种族繁衍、社会延续需要的一种有意识、有目的、有计划的社会实践活动。但在人类社会的早期，教育与其说同生产力有关，倒不如说更直接地同政治联系在一起。因为在小农经济的环境里，推动教育发展的主要动力是政治的需要，不同等级之间界限森严，教育的功能受到很大局限，进学校、受教育只是少数人的特权。教育规模狭小，主要是教师、学生及其家长之间的私人活动。国家尽管要影响和控制教育，但这种影响和控制一般都具有幕后的和间接的性质，而不是直接介入教育。在这种情况下，教育与法律之间并没有什么必然联系，也无所谓教育法。

19 世纪下半叶，由于资本主义高度发展，社会经济生活急剧变化，当时的许多资本主义国家对原有的国家行政体制作出相应的变革，以便与社会经济发展相适应。从教育上看，由于教育向世俗化的过渡和公共的国民教育的迅速普及，教育开始成为对社会发展具有举足轻重意义的社会性事业，这就要求扩大国家直接干预和调整文化教育发展的职能，以便更有效地发挥国家管理教育事业的作用。因此，欧美各资本主义国家纷纷把教育纳入国家活动之中，用行政手段发展公立学校体制，用法律的手段确立义务性的国民教育制度。这样一种趋势，在教育史上被称作教育的国家化。

教育管理的国家化和国家教育权力的产生标志着教育权结构的一次历史性转换。在这之前，教育在很长时期内一直是父母的一种自然权利。学校产生以后，很大程度上取代了原先由家庭执行的那部分教育职能，于是父母的教育权就委托给了学校和教师，从而构成了学校、教师、父母和子女之间的具有私事性质的社会关系。进入现代社会以后，教育已经不可能在纯粹自发的和私营的基础上继续发展，随着生产力的提高和科技的进步以及生产和社会生活的高度社会化，教育领域不断扩大，内涵日益纷繁复杂，这就使教育的国家责任成为一种历史的必然。通过法律手段确立国家的教育权力，增强教育管理的集中性、统一性和权威性，建立强有力的行政系统，是有效实现教育的国家责任的客观需要。

另外，现代社会的教育教学活动日益复杂，对人才的需求日益多样，从而要求打破传统的学校体系，同社会的人才需求结构相适应，把学校纵横联系、统一协调起来，建立统一的教学计划、教材和教学质量标准，形成幼儿、青少年、成人教育纵横贯通，学校、社会、家庭密切配合的一体化教育体系。显然，复杂的教育运行过程要做到有序化、科学化，仅仅依靠教师的个人努力是远远不够的。它要求教育工作必须依准于法，体现国家的整体利益，不允许任何人违背它；它要求学校的教育教学活动应有一定的行动方式和程序，一切财物的使用和管理也有一定的规格和使用规范。只有这样，才能保证学校教育目标、方向的正确以及教育教学活动的连续性和稳定性。

总之，法律的发展与社会的发展和进步紧密联系，它是社会发展的一种要求，体现了一种社会进步。教育法是现代教育发展的产物，是现代国家的一个重要立法领域。随着现代教育的发展，它不仅表现为法律数量的大规模的增长，而且表现为法律地位的增强，法律调整范围的扩大，以及法律向教育领域的各个方面、各个层次进行的愈来愈大规模的功能扩张。

三、国外教育法发展的历史及其特点

教育法是现代社会和现代教育的产物，它不是从来就有的。从这个基本观点出发来看，西方国家教育法的历史发展经历了如下四个阶段。

（一）零星立法阶段

文艺复兴以后，欧洲的某些国家，特别是德意志的某些公国，就已颁布关于强迫教育的法令。但这些教育法令一般都具有宗教法的性质，还不足以称为现代意义的教育立法。随着现代生产力的发展，逐渐产生出了现代工厂制度，正是在现代工厂制度的推动下，才产生了教育向现代化的过渡，并产生了现代意义的教育立法。因此，最早的具有现代意义的教育立法是在工厂法之中的。从19世纪初起，英、法、瑞士等国都先后制定了一系列工厂法规，其中重要的条款几乎都涉及童工问题。马克思曾经针对英国工厂法中的教育条款特别指出，尽管工厂法的教育条款整个说来是微不足道的，但还是把初等教育宣布为劳动的必要条件。①

（二）专门对普及义务教育进行立法阶段

大工业生产的发展使教育与生产劳动愈益紧密地联系起来，成为社会经济发展不可缺少的一个组成部分。正是大工业生产发展本身，为教育的普及创造了客观条件，并促成各国纷纷开始进行义务教育的立法活动。

最初的普及义务教育立法主要是围绕初等教育的强制性、免费性和公共性三大主题展开的。它涉及通过法律确立的有关普及教育的各项重要问题上的权利义务关系，如普及教育学校网的设立和管理，教育经费的来源和分配，学校与宗教以及政治集团的关系，家长、子女与学校的关系等，都必须保证强制性、免费性和公共性的实现。

（三）广泛进行教育立法的阶段

广泛地进行教育立法是随着资产阶级加强对行政控制的过程而出现的。这一转变从19世纪中期开始酝酿，20世纪初开始，20世纪30年代至50年代在主要的资本主义国家达到高潮。这一时期，在教育事务上，资本主义国家由过去的消极作为转变为积极作为，加强了对教育的全面干预和控制。国家也逐渐开始通过运用法律手段更多地干预社会的经济、文化、教育和社会公共事业等方面，法制建设渗透到社会的各个领域。除了宪法和议会立法之外，行政立法在这一时期开始出现并获得了相当的发展，在数量上迅速超过了议会立法。由于法律与教育的接触面迅速扩展，并且大规模地向教育的各个层次渗透，导致许多原先不属于法律调节的社会关系开始进入法律调节的领域，教育立法的内容和技术日益复杂化。

（四）教育的综合法治阶段

第二次世界大战以来，世界各国的教育呈现出突飞猛进的发展图景，人们比喻为“教育爆炸”。义务教育的年限一次次延长，职业教育的比重不断加强，高等教育出现了大众化的趋势。传统的学制开始向各个方向延伸，出现了学前教育、研究生教育、回归教育、业余教育等新的教育领域，学校教育逐渐向终身教育的方向发展。教育的这些巨大变化使得教育活动中的各种因素及其相互关系呈现出一种复杂多变的局面，这就要求把教育看作一个整体和社会子系统，把教育立法看作一项综合性的法治工程，在加强教育立法的同时注重教育法治工程与整个社会工程的协调。

这一时期的教育立法表现为它自觉地、主动地适应社会整体发展的需要，全面进入教育领域，系统地认识所调整的对象，合理地调节教育领域中发生的各种内外关系。因此，教育法在广度和深度两个方面都有了飞跃性的发展。从广度看，教育已日益为各国立法所重视，

---

① Lipset S M. The Centrality of Political Culture[J]. Journal of Democracy, 1990, 1(4):80-83.

教育法规在所有法规中所占的比重越来越大。从深度上看，教育立法已深入到教育活动的各种内部和外部的社会关系，对教育的调节开始形成一个综合性的法治工程。

四、我国教育法制建设的现状与前瞻

新中国成立后的很长一段时间，我国对教育法制的建设缺乏足够的重视。20 世纪 70 年代末以来，教育法制化的进程不断加快，全国人民代表大会及其常务委员会相继颁布了多部教育法律，国务院相继制定了十几部教育行政法规，并对新中国成立以来制定的数百件教育行政法规进行了整理和汇编。各地有权制定地方性法规的人民代表大会及其常务委员会，也根据自己所辖地区教育发展的需要和可能，颁布了一系列地方性法规，大大丰富了教育法的内容。此外，教育部及国务院其他部委先后发布了近 200 项政府规章。

至今，我国已经建立了一个比较完整的教育体系，对社会主义现代化建设发挥着重要作用。同时，在总结新中国成立以来正反两方面政权建设经验和立法经验的基础上，教育法制建设已经走上正轨，一个以法治教的新局面正在形成。

从体系化的角度来看，我国当前教育法制建设，还没有完全形成一个内容和谐一致、形式完整统一的有机整体。但是，我国教育法体系的基本框架由此已经可以初见轮廓。这一法律体系，根据制定机关的不同和法律形式的不同，可以划分为不同的部门。具体而言，我国的教育法体系由纵向 5 个层次和横向 6 个部门构成。

第一层次，教育基本法，即《中华人民共和国教育法》(1995 年)，由全国人民代表大会以宪法为依据制定，主要规定我国教育的基本性质、地位、任务、基本法律原则和基本教育制度等。该法是全部教育法规的“母法”，是协调教育部门内部以及教育部门与其他社会部门相互关系的基本准则，也是制定教育部门其他法律法规的依据。

第二层次，教育部门法，主要调整各个教育部门的内外部关系。由全国人民代表大会或其常务委员会制定，主要包括《中华人民共和国学位条例》(1980 年)、《中华人民共和国义务教育法》(1986 年颁布实施，2006 年修订)、《中华人民共和国教师法》(1993 年)、《中华人民共和国职业教育法》(1996 年)、《中华人民共和国高等教育法》(1998 年)和《中华人民共和国民办教育促进法》(2002 年)等 6 部法律。

第三层次，教育行政法规，主要是为实施教育法和各单行法而制定的规范性文件。由国务院制定和发布，如《中华人民共和国学位条例暂行实施办法》(1981 年)、《高等教育自学考试暂行条例》(1988 年)、《教师资格条例》(1995 年)和《教育督导条例》(2012 年)等。此外，属于较为具体的问题，教育法或各单行法未予规范的问题，也可由行政法规来加以规定。

第四层次，地方性法规、自治条例和单行条例。地方性法规是由省、直辖市和有地方立法权的人民代表大会及其常务委员会为执行国家有关教育的法律、行政法规，根据本行政区域的实际需要制定的规范性文件；自治条例和单行条例是民族自治地方的人民代表大会依照当地民族的政治、经济和文化特点而制定的规范性文件。这一层级的政策法规规范了相应行政区域内的教育事务，数量众多。

第五层次，政府规章，一般由作为国家教育行政主管部门的教育部以及国务院其他部委制定和发布，其效力低于行政法规。据统计，这一类型的规章前后发布了近 200 项。

第二节 教育法律关系主体

教育法律关系主体亦称“教育权利主体”“教育权益主体”,指教育法律关系的参加者,即在教育法律关系中享有权利和承担义务者。教育法律关系主体的种类繁多,可以成为其自然人和法人的有:教育行政机关、其他国家机关、学校及其他教育机构、教育者、学生及其他受教育者、企事业单位、社会组织和其他公民等。在华外国人、无国籍人、财团法人亦可充任。其中,教师和学生是教育法律关系中最为重要的两大主体。关于教师法律地位及其权利与义务的论述,已在第四章有所提及,故不赘述。本部分主要对学校和学生的法律地位及其权利与义务,进行阐述。

一、学校的法律地位及其权利与义务

(一) 学校的法律地位

学校的法律地位是指法律根据学校这种社会组织的目的、任务、性质和特点而赋予学校的一种同自然人相似的“人格”。《教育法》第 31 条规定,学校自批准设立或登记注册之日起取得法人资格。该规定为学校的法律地位、明确学校依法办学的权利,提供了基本的法律依据。学校及其他教育机构作为一种社会组织,与它所处的内外环境构成了一系列社会关系,具体可以分为如下两类:一类是以权力服从为基本原则,以领导与被领导的行政管理为主要内容的教育行政关系;另一类是以平等有偿为基本原则,以财产所有和流转为主要内容的教育民事关系。

因此,根据条件和性质的不同,学校及其他教育机构在实施教育教学活动时,具备两种主体资格。当其参与行政法律关系,取得行政上的权利和承担行政上的义务时,它就是行政法律关系主体;当其参与民事法律关系,取得民事权利和承担民事义务时,它就是民事法律关系的主体。作为行政法律关系的主体,学校及其他教育机关应由行政法规定它的法律地位。作为民事法律关系的主体,学校具有法人资格,意味着其在民事活动中依法享有民事权利,承担民事责任。

(二) 学校的权利与义务

在不同的法律关系领域中,学校及其他教育机构所具有的资格与能力是不同的,因而其所享有的权利也不同。教育法规定的学校及其他教育机构的权利不同于民法上的或行政法上的权利,它是学校及其他教育机构在法律上享有的、为实现其办学宗旨、独立自主地进行教育教学管理、实施教育活动的资格和能力,一般叫办学自主权。

依据《教育法》和《义务教育法》规定,我国学校及其他教育机构享有的办学自主权主要有如下方面:

(1) 依照章程自主管理;
(2) 组织实施教育教学活动;
(3) 招收学生;
(4) 对学生进行学籍管理,实施奖励或者处分;
(5) 为受教育者颁发相应的学业证书;
(6) 聘任并管理教师及其他职工,实施奖励或者处分;

（7）管理和使用本校设施和经费；

（8）拒绝任何组织和个人对教育教学活动的非法干涉；

（9）法律、法规规定的其他权利。

享有权利，就要承担义务。学校应当履行的义务是同学校办学自主权相对的，是在贯彻办学宗旨、进行内部管理和组织教育活动中必须履行的义务，而不是作为社会组织的学校的全部义务。依据《教育法》规定，学校及其他教育机构在贯彻办学宗旨、进行内部管理和组织教育活动中必须履行以下义务：

（1）遵守法律、法规；

（2）贯彻国家的教育方针，执行国家教育教学标准，保证教育教学质量；

（3）维护受教育者、教师及其他职工的合法权益；

（4）以适当方式为受教育者及其监护人了解受教育者的学业成绩及其他有关情况提供便利；

（5）遵照国家有关规定收取费用并公开收费项目；

（6）依法接受监督。

二、学生的法律地位及其权利与义务

（一）学生的法律地位

学生的法律地位是指法律赋予学生享受权利与承担义务的资格，学生的法律地位因其不同的身份而具有不同的内容和特点。首先，作为社会中的一名成员，学生的身份是一名国家公民，其地位由我国《宪法》及其他一系列法律、法规所确认；其次，作为学校这个特定环境中的一员，学生具有不同于一般国家公民的地位，其地位由我国《教育法》《义务教育法》及其他有关教育的法律、法规所确认，这种地位体现了学生作为“受教育者”这一角色的本质特征；再次，对于所有未满 18 周岁的学生而言，因其具有“未成年人”这一特殊身份，因而还具有不同于已满 18 周岁的学生的法律地位，他们的这一地位已由我国《未成年人保护法》《预防未成年人犯罪法》等法律、法规或相关的条款所确认。因而我们必须从不同的方面来看待学生的法律地位。

（二）学生的权利与义务

学生的权利与义务与其特定的身份和地位相对应。一般来说，学生的权利与义务主要是从学生作为学校中的受教育者这一特定身份出发的。依据《教育法》规定，受教育者享有下列权利：

（1）参加教育教学计划安排的各种活动，使用教育教学设施、设备、图书资料；

（2）按照国家有关规定获奖学金、贷学金、助学金；

（3）在学业成绩和品行上获得公正评价，完成规定的学业后获相应的学业证书、学位证等；

（4）对学校给予的处分不服向有关部门提出申诉，对学校、教师侵犯其人身权、财产权等合法权益，提出申诉或者依法提起诉讼；

（5）法律、法规定的其他权利。

依据《教育法》规定，受教育者应当履行下列义务：

（1）遵守法律、法规；

（2）遵守学生行为规范，尊敬师长，养成良好的思想品德和行为习惯；

（3）努力学习，完成规定的学习任务；

（4）遵守所在学校或者其他教育机构的管理制度。

第三节 教育法律责任

教育法律责任是指教育法律关系主体因实施违法行为而必须承担的法律后果。一般而言，根据违反法律的性质不同，可以将教育法律责任分为教育行政法律责任、教育民事法律责任和教育刑事法律责任等。

一、教育行政法律责任

行政法律责任是指因违反行政法律或因行政法规定的事由而应当承担的不利后果，包括国家机关及其工作人员在管理和发展教育事业、实施教育活动中的行政不当行为，学校及其他教育机构及其社会组织和个人的违法行为等。如行政主体在行使行政自由裁量权时的行政不当或行政迟缓行为，以及行政相对人未经批准或注册自行办学、不按规定使用和变更学校名称、在招生工作中营私舞弊、买卖文凭、不按规定授予学位、教学活动不执行规定的教学计划和教学大纲、教育质量不能达到法定教育标准等行为。以上所列举的违法行为都是违反职责方面的行为。

（一）教育行政法律责任的承担情形

教育行政法律责任的承担情形主要分为两大类：承担行政处分的情形和承担行政处罚的情形。

依据《义务教育法》和《教师法》等有关法律规定，承担行政处分的情形有：

（1）国务院有关部门和地方各级人民政府违反《义务教育法》第六章的规定，未履行对义务教育经费保障职责，情节严重的。

（2）县级以上地方人民政府未按照国家有关规定制定、调整学校的设置规划；学校建设不符合国家规定的办学标准、选址要求和建设标准；未定期对学校校舍安全进行检查，并及时维修、改造；未依照《义务教育法》规定均衡安排义务教育经费，情节严重的。

（3）县级以上人民政府或者其教育行政部门将学校分为重点学校和非重点学校；改变或者变相改变公办学校性质，情节严重的。

（4）国家机关工作人员和教科书审查人员参与或者变相参与教科书编写的。

（5）侮辱、殴打教师的。

（6）对依法提出申诉、控告、检举的教师进行打击报复，情节严重的。

（7）教师故意不完成教育教学任务给教育教学工作造成损失的；体罚学生，经教育不改的；品行不良、侮辱学生，影响恶劣的。

依据《教育行政处罚暂行实施办法》（1998）规定，承担行政处罚的情形有：

（1）幼儿园在实施保育教学活动中有违法行为的；

（2）适龄儿童、少年的父母或监护人，未按法律规定送子女或被监护人就学接受义务教育的；

（3）违反法律、法规和国家有关规定举办学校或其他教育机构的；

（4）非法举办国家教育考试的；

（5）参加国家教育考试的考生有违法行为的；

（6）社会力量举办的学校或者其他教育机构不确定各类人员的工资福利开支占经常办学费用的比例或者不按照确定的比例执行的，或者将积累用于分配或者校外投资的；

（7）社会力量举办的学校或者其他教育机构管理混乱，教学质量低下，造成恶劣影响的；

（8）学校或其他教育机构违反法律、行政法规的规定，颁发学位、学历或者其他学业证书的；

（9）教师有弄虚作假或以其他欺骗手段获得教师资格的；品行不良、侮辱学生，影响恶劣的。

（二）教育行政法律责任的承担方式

一般而言，承担行政法律责任的方式主要有两种：第一，行政处分。行政处分是内部行政行为，主要指国家行政机关依照行政隶属关系对有轻微违法失职行为的国家工作人员所实施的惩罚措施；第二，行政处罚。行政处罚是外部行政行为，主要指享有行政处罚权的主体依法对违反行政法律规范但尚不够刑事处罚的个人或组织所实施的惩罚措施。

行政处分包括警告、记过、记大过、降级、撤职、开除等。在教育领域，教育行政处罚的种类主要包括：警告；罚款；没收违法所得；没收违法颁发、印制的学历证书、学位证书及其他学业证书；撤销违法举办的学校和其他教育机构；取消颁发学历、学位和其他学业证书的资格；撤销教育资格，停考、停止申请认定资格；责令停止招生；吊销办学许可证；法律、法规规定的其他教育行政处罚。

二、教育民事法律责任

民事法律责任是指行为主体不履行民事义务，对产生的不利法律后果所应承担的法律责任。我国教育法律规定，学校及其他教育机构在民事活动中依法享有民事权利，承担民事义务。民事法律责任通常是一种损害赔偿责任。民事法律责任就其内容看，可以划分为侵权行为的民事责任和违反合同的民事责任。这两种民事责任在教育活动中都是存在的。首先，学校及其他教育机关由于管理不善或者没有按照责任或义务的要求采取某一行为而对学生造成伤害或损失的，那就可以构成侵权性质的法律责任。从当前教育法律实践看，学校及其他教育机构承担民事责任主要是这一类内容。其次，学校及其他教育机关作为法人，会经常参与各种民事活动，如合作办学、委托培养、有偿服务、知识产权转让、劳动用工、教师聘任等，往往要与其他主体签订各种合同，发生各种民事性质的法律责任。在出现法律纠纷时，可以要求追究违反合同的民事责任，请求民事赔偿。

（一）教育民事法律责任的承担情形

依据《教育法》规定，承担民事法律责任的主要情形有：

（1）侵占学校及其他教育机构的校舍、场地及其他财产的；

（2）侵犯教师、受教育者、学校或者其他教育机构的合法权益，造成损失、损害的等。

在其他相关法律中，也规定了学校及其他教育机构承担民事法律责任的情形。例如，在《侵权责任法》中，规定了学生伤害事故中幼儿园、学校或者其他教育机构应当承担民事责任的具体情形：无民事行为能力人在幼儿园、学校或者其他教育机构学习、生活期间受到人身损害的(但学校能够证明尽到教育、管理职责的,不承担责任);因学校过错造成限制民事行为能力人人身损害的;限制民事行为能力人在学校或者其他教育机构学习、生活期间受到人身损害,学校或者其他教育机构未尽到教育、管理职责的,等。在此,值得注意的是《民法总则》对限制民事行为能力人的年龄作出了新的规定,即八周岁以上的未成年人为限制民事行为能力人;不满八周岁的未成年人为无民事行为能力人。该规定不仅影响学生伤害事故中责任的认定,也对校园欺凌等事件的责任追究有重要影响。

(二)教育民事法律责任的承担方式

依据《民法总则》规定,承担民事责任的方式有:停止侵害、排除妨碍、消除危险、返还财产、恢复原状、修理、重作、更换、继续履行、赔偿损失、支付违约金、消除影响、恢复名誉和赔礼道歉等。此外,还包括法律规定的惩罚性赔偿。承担民事责任的方式可以单独适用,也可以合并适用。其中,违反合同的民事责任,承担民事责任的主要方式是继续履行、赔偿损失、支付违约金等;侵权行为的民事责任,承担民事责任的主要非财产方式有停止侵害、消除影响、恢复名誉和赔礼道歉。

三、教育刑事法律责任

刑事法律责任是指因为违反刑事法律而应当承担的不利后果,是所有法律制裁中最为严厉的一种制裁类型。刑事法律责任只能由有犯罪行为的人或法人组织承担。行为人是否应承担刑事法律责任,由司法机关按照刑事法律的规定和刑事诉讼程序来确定。

(一)教育刑事法律责任的承担情形

依据《教育法》和《教师法》等有关法律规定,承担刑事法律责任的主要情形:

(1) 违反国家财政制度、财务制度,挪用、克扣教育经费,构成犯罪的;

(2) 结伙斗殴、寻衅滋事,扰乱学校及其他教育机构教育教学秩序或者破坏校舍、场地及其他财产,构成犯罪的;

(3) 明知校舍或者教育教学设施有危险,而不采取措施,造成人员伤亡或者重大财产损失的;

(4) 学校或者其他教育机构违反国家有关规定招收学生,构成犯罪的;

(5) 在招收学生工作中徇私舞弊,构成犯罪的;

(6) 在国家教育考试中,① 考生有作弊行为,② 任何组织或者个人有扰乱考试秩序的行为,③ 教育行政部门、教育考试机构疏于管理,造成考场秩序混乱、作弊情况严重,构成犯罪的;

(7) 任何组织或者个人制造、销售、颁发假冒学位证书、学历证书或者其他学业证书,构成犯罪的;

(8) 侮辱、殴打教师,构成犯罪的;

(9) 国家工作人员对教师打击报复构成犯罪的;

(10) 教师体罚学生,品行不良、侮辱学生,构成犯罪的;

(11) 违反国家财政制度、财务制度,挪用国家财政用于教育的经费,严重妨碍教育教学工作,拖欠教师工资,损害教师合法权益,构成犯罪的等。

(二)教育刑事法律责任的承担方式

根据我国《刑法》规定,刑罚分为主刑和附加刑。其中,主刑有管制、拘役、有期徒刑、无期徒刑和死刑；附加刑有罚金、剥夺政治权利和没收财产。附加刑可以独立适用。

在此，需要注意，《刑法》与《民法总则》在责任年龄上划分不同。《刑法》规定：已满十六周岁的人犯罪，应当负刑事责任；已满十四周岁不满十六周岁的人，犯故意杀人、故意伤害致人重伤或者死亡、强奸、抢劫、贩卖毒品、放火、爆炸、投毒罪的，应当负刑事责任；已满十四周岁不满十八周岁的人犯罪，应当从轻或者减轻处罚；因不满十六周岁不予刑事处罚的，责令他的家长或者监护人加以管教；在必要的时候，也可以由政府收容教养。

以上列举了法律责任的基本类别。一般来说，违法行为属于哪类违法范围，就承担哪类法律责任，如果违法行为属于行政违法范围，就要承担行政法律责任，如果行政违法行为同时涉及民事范围或触犯了刑法，那么除了承担行政法律责任外，还要承担民事法律责任和刑事法律责任。其中，民事法律责任具有一定的优先性。根据《民法总则》第 187 条规定："民事主体因同一行为应当承担民事责任、行政责任和刑事责任的，承担行政责任或者刑事责任不影响承担民事责任；民事主体的财产不足以支付的，优先用于承担民事责任。"

第四节　教育法律救济

一、教育法律救济概述

教育法律救济是指教育法律关系主体的合法权益受到侵犯并造成侵害时，获得恢复和补救的法律制度。教育法律救济对于保障学校、教师、学生的合法权益，监督政府依法治教有着重要的现实意义。

教育法律救济具有如下特征：首先，权利受到损害是教育法律救济存在的前提，如果权利未受损害，就无所谓救济。其次，教育法律救济具有弥补性，它是对受损害的权利的弥补。再次，教育法律救济的根本目的是实现合法权益并保证法定义务履行。

二、教育法律救济的主要制度

常见的法律救济制度主要包括行政救济制度和民事救济制度。其中，行政救济制度主要包括行政复议制度和行政诉讼制度，民事救济制度主要指民事诉讼制度。在教育领域中，还有两类由《教育法》规定的特殊法律救济制度，即教师申诉制度和学生申诉制度。

（一）教师申诉制度

教师申诉制度是一项专为教师制定的与教师教育教学等权利有关的法律救济制度。它具有如下特点：一是教师申诉制度是一项正式的法律救济制度；二是教师申诉制度是一项专门性的申诉制度；三是教师申诉制度是一种行政性的申诉制度。

教师申诉制度主要是指教师对学校或者其他教育机构侵犯其合法权益的，或者对学校或者其他教育机构做出的处理不服的，可以向教育行政部门提出申诉，教育行政部门应在接到申诉的 30 日内，做出处理。教师认为当地人民政府有关行政部门侵犯其根据本法《教育法》规定享有的权利的，可以向同级人民政府或者上一级人民政府有关部门申诉，同级人民政府或者上一级人民政府有关部门应当做出处理。

为了保障教师申诉权的行使，《教师法》规定，对依法提出申诉、控告、检举的教师进行打击报复的，由其所在单位或者上级机关责令改正；情节严重的，可以根据具体情况给予行政处分。国家工作人员对教师打击报复构成犯罪的,依照刑法第 146 条的规定追究刑事责任。以上规定确立了教师申诉制度的法律地位,使其成为一项专门保护教师权益的法律制度。

(二)学生申诉制度

学生申诉制度是学生在接受教育的过程中,对学校给予的处分不服,或认为学校和教师侵犯了其合法权益而向有关部门提出要求重新做出处理的制度。它具有法定性、专门性和行政性等特点。

学生申诉制度的具体内容为:学生对学校给予的处分不服有权向有关部门提出申诉,对学校、教师侵犯其人身权、财产权等合法权益,有权提出申诉或者依法提起诉讼。根据此项规定,学生申诉的范围十分广泛,一般涉及学生的受教育权、公正评价权、隐私权、名誉权以及其他人身权和财产权受到学校或教师侵犯的行为。

提起学生申诉需要符合以下条件:第一,提起申诉的人必须是不服学校处分或认为学校侵犯了其合法权益的学生本人,如果学生年龄较小,可由其监护人代为提出;第二,必须针对特定的被申诉人,包括做出不利处分的学校或侵犯了其合法权益的教师;第三,提出申诉的事项必须在教育法律、法规等规定的受理范围之内。

学生申诉的范围有以下五种:第一,学生对学校做出的各种违纪处分不服,如警告、严重警告、记过、留校察看、勒令退学、开除学籍等纪律处分及其他处分;第二,学校或教师侵犯学生人身权,如在教育管理中体罚或变相体罚学生,侵犯学生身体健康权,侮辱学生,侵犯学生人身自由权,随意剥夺学生荣誉称号侵犯学生荣誉权等行为;第三,学校或教师侵犯学生财产权,如违法乱收费、乱摊派、没收学生财物、罚款、强迫学生购买非必需教学物品或与教学无关的物品等;第四,学校或教师侵犯了学生通信自由与通信秘密权,对学生进行不公正评价以及侵害学生受教育权等行为;第五,以上未列举的有关学生人身权、财产权受到侵害的其他行为,学生均可提出申诉。最后,提出申诉必须遵循一定的程序。

(相关法律文件链接:《教育法》《教师法》《普通高等学校学生管理规定》等)

第五节 学校安全

一、学校安全概述

学校安全事关教育教学活动的顺利开展、每一位学生的健康成长、千家万户的幸福安康和社会的和谐发展。学校安全责任重大、学校安全有规可循、学校安全势在必行,这是广大学校安全工作者开展学校安全工作应有的基本共识。

学校安全是指在学校范围内,人和物都没有风险、不受损失的一种状态。它以学生当下安全和学生终身安全为核心,以实现学生终身安全为最高目标。学校安全包括三项内容:学校安全防护、学校安全管理和学校安全教育。其中,学校安全防护是学校安全工作的基本保障,是学校教育教学活动正常开展的前提基础;学校安全管理是保证学校教育工作开展的基本手段;学校安全教育是提升学生安全素养,实现学校育人目标的重要内容。学校安全具有以下特点:一是指向对象的特殊性。在校生活的学生多是未成年人,他们安全意识薄弱、生性活泼好动、自我保护能力差,在他们的日常生活和学习中,极易受到伤害。二是人群分布的高密集性。学生在校生活的主要方式是学习与集体活动，他们分布密集、出行成群、空间有限，当学校发生安全事故时，容易出现群体性伤害。

近年来，国家相继出台了有关学校安全的政策法规，如《中华人民共和国未成年人保护法》《中华人民共和国预防未成年人犯罪法》《中小学幼儿园安全管理办法》《中小学公共安全教育指导纲要》《中小学校岗位安全工作指南》和《义务教育学校管理标准》等，这些规范性文件对学校安全工作的开展发挥着重要的指导作用。为保障学校安全工作的顺利开展，依据国家政策法规，在学校安全工作中要遵守以下原则。

（一）珍惜生命原则

珍惜生命原则是指在学校安全工作中，要将学生和教师的生命安全放在重要位置上。具体来说，当人身利益与财产利益发生冲突时，应当以师生的人身利益为重。充分认识人的生命与健康的价值，是学校安全工作中必须坚持的重要原则。

（二）预防优先原则

维护安全的重点在于预防，预防工作是全部安全工作的出发点。预防优先原则首先要求学校做好安全风险防控的基础性工作，以避免风险。如配置完整的安全设备，如灭火器、应急照明、常用医疗急救药品和器材、报警通讯、安全引导和警告标志等。其次，学校要建立和完善风险管理机制，危险一旦发生，要有处置的预案，比如预警、报告制度、人力物力的准备、职责的安排、化解风险的措施和补救办法等，从而达到有条不紊地处理问题、减少损害的目的。最后，学校要重视和加强对学生进行安全知识的教育和训练，使他们知道如何识别危险、预防危险的发生，知道如何应对危险；通过对交通安全、实验和体育活动安全、课外活动和游戏安全、火灾及自然灾害防范的知识教育，减少和防止学生人身伤害事故的发生。

（三）协同治理原则

协同治理原则是指学校的安全工作不仅需要学校内部各个部门的积极配合，同时也要和社会、家庭密切联系、互相配合，尤其是公安、交通、消防、防疫和安全监督等政府部门的支持与配合，以形成校内党政群团共同参与、一岗双责，校外多元治理、联动联防的网络体系。

（四）最小阻碍原则

对在校的未成年学生群体等实行特殊保护，并不意味着时时处处都要对他们加以限制。过度的安全化也是一种危险和风险，各种安全制度和措施或多或少地会对学生造成不方便甚至一定的妨碍，因此各种制度和措施的实行所带来的不方便应该被减少到最低程度，尤其不能对正常的教学活动造成干扰，或者是禁止性规定太多而压抑少年儿童的天性，扼杀其丰富的想象力和创新精神。

二、学校安全防护

（一）学校安全防护概述

防护是指学校在事故发生之前就应当采取适当的措施，消灭安全事故存在的可能性，将安全事故的隐患消灭在萌芽状态。学校安全防护是指学校做好准备和保护，以应对攻击或者避免伤害，从而使学生处于没有危险、不受伤害、不出现事故的安全状态。

学校安全防护是学校安全工作的首要环节，包括人防、物防和技防。人防、物防就是通过人力、物力进行安全防范。其中人防是以投入人力进行防范工作，如学校通过门卫、保安、宿管员以及学校其他工作人员等进行安全防范。物防是学校借助一些物体对学校安全事故加以防范，例如防盗门、围墙、防盗网等对学校安全起到保障作用。技防则是通过现代科学技术进行安全防范，比如电子监控，电子防盗报警等技术手段。

（二）学校安全防护要求

按照《中小学幼儿园安全防范工作规范（试行）》要求，学校要落实人防、物防、技防“三防”建设。在人防建设方面，学校要设立安全管理机构，聘用专职门卫和保安人员等对学校安全进行管理，寄宿制学校还应设置宿舍管理员等。物防建设分为外部物防建设和内部物防建设两个方面。外部物防建设涉及学校实体屏障的设置、门卫值班室的建立以及防卫器械的配备和使用管理、周边区域安全防控设施的设置等。内部物防建设涉及贵重物品和设备点，保密资料存放点，危险品存放场所，学生集中学习和生活场所，以及易发生危险区域的安全设施设备的配置等。在技防建设方面，学校要安装视频图像采集装置、报警装置等，规划建设安全技术防范系统，并建立运行维护保障的长效机制等。

三、学校安全管理

学校安全管理是指通过建立健全安全管理组织机构和制度，明确安全管理流程，实现师生的生命安全和身体健康，保障学校教育教学工作有序开展。

（一）学校安全管理组织机构

学校安全管理组织机构是专门负责学校安全管理的内设机构，对学校整体安全工作的决策、领导和协调职能的发挥有重要意义。学校安全管理组织机构的建设应坚持“纵向到底”“横向到边”的原则，以形成完整统一、相互衔接的网络体系。“纵向到底”是指学校的安全责任要覆盖到从校长到每一名教职工；安全管理对象要延伸至从校长到师生，甚至与学校安全相关的其他人员。“横向到边”是指学校的安全管理要覆盖到学校安全工作的方方面面，以及学校常规安全管理流程和应急安全管理流程的各个层面。

通常情况下，一个学校的安全管理组织机构的职责设置应与日常事务管理职能、职责兼容匹配，遵循“一岗双责、分工负责、纵向管理、横向协调、条块结合、统筹兼顾”的原则进行配置，目的在于将学校的安全管理责任分解融汇在学校的日常事务管理职能之中。其中，“一岗双责”是指学校管理岗位要履行日常事务管理与安全管理的双重职责，做到安全职责全覆盖。尤其是对于管理末端的普通教职员工，更应将这一原则落实到位；“纵向管理”是指权力与责任的层次等级不同，权力层次越高，责任越大，权力层次越低，责任越具体明确；“横向协调”是指安全责任在职能处（室）的分解配置，责任到岗，责任到人，安全责任全覆盖。

（二）学校安全管理制度

学校安全管理制度是指在学校运行过程中，为保证学校常规安全工作和应急管理工作的有序性和有效性而制定的用以规范和约束学校安全工作秩序和学校安全工作相关人员行为的制度。它是实现学校安全管理规范化、标准化、程序化管理的基础措施。学校安全管理制度包括常规安全管理制度和应急安全管理制度。《中小学幼儿园安全管理办法》第 15 条规定，学校应当遵守有关安全工作法律、法规和规章，建立健全校内各项安全管理制度和安全应急机制，及时消除隐患，预防事故的发生。

学校常规安全管理制度包括门卫制度、校内安全定期检查制度、消防安全制度、水电工安全管理制度、食堂卫生制度、实验室管理制度、卫生保健制度、学生安全信息通报制度、住宿学生安全管理制度、校车管理制度和安全工作档案制度等。

学校应急安全管理制度应注重师生的参与、信息的管理、安全工作者的责任和相关的检查监督，包括应急预案管理制度、应急物资管理制度、应急队伍管理制度、应急演练管理制度和应急管理培训制度等。

学校安全管理制度的制定既要依据国家及相关部门的法律、法规要求，又要结合本校自身的实际情况和管理需要，要体现“以人为本、重在实效”的理念，把法治精神运用于依法治校的管理理念和制度建设之中，将法治观念变为思想意识，将制度原则转化为行为准则。学校安全管理制度建设的基本要求是合法合理、目标明确、内容全面、操作性强。

（三）学校安全管理流程

学校安全管理流程是做好学校安全工作所应遵循的基本程序和步骤，是学校安全工作的有力保障，包括学校常规安全管理流程和学校应急管理流程两个方面。

根据学校常规安全工作周期，可将学校常规安全管理流程划分为年度安全管理工作流程、学期安全管理工作流程、周安全管理工作流程和日安全管理工作流程。根据学校安全管理内容，还可以分为门卫工作流程、食堂操作规程、心理咨询工作流程、水电工操作流程、班主任安全管理流程等。结合中小学校安全管理实际，应尤为重视班主任安全管理流程。

学校应急管理流程是学校处理突发事件的具体操作规程，分为计划、演练、应急、善后等四大环节。一是计划，在突发事件发生前，学校应着力做好应急管理机制、预案和保障体制这三大领域的建设工作。确保学校在发生突发事件时，有结构合理的组织机构体系、职责清晰的应急队伍、涵盖各类突发事件的完备预案以及良好的保障体系。二是演练，学校应当根据教育行政部门的相关要求，每月至少组织全校进行一次应急演练，为师生构筑一道坚固的生命之墙。三是应急，学校应急管理人员在面对重大突发事件或一般突发事件时依据符合本校实际的应急预案进行科学处置，尽量减少该突发事件可能给学校和师生带来的损失。四是善后，主要包括学校在突发事件发生后的恢复、重建、评估、问责、心理干预和舆情监控。学校通过采取一系列必要的善后措施，降低学校突发事件的破坏程度，尽力把情况恢复到突发事件发生之前的水平。

四、学校安全教育

学校安全教育包括学生安全教育和教职工安全教育。教职工安全教育是学校安全教育工作的重要组成部分。其目的在于确保教职工掌握岗位要求的安全教育知识和技能；能规范开展针对性较强的安全教育工作、教育教学工作以及学校其他业务工作；能在其岗位工作中确保自身安全和学生安全。本部分依据《中小学幼儿园安全管理办法》《中小学公共安全教育指导纲要》和《中小学校岗位安全工作指南》等政策法规，主要从内容和途径两方面，对学生安全教育进行阐述。

（一）学生安全教育内容

根据《中小学公共安全教育指导纲要》，学生安全教育主要内容包括预防和应对社会安全类、公共卫生类、意外伤害类、网络、信息安全类、自然灾害类以及影响学生安全的其他事故或事件六个模块。各地根据实际情况，要做到分阶段、分模块循序渐进地设置具体教育内容。

（二）学生安全教育途径

学生安全教育的两大途径是教学和实践。学生安全教育教学是学生安全教育的重要途径。根据《中小学幼儿园安全管理办法》，学校应按照国家课程标准和地方课程设置要求，将安全教育纳入教学内容。进行学生安全教育的具体途径如下：一是在学科教学过程中进行渗透；二是利用班会、升旗仪式、板报、演讲、讲座等多种符合学生接受能力的方式科学、合理地开展安全教育；三是做好全国中小学生“安全教育日”的主题宣传和教育工作。学校应当通过对学生的安全教育，使其牢固树立安全意识和自救自护观念，掌握安全知识，提高自救自护能力，合理应对各种学校安全事故。学生安全教育实践是学生安全教育的另一个重要的途径。在新形势下，学生安全教育应通过对安全事例的剖析、创设具体的安全教学情境、加强与家长沟通等手段，将理论教学与实践教学相结合，引导学生积极行动起来，利用所学安全知识解决实际生活中遇到的安全难题。有意义的安全教育实践，能够激活学生的安全知识，提高学生的安全意识，创造良好的校园安全环境。

（相关规范性文件链接：《中小学幼儿园安全管理办法》《中小学公共安全教育指导纲要》《中小学校岗位安全工作指南》等）

第六节 学生伤害事故

学生伤害事故是学校安全的一个重要方面。鉴于学生伤害事故的特殊性，本节进行专门介绍。

根据《未成年人保护法》《侵权责任法》等规定，学校具有教育、管理学生的职责。其中，学校的教育职责是指学校依法进行保护学生人身安全日常教育的义务；学校的管理职责是指学校为保护学生人身安全依法应尽的安全保障和保护义务。① 当学生在学校内或学校组织的校外活动中发生人身伤害时，学校如果未能充分履行教育和管理的义务，应承担对学生的侵权赔偿责任。

一、学生伤害事故概述

（一）学生伤害事故的定义

《学生伤害事故处理办法》（2002）指出，学生伤害事故是指在学校实施的教育教学活动或者学校组织的校外活动中，以及在学校负有管理责任的校舍、场地、其他教育教学设施、生活设施内发生的，造成在校学生人身损害后果的事故。就其产生而言，可以分为两大类：一类是意外事故，这类事故发生的原因不是由于当事人的故意或过失，也不是由于不可抗力。在这类事故中，由于当事人对意外事件的发生并无过错，根据过错责任原则，就不具备法律责任的负责条件。另一类是过错事故，这类事故通常是指由于一方当事人（学校、第三人）的违法行为而导致另一方当事人（学生）人身伤害后果的事件。与意外事故不同，违法行为是这类事故的必要条件。所谓违法行为，是指国家机关及其工作人员、社会团体、企业事业单位和公民违反法律规定，从而导致社会关系和社会秩序受到破坏的有过错的行为。它表

① 最高人民法院侵权责任法研究小组.中华人民共和国侵权责任法：条文理解与适用[M].北京：人民法院出版社，2016：277.

现为违法者心有预计、明知故犯或者疏忽大意、不履行法定义务，或者超越了法律规定的权利界限，做了法律所禁止的事情或是没有做法律所要求的事情。

（二）学生伤害事故与侵权行为

根据《侵权责任法》规定，行为人因过错侵害他人民事权益，应当承担侵权责任。学生伤害事故由于损害了学生的生命权、身体权和健康权，构成民事侵权，需要承担侵权责任。那么何谓侵权行为呢？侵权行为是指行为人由于过错侵害他人的财产或人身，依法应承担民事责任的行为，以及依法律特别规定应当承担民事责任的其他损害行为。学生伤害事故作为一种侵权行为，应具有如下特征：

（1）学生的合法权益受到侵害。因为侵权行为必须是行为人通过自己实施的作为或不作为的行为侵害了他人的合法权益。无实施的行为，或者只有行为而无损害都不构成侵权行为。

（2）侵害行为的侵害对象是学生的人身权。因为侵权行为侵害的不是一般的权利，而是绝对权利，即义务人不确定、权利人无需经义务人实施一定的行为即可实现的权利，包括物权和人身权。

（3）行为人基于过错而实施的行为。因为过错是侵权行为的必备要件，在过错的概念中，不仅包括了行为人的主观状态的不正当性和应受谴责性，而且也包括了客观行为的违法性。因此违法性和过错这两个概念在这里是等同的。

根据《学生伤害事故处理办法》，当造成学生伤害事故时，学校应当承担法律责任的情形有：

（1）学校的校舍、场地、其他公共设施，以及学校提供给学生使用的学具、教育教学和生活设施、设备不符合国家规定的标准，或者有明显不安全因素的；

（2）学校的安全保卫、消防、设施设备管理等安全管理制度有明显疏漏，或者管理混乱，存在重大安全隐患，而未及时采取措施的；

（3）学校向学生提供的药品、食品、饮用水等不符合国家或者行业的有关标准、要求的；

（4）学校组织学生参加教育教学活动或者校外活动，未对学生进行相应的安全教育，并未在可预见的范围内采取必要的安全措施的；

（5）学校知道教师或者其他工作人员患有不适宜担任教育教学工作的疾病，但未采取必要措施的；

（6）学校违反有关规定，组织或者安排未成年学生从事不宜未成年人参加的劳动、体育运动或者其他活动的；

（7）学生有特异体质或者特定疾病，不宜参加某种教育教学活动，学校知道或者应当知道，但未予以必要的注意的；

（8）学生在校期间突发疾病或者受到伤害，学校发现，但未根据实际情况及时采取相应措施，导致不良后果加重的；

（9）学校教师或者其他工作人员体罚或者变相体罚学生，或者在履行职责过程中违反工作要求、操作规程、职业道德或者其他有关规定的；

（10）学校教师或者其他工作人员在负有组织、管理未成年学生的职责期间，发现学生行为具有危险性，但未进行必要的管理、告诫或者制止的；

（11）对未成年学生擅自离校等与学生人身安全直接相关的信息，学校发现或者知道，

但未及时告知未成年学生的监护人,导致未成年学生因脱离监护人的保护而发生伤害的;

(12) 学校有未依法履行职责的其他情形的。

(三) 学生伤害事故的侵权责任

一般来说,在学生伤害事故中,行为人应承担侵权责任。侵权责任是指民事主体因实施侵权行为而应承担的民事法律后果。在这里,侵权行为是一种能引起侵害人承担民事责任的法律事实,因此是承担民事责任的依据。

侵权责任是整个民事责任的一部分,因此其适用要受民事责任的一般规定的制约,但同时它又是与其他民事责任相区别的一种独立的责任,有着自己的特征。学生伤害事故所承担的侵权民事责任有如下几个特点:

(1) 侵权民事责任是由于违反了法定义务而产生的法律后果。民事义务从性质上说可分为两种,即法定义务和当事人依法自行约定的义务(主要是指合同义务)。违反法定义务构成侵权责任,违反依法自行约定的义务,则构成违约责任。学校事故显然属于前者,而不属于后者。

(2) 侵权民事责任是以侵权行为为前提的责任。侵权责任产生的法律基础是侵权行为,没有侵权行为就谈不上承担侵权责任。在侵权行为中,责任主体可能与行为主体是分离的,如学校为在学校中学生由于嬉戏打闹而产生的学生人身伤害负责任等。在这种责任中,责任主体虽然没有实施一定的行为,但由于他们对于行为主体的致人损害行为未尽教育、管理之职,因此是有过错的,故事实上仍然是为自己的过错行为负责。

(3) 侵权民事责任具有强制性。侵权责任作为一种法律责任,它区别于职业责任、教育责任、成人责任等的特点就在于具有强制性。学校或教师违反法定义务,并致学生损害后,应向受害人赔偿损害,这是行为人对国家所应负的责任,是以国家强制力作保障的,不取决于行为人的个人意愿。

(4) 侵权民事责任的主要责任形式是财产责任。由于学生伤害事故给学生的人身造成了一定的损害,行为人需以自己的财产来对其不法行为所造成的损害后果负责,因此学生伤害事故的责任形式主要是财产责任。

(四) 学生伤害事故的归责原则

侵权人以自己的行为或物件致他人损害后,就应依据一定的根据使其负责,这就是通常所说的归责。归责原则就是归责的根据和标准,它是确定行为人的侵权民事责任的基本准则,也是制定侵权法的指导思想。

归责原则是司法机关处理侵权纠纷所应遵循的基本原则。民事案件纷繁复杂,侵权纠纷千差万别,大量的案件很难援引现行的具体规定来处理。因此需要借助于直接体现侵权立法政策和方针的抽象的归责原则,来正确处理各种侵权纠纷。从一定的归责原则出发,就能理解和掌握整个侵权法规的功能和目的,就能正确适用侵权法,制裁各种侵权行为,充分保护公民和法人的合法权益。

《侵权责任法》中归责原则主要有过错责任原则、过错推定原则、无过错原则和公平原则。其中,过错责任原则是指,行为人因过错侵害他人民事权益,应当承担侵权责任;过错推定原则是指,根据法律规定推定行为人有过错,行为人不能证明自己没有过错的,应当承担侵权责任;无过错原则是指,行为人损害他人民事权益,不论行为人有无过错,法律规定应当承担侵权责任的,依照其规定;公平原则主要指,受害人和行为人对损害的发生都没有过错的，可以根据实际情况，由双方分担损失。

《侵权责任法》第38条至第40条对学生伤害事故中的侵权责任进行了以下三种规定：

首先，对于造成无民事行为能力人人身损害的，依据过错推定原则，学校承担举证责任。“无民事行为能力人在幼儿园、学校或者其他教育机构学习、生活期间受到人身损害的，幼儿园、学校或者其他教育机构应当承担责任，但能够证明尽到教育、管理职责的，不承担责任。”

其次，对于造成限制民事行为能力人人身损害的，依据过错原则，学校只在有过错的情形下才承担责任。“限制民事行为能力人在学校或者其他教育机构学习、生活期间受到人身损害，学校或者其他教育机构未尽到教育、管理职责的，应当承担责任。”

最后，由学校以外人员造成无民事行为能力人或限制民事行为能力人人身损害的，学校以外人员作为第三人承担侵权责任，学校作为安全保障义务人承担相应的补充责任。“无民事行为能力人或者限制民事行为能力人在幼儿园、学校或者其他教育机构学习、生活期间，受到幼儿园、学校或者其他教育机构以外的人员人身损害的，由侵权人承担侵权责任；幼儿园、学校或者其他教育机构未尽到管理职责的，承担相应的补充责任。”

在此，主要通过以下3个案例①具体分析学生伤害事故中的侵权责任。

案例一

学生为无民事行为能力人时，学校承担的侵权责任

2012年4月11日，王某1将其子王某2送到某幼儿园入托。21日，王某2母亲发现王某没有精神，给王某服用了好娃娃牌感冒药和好娃娃牌止咳药；22日王某1将王某2带到医院检查，经诊断：王某2患危重型手足口病（神经性肺水肿，病毒性脑炎）；23日王某2于就诊医院抢救无效死亡。（江苏法院（2013）参阅案例23号：王某、吴某诉张某等因隐瞒手足口病疫情致入托儿童死亡侵权纠纷案）

法院认为，该幼儿园在办学规模已经达到一定程度的情况下，从业人员中没有从事卫生保健方面的老师，导致幼儿园有幼儿患手足口病时，该幼儿园在预防和处置措施上不到位，既没有向有关卫生防疫部门进行汇报，也没有向入托的幼儿家长通报，未履行作为幼儿园方提示幼儿家长注意的义务，导致王某1在其子王某2患手足口病后错误认为患感冒耽搁了早期治疗而死亡。对此，该幼儿园具有一定的过错，依法应当对王某2的死亡后果承担相应的民事赔偿责任。王某1在王某2患手足口病时存在认识上的误解，未在第一时间送医疗机构治疗，导致王某2错过最佳的治疗时机，最终造成王某2患危重型手足口病死亡的后果，王某1作为监护人应对王某2患病死亡的后果负有主要民事责任。法院判定幼儿园对王某2死亡后果承担30%的民事赔偿责任，其余由王某1自行承担。

案例中，虽然王某1作为王某2的监护人对王某2的死亡负有主要民事责任，但是王某2作为无民事行为能力人在幼儿园学习、生活期间受到人身损害时，该幼儿园未尽到相应职责，理应承担相应责任。尤其是，该幼儿园故意隐瞒园内已发生的疫情，未采取规定的预防、处置措施，也没有履行提醒入托未成年人监护人注意的义务，致使监护人认识不足，延误治疗，导致未成年人因错失治疗时机而死亡，对此损害后果，该幼儿园应承担相应责任。

---

① 三个案例均来源于“威科先行法律信息库”https://law.wkinfo.com.cn/

案例二

学生为限制民事行为能力人时，学校承担的侵权责任

2012年5月29日凌晨，伍某在学校安排的宿舍睡觉时，从双层床上铺摔下，导致眼睛受伤，鉴定意见为伍某左眼盲目5级，构成人体损伤八级伤残。（江苏法院（2013）参阅案例102号：小学生伍某诉宿迁青华中学因其从上铺掉落摔伤人身损害赔偿纠纷案）

法院认为，伍某作为限制民事行为能力人在学校住宿时，学校应当提供符合国家规定的标准或者行业标准的教育生活设施、设备，并排除各类不安全因素，尽到安全注意义务。事实上，学校提供的双层床上铺的安全栏板高度和长度均不符合《中华人民共和国国家家具床类主要尺寸》规定的标准，存在安全隐患。且学校将年仅12周岁的小学生安排在高达149.5厘米的上铺睡觉，对于存在的安全隐患认识不足，其应当承担相应的严格看护和管理责任。学校在伍某头朝没有护栏的一头睡觉时未能予以及时提醒和制止，明显未尽到管理、教育职责，对伍某此次损伤存在较大过错。关于伍某的过错，伍某陈述以前宿管员曾要求不要头朝没有护栏的一头睡觉。法院认为，伍某受伤时系刚满12周岁的小学生，虽然其年龄和智力状况不能使其完全预测到可能出现的安全隐患，但是对于宿管员已经交代过的事项，应当予以遵守，其对于头朝没有护栏一头睡觉的危险性应该具有一定的认识，因此，伍某亦存在一定的过错。综上，结合双方的过错程度，酌情确定被告承担80%的赔偿责任。

该案例中，对于伍某的人身伤害，学校存在主要过错，因此学校承担主要的责任。同时，由于伍某作为限制民事行为能力人未遵守学校规定，因此也承担部分责任。

案例三

行为人为第三人时，学校承担的侵权责任

2016年10月25日下午，某高中学生王某和董某到程某所在教室寻找丢失的板凳，发现程某的板凳与其丢失的相像，遂欲将程某的板凳拿走，程某不允，后双方发生争吵、扭打，王某拿扫地用的铲子将程某打伤。程某受伤后，其班主任带程某到汀祖镇卫生院诊治并通知了程某家长，医生诊断为外耳部皮肤软组织裂伤。（王某生命权、健康权、身体权纠纷二审民事判决书）

法院认为，王某应当承担侵权责任，赔偿程某为治疗和康复支出的合理费用。王某与程某因琐事即发生争吵、扭打，说明该学校平时对学生缺少法制观念教育，且二人发生纠纷直至程某被打伤，其所在班级的老师未及时发现和制止，该学校未尽到管理职责，依法应对程某的损失承担相应的补充赔偿责任。王某、董某承担60%的赔偿责任，该学校承担40%的赔偿责任。

该案例中，王某和董某作为第三人侵害了程某的人身权，应当承担侵权责任。学校作为安全保障义务人，因未充分尽到教育、管理职责，应当承担相应的补充责任。

（五）学生伤害事故的责任形式和制裁方式

学生伤害事故的责任形式主要是侵权民事责任，其制裁方式也相应是民事制裁方式。民事责任形式是指违反民事义务的人承担的民事责任形式。侵权民事责任形式是因侵权行为而产生的，是侵权损害所产生的法律后果。其基本形式有：停止侵害；排除妨碍；消除危险；返还财产；恢复原状；赔偿损失；消除影响、恢复名誉；赔礼道歉等。

民事制裁是指人民法院依法对违反民事法律应承担民事责任的行为人所采取的民事制裁、处罚措施。一般包括：训诫；责令具结悔过；收缴进行非法活动的财物和非法所得以及罚款、拘留等。

(六) 学生伤害事故的免责条件

免责条件是指法律责任免除的合法条件。在我国民法中规定的民事责任的免责条件一般有:依法执行公务;正当防卫;紧急避险;受害人的同意;自助,以及受害人有故意;第三人的过错;不可抗力和意外事件等。其中与学生伤害事故有关的,主要是第三人的过错、不可抗力和意外事件。

第三人的过错是指除原告和被告之外的第三人对原告损害的发生或扩大具有过错,这种过错包括故意和过失。例如学校由于管理不善导致学生在玩耍时被打伤,作为打架一方的肇事学生就是第三人。在这类案件中,第三人的过错是减轻或者免除被告责任的依据,因为第三人的过错或者与被告共同引起损害的发生,或者单独构成侵权,因此第三人也应当作为被告向原告承担赔偿责任。第三人虽有过错,但原告可能并没有向其提出请求或者对其提起诉讼,而仅对学校提起诉讼,并要求其承担责任。被告应就第三人对损害的发生有过错提出举证,以求免责或者减轻责任。

不可抗力是指独立于人的行为之外,并且不受当事人的意志支配的力量,它包括某些自然现象(如地震、台风、洪水、海啸等)和某些社会现象(如战争等)。不可抗力作为免责条件的依据是,让人们承担与其行为无关而又无法控制的事故的后果,不仅对责任的承担者来说是不公平的,也不能起到教育和约束人们行为的积极后果。但是,不可抗力作为免责条件,必须是不可抗力构成了损害结果发生的原因。只有在损害完全是由不可抗力引起的情况下,才表明被告的行为与损害结果之间无因果关系,同时表明被告没有过错,因此应被免除责任。

意外事件是指非当事人的故意或者过失而偶然发生的事故。不可预见性、偶然性和不可避免性是意外事故的基本条件。由于是意外天灾导致,在当时情况下,当事人尽到合理注意也不可能预见到,因此当事人没有过错,可以使其免除责任。

具体而言,根据《学生伤害事故处理办法》,当造成学生伤害事故时,如果学校已履行了相应职责,行为并无不当的,则不承担法律责任的情形有:

(1) 地震、雷击、台风、洪水等不可抗的自然因素造成的;

(2) 来自学校外部的突发性、偶发性侵害造成的;

(3) 学生有特异体质、特定疾病或者异常心理状态,学校不知道或者难于知道的;

(4) 学生自杀、自伤的;

(5) 在对抗性或者具有风险性的体育竞赛活动中发生意外伤害的;

(6) 其他意外因素造成的。

二、学生伤害事故的类型与责任承担列举

(一) 学生伤害事故的分类

目前发生在我国学校及其他教育机构中的学生伤害事故,可以根据以下标准来进行分类:

第一,学校及其他教育机构、教师方面有无过错?属于什么性质的过错?

第二,学校及其他教育机构及教师方面的过错与学生人身伤害事故之间有无因果关系?

第三,人身伤害事故后果的严重程度?

以上不仅是学生伤害事故分类的标准,也是判断学校在学生伤害事故中是否承担责任以及承担责任大小的依据。

一般而言,学生伤害事故主要分为以下四种类型①:

(1) 因学校管理、使用的各种设施设备的缺陷或管理不善等引起的学生伤害事故;

(2) 因学校教职员工的故意或过失造成的学生伤害事故;

(3) 因学生自身(疾病、自伤、自杀等)以及学生之间的故意或过失造成的伤害事故;

(4) 因学校以外的其他社会成员或组织的过失或不法行为造成的学生伤害事故。

(二) 学生伤害事故的法律责任

1. 因学校管理、使用的各种设施设备的缺陷或管理不善等引起的学生伤害事故

因学校未尽到安全管理职责造成学生伤害事故的,由学校承担侵权责任。情形严重的,承担刑事责任。根据我国《刑法》第 138 条规定,明知校舍或者教育教学设施有危险,而不采取措施或者不及时报告,致使发生重大伤亡事故的,对直接责任人员,处 3 年以下有期徒刑或者拘役;后果特别严重的,处 3 年以上 7 年以下有期徒刑。

2. 因学校教职员工的故意或过失造成的学生伤害事故

在此类学生伤害事故中,主要由行为人承担侵权责任。学校未尽到教育、管理义务时,承担相应的赔偿责任。例如,教师体罚学生,造成学生人身伤害的,教师承担侵权责任,学校因管理不力,也承担相应的责任。

3. 因学生自身(疾病、自伤、自杀等)以及学生之间的故意或过失造成的伤害事故

根据《学生伤害事故处理办法》规定,在学生自伤、自杀的事故中,如果学校尽到了相应的职责,行为适当,则不承担责任;在学校中发生的学生之间的伤害事故,主要由行为人承担侵权责任。学校只有在未充分尽到教育、管理的义务时,才承担补充责任。

4. 因学校以外的其他社会成员或组织的过失或不法行为造成的学生伤害事故

因第三人造成的学生伤害事故,由第三人承担侵权责任。学校只有在未充分尽到教育、管理的义务时,才承担补充责任。在此,需要注意以下两点内容,第一,第三人的侵权责任和安全保障义务人的补充责任有先后顺序。首先由第三人承担侵权责任,在无法找到第三人或者第三人没有能力全部承担侵权责任时,才由幼儿园、学校或者其他教育机构承担侵权责任。如果第三人已经全部承担侵权责任,则幼儿园、学校或者其他教育机构不再承担侵权责任。第二,幼儿园、学校或者其他教育机构承担的补充责任是相应的补充责任。对于第三人没有承担的侵权责任,幼儿园、学校或者其他教育机构不是全部承担下来,而是在其未尽到安全保障义务的范围内承担,即根据幼儿园、学校或者其他教育机构未尽到的管理职责的程度来确定其应当承担的侵权责任的份额。②

此外,值得注意的是,在学生人身伤害事故中,应承担法律责任的幼儿园、学校及其他教育机构,如果其不具备法人资格,则其隶属的上级主管部门应负连带赔偿责任。

综上,对发生在学校的学生人身伤害事故,应以事实和法律为依据,具体情况具体分析。必须严格区分有过失和无过失,造成事故的原因和条件,以及教育工作中的失误和故意等之间的原则界限。既不应混淆是非责任,伤害学校和教育工作者的积极性,也不应放纵任何违

---

① 尹力主编,教育法学[M].北京:人民教育出版社,2012:349.

② 王胜明主编.中华人民共和国侵权责任法释义[M].北京:法律出版社,2010:217.

法行为。要分清法律责任，实事求是地妥善处理。那种把所有在学校发生的人身伤害事故都归学校负责的做法是不可取的。

三、学生伤害事故的处理

（一）学生伤害事故的处理程序

根据《学生伤害事故处理办法》规定，发生学生伤害事故，学校应当及时救助受伤害学生，并应当及时告知未成年学生的监护人；情形严重的，学校应当及时向主管教育行政部门及有关部门报告；属于重大伤亡事故的，教育行政部门应当按照有关规定及时向同级人民政府和上一级教育行政部门报告。事故处理结束，学校应当将事故处理结果书面报告主管的教育行政部门；重大伤亡事故的处理结果，主管的教育行政部门应当向同级人民政府和上一级教育行政部门报告。

（二）学生伤害事故的处理方式

根据《学生伤害事故处理办法》规定，发生学生伤害事故，学校与受伤害学生或者学生家长可以通过协商方式解决；双方自愿，可以书面请求主管教育行政部门进行调解。成年学生或者未成年学生的监护人也可以依法直接提起诉讼。可见，学生伤害事故主要有三种处理方式，即协商、调解和诉讼。

1. 协商

协商是指学校与受伤害学生或者学生家长在平等自愿基础上共同商量解决事故赔偿事宜。这种处理方式也是学生伤害事故处理中最常见的一种方式。

2. 调解

在尊重当事人意思自治的前提下，主管教育行政部门进行调解。调解结果不具有强制性和法律约束力，一方当事人不履行或反悔的，双方可以依法提起诉讼。

3. 诉讼

诉讼是学生伤害事故最终的处理方式，成年学生或者未成年学生的监护人也可以依法直接提起诉讼。在我国，学生伤害事故诉讼处理的是学校与学生间关于人身权的纠纷，属于民事争议，纳入民事诉讼的受理范围。①

（相关法律文件链接：《民法总则》《未成年人保护法》《侵权责任法》《学生伤害事故处理办法》《最高人民法院关于审理人身损害赔偿案件适用法律若干问题的解释》等）

复习思考题

1. 简述我国教育法体系的基本框架。
2. 简述我国学校的法律地位。
3. 根据违法性质，可以将教育法律责任分为哪几类？
4. 在学校管理工作中，如何进行学校安全防护？
5. 简述学生伤害事故的处理方式。

---

① 申素平著.教育法学：原理、规范与应用[M].北京：教育科学出版社，2009：182.

第十三章　教育技术

随着教育信息化的发展，教育技术已成为助力国家教育现代化的重要支撑力量。了解和掌握教育技术的基本理论和方法，不仅有助于教育改革的深入开展，更有助于提高教育教学工作的实效性。教育技术既包括教育教学过程中应用的教学媒体，也包括教学设计的过程与方法。本章将对教育技术的内涵、教学媒体和教学设计等进行介绍。

第一节　教育技术概述

一、教育技术的含义

教育技术历史发展悠久，名称几经更改。迄今为止，教育技术的内涵一直处于不断探索中。梳理教育技术定义能够帮助我们更好地理解教育技术的内涵。

1994 年，美国教育传播与技术协会(AECT)将教育技术定义为:关于学习过程和学习资源的设计、开发、运用、管理和评价的理论与实践。其中，明确教育技术的作用对象是“学习过程”和“学习资源”，涉及研究领域有设计、开发、运用、管理和评价五大范畴。2005 年，AECT 重新将教育技术定义为:通过创造、使用、管理适当技术性的过程和资源，来促进学习和提高绩效的研究与符合伦理道德的实践。对比两个定义，AECT’94 定义在国际教育技术领域的影响更为深远，至今仍然具有重要的参考意义。

2004 年，我国教育部出台《中小学教师教育技术能力标准(试行)》，将教育技术作为专业术语定义为:运用各种理论及技术，通过对教与学过程及相关资源的设计、开发、利用、管理和评价，实现教育教学优化的理论与实践。

总体而言，教育技术可理解为人类在教育教学活动中所采取的一切技术的总和。这里的技术是指人类在社会生产与社会生活实践中为了达到既定目标所使用的一切有形物质手段和无形非物质手段的总和。技术既包括黑板、幻灯、计算机与互联网等教学工具和手段，也包括作用于教育教学实践的系统方法、心理学成果、教与学过程的系统设计等先进的科学知识。

二、教育技术的发展

教育技术作为一个专门的研究领域，国外发端于视觉教学，我国则始于电化教育。了解国内外教育技术的历史演进，有助于人们在借鉴传统的基础上更好地理解现代教育技术的发展，把握教育技术的发展趋势。

（一）国外教育技术发展历史

美国教育技术产生最早，发展脉络清晰，影响最大。一般认为，美国 20 世纪 20 年代初兴起的视觉教学是教育技术的发端，英国、加拿大、日本等国家均以美国教育技术理论模式作为借鉴，美国可作为研究国外教育技术发展的代表。美国的教育技术在视听教学、个别化教学和系统化设计教学三种教学方法的实践中逐渐发展成为一个专门的领域。三种教学方法在 20 世纪初，先后各自独立发展；20 世纪五六十年代，开始逐渐相互影响和借鉴；20 世纪 60 年代末 70 年代初，融为一体，形成专门的研究领域——教育技术。

1. 视听教学运动

媒体技术的变革深刻影响着教育技术的发展。19 世纪末，电的发现和幻灯、电影、电视以及无线电广播的发明，使得人们开始注重借助视觉媒体提供学习经验，以提高教学效率。20 世纪 30 至 50 年代，人们以提高教学效率为目的，将视觉媒体和视听媒体逐渐结合使用，形成视听教学。第二次世界大战中，为了在短时间内快速培训大量作战人员，军队将幻灯、电影和录音等多种视听媒体引入培训，取得显著成效。二战以后，视听教学稳步迅速发展，人们以极大的热情在学校教育中使用视听媒体来提高教学成效。从视觉教学到视听教学，媒体技术变革主导的视听教学运动推动了视听设备等各类学习资源在教学的应用。美国教育家戴尔（Edgar Dale）在总结视觉教学理论与视听教学实践的基础上提出“经验之塔”理论。结合“经验之塔”的成果，形成了视听教学理论。20 世纪 60 年代，视听教学受到当时已经逐渐发展成熟的传播理论和早期系统思想的影响，发展为视听传播理论。媒体技术的变革催生了视听教学运动，促进了教育技术的发展。在视听教学运动中发展而来的教学方法在学校教育中被长期广泛地运用。

2. 程序教学运动与个别化教学

心理学研究成果同样对教育技术产生深刻影响。20 世纪 50 年代，行为主义心理学发展取得丰硕成果，并被积极地运用到提高教学效益的过程中。行为主义心理学家斯金纳（Skinner）在实验的基础上提出操作性条件反射学说，认为学习是“刺激—反应—强化”的过程。他强调“强化”在教学中的重要作用，建议把教学机器作为向学生提供强化的一种手段。据此，斯金纳设计教学机器和程序教学，并在学校中广泛实验，推动了程序教学运动的发展，斯金纳被誉为“程序教学运动之父”。程序教学运动使视听教学媒体在教学过程中发挥更加积极的作用。在程序教学运动中，视听教学媒体在教学过程中不仅作为呈现教学内容的载体，还起着强化学生行为的作用。20 世纪 60 年代后期，程序教学运动开始走向衰退。程序教学运动虽然最终衰退，但是极大地促进了个别化教学的发展。个别化教学是一种允许学习者按照特别的需求自定步调的自主学习方式。美国曾涌现出大量个别化教学模式的先驱，如导生制教学、伯克的个别化教学、道尔顿制教学和计算机辅助教学等。直至今日，人们依然在积极地探索用人工智能技术来促进个别化教学。

3. 教学系统方法的发展

教学系统方法是设计和改进教学的一种方法，可以追溯到 17 世纪夸美纽斯提出的以归纳法来分析和改进教学过程的主张。20 世纪中期，系统论的思想与方法逐渐发展成熟，人们积极地把系统论的思想与方法运用到设计和改进教学中。加涅（Robert M.Gagne）等人提出早期“系统化教学”模型，所有教学设计活动均围绕学生开展。20 世纪 50 年代中期发展起来的程序教学可看作是教学系统方法的典型成果，程序教学机器的使用促进了教学系统方法的发展。20世纪60年代末70年代初，教学系统方法日益受到广泛关注，人们在实践中建立了许多系统设计教学的模型，并展开深入研究和探讨。教学系统方法逐渐吸纳学习理论、传播理论、教学理论，并与系统论有机结合起来，形成了完整的教学系统设计理论，成为教育技术的主要内容之一。

（二）我国教育技术发展历史

我国的教育技术同样发端于在教学过程中使用先进的教学媒体，本质上与国外并无二致，但在不断发展过程中逐渐形成了自己的特色。我国学者最早使用电化教育来描述人们在教学中使用现代化教学媒体这一事实，20世纪90年代以后，我国教育技术积极借鉴国外尤其是美国教育技术先进的成果，逐步改用"教育技术"这一普遍概念。

1. 电化教育发展阶段

20世纪初，随着我国对西方先进科学技术的不断引进，以"教育救国"为理想的先驱们积极学习发达国家的教育方式，将幻灯等设备运用到教学中，并通过实验探索提高教学成效的方法。1936年，我国教育界人士使用电化教育来指称电影教育与播音教育，随后电化教育这一概念开始流行。北京师范大学等高校开始建立电化教育馆，开设"电化教育"课程。新中国成立之初，国家高度重视电化教育，在文化部科学普及局成立电化教育处。北京、上海等各地广播电台或广播电视大学兴起，实施播音教育和电视教育。1958年初，各地电化教育馆逐步开始在中小学组织和推广电化教育。1978年，教育部建立中央电化教育馆，各地随之建立电教机构。在各级电教机构的组织和推广下，各类学校尤其是中小学积极购置幻灯、投影、录音、录像、电视等电教器材，建立多功能教室、语言实验室、微格教室、闭路电视系统和全国卫星广播电视教学系统，编制大量音像教材，开展"四结合"等电教实验；各师范类高校创立电化教育系，开设电化教育专业，开发电教专业教材。另外，我国成立电化教育专业协会，创办了《电化教育研究》《中国电化教育》和《中国远程教育》等一批优秀的电化教育专业期刊。

2. 具有中国特色的教育技术发展阶段

20世纪90年代始，以教育信息化促进教育改革成为国际教育发展的趋势，成为教育技术研究的热点。1993年，在大量专业研讨的基础上，我国政府正式将"电化教育"更名为"教育技术"，概念内涵更加丰富。2000年，我国开展"校校通""农远工程""三通两平台"和"国培计划"等重大工程与行动计划，极大促进了教育技术的发展。2010年，《国家中长期教育改革和发展规划纲要（2010—2020年）》提出，到2020年，基本建成覆盖城乡各级各类学校的教育信息化体系，促进教育内容、教学手段和方法现代化。2011年，教育部出台《教育信息化十年发展规划（2011—2020年）》，再次促进教育信息化的发展。2018年，教育部等出台《教师教育振兴行动计划（2018—2022年）》，发布《教育信息化2.0行动计划》，提出充分利用云计算、大数据、虚拟现实、人工智能等新技术，推进教师教育信息化教学服务平台建设和应用，推动教学方式变革。当前，我国教育信息化已经开启新阶段。但由于与政府投入不成正比，教育技术的发展一直伴随着高投入、低效益和资源浪费严重的问题。所以，在教育信息化发展的新阶段，我们需要继续深入应用现代信息技术来促进课堂教学结构和学校教育结构的变革。

三、教育技术的内容

由教育技术定义可知，其作用对象为学习过程和学习资源。学习过程是为达到预定学习目标和效果而采取的步骤与活动，既包括无教师参与的学习过程，也包括有教师参与的学习过程；学习资源是学习过程中可被学习者利用的一切人力、非人力资源，既包括教师、同伴、小组、群体等人力资源，也包括各种教学设施、教学材料、教学媒体等非人力资源。其中，针对学习过程与学习资源所开展的设计、开发、运用、管理和评价，是教育技术理论与实践的五项主要内容，具体如下。

第一，“设计”。指详细说明学习过程中的主要环节，通过合理规划学习过程和学习资源，生成学习或教学的策略与方案。包括宏观和微观两个层面的设计：宏观层面设计，如教学系统设计、学年教学设计和课程设计等；微观层面设计，即针对某一教学单元或某一课的设计。

第二，“开发”。将设计好的方案转化为物理形式，是对教学设计的具体应用。媒体技术的发展直接影响着学习资源与学习过程的开发，如印刷技术、视听技术、计算机技术等。随着计算机技术、网络技术、人工智能等技术的发展，多种媒体形式的学习资源可以在计算机的控制下进行制作和发送，并且可以使学习者与各种学习资源进行互动。

第三，“运用”。通过学习过程和资源来促进学习者学习活动的过程。一方面，指媒体运用，即学习者按照系统设计的步骤使用学习资源进行自主学习；另一方面，指有计划地传播和推广教育技术革新成果。另外，应当通过制度化来加以保障，促进其发展的持续性和常规化，甚至可由政策和法规进行强制性规定来促进教育技术的推广和使用。

第四，“管理”。指通过计划、组织、协调和监督来控制教育技术，包括：项目管理，即对教学设计和开发项目进行计划、监督和控制；资源管理，即对资源分配进行计划、监督和控制以支持系统和服务；传送系统管理，即计划、监督和控制教学材料分发的方法和向学习者呈现教学媒体及其使用方法；信息管理，即计划、监督和控制教学资源相关信息的存储、转换和处理。

第五，“评价”。依据教学目标对教与学进行检验并做出合格与否的判断，包括问题分析、标准参照测量、形成性评价和总结性评价。其中，问题分析是教学评价的第一步，需要使用信息收集和决策策略来确定问题的本质和范围；标准参照测量是确定学习者对于预期学习目标与内容的掌握程度；形成性评价包括搜集达标方面的信息并作为促进评价对象进一步发展的基础；总结性评价包括收集达标方面的信息，并使用这些信息做出如何利用的决策。

四、教育技术对教育的影响

第一，教育技术对教育变革的影响。教育技术是促进教育变革的催化剂。教育改革和新课程标准中都强调学习方式的转变，倡导学生主动参与、乐于研究、勤于动手，培养学生搜集和处理信息的能力、获取新知识的能力、分析和解决问题的能力以及交流和合作的能力。教育技术可以为这一目标的实现提供多方面的技术支持，包括丰富的资源、拟真的环境和多种教学和学习工具等。

第二，教育技术对教师教学的影响。教育技术的运用，转变一贯教学模式。使得教师由原来的一支粉笔、一本教科书,比较枯燥单一的教学模式,转变为多种多样形式的多媒体教学,教学方法、教学手段得到大幅度改善。同时,教学资源的整合与共享,不仅缩短了教师备课时间,还使教师有更多的时间研究学生、研究教材,从而全身心地投入到教育改革中去。

第三,教育技术对学生学习的影响。教育技术的运用,能有效实现学习方式的转变。学生由原来"听讲"的被动地位,转变成以"自主探究、小组合作"为主的主体地位。学生的知识来源由原来的单一书本,扩展到丰富多样的网络资源。学生可以借助教育技术展示学习过程和学习结果,获得成功体验,共享学习成果,进行平等交流,在交流中形成学习共同体。

第四,教育技术对人才培养的影响。传统的人才观将知识拥有量的多少、运用知识能力的强弱作为人才的标志。教育技术的运用,使人才观由知识型人才观转变为素质型人才观。即在德智体美劳全面发展的基础上,突出信息能力和创新能力,体现协作能力和适应能力,从而促进创新教育的实施,有利于培养创新型人才。

第二节 教学媒体

教学媒体既是教育信息的载体,也是最基本的教学资源;教学媒体作为教学系统的组成要素之一,又是教育现代化的重要标志。本节简要介绍教学媒体的含义、发展和类型,同时对几种教学媒体进行具体阐述。

一、教学媒体的含义

媒体是指承载、加工和传递信息的介质或工具。广义的媒体包括从信源到信宿的一切技术手段。当某一媒体被用于教学目的传递教学信息时,则被称为教学媒体。所以,一般媒体要成为教学媒体需要具备两个条件:一是该媒体存储和传播的信息是为了达成特定的教学目的,二是该媒体能够用于教与学的过程中。通常来说,教学媒体既包括文字、符号、语言、声音、图像等承载信息的符号系统,又包括书本、黑板、投影、录像、胶片、硬盘、照相机、录像机、计算机、多媒体教室、校园计算机网络系统等采集、存储、加工、传递信息的实体。在某种意义上,教学媒体是人体感官和大脑的扩展、延伸和加强。教学媒体在教育教学活动中可以实现存储信息、传递信息和控制过程等功能。因而,教学媒体不仅可以使得教学更加生动有趣,教学组织形式更加灵活多样,而且还可以满足学习者的个别化需求,促进学生个性化学习。

二、教学媒体发展历史

教学媒体的发展与人类社会文明的发展息息相关,包括语言媒体、文字媒体、印刷媒体和电子媒体四个阶段,具体如下。

第一,语言媒体阶段。语言是人类交流信息中最基本、最重要的一种传播媒体。语言的产生是人类文明的进步,是学校教育得以产生和发展的最重要因素之一。语言媒体具备表征实物、促进思维、交流和传播信息等功能,不仅在促进人类社会发展、专门教育活动分化过程中发挥重大作用,还在进一步促进教育发展的过程中起重大作用。语言媒体在媒体多样化的现代社会,依然具有其他媒体所无法替代的功能。但也具有一些局限性,如由于语言符号的抽象性,人们使用语言进行信息交流的过程中常常需要借助表情、手势等帮助表达;由于最初阶段语言符号的传播途径是口耳相传，所以只能实现在有限范围内的信息交流，范围扩大时往往伴随着信息衰减；由于载体的缺乏使得最初的语言符号信息难以保存。如今，现代录音、录像技术的发展使得语言符号可以在全球范围内传播。

第二，文字媒体阶段。人类发明了文字来保存和传递信息。文字是语言的抽象表达，不仅能够实现语言符号的功能，而且还可以进行保存和再生产。文字的发明使得语言得以保存，使得生产经验和生活经验可以记录下来，实现信息在更广的空间范围和时间范围内传播。起初，世界各地的人们不约而同地把文字刻(写)在龟背、兽骨、竹简、泥板、莎草纸、丝绸等物体上。由于刻写过程不易，兽骨、竹简等载体过重，丝绸等载体又昂贵，以文字传递信息仅限于小部分人群。后来，随着中国蔡伦发明造纸术，借助文字传递信息在大范围内得以普及，人类信息传播跨越到一个新阶段。由于纸张容易书写并且造价低廉，人类除了口耳相传还可以利用文字符号传递信息，因而文字发明在古代也促进了知识的普及和教育的发展。

第三，印刷媒体阶段。印刷术的发明是人类信息传播历史上又一次技术变革，给人类社会和教育发展都带来了巨大的影响。报纸等新闻出版物之后开始盛行，加速了社会中新思想、新观念的传播。印刷术的发明使得书籍成本大幅降低，使得信息可以大量复制、存储并广泛传播，进一步促进了文化的保存与普及，教育的垄断随之被打破，教育大众化成为可能。教科书成为学校教育最重要的教学媒体，教师利用统一的教科书可以在更大范围内开展教学。班级授课制就是在这样的条件下诞生，这是教育发展史上具有里程碑意义的重大变革。以班级授课制为核心的各类学校相继开办，教育规模迅速扩大。

第四，电子媒体阶段。19 世纪末以来，科学技术迅猛发展。以电子技术为核心不断涌现的传播媒体称为电子传播媒体，包括幻灯、电影、广播、电视、录音、录像、计算机与互联网、应用软件等。电子媒体的发展极大地促进了信息的存储、传递，提高了人类传播信息的能力和效率。人类社会进入了大众传播时代。传统大众传播具有大众性、非目的性、单向性等特点。之后，互联网开始普及，突破了传统大众传播的特点，而以其传播的个体性、目标性、双向互动性、全球性等特征极大地冲击了传统大众媒体。在教育领域，电子媒体的引入促使教育方式和教育规模产生巨大变革，引发了教育史上第四次变革。世界各地都创办了广播电视大学，发展远程教育，并且积极促进新媒体在学校教育中的应用。

三、教学媒体的类型

随着科学技术的发展，教学媒体的种类日益丰富。依据标准不同，分类方法也不同。由于教育教学活动的特殊性，根据媒体对信息接收者感官刺激的类型可以把教学媒体划分为视觉媒体、听觉媒体、视听觉媒体以及交互媒体。

第一，视觉媒体。视觉媒体通过刺激学习者视觉来传递信息，包括印刷文字、图像、图表、模型，以及实物教具、幻灯、投影、视频展示台、白板和黑板等。在教学中运用视觉媒体可以节省板书时间，提高教学效率；使学生不去真实情境中就可以看到真实情境中的事物，使教学内容真实生动，帮助学生理解抽象的概念；并且制作简单，成本低，使用方便，且可重复使用。一般来说，视觉媒体通常在集体教学中效果良好，对于教学内容复杂多变的个别化教学不太适合。

第二，听觉媒体。听觉媒体通过刺激学习者听觉来传递信息，包括广播、录音、语音实验室、播放器和各种音频材料等。听觉媒体通过提供真实的声音感受，创设教学气氛。尤其是在语言和音乐等教学中，可以利用听觉媒体为学生提供示范，播放文学、音乐的优秀音频作品提高学生鉴赏力。此外，学生可以利用视觉媒体自行录制，进行自我评价和自我鉴别；教师可以根据学生的不同特征录制不同教学材料，进行个别化教学。但是，单一的听觉媒体通常不利于根据教学需求检索到特定的节点，而且也不利于学生长时间地保持注意力。由于制作简单易操作，所以教师一般都可以自行制作相关的听觉材料，但也可能面临着质量参差不齐的问题。

第三，视听觉媒体。视听觉媒体通过同时刺激学习者视觉和听觉来传递信息，包括电视、电影、录像、光盘和各种视频材料等。视听觉媒体通常有利于一门课程的系统教学。教师一方面可以根据课程标准制作一门完整的课程，作为学生可供选择的学习资料；另一方面也可以制作视听觉材料用于辅助教学，比如有很多教师通过录制小视频讲解知识点，以作为学生自主学习的材料。视听觉学习材料的制作相对比较复杂，制作好之后具有相对稳定性，但对于随时需要增减或改变的教学内容来说，视听觉媒体不如视觉媒体或听觉媒体那样灵活方便。

第四，交互媒体。交互媒体是指多种媒体组合同时发出信息刺激人体多种感官的系统，具备人机交互功能，包括多媒体教室、录播室、程序教学机器、教学游戏机、双向有线电视、计算机辅助教学系统和人工智能教学系统等。首先，交互媒体具有很强的交互性，如计算机辅助教学系统能及时反馈学生操作行为、多方面管理教育教学等；其次，交互媒体通过接入互联网提供丰富多样的学习资料，有利于激发学生学习兴趣，发挥学生主体性；再次，交互媒体的超文本功能可以有效组织管理学习资料，便于检索；最后，精细设计的交互媒体可以满足学习者个性化的、特殊的学习需求。通过计算机模拟还可替代那些由于不安全、成本、时间和距离等原因而无法到达的真实情境，给学习者提供额外的学习机会。但交互媒体相对比较昂贵，且技术发展导致更新换代速度快，维护费用高昂。此外，学习资源的开发是一项复杂的系统工程，需要专业人才进行专门开发，对人力、物力和财力有较高的要求。交互媒体的弱点是基于交互媒体的学习形式容易造成个体社会性的缺失，不利于个体情感的学习和发展。

四、几种教学媒体简介及应用

以教育信息化为龙头，带动教育现代化，实现教育全面发展已成为我国教育事业发展的战略选择。教育信息化要求在教育领域全面深入地运用现代信息技术，促进教育改革，适应正在到来的信息化社会提出的新要求。教学媒体的应用是教育信息化的具体表现。

（一）传统教学媒体

传统教学媒体包括幻灯、投影、视听设备、语言实验室及其配套的教材或者软件。主要应用于以教师为主导的班级授课制环境中，教师的工作是根据既定的教学目标和学习者的特征来设计教学模式、教学策略、选择或开发相关媒体、安排相应教学活动，并根据一定的标准进行评价。传统教学媒体作为教师的辅助手段或传播手段，为学生提供直观、逼真、生动、有形有声的视觉表象和听觉形象，将感知、理解、巩固、运用融为一体，使学生在理解和掌握事物本质的前提下，培养和发展思维能力。

（二）多媒体计算机

多媒体计算机是实现多媒体教学非常重要的一部分，无论是对辅助教师的“教”，还是对促进学生自主的“学”来说，都能提供强大的支持。以下从多媒体计算机三方面的特性与功能具体说明。

第一，多媒体计算机的交互性有利于激发学习者的学习兴趣和体现其主体作用。多媒体计算机通过安装恰当的教学软件为学习者提供个性化学习环境，学习者可以选择适合的学习内容和方法、制定和调节学习步调和节奏，还可以通过与计算机交互获得帮助。学习者在与多媒体计算机不断互动的过程中建构自己的认知结构，主动性得以发挥。

第二，多媒体计算机提供外部刺激的多样性有利于知识的获取与保持。多媒体计算机可以图文并茂地呈现知识和信息，为学习者提供多感官的综合刺激。学习者既可以看到，还可以听到，尤其是虚拟现实技术还可以使学习者动手操控，实现人与计算机、人与人之间的互动交流，利于知识的保持和迁移。

第三，超文本功能可实现对教学信息最有效的组织与管理。利用多媒体的超文本功能实现对教学信息的组织与管理，可以按照教学目标要求、教学内容需要和学习者知识基础与水平，把包含不同媒体信息的各种教学内容、不同教学要求的各种学习资料、相关学科知识以及扩展知识组织成有机的整体。

（三）因特网信息资源库

因特网是世界上最大的信息资源库，为不同国家、不同领域的人群提供便捷的工作、娱乐、学习和研讨环境。因特网的便捷性与共享性，使其在教育应用方面具有无可比拟的优越性。目前，因特网在教学中的应用主要包含五种模式，即讲授式、个别辅导式、讨论式、探索和协作式。

第一，讲授式。突破传统课堂中人数及地点限制，包括同步式讲授和异步式讲授。同步式讲授中，教师、学习者可在同一时间聆听教师讲解，且有一些简单的交互；异步式讲授中，由教师编制教学材料或实际拍摄课堂，存放于服务器，供学习者在线浏览。

第二，个别辅导式。通过记录学习者基于因特网的学习与交互情况、教师与单个学习者之间的通信或在线交谈来实现。

第三，讨论式。利用现有的电子布告牌系统和在线聊天系统实现，通常包括异步讨论和在线讨论。

第四，探索式。探索式认为学习者通过解决实际问题来学习要比教师单纯教授知识更有效。探索学习要经过五个阶段：问题分析阶段、信息收集阶段、综合阶段、抽象提炼阶段、反思阶段等。

第五，协作式。利用计算机络以及多媒体等相关技术，由多个学习者针对同一学习内容进行交流和合作，以达到对教学内容比较深刻理解与掌握的过程。基本的协作形式有竞争、协同、伙伴和角色扮演。

（四）大数据软件

大数据软件针对一般软件工具难以捕捉、管理和分析等特点，采用可视化方式展现海量数据。大数据依赖“教育数据挖掘”（Educational Data Mining，简称 EDM）和“学习分析技术”（Learning Analytics，简称 LA）等技术，主要应用于教与学过程和教师培训两大领域。具体应用如下。

第一，完善教与学的过程。在教与学过程中，EDM 和 LA 技术应用一方面可以帮助教师有效改进教育教学，实现智能决策和智能教学；另一方面可以对学生做出准确、全面的评价，对学生的学习过程进行有效干预。

第二，使用大数据构建培训平台，包括数据采集与存储、数据分析、可视化呈现、个性化培训计划制订以及培训评价五个环节。特点是培训内容全面、深入；培训方式可视化、动态化；评价结合形成性评价和总结性评价。

（五）云计算平台

云计算平台在促进优质教育资源共建、共享，在推动区域内义务教育优质均衡发展方面起着至关重要的作用。2017 年 4 月北京市丰台区教育局正式启动教育云平台（简称“e 师丰云”），通过单点登录或统一认证的方式，使广大教师能随时随地在云端工作与学习，且汇聚区内外各种优质资源，开展了以下三方面的应用。

第一，促进优质资源共建共享。云平台在相当大的广度和深度上支撑了各校教师在教育教学方面的工作，使广大教师足不出户即可进行远程网络进修，实现优质教育资源的共建与共享。其以最快速度、最低费用，将最丰富的优质资源传递给最多的用户，促进了校际间的均衡发展。

第二，助力各类教师培训与教研。云平台能以丰富资源及各种条件促进提升教研质量，并利用云平台上的教师社区深化主题教研的开展。

第三，提升学科教学质量。云平台支持下的互动反馈系统可以更好地实施因材施教，提高学生学习积极性，为教师的科学研究及教学的形成性评价提供有效的数据支持，从而提升学科教学质量。

（六）人工智能系统

人工智能系统（Artificial Inteligence，简称 AI）具备理解、学习、推理认知能力，能够实现更智能的人机互动，其与人们的工作、学习和生活融为一体，深刻改变着人类社会的方方面面。其中，在教育领域体现在以下几个方面。

第一，AI 使教育更加接近本质，教育的本质是系统地帮助学习者提升认知能力的过程，并服务于学习者的个性化需求。

第二，AI 的知识捕手技术，可以捕捉文章中的不同类型知识点，并为用户推荐和该知识点相关的各种学习内容，以拓展学习深度及学习边界，从而为学习者提供更有效的学习支持服务。

第三，AI 的增强现实技术（AR）通过构建虚拟与现实混合场景，将抽象知识具象化，实现知识点的形象讲解，提升学生学习兴趣，促进学生对知识的深入理解与掌握。

第四，AI 的虚拟现实技术（VR）可以提供多维交互体验，提供虚拟现实技术所需的课堂硬件、软件、终端以及课程的完整解决方案，从而营造出前所未有的沉浸式学习体验。

第五，AI 的智能备课技术，可以为教师提供智能化备课服务，能根据课堂教学进度需要为教师推送有特色的优质备课资源，从而满足教师的个性化备课需求。

第三节 教学设计

教学设计是教育技术学的核心内容，是一个系统化规划教学系统的过程，是教育技术开放、运用、管理和评价的学习过程与学习资源的基础。本节简要介绍其含义、特征和层次，系统论述其理论基础，并分别对教学设计的模式和教学设计的一般过程等进行阐述。

一、教学设计概述

(一) 教学设计的含义

教学设计(Instructional Design,简称 ID),也称作教学系统设计(Instructional System Design,简称 ISD),其以学习理论、教学理论、传播理论和系统科学理论为指导,对存在的教学问题进行发现、分析,然后设计问题解决方案,实施与进行评价,最后结合实施方案效果来修改方案。

(二) 教学设计的特征

教学设计的基本内涵随教育与技术的发展不断演化。总体来说,教学设计一般具有以下特征。

第一,教学设计主要是运用系统方法形成的一套理论与方法。其侧重于整体性分析,将对象放于系统中考虑,从教学系统的整体出发来考虑学生、教师、教材、媒体、评价等各要素及其彼此之间的关系和相互作用,通过设计方案使之产生整体大于部分之和的效应。

第二,教学设计以学生的“学”为出发点。针对学习者特征进行分析,重视学习者的学习心理与认知规律,承认学生个别差异,以问题设计的方法,促进学生全面发展。

第三,教学设计是一个解决问题的过程。教学设计过程中涉及的诊断分析问题、设计解决方案等均是为了解决教学中存在的问题,实现教学效果的最优化。

(三) 教学设计的三个层次

教学设计是一个解决问题的过程。根据所解决教学问题的大小和范围不同,可将教学设计划分三个层次:

第一,以系统为中心的教学设计。这是一项涉及范围很广、难度很大的复杂工程,所涉及的任务较复杂,要求的知识面较广,往往需要各方面专业人员协同作业,并对教学系统实时修正和维护,促进其运行。

第二,以课堂为中心的教学设计。这通常是对一节课进行设计,是按照课程标准与教学计划,统筹教学设施、教学内容和教学对象,制定方案达成教学目标的过程。

第三,以产品为中心的教学设计。这通常是对教学材料、教学媒体、教学应用软件等教学资源进行设计的过程。所设计的产品的内容和功能通常需要教师、学科专家、技术专家等相关人员共同决定。

(四) 教学设计的理论基础

教学设计的理论基础是指对教学设计所涵盖的方方面面作出指导的思想与内容,包括学习理论、教学理论、传播理论和系统科学理论四类。由于教学理论在前面的第八章教学中已有涉及,在此不再赘述。

1. 学习理论

把握学习者学习规律是进行教育技术研究的前提。不同心理学派对学习的本质认识不同,由此产生了多样化的学习和教学方法。20 世纪 50 年代以来,学习理论经历了行为主义、认知主义、建构主义和人本主义等不同的发展阶段。各学习理论均在批判和吸纳前一学习理论基础上诞生,并非替代而是互补共进的关系,为教育技术提供指导。其中,行为主义学习理论影响教学系统设计的早期发展阶段,以行为主义联结学派心理学为基础的斯金纳程序教学运动促使教学设计理论的诞生和早期发展。在程序教学运动中,出现了早期的教学设计理论，对目标理论、任务分析、媒体选择、形成性评价等一系列教学设计问题展开了研究，这些研究为后来教学设计理论的发展提供了基础；认知学习理论对学习者内部心理过程的研究为教学系统设计理论及其应用提供了更坚实的理论基础，认知主义学习理论重视对学习者特征的研究。此外，认知学习理论中关于知识生成的研究结论也被应用到教学设计中；建构主义学习理论强调教学的整体性，要自上而下组织教学，促进了教学系统设计思想的转变。建构主义学习理论在教学系统设计领域的运用，产生了以学为中心的教学设计。

2. 传播理论

传播是借助有意义的符号在人与人、人与群体和组织之间进行有目的的信息传递、信息接收与信息反馈的活动。教育过程是教育信息的传播过程。教育传播是教育者按照一定的教育目标，将选择的教育信息通过合适的教育媒体向特定对象传送的活动。通过教育传播实现教育者和受教育者之间知识、技能、思想与观念的交流。教学不仅是一种特殊的认识活动，同时还是信息在信源与信宿之间传播的动态过程。根据香农-韦弗、拉斯韦尔等人奠定的传播理论与建立的传播模型，教育教学过程中可以结合教学目标和教学内容，对"谁传播""传播什么""通过什么传播""在哪里传播""反馈"等要素进行统筹设计，形成教学系统并投入教学情境中使用可以有效地提高教育信息传递效率。视听传播理论使得教学媒体不仅仅是作为教学的辅助手段，而是与教学内容、媒体、方法、人员和环境等成为影响教学系统的因素来进行统筹设计，以提高教学效果。

3. 系统科学理论

系统科学是以系统及其运作机制为研究对象的一门科学。系统科学理论是研究教育技术的基本理论。系统科学理论以系统论的基本理论为基础，糅合行为科学和传播理论的成果，形成教学系统方法。教学系统方法是连接理论与实践的桥梁，具有很强的可操作性。在系统科学的指导下，人们在教育教学过程中不再单纯地考虑一两个要素，而是把教育教学过程这一复杂系统中所有影响因素都考虑在内，通过教学系统设计来实现教学过程的最优化，提高教学效果。系统科学包括信息论、系统论和控制论。

二、教学设计的模式

教学设计模式是对教学设计过程进行抽象得出的框架。由于对教学系统所包含的学习者、目标、策略和评价四要素的不同认识和安排，最终形成不同的教学设计模式。

（一）以系统为中心的教学设计模式

以系统为中心的教学设计模式通常涉及教学计划、材料、人员培训等各要素，涉及范围越广，问题解决越为复杂，设计成果应用越为广泛。美国教学发展与技术大学联盟开发的IDI(Instructional Development Institute Model)模式是典型代表，其具有鲜明的问题导向，包括确定、开发和评价三个阶段，九个具体步骤。如图 13-1 所示。

（二）以课堂为中心的教学设计模式

以课堂为中心的教学设计模式主要为课堂教学提供有效方案，供教师参考使用。设计过程中需要的资源较少，只需要选择或改编现有的资料来应用即可满足需求，不需要重新开发，通常由教师个人完成设计。肯普模式(J.E.Kemp)是这类教学设计模式中具代表性的模式，其摒弃用线段连接各要素来描述教学设计过程的做法，使用一个椭圆结构来描述十个要素，十个要素之间相互联系、相互作用。如图 13-2 所示。

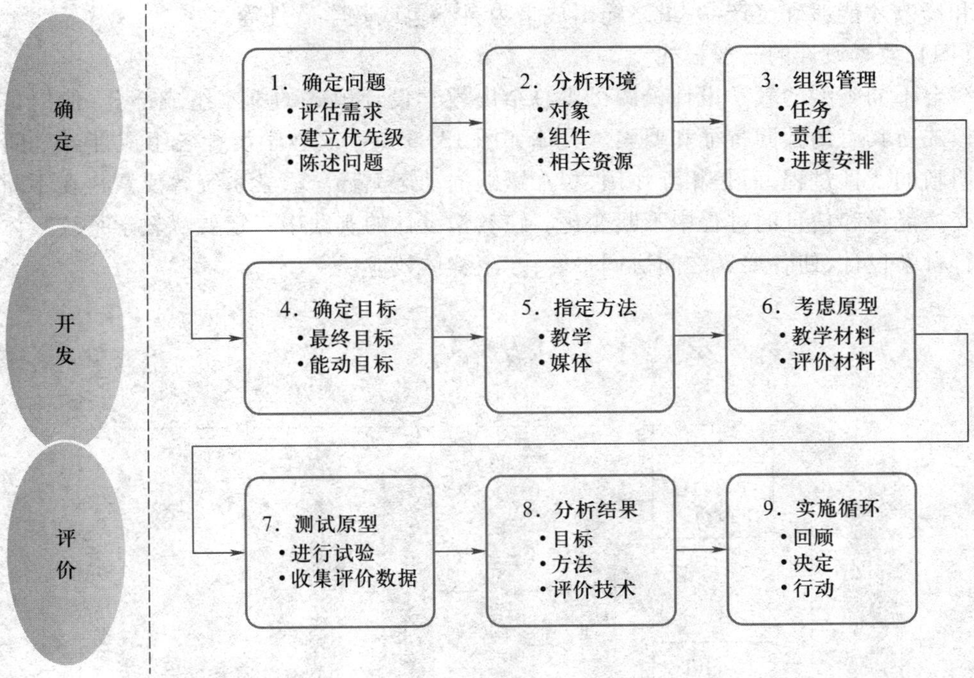

图 13-1　IDI 模式

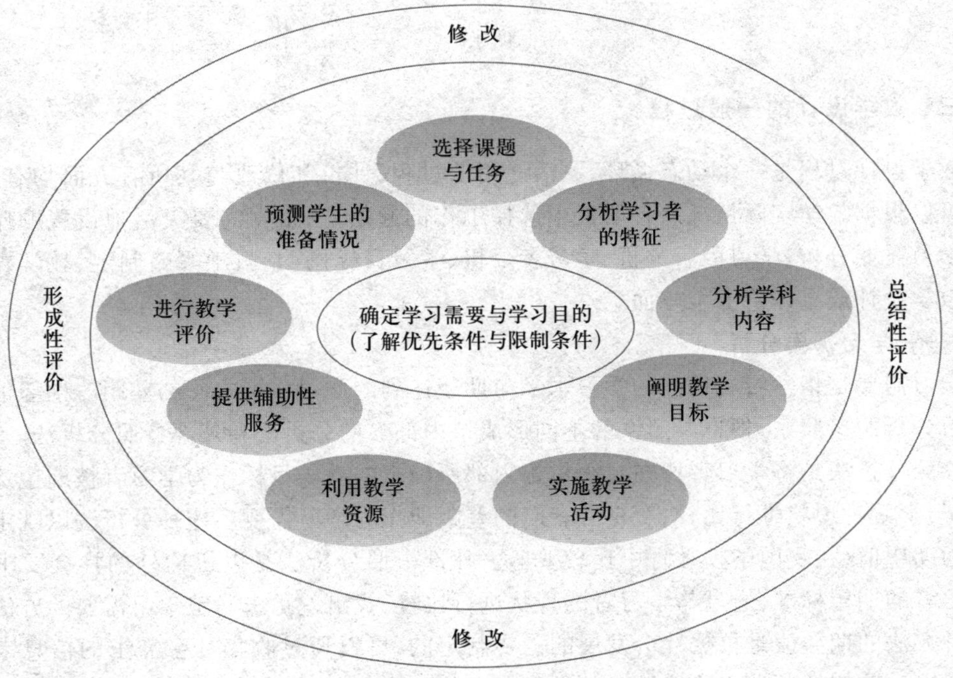

图 13-2　肯普模式

（三）以产品为中心的教学设计模式

当需要教学产品来帮助达成教学目标，或选择、修改既有材料无法满足要求，需要开发某种教学产品时，可以采用以产品为中心的教学设计模式。这种模式通常需要大量的反复试验和修改才能够确定产品，最终输出成果为自学包或教学软件等。

（四）教学设计的一般模式

综合不同类型的教学设计模式可以总结出教学设计模式的基本组成部分，他们是各种教学模式所具有的共同特征和要素。具体如图 13-3 所示。教学设计各组成部分之间并非边界明晰的线性过程，而是相互作用、相互影响的动态循环。教学系统各要素也在不断地与环境交换能量和信息的过程中不断变化。在教学设计的实践中一定要从教学系统整体功能处进行科学设计，使各要素之间协调平衡，产生整体效应。

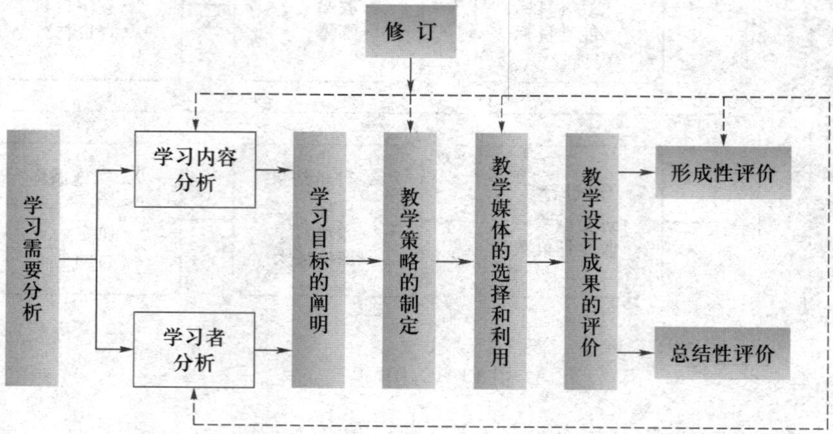

图 13-3

三、教学设计的一般过程

教学设计过程是一个动态循环、灵活使用的过程，评价和修改与其所有方面均有关联，教师可以根据教学实际情况从各要素中选择工作的起始点，根据需要灵活地设置顺序。其包括学习需要分析、学习内容分析、学习者分析、学习目标阐明、教学策略制定、教学媒体选择和教学设计成果评价七个方面。

（一）学习需要分析

学习需要是指学习者目前的学习水平与期望达到的学习水平之间的差距。期望值是进行学习分析的参照系，根据参照系的不同形成了内部参照分析法和外部参照分析法。其中，内部参照分析法是将学习者所在组织机构内部所确定的教学目标作为学习者被期望达到的水平，与学习者现状进行比较，所得二者间的差距即作为学习需要。这种分析法以既定的目标作为期望值，在我国学校教育中比较普遍。外部参照分析法是以机构外的社会要求作为对学习者的期望标准，通过与学习者的现状进行比较，找出差距来确定学习需要的方法。由于这种方法的期望值是根据社会发展的需要制定的，可以通过收集社会需求的信息来确定期望标准。若依据两种方法能够确定学习者现状与期望水平之间存在的差距，表明教学中存在一定的问题。通过学习需要分析最后形成的目标体系是继续完善教学设计的依据。

（二）学习内容分析

学习内容分析就是确定学习内容的类型，根据教学目标确定学习内容的广度和深度，以及各组成部分之间的层级关系，以便为安排学习顺序和创设教学条件提供依据，保证教学最优化。学习内容类型确定后，可以对学习内容进行分析，常用的学习内容分析方法有归类分析法、图解分析法、层次分析法和信息加工分析法。对学习内容进行分析并清晰确定之后，要对学习内容按照一定逻辑进行组织，有三种主张影响较大。一是布鲁纳提出的螺旋式编排教学内容，二是加涅提出的直线编排教学内容，三是奥苏贝尔提出的渐进分化原则。在学习内容选择和组织确定好以后，要为每一单元编写目标，说明学习者在完成本单元学习后能够做什么。最后，要对所选择和组织的学习内容作出初步评价。通过这种形成性评价，对学习内容的选择和组织是否有效促进学生发展，是否契合学生的认知水平，是否具有科学性和教学性进行考察，为进一步修正提供依据。

（三）学习者分析

作为学习活动的主体，学习者都是以自己既有经验、独特的认知风格和自我意识倾向等展开学习。学习者分析的目的在于了解学习者学习准备情况和学习风格，为教学设计各环节的展开提供依据。这是进行教学的出发点。对学习者的学习准备分析包括分析学习者的一般特征、分析学习者已具备的知识与技能、分析学习者对学习内容的认识与态度。

学习者的一般特征指学习者的心理、生理和社会的特点，这些特点会影响教学内容、教学方法、教学媒体和教学组织形式等的选择与运用。了解学习者一般特征的方法有观察、访谈、问卷调查和查阅档案等。学习者在不同的年龄阶段会表现出一般的、典型的特征。在智力与思维发展方面，皮亚杰将人的认知发展划分为感知运动阶段、前运算阶段、具体运算阶段和形式运算阶段四个阶段，各阶段有着不一样的特点。

（四）学习目标阐明

教学目标是一个多层次的目标体系。学习目标是教学目标体系中最基础的部分，其明确、详细地表明学习者在学习一个教学单元后所应具备的能力或倾向。关于教育目标分类的学说同样指导着学习目标的分类。1948 年，布卢姆把培养人的目标归纳为认知、情感和动作技能三大领域，为一般目标制定提供指导。1974 年，加涅在其代表作中提出五类学习结果的教育目标分类方法。五类学习结果分别是：言语信息、智力技能、认知策略、动作技能、态度。2004 年我国颁布的“中小学学科课程标准”中，把学习科目划分成语言文字、数学、自然科学、社会科学、技术、艺术、体育与健身七大领域，确立了“知识与技能、过程与方法、情感态度与价值观”的三维目标体系。

在对学习目标分类后要对其进行陈述和编写。学习目标陈述的是学生在学习后能够做什么，应当力求用语明确、具体。学习目标陈述的方法一般有 ABCD 法、内外结合目标陈述法、五成分的目标陈述法、表现性目标陈述法等。

（五）教学策略制定

教学策略是为实现既定教学目标，在前期分析的基础上，对教学活动程序、教学组织形式、教学方法和教学媒体进行选择并优化组合做出的总体方案。教学策略的稳定性并不强，要求师生根据教学中出现的实际问题灵活运用，具有很强的灵活性。在第八章教学中，已介绍多种教学模式，详细阐述了教学活动顺序安排、教学方法的选择等。在本节，将针对教学策略各要素介绍一些可供选择的“原料”，以便教师能够根据需求自主设计方案。

第一，教学活动顺序的安排。一是基于奥苏贝尔先行组织者理论的教学活动顺序。先行组织者指学习任务开始前呈现给学习者的引导性材料，包括上位组织者、下位组织者与并列组织者三种。使用先行组织者策略的教学基本过程是：提出呈现先行组织者→逐步分化→综合贯通，基于先行组织者理论的教学活动顺序是一种演绎的顺序安排。二是基于加涅信息加工理论的教学活动顺序。学习的信息加工理论强调有意义学习的重要性，把学习者看作是环境的参与者、信息的探索者和处理者，通过对环境中的信息积极地探究、选择、获取、组织和存储，并适时地提取出来加以利用。三是基于布鲁纳认知发现学说的教学活动顺序。认知发现学说强调学习者的主动性，主张学习者是具有内在动机的主动探究者。教学的目的在于帮助学生理解学科的基本结构，而掌握学科的基本结构的最好方法是发现法，即学习者的学习从观察实际例子开始，进而抽象形成概念。

第二，教学组织形式和教学方法的选择。各种教学程序还需要通过选择一些恰当的教学组织形式和教学方法来完成。第七章教学（上）第四节已对班级授课制等多种教学组织形式进行介绍，教学（下）第五节已对中小学常用的各种教学方法进行介绍，均可作为设计教学策略的选项供我们选择。

（六）教学媒体选择

确定教学策略后，需要选择恰当的教学媒体来传递教学信息。在前期分析的基础上，根据教学目标，选择记录和储存教学信息的载体，把教学信息转化为能够对学习者感官进行最有效刺激的教学设备。恰当的教学媒体可以帮助学习者集中注意力、激发学习兴趣、加深对事物的理解和记忆以及进行自主学习等。

教学媒体的选择依据主要包括两方面：一是学习者特征，包括年龄、兴趣、动机、认知水平和认知特点等；二是教学内容特点，由于学习是在不同抽象层次进行，应在学生适合的抽象范围中选择教学媒体。

人们在大量的教学媒体应用实践中总结出一些选择教学媒体的方法，具体包括：问题表法，即列出一系列要求媒体选择者回答的问题，通过对这些问题的逐一回答，确定适用的教学媒体；计算法，即对备选媒体使用的代价、功能特征和管理可行性等因素分别给予一个定值，然后按某些公式加以运算，比较备选媒体的效益指数，从而确定优选媒体；流程图程式，即在问题表基础上，将选择过程分解成一套按序排列的步骤，每一步骤都设有一个问题，由选择者回答“是”或“否”引入不同分支，回答完最后一个问题便可确定适合的教学媒体。

（七）教学设计成果评价

教学设计的成果可以是形成一个教学方案，如实施一门课程、一个单元或一节课的方案，也可以是形成新的教学材料，如教科书、教学视频、多媒体课件等。若要了解教学设计的成果是否可以帮助学习者提高学习效益，就需要进行评价。教学设计成果的评价属于教学评价的范畴。这一评价是从结果和影响两个方面对教学设计活动进行价值确认，并引导教学设计沿着教学目标发展。

与教学设计成果的两种形式对应，评价的指标主要有两方面。一方面，是对教学方案进行评价，包括目标、学生、教师、教材、方法、媒体、管理等；另一方面，是对教学媒体材料进行评价，包括教育性、科学性、技术性、艺术性和经济性。评价方法主要有测验、调查和观察。评价方式主要是形成性评价，在教学设计成果完成后，通常需要实施总结性评价。

复习思考题

1. 简要描述教育技术的内涵及其主要内容。

2. 简述教育技术对教育的影响。
3. 简述教学媒体的类型。
4. 教学设计的一般过程包含哪些方面？

后记

经全国高等教育自学考试指导委员会同意，由教育类专业委员会负责高等教育自学考试教育类专业教材的审定工作。

《教育学》自学考试教材由首都师范大学教育学院劳凯声教授、山西师范大学教育科学学院董新良教授主编。陕西师范大学教育学院李国庆教授、中国人民大学教育学院程方平教授、北京师范大学教育学部郑新蓉教授参加本教材审稿并提出改进意见。

编审人员付出了辛勤劳动，在此一并表示感谢。

全国高等教育自学考试指导委员会
教育类专业委员会
2018 年 12 月